Berufliche Weiterbildung als Faktor der Regionalentwicklung

Deutsche Bibliothek - CIP-Einheitsaufnahme

Berufliche Weiterbildung als Faktor der Regionalentwicklung/
Akademie für Raumforschung und Landesplanung . -
Hannover: ARL, 1993
  (Forschungs- und Sitzungsberichte / Akademie für Raumforschung
  und Landesplanung; 191)
  ISBN 3-88838-017-0
NE: Akademie für Raumforschung und Landesplanung <Hannover>:
  Forschungs- und Sitzungsberichte

Best.-Nr. 017
ISBN 3-88838-017-0
ISSN 0935-0780

FORSCHUNGS- UND
SITZUNGSBERICHTE

Berufliche Weiterbildung als Faktor der Regionalentwicklung

Autoren dieses Bandes

Back, Hans-Jürgen, Dipl.-Vw., Stellv. Direktor, Institut für Entwicklungsplanung und Strukturforschung GmbH an der Universität Hannover, Korrespondierendes Mitglied der Akademie für Raumforschung und Landesplanung, Hannover

Backes, Dieter, Dipl.-Vw., Dipl.-Betriebswirt, Stellv. Abteilungsleiter der Abteilung "Europa und Qualifizierung", Ministerium für Wirtschaft des Saarlandes, Saarbrücken

Bosch, Gerhard, Dr., Dipl.-Vw., Wiss. Referent für Arbeitsmarkt und betriebliche Beschäftigungspolitik, Wirtschafts- und Sozialwissenschaftliches Institut des Deutschen Gewerkschaftsbundes GmbH, Düsseldorf

Decker, Martin, Dipl.-Handelslehrer, Ministerialdirigent, Ministerium für Bildung und Kultur, Mainz

Derenbach, Rolf, Dr.-Ing., Referent für Bildungswesen, Kulturwesen, Sport und Europäische Angelegenheiten beim Deutschen Landkreistag, Bonn

Dobischat, Rolf, Dr., Institut für Berufspädagogik an der Universität Karlsruhe, z. Z. Vertretung einer Professur für Wirtschaftspädagogik mit dem Schwerpunkt "Betriebliche Aus- und Weiterbildung" im Fachbereich Erziehungswissenschaften an der Universität - Gesamthochschule - Duisburg

Edding, Friedrich, Dr., Professor em., Max-Planck-Institut für Bildungsforschung, Berlin

Fraaz, Klaus, Dr., Regierungsdirektor, Bundesministerium für Raumordnung, Bauwesen und Städtebau, Bonn

Gnahs, Dieter, Dipl.-Vw., Dipl.-Soz., Arbeitsbereichsleiter im Institut für Entwicklungsplanung und Strukturforschung GmbH an der Universität Hannover

Husemann, Rudolf, Dr., Geschäftsführer der Arbeitsgemeinschaft für Betriebliche Weiterbildungsforschung (ABWF), Bochum

Kramer, Horst, Dr., Referent im Bundesinstitut für Berufsbildung, Berlin

Lange, Burkhard, Dipl.-Vw., Leiter des Referates "Infrastruktur, Technikentwicklung, Umweltökonomie" im Sekretariat der Akademie für Raumforschung und Landesplanung, Hannover

Lipsmeier, Antonius, Dr., Professor, Leiter des Instituts für Berufspädagogik, Universität Karlsruhe

Pierret, Maria, Referatsleiterin im Europäischen Zentrum für die Förderung der Berufsausbildung (CEDEFOP), Berlin

Ruprecht, Horst, Dr., Professor, Universität Hannover, Institut für Pädagogik,

Sauter, Edgar, Dr., Leiter der Hauptabteilung Weiterbildungsforschung am Bundesinstitut für Berufsbildung, Berlin

Schiersmann, Christiane, Dr., Professorin, Ruprecht-Karl-Universität Heidelberg, Erziehungswissenschaftliches Seminar

Schlaffke, Winfried, Dr., Professor für Arbeitsmarkt- und Bildungspolitik an der Ludwig-Maximilians-Universität München, Leiter der Abteilung Bildung und Gesellschaftswissenschaften, Geschäftsführer im Institut der deutschen Wirtschaft, Köln

Siehlmann, Günter, Dr., Bildungswerk der Hessischen Wirtschaft e. V., Frankfurt

Thiel, Heinz-Ulrich, Dr., Dipl.-Psych., Akademischer Rat, Universität Göttingen, Pädagogisches Seminar, Göttingen

Weber, Wolfgang, Dr., Professor, Universität Gesamthochschule Paderborn, Fachbereich Wirtschaftswissenschaften,

Weis, Walter, Dipl.-Ing., Regierungsdirektor, Leiter der Außenstelle für berufs- und arbeitspädagogisches Lernen (ABAL), Pirmasens

INHALTSVERZEICHNIS

Gliederung

AUSGEWÄHLTE ANALYSEN

ANHANG

Burkhard Lange

Dieter Gnahs

HANS-JÜRGEN BACK

Zur Arbeit und zu den Ergebnissen des Arbeitskreises

1.   Regionale Bildungsforschung und Bildungsplanung als Aktionsfeld der ARL

Vor mehr als zwanzig Jahren begann die ARL, den Zusammenhängen zwischen der Bildungsinfrastruktur und der regionalen Entwicklung nachzugehen. Die sog. Regionalisierung der (höheren) Bildungseinrichtungen als eine Antwort auf die ins öffentliche Bewußtsein gerückten Defizite in der Bildungsteilhabe weiter Bevölkerungskreise forderte die Regionalplanung, aber auch die Regionalforschung heraus: Paßten die neuen Bildungsinfrastrukturen zum Konzept der Zentralen Orte? Wie groß mindestens müßten (neue) Hochschulstandorte sein? Wie veränderten sich Bildungsbeteiligungsquoten bei Veränderung der Erreichbarkeit (als Folge neuer Standortnetze oder/und verbesserter Verkehrsanbindungen?)

Eine Reihe von Arbeitskreisen hat sich mit den Fragen einer regional differenzierenden und regional differenzierten Bildungsforschung und Bildungsplanung beschäftigt und durch die Antworten Hinweise für planerisches Handeln gegeben. Im Vordergrund standen dabei immer das (allgemeinbildende) Schulwesen und der Hochschulbereich, d. h. der durch staatliches und kommunales Handeln geprägte Ausschnitt des Bildungswesens[1]). Erst Mitte der 80er Jahre wandten sich die Forschungsaktivitäten auch der beruflichen Erstausbildung und ihren regionalen Bedingungen zu[2]).

Schon im Zusammenhang mit den zuletzt erwähnten Arbeiten ergaben sich immer wieder Berührungspunkte zu Aspekten der (beruflichen) Weiterbildung. Schließlich sind berufliche Erstausbildung und Weiterbildung im abgelaufenen Jahrzehnt bedingt durch technisch-ökonomische Prozesse immer stärker miteinander verbunden worden. Daß die Qualifikation der (regionalen) Erwerbsbevölkerung ein wichtiger Entwicklungsfaktor neben den "klassischen" Produktionsfaktoren war, bildete zwar schon seit langem den Hintergrund für die Forschungsaktivitäten der ARL im Bildungssektor, nun trat eine bislang vernachlässigte Form des Erwerbs dieser Qualifikationen, die Weiterbildung, in den Mittelpunkt des Interesses.

In Gesprächen, die auf Anregung von Präsidium und Generalsekretär der ARL seit 1985 mit Experten der regionalen Bildungsforschung durchgeführt worden waren, hatte sich die berufliche Weiterbildung als vorrangig zu behandelndes Themenfeld herauskristallisiert. Ein

---

1) Vgl. besonders die Forschungs- und Sitzungsberichte der ARL, Bde 60, 61, 93, 107, 127, 150, 151.

2) Vgl. dazu Forschungs- und Sitzungsberichte der ARL, Bd. 150, Hannover 1984.

aus diesen Gesprächen entwickeltes Konzept führte im Frühjahr 1988 zur Einrichtung des Arbeitskreises "Berufliche Weiterbildung als Faktor der Regionalentwicklung" durch das Präsidium der Akademie.

Die konstituierende Sitzung des Arbeitskreises fand im Juni 1988 in der ARL, Hannover statt. Der Arbeitskreis führte insgesamt neun Sitzungen durch, die letzte im Juni 1991. Auf Einladung einzelner Mitglieder gewann der Arbeitskreis an den jeweiligen Tagungsorten Einblicke in die Forschung und die Praxis beruflicher Weiterbildung, die die interne Diskussion anregten und weiterführten - so in Paderborn bei der Nixdorf AG, im Kultusministerium in Mainz, beim Institut der deutschen Wirtschaft (IW) in Köln, bei der BfLR in Bad Godesberg, beim Deutschen Landkreistag in Bonn, bei der Deutschen Landjugend-Akademie in Röttgen, beim BIBB in Berlin, beim IES in Hannover.

Mit dieser Veröffentlichung[3]) legt der Arbeitskreis sein Ergebnis vor, das die inzwischen sehr breite Diskussion über Qualifikationsbedarfe und -bedarfsdeckung, über lebenslanges Lernen und seine jeweiligen Organisationsmodelle, über "den Staat" in der beruflichen Bildung um den besonderen Aspekt des regionalen Bezuges ergänzen will.

Die vorliegenden Ergebnisse sind - das verdeutlichen u. a. die Institutionen, die dem Arbeitskreis Gastrecht für seine Tagungen gewährten - vielfältig in Diskussionen, die auch mit regionalen Bezügen, aber mit anderen thematischen Schwerpunkten geführt werden, eingebunden; das gilt natürlich in besonderem Maße für die Arbeit benachbarter Forschungsgremien der ARL. Regionale Wirkungen neuer Kommunikationstechnologien, die Herausbildung neuer räumlicher Schwerpunkte und Entwicklungslinien, die Ökologisierung ökonomischen, auch regionalökonomischen Handelns, die Auswirkungen regional differenzierter demografischer Verläufe auf Innovations- und Wachstumspotentiale - mit diesen Stichworten wird nur knapp auf Forschungsfelder der Akademie hingewiesen, zu denen die Arbeiten des Arbeitskreises "Berufliche Weiterbildung als Faktor der Regionalentwicklung" in enger Beziehung stehen. Die in diesem Arbeitskreis nunmehr abgeschlossenen Erörterungen werden daher sicherlich in anderen Kontexten der ARL weitergeführt werden.

2.   Zu den Beiträgen des Bandes "Berufliche Weiterbildung als Faktor der Regionalentwicklung"

Den Zusammenhängen zwischen beruflicher Weiterbildung und Regionalentwicklung wird in fünfzehn Einzelbeiträgen nachgegangen; abschließend wird ein handlungsorientiertes Fazit gezogen, das die Auffassung des Arbeitskreises insgesamt wiedergibt. Anmerkungen zum Verhältnis von Weiterbildung und räumlicher Planung sowie eine Dokumentation

---

3) Nach der 9. Sitzung hat ein Redaktionsteam die gemeinsam diskutierten und angenommenen Beiträge in die für die Veröffentlichung endgültige Fassung gebracht.

ausgewählter Literatur runden als Anhang die Beiträge ab. Den Gepflogenheiten der Forschungsgremien in der ARL gemäß sind die einzelnen Beiträge im Plenum des Arbeitskreises erörtert und angenommen worden - dies bedeutet allerdings nicht die Identifikation jedes Arbeitskreismitgliedes mit jedem Beitrag.

Alle Beiträge reflektieren den oben genannten Zusammenhang nicht nur theoretisch, sondern aus empirisch-praktischen Einsichten heraus. Dies entspricht der gemeinsamen Absicht von Präsidium der ARL und den Mitgliedern des Arbeitskreises, möglichst maßnahmebezogen zu argumentieren. Unterhalb dieser Betrachtungsebene lassen sich verschiedene Gliederungsmöglichkeiten für die Gesamtheit der Beiträge finden:

- Regionale Wirkungsanalysen von Maßnahmen der beruflichen Weiterbildung
- Beiträge zur rechtlich-systematischen Verkopplung von beruflicher Weiterbildung und Regionalentwicklungspolitik
- Vorschläge zur Verbesserung der Effizienz von beruflicher Weiterbildung als Faktor der Regionalentwicklung
- Zielgruppenbezogene Betrachtung von (regionalen) Wirkungen beruflicher Weiterbildung
- Sachstandsberichte im internationalen Bereich und bezüglich der Forschung.

Nach einer ersten Strukturierungsphase der zu bearbeitenden Themen hatte der Arbeitskreis in seiner vierten Sitzung über die Grobgliederung der vorgesehenen Veröffentlichung beraten. Am seinerzeitigen Ergebnis kann im wesentlichen festgehalten werden:

- Teil I vermittelt die theoretischen und planerischen Grundlagen,
- Teil II enthält ausgewählte Analysen,
- Teil III stellt Strategien, Instrumente und Modelle vor.

Als erster Beitrag im Grundlagen-Teil gibt Dobischat einen Überblick über den aktuellen Stand der regionalisierten Berufsbildungsforschung. Er konstatiert generelle Lücken im Hinblick auf methodische Grundlegungen und empirisch gesicherte Informationen, die sich auf regionaler Ebene wiederfinden lassen. Dobischat plädiert dafür, die Forschungsdefizite gezielt abzubauen und das Erkenntnisinteresse vorrangig auf Antizipation von Entwicklungen und auf präventive Instrumente der Regionalpolitik zu lenken, d. h. auf eine entideologisierte Verknüpfung von Bildung und Beschäftigung.

Der Beitrag von Derenbach/Pierret versucht, die regionalen Wirkungen beruflicher Bildungspolitik - und in ihr die der beruflichen Weiterbildung - auf der Ebene der EG-Maßnahmen nachzuzeichnen. Zu beachten ist hier zweierlei: die Unterschiedlichkeit der Bildungssysteme mit den Konsequenzen für den Stellenwert beruflicher Weiterbildung sowie die Verschiedenheit staatlicher und regionaler Ausgangslagen. Immerhin zeigen verschiedene Maßnahmeansätze, daß der Zusammenhang von beruflicher (Weiter-) Bildung und regionaler Entwicklung erkannt und politisch genutzt wird.

Daß bei aller Hinwendung zum "Regionalen" die überregionale, gesamtstaatliche Handlungsebene nicht aus dem Blickfeld verschwinden darf, betont Sauter in seinem Beitrag.

Wichtige Gründe für die auf regionaler Ebene bestehenden Friktionen und Unzulänglichkeiten der beruflichen Weiterbildung bzw. ihrer Wirkungsentfaltung liegen in der Unabgestimmtheit der Steuerungsinstrumente: Berufsbildungsgesetz, Arbeitsförderungsgesetz, die Schul- und die Erwachsenenbildungsgesetze der Länder regeln nur Teilbereiche; sie lassen Regelungslücken, die besonders regional zu negativen Effekten führen.

Nicht ein Zuviel, sondern ein Zuwenig an Regelungen hinsichtlich der beruflichen Weiterbildung verhindert nach Sauters Auffassung einen (auch) lokal-regional funktionierenden Weiterbildungsmarkt. Daher gelte es, im Sinne einer "Bundesrahmenordnung für die Weiterbildung" die verstreuten überregionalen Vorgaben zu entwickeln.

Bosch stellt in seinem, den Grundlagen-Teil abschließenden Beitrag nochmals die Frage, wie denn die Aktionsbereiche "berufliche Weiterbildung" und "regionale Entwicklung" miteinander verknüpft seien. In der Ungleichzeitigkeit von (kurzfristiger, aktueller) Marktorientierung und (langfristig verwertungsorientierten) Weiterbildungsinhalten besteht für Bosch ein wesentliches Steuerungsproblem auch für die angesprochene Verknüpfung. Zu ihrer Herstellung bzw. zur Verbesserung ihrer Funktionsfähigkeit werden in dem Beitrag Vorschläge auf regionaler Ebene entwickelt, deren zentrales Element die Forderung nach einem institutionellen "Zuhause" für die berufliche Weiterbildung - bei den Kommunen oder beim Kreis - bildet. Kommunale "Heimat" und regionale Orientierung der Weiterbildung dürfen jedoch nicht zur Abkopplung von überregionaler Verwertbarkeit führen.

Im Teil II stehen empirische Analysen zum Zusammenhang zwischen beruflicher Weiterbildung und regionaler Entwicklung im Vordergrund. Am Beispiel des Saarlandes machen Derenbach/ Backes deutlich, wie einer Branchennotlage - die wegen der Monostruktur gleichzeitig eine regionale Notlage war - durch die Bündelung von wirtschafts-, beschäftigungs-, sozial- und bildungspolitischen Aktivitäten aller fördernden Institutionen begegnet wurde. Die von Bosch angeregte kommunale Verankerung der Weiterbildung ist in diesem Beispiel erfolgt ("Saarbrücker Programm zur Bekämpfung der Berufsnot"). Im Saarland, so beschreiben es die Autoren, seien die Synergieeffekte integrierten Handelns von Wirtschafts- und Qualifizierungspolitik deutlich zu erkennen; es sei daher das zur Überwindung der Stahlkrise dort gewählte Vorgehen beim Umstrukturierungsprozeß auch auf andere Problembereiche/Problemregionen, z. B. in den neuen Bundesländern, übertragbar.

Auf einer kleineren regionalen Ebene, der Region Vechta in Niedersachsen, analysieren Back/Gnahs das Instrument "berufliche Weiterbildung" in seiner Bedeutung für die regionale Entwicklung. Der defizitären Situation bei kaufmännisch-verwaltenden Qualifikationen wurde mit einer auf das Handwerk bezogenen Bildungs- und Innovationsmaßnahme begegnet, deren Erfolg eine Übertragbarkeit dieses Ansatzes empfehlen läßt. Berufliche Weiterbildung ist aus der Sicht der Autoren sicherlich Instrument der Regionalentwicklung, sie kann jedoch - ohne die hinreichende Verknüpfung mit ökonomischen Innovationen zur Erhöhung der Nachfrage nach qualifizierten Arbeitskräften - zu Abwanderungen der weitergebildeten Erwerbspersonen aus der Region führen.

Die zur Zeit besonderen Probleme der regionalen Entwicklung in den neuen Ländern der Bundesrepublik Deutschland greifen Dobischat/Husemann in ihrem Beitrag auf. An Beispielen zeigen sie Möglichkeiten, über Beschäftigungs- und Qualifizierungsgesellschaften regionalpolitisch Gewolltes abzustützen bzw. regionale Entwicklungen überhaupt anzustoßen. Aus der Sicht der Autoren bietet die Verknüpfung von regionalökonomischen Initiativen mit bedarfsgerechten Qualifizierungsmaßnahmen in den neuen Ländern Impulse für verändertes Handeln in der Bundesrepublik insgesamt. Insofern bestätigen sie mit ihrer Darstellung die wertenden Aussagen der Saarland-Studie.

Als Ergebnis regionalstatistischer Vergleichsanalysen kommt Fraaz in seinem Beitrag zu überraschenden Diskrepanzen im Hinblick auf Maßnahmen beruflicher Weiterbildung in Gebieten mit überdurchschnittlich hoher Arbeitslosigkeit (Die Analyse bezieht datenbedingt nur die alten Bundesländer ein!). Längst nicht alle diese Arbeitsamtsbezirke weisen eine überdurchschnittliche Zahl von Weiterbildungsmaßnahmen auf, zudem ist in den "defizitären" Bezirken auch die Vermittlung ehemals Arbeitsloser nach erfolgter Weiterbildung in eine Beschäftigung unterdurchschnittlich. Fraaz bietet einige Hypothesen zur Erklärung dieser Sachverhalte an, hält allerdings Fallstudien zur weiteren Aufhellung der Gründe für erforderlich.

Die Reihe der Analysen schließt der Beitrag von Weber ab. Ausgehend von der klassischen Standortlehre stellt der Autor den Bedeutungszuwachs von Weiterbildung für (große) Unternehmen dar und belegt dies mit empirischen Befunden. Weber kommt zu dem auf Befragungsergebnisse gestützten Schluß, daß (Weiter-) Bildung auf mittlere Sicht zu einem bedeutsamen Standortfaktor für bestimmte Arten von Unternehmungen werden wird. Im Hinblick auf die Regionalentwicklungspolitik hieße dies, daß für die Ansiedlung derartiger Unternehmen das Vorhalten einer leistungsfähigen Weiterbildungsinfrastruktur eine wichtige Vorbedingung wäre.

Schon in den stärker analytischen Beiträgen des Teiles II waren Hinweise auf Instrumente oder Modelle zu finden, mit denen berufliche Weiterbildung und regionale Entwicklung wirkungsvoll verknüpft werden sollten; im Teil III steht dieser Aspekt im Vordergrund.

Schlaffke/Siehlmann sehen die berufliche Weiterbildung in ihrer strategischen Rolle zur Sicherung der Unternehmensproduktivität. Damit gehört sie in den Kontext unternehmerischer Entscheidungs- und Gestaltungsfreiheit, der Staat soll diese Freiheit durch die von ihm gesetzten Rahmenbedingungen nicht behindern. Die Autoren verweisen auf die technologisch und strukturell bedingten innerbetrieblichen Veränderungen, denen durch Qualifizierung der Mitarbeiter aller Ebenen entsprochen werden muß. Sie stellen als Maßnahme zur Realisierung hinreichender, attraktiver Qualifizierungsangebote in den neuen Technologien das hessische Verbundmodell betrieblich-überbetrieblicher Weiterbildung für Klein- und Mittelbetriebe vor, bei dem - als zusätzlich bemerkenswerte Komponente - Qualifizierungsberater des Bildungswerks der Hessischen Wirtschaft bei der Bedarfsermittlung vor Ort mitwirken. Wegen seiner Effizienz ist beabsichtigt, das Verbundmodell nach Thüringen zu "exportieren".

Stellt der letztgenannte Beitrag die Betriebe in den Mittelpunkt der Angebote an beruflicher Weiterbildung, so befassen sich Decker/Weis mit der Rolle der Berufsschule in diesem Bereich. Im Regierungsbezirk Trier ist es unter Einbeziehung aller relevanten Institutionen nur durch die Verknüpfung von beruflicher Erstausbildung und Weiterbildung in den Schulen möglich geworden, überhaupt Berufsbildung in den regionalen Standorten zu erhalten bzw. auszubauen. Jeder Teilbereich der Berufsbildung wäre an demografisch-ökonomisch bedingte Realisierungsgrenzen gestoßen. Dem Einwand der Wettbewerbsverzerrung durch den Weiterbildungsanbieter "Berufsschule" begegnen Decker/Weis mit Hinweisen auf die Vorrangigkeit eines regionalen Qualifizierungsangebots und auf die auch an andere Anbieter gezahlten öffentlichen Subventionen.

Die Reihe der pragmatisch orientierten, an den Bedürfnissen der Region ausgerichteten Maßnahmedarstellungen setzt Ruprecht mit dem Beitrag über die Zusammenarbeit des Bildungswerks der Niedersächsischen Volkshochschulen und der Stadt Salzgitter bei der Veränderung der Qualifikationsstruktur der regionalen Erwerbsbevölkerung fort. Ähnlich wie im Saarland galt es hier, Monostrukturen im Montanbereich zu überwinden. Ruprecht betont die Elemente, die Voraussetzung für das Gelingen des vorgestellten Modells waren/ sind: eine Bedarfsanalyse in bezug auf die geforderten Qualifikationen, eine auf diese Qualifikationen orientierende Beratung von Individuen und Betrieben, kooperative Planung und Realisierung der Weiterbildungsangebote (zur Vermeidung von Lücken sowie von ruinöser Konkurrenz). Interessant ist hierzu der Hinweis Ruprechts, daß diese kooperative Planung und Durchführung offenbar um so eher möglich ist, als ein starker Anbieter innerhalb des Verbundes vorhanden ist und diese Kooperation wünscht.

Den eher anbieterorientierten Beiträgen in Teil III folgt mit der Arbeit von Schiersmann/ Thiel eine nutzerbezogene Betrachtung. Sie stellen fest, daß der Nachfrager nach Weiterbildung - sei es der einzelne, sei es der Betrieb - das immer unübersichtlicher werdende Geflecht von Anbietern, Angeboten, Förderungen und den jeweiligen Spezifikationen ohne Beratung nicht mehr durchschaut. Unter Rückgriff auf Ergebnisse von Modellerprobungen fordern die Autoren trägerunabhängige regionale Beratungsstellen mit interdisziplinärer Besetzung. Diese Stellen sollen sich in ein Netz von Beratungs- und Informationsangeboten einpassen. Zur Vermeidung neuer regionaler Disparitäten - z. B. durch unterschiedliche Beratungsleistungen in Abhängigkeit vom Personalbesatz der Beratungsstellen - sollten bei der Realisierung dieser Beratungsangebote Erfahrungen mit mobilen Systemen in anderen Funktionsbereichen herangezogen werden.

Beratung erfordert Informiertsein. Angesichts der ständig zunehmenden Menge an Informationen über Weiterbildung sind Datenbanksysteme entwickelt worden bzw. in der Entwicklung, die eine bessere Transparenz ermöglichen sollen. Edding/Kramer stellen in ihrem Beitrag den derzeitigen Entwicklungsstand der Datenbanken vor und verweisen auf die Bemühungen der Konzertierten Aktion Weiterbildung (KAW) des Bundesministeriums für Bildung und Wissenschaft, ein gewisses Maß an Kompatibilität und Vernetzung zwischen den Einzelsystemen zu erreichen. Auf regionaler Ebene müssen Informationen (mittels vernetzter Datenbanksysteme) und Beratung verbunden sein: Datenbanken gehören daher nach Meinung der Autoren zur Bildungs- und Beratungsinfrastruktur und sind deshalb - zumindest teilweise - dem Bereich öffentlicher Aufgaben zuzurechnen.

Lipsmeier setzt sich im abschließenden Beitrag des Teils III mit der Frage auseinander, welche Möglichkeiten sich dem einzelnen, unabhängig vom Vorhandensein eines vor Ort institutionell gestützten Weiterbildungsangebots, in der Teilhabe an Qualifizierungsprozessen bieten. Antworten auf diese Frage sind deshalb von Bedeutung, weil bei den institutionengebundenen Weiterbildungsangeboten immer mit regionalen Disparitäten gerechnet werden müsse, die bei fehlenden Kompensationsmöglichkeiten zu - individuellen und regionalen - Entwicklungshemmnissen führen könnten. Lipsmeier prüft als individuelle Strategien hauptsächlich die Fernlehre und das computergestützte Training, die prinzipiell geeignet sind, regionale Disparitäten zu verringern (die wenigen empirischen Befunde weisen, wie der Autor belegt, allerdings in die entgegengesetzte Richtung).

Vor dem Hintergrund einer stärkeren Absicherung individueller Aktionsmöglichkeiten - z.B. in Bildungsurlaubsgesetzen - plädiert Lipsmeier für einen (Parallel-)Ausbau der Bedingungen und Instrumente zur Förderung individueller Strategien, um letztlich dem einzelnen auch Alternativen zu den regional präsenten Anbietern zu öffnen.

Die Einzelbeiträge werden ergänzt durch Anmerkungen zum Verhältnis von Weiterbildung und räumlicher Planung, für die Burkhard Lange verantwortlich zeichnet, und durch eine Zusammenstellung wichtiger Literatur zum Themenfeld von Dieter Gnahs.

Das Fazit der Ausführungen in den Teilen I bis III versucht der abschließende Beitrag zu ziehen. Die gewachsene und weiter wachsende Bedeutung der beruflichen Weiterbildung für die ökonomisch-soziale Rolle des einzelnen, für die Wettbewerbsposition der Betriebe und Unternehmen, für die regionalen Entwicklungspotentiale und den überregionalen Wohlstand läßt es geraten erscheinen, die "Verfassung" dieses vierten Bereichs im Bildungswesen zu überprüfen und weiterzuentwickeln und z. B. neben Spontaneität und Flexibilität Berechenbarkeit und Kontinuität zu stellen, neben plurale Gestaltungsfreiheit allgemein anerkannte Verwertungsmechanismen, neben den Wettbewerb die Koordination und Kooperation.

Angesichts der zum Teil ideologisch verfestigten Positionen bezüglich des Rechts-, Organisations- und Finanzierungsrahmens für die berufliche Weiterbildung ist eine Rückbesinnung auf Entwicklungen in anderen Bildungsbereichen zweckmäßig: Sowohl in der beruflichen Erstausbildung als auch im Bereich der wissenschaftlichen Qualifikation sind zunehmend Regelungen gefunden worden, die einen Ausgleich zwischen individueller Gestaltungsfreiheit und öffentlich verantworteter Gestaltungsreglementierung herzustellen versuchen.

Dieser Weg wird ebenso für die (berufliche) Weiterbildung zu beschreiten sein, um sie - auch - als Instrument regionaler Entwicklungsplanung und Entwicklungspolitik handhabbarer zu machen.

ROLF DOBISCHAT

Analysen und Perspektiven regionalisierter Berufsbildungsforschung

1.   Regionale Disparitäten als Forschungsfeld

Historische Prozesse regionalökonomischer Entwicklung haben zur Herausbildung räumlicher Disparitäten geführt, die die Lebens-, Bildungs-, Berufs- und Arbeitschancen der Bevölkerung in Regionen mit unterschiedlichen Entwicklungsniveaus nachhaltig beeinflussen und ungleich verteilen[1]). Konnte noch bis in die 60er Jahre ein Beschreibungsmuster für die Ursachen disparater räumlicher Entwicklungsprozesse greifen, das die zentralen Markierungslinien zwischen industrialisierten Ballungskernen und ländlich-strukturierten, peripheren Regionen setzte, so sind spätestens mit dem Einsetzen der Rezession 1975 neue Qualitäten und Trends regionaler Ungleichgewichte evident geworden. So haben strukturelle Wandlungsprozesse und parallel dazu verlaufende Branchenkrisen z.B. in altindustrialisierten Gebieten "neue Problemregionen" mit den Begleiteffekten hoher Arbeitslosigkeit entstehen lassen, während andere Regionen aufgrund ihres hohen Ausstattungsniveaus mit Wachstumsbranchen prosperieren. Die empirisch nachweisbaren regionalen Abkoppelungen bei den Indikatoren "Wachstumspotential" und "Beschäftigungseffekte" haben in den letzten Jahren ein Süd-Nord-Gefälle in der Bundesrepublik entstehen lassen[2]). Durch den Vereinigungsprozeß mit der ehemaligen DDR hat sich dieses Gefälle dramatisch auf eine geographische West-Ost-Achse verlagert. Die rasante Talfahrt am Arbeitsmarkt in den fünf neuen Bundesländern ist dabei ein Krisensymptom, das einen tiefgreifenden ökonomischen, sozialen und ökologischen Strukturwandel signalisiert und zugleich neue und ungleich schärfer auftretende Disparitätenmuster, Binnenpolarisierungen und regionale Schieflagen aufdeckt[3]). Angesichts der Existenz regionaler Gefälle, in deren Konsequenz es in Problemregionen zu Zuspitzungen von Risikobelastungen und ungleicher Verteilung von Erwerbschancen am Arbeitsmarkt kommt, wird der Grundsatz der Herstellung "gleicher Arbeits- und Lebensverhältnisse" in allen Regionen zunehmend konterkariert. Nach der anfänglichen Euphorie über die politische Wiedervereinigung mit der ehemaligen DDR droht eine Metamorphose insofern, als neue ökonomische und soziale Spaltungslinien zwischen Ost und West gezogen werden.

Die wachsende Tendenz bei der räumlichen Polarisierung hat in Politik und Wissenschaft in den letzten Jahren die Hinwendung zu einer verstärkten Regionalisierung von politisch-administrativem Handeln und wissenschaftlicher Forschung forciert. Regionsbezogene Struktur-, Wirtschafts- und Beschäftigungspolitik, regionale bzw. lokale Arbeitsmarktpolitik, regionalisierte und raumwirksame Berufsbildungspolitik[4]) stellen in ihren konzeptionellen Ansätzen und den dabei jeweils implizit akzentuierten Handlungsmustern auf aktuelle Problemkonstellationen vor Ort ab. Die dabei propagierten Handlungserfordernisse heben in ihrer Stoßrichtung auf eine Modernisierung regionalpolitischer Instrumentarien ab, deren Credo in einer höheren Gestaltungs- und Steuerungskompetenz auf der Ebene dezentraler Akteure liegt, wobei durch die Kombination der Wirkungsachsen verschiedener Teilpolitiken ein Optimum eingesetzter Ressourcen sichergestellt werden soll. Derartige Ansätze insistieren im Kern auf eine intensive Förderung endogener Entwicklungs- und Innovationspotentiale und beziehen in ihren konzeptionellen Zielen u.a. auch die berufliche Qualifizierung als einflußreiche Variable im Hinblick auf regionale Entwicklungschancen mit ein. Wenngleich diese Strategie keine neuartige Variante in der regionalwissenschaftlichen Diskussion darstellt und sie zudem in ihren Instrumentarien bisher wenig ausdifferenziert ist, so signalisiert diese regionalpolitische Neuorientierung jedoch, daß das traditionelle Repertoire bisher praktizierter Regionalpolitik nicht mehr oder nur unzureichend wirksam eingesetzt werden kann[5].

In den nachfolgenden Ausführungen sollen Entwicklungspfade und Fragestellungen einer regionalisierten Berufsbildungspolitik nachgezeichnet und problematisiert werden. Die Thematisierung soll dabei auf Aspekte fokussiert werden, die Chancen aufzeigen, die sich durch eine regionalisierte Berufsbildungspolitik für die "Opfer raumstruktureller Entwicklungen, des Arbeitsmarktes und der Qualifizierungsoffensive" eröffnen und konstruktive Perspektiven für eine stärkere regional-orientierte Berufsbildungsforschung formulieren.

2. Weiterbildung zwischen Chancengleichheit und Marktbedarf

Mit der seit Mitte der 60er Jahre intensiv geführten Diskussion über Zugangsbarrieren im Bildungssystem avancierte das Chancengleichheitspostulat zu einer bestimmenden Metapher in der Bildungsreformdiskussion. Die Problematik der Ungleichheiten in den Zugangswegen zur Weiterbildung bzw. die realen Determinanten für die Wahrnehmung von Weiterbildungschancen wurden weitgehend in bildungssoziologischen Analysen entfaltet[6], deren generelle Befunde in der Erklärungsbreite struktureller, segmentierender, selektiver und regionaler Wirkungsprozesse hinsichtlich der Teilhabechancen an Weiterbildung weiterhin Gültigkeit besitzen[7]. Mit den individuellen ("Bildungsabstinenz", "Bildungsdistanz") und strukturellen Etikettierungen ("doppelte Selektivität der Weiterbildung" und "Polarisierung der Weiterbildungsteilnahme") wurde eindringlich ein gewisser Exklusivcharakter von Weiterbildung diagnostiziert. Die empirisch vorfindbaren ungleichen Partizipationsquoten an organisierten bzw. institutionalisierten Weiterbildungsprozessen konnten dabei auf ein facettenreiches Geflecht sozialer, curricularer und regionaler Diskriminierungen zurückgeführt werden.

Die Identifizierung einer räumlichen Dimension als eigenständiger oder kumulativer Faktor bei der Entstehung konkreter Benachteiligungen in der Weiterbildung geriet damit ins Augenmerk der weiterbildungspolitischen Debatte und animierte in der Folge die Forschung. Bereits der Deutsche Bildungsrat hatte im Strukturplan[8] auf dieses Problemfeld hingewiesen und programmatisch festgestellt:

"Die Verbesserung der Bildungschancen wird vorwiegend unter dem Gesichtspunkt gesehen, daß Benachteiligungen aufgrund regionaler, sozialer und individueller Voraussetzungen aufgehoben werden müssen. Die Verbesserung der Bildungschancen erfordert strukturelle und curriculare Anpassungen und im ländlichen Raum häufig besondere finanzielle Aufwendungen, da dort nicht immer die für eine Chancenverbesserung notwendigen Größenordnungen der Bildungseinrichtungen erreichbar sein werden (S. 30)...Die bekannten Bildungsgefälle zwischen den Sozialschichten, den Geschlechtern, den Regionen und den Konfessionen setzen sich in die Weiterbildung hinein fort (S. 56)...Isolierte Planungen der einzelnen Programme, bei Unübersichtlichkeit infolge mangelnder Informationen, führen zu Überschneidungen und Lücken im Gesamtangebot...Ein umfassendes und qualitativ hochstehendes regionales Bildungsangebot...ist von der Zusammenarbeit einer ausreichenden Zahl leistungsfähiger Träger und Einrichtungen abhängig. Dies gilt insbesondere in den Gebieten außerhalb der städtischen Ballungsräume. Zusammenarbeit auf lokalregionaler Ebene bedeutet vor allem in diesen Gebieten...Ausbau und Verbesserung des meist unzulänglichen Bildungsangebots" (S. 212/213).

Derartige Aussagen zu Versorgungsdefiziten und Angebotsdisparitäten stimulierten vielfältige staatliche Aktivitäten, die das Ziel verfolgten, die Weiterbildung konsequent und entsprechend dem ihr zugeschriebenen Bedeutungsgehalt in die bildungspolitischen Planungshorizonte einzubinden. Neben der übergreifenden Planungsoption des Ausbaus der Weiterbildung zu einem "quartären" Bereich des Bildungssystems wurden Akzente in der curricularen und didaktisch-methodischen Entwicklung zielgruppenorientierter Programme und Bildungsangebote gesetzt. Weiterbildungsentwicklungsplanung als Strategie zur Initiierung einer flächendeckenden Grundversorgung mit Weiterbildungsinfrastrukturleistungen und die Verankerung adressatengerechter regionaler Grundangebote als adäquate Variante zielgruppenbezogener Bildungskonzepte und Ansprachen formen (z.B. Weiterbildungsberatung) wurden demzufolge zu bildungsplanerischen Schlüsselkategorien und -rezepturen hochstilisiert[9]).

Mit den programmatischen Forderungen nach einer Verbesserung der regionalen Weiterbildungsinfrastruktur in ländlich-peripheren Regionen mit defizitären Versorgungsleistungen wurde gleichfalls deutlich, daß ein wesentliches Problem in der Existenz eklatanter Informationslücken lag, die eine umfassende Transparenz regionaler Angebots- und Bedarfsstrukturen in der Weiterbildung nicht zuließ. Die unzureichende Daten- und Informationsbasis sollte, so der Deutsche Bildungsrat programmatisch, durch die statistische Aufbereitung von Informationen über die Weiterbildung mit Hilfe einer Melde- und Auskunftspflicht kompensiert werden. Als elaboriertes Konzept der Umsetzung, wenngleich nie praktisch realisiert, wurde die Einrichtung eines "Weiterbildungsinformationssystems" postuliert[10]), das Strukturdaten systematisch-statistisch aufbereiten und potentiellen Nutzern zur Verfügung stellen sollte. Die Diskussion um die Etablierung einer umfassenden Weiterbildungsstatistik als Grundlage der Weiterbildungsplanung ist gegenwärtig weitgehend verebbt. Zwar existiert ein weiterbildungsstatistisches Erfassungs-Kernprogramm[11]), dieses ist jedoch bis dato aus unterschiedlichen Gründen nicht zum breiten Einsatz gelangt[12]). Im Berufsbildungsbericht 1988[13]) ist das Thema "Weiterbildungsstatistik" erneut aufgenommen und bezüglich der statistischen Erfassungsreichweiten und methodischen Schwierigkeiten problematisiert worden; resümierend wird dort festgestellt, daß zwar die gegenwärtig verfügbaren Statistiken und Dokumentationen die Informationsbedürfnisse nicht ausreichend abdecken können, zugleich wird positiv würdigend aber auf eine Vielzahl von Dokumentationen und Teilstatistiken sowie regionale Informationssysteme (z.B. Datenbanken, Veranstaltungskalender etc.) verwiesen, die zur Verbesserung der Transparenz und Weiterbildungsberatung einen spezifischen Beitrag leisten[14]). Zwar kann man konstatieren, daß sich die Zugriffsmöglichkeiten auf Informationen über Weiterbildungsangebote in den letzten Jahren insgesamt deutlich verbessert haben, dennoch bleibt festzustellen, daß die Daten- und Informationsbasis zum Zweck vorausschauender Weiterbildungsplanung substantiell kaum ausreicht, zumal auch noch keine empirisch abgesicherten Befunde darüber vorliegen, ob die gegenwärtig zur Anwendung kommenden Informationssysteme - gemessen an ihren Ansprüchen - effizient und effektiv arbeiten und wer diese Systeme letztlich frequentiert.

Als nach wie vor problematischer Teilbereich erweist sich in diesem Kontext die betriebliche Weiterbildung, die sich unter quantitativen und qualitativen Aspekten gegenüber dem Zugriff von Forschung und statistischer Durchdringung weitgehend immunisiert hat, obgleich sie quantitativ das bedeutsamste Segment beruflicher Weiterbildung abbildet[15]). Sie fungiert weitgehend nur als geschlossenes System für die betrieblichen Belegschaften, so daß der Informationsfluß nach außen eher restriktiv gehandhabt wird.

Das Scheitern der Bemühungen um die Implementierung einer umfassenden Weiterbildungsstatistik als Grundvoraussetzung perspektivischer Weiterbildungsplanung steht in einer engen Verbindung zu den Veränderungen im Aufgabenverständnis staatlicher Weiterbildungspolitik im Übergang von den 70er zu den 80er Jahren. War die planerische "Euphoriephase" der 70er Jahre begleitet von einem ordnungspolitischen Paradigma, das der staatlichen Weiterbildungspolitik und -planung aktive Gestaltungs- und Regelungsaufgaben zuschrieb, wurde dieses Ordnungskonzept in den 80er Jahren durch ein Modell substituiert, das dem staatlichen Engagement lediglich nur noch die Schaffung von Rahmenbedingungen (Subsidiaritätsprinzip) zudiktiert, ansonsten aber den Marktmechanismen in der Weiterbildung bei weitgehender Zurückdrängung von staatlichen Normierungsansprüchen das Feld überantwortet[16]).

Spätestens seit dem von Dahrendorf formulierten Postulat nach "Bildung als Bürgerrecht" sind mit der Forderung nach "Chancengleichheit" bzw. "Chancengerechtigkeit" im Bildungs- und Beschäftigungssystem vielfältige Legitimationen und Begründungsmuster geliefert worden, zugleich aber haben gegensätzliche bzw. ambivalente bildungspolitische Strategien zur Realisierung dieses Postulats keine einheitliche Interpretationsfigur, geschweige denn einen Konsens über den genauen Sinngehalt von "Chancengleichheit" hervorbringen können[17]).

Ähnliche Probleme existieren mit der Kategorie des "Bedarfs". Zwar herrscht in Politik und Wissenschaft weitgehend Übereinstimmung darüber, daß der Bedarf an beruflicher Weiterbildung wachsen werde, jedoch sind eindeutige und klare Konturen in den Vorstellungen über den tatsächlichen Bedarf nicht erkennbar. So verharren die Bedarfsdefinitionen auf einer relativ allgemeinen Ebene, da sie zumeist im Kontext politischer Ambitionen nach Expansion von beruflicher Weiterbildung oder zur Legitimation praktizierter Weiterbildung formuliert werden[18]). Infolge des Fehlens fundierter systematischer und analytischer Instrumente der Bedarfsermittlung bleiben Aussagen zum Bedarf relativ willkürlich und politisch-programmatisch gesetzt[19]). Das Prognosedefizit für den Bedarf an beruflicher Qualifizierung und Weiterbildung wirkt um so stärker, als es sich bei der Weiterbildung - so die weitverbreitete öffentliche Meinung - um ein dynamisches Feld zur Bereitstellung von Ergänzungs- und Anpassungsqualifikationen infolge technisch-organisatorischer, sozialer und struktureller Wandlungsprozesse handelt. Dies erschwert nachhaltig die Bestimmung formalisierter Größenordnungen, die ja die Grundlagen bildungsökonomischer Bedarfsanalysen darstellen, wenngleich in Analogie zu den mit formalen Abschlüssen ausgestatteten Bereichen des Bildungssystems traditionelle bildungsökonomische Bedarfsansätze auch in der Weiterbildung fruchtbar geworden sind. Als Fazit kann man konstatieren, daß die vorfindbaren Bedarfsartikulationen gravierende Mängel aufweisen, da sie statisch ausgelegt sind und zu sehr auf einseitige Kausalitäten abheben. So bleiben angebotsorientierte Ansätze von beruflicher Weiterbildung weitgehend auf funktionalistische, technizistische und pragmatische Profile verkürzt, kurzfristig nachfrageorientierte Konzepte zumeist in traditionellen Anforderungsstrukturen verhaftet und auf langfristige Nachfrage abstellende Konzepte inhaltlich zu unspezifisch und deshalb in ihren quantitativen Vorschlägen zu beliebig[20]).

In diesem Zusammenhang stehen auch die vielfältigen Bemühungen um die inhaltlichen Präzisierungen im Konzept der "Schlüsselqualifikationen". Die Inthronisierung dieses Konzeptes in die wissenschaftliche Diskussion (1974) basierte im wesentlichen auf arbeitsmarktpolitischen Überlegungen, wobei mit dem Konzept der Schlüsselqualifikationen von der Idee der Prognostizierbarkeit des zukünftigen Qualifikationsbedarfs Abschied genommen und die Nichtprognostizierbarkeit zum bildungspolitischen Programm erhoben wurde[21]). Die Produktion von Qualifikationen, so eine Grundaussage des Konzeptes, sollte dabei den dynamischen Beschleunigungsprozeß der technisch-ökonomischen Innovationszyklen flankieren helfen, wobei die konkreten Qualifikationsinhalte in diesem Prozeß ein immer höher werdendes Abstraktionsniveau erreichen. Ist ein spezifisches Abstraktionsniveau realisiert, so kann dieses als universaler "Passepartout" im Zugang zum Arbeitsmarkt verwendet werden. In diesem Sinne sind "Schlüsselqualifikationen" generalisierbare und abstrakte Qualifikationen, die weitgehend von konkreten Arbeitsanforderungen und Handlungsvollzügen abgekoppelt sind. Die Kritik an diesem Konzept[22]) hat sich insbesondere an der Suggestionskraft des Begriffes "Schlüsselqualifikation" entzündet, folgt aus ihm doch die individuelle Verheißung, daß diejenigen, die diesen Schlüssel im Tornister tragen, gegen arbeitsmarktliche Risiken weitgehend resistent seien, sofern sie die erforderlichen Mobilitäts- und Flexibilitätsleistungen erbringen, die der moderne Produktionsprozeß ihnen abfordert. Die inflationäre und fast schon ritualisierte Beschwörung von Schlüsselqualifikationen verweist letztlich auf die hohe Verwendungstauglichkeit dieses Begriffes auch in der Bedarfsdiskussion. So bleiben in vielen modernistisch-populistisch hochstilisierten Lernkonzepten (angereichert mit zuweilen substanzlos-floskelhaften Formeln, Sprachregelungsanästhesien und semantischer Akrobatik), welche die Herstellung von Schlüsselqualifikationen auf individueller Ebene versprechen, Unschärfen in der Bestimmung von Bedarfsgrößen bestehen, und die nach wie vor existente Definitionsmacht der Betriebe bei der Formulierung des Bedarfs wird verschleiert. Verdeckt bleibt ferner, daß der Qualifikationserwerb und folglich die daran gekoppelten Karrierechancen nach wie vor über formalisierte Zertifikate aufgrund bestehender Machtkonstellationen im Verteilungsprozeß ungleich kanalisiert werden. Letztlich bleibt auf individueller Ebene die prekäre Situation eines "Qualifikationsparadoxons" insofern, als Qualifizierung keine Garantie für eine Berufskarriere ist, der Verzicht auf sie aber das Risiko des sozialen Abstiegs potenziert. Dieses Dilemma ist u.a. auch dafür mitverantwortlich, daß sich die berufliche Weiterbildung für bildungs- und arbeitsmarktpolitisch benachteiligte Gruppen bisher weitgehend nur reaktiv-kurativ entfalten konnte. In der Konsequenz führt dies zu den sozialen Problemlagen, die die berufliche Weiterbildung im Zusammenhang mit den Arbeitsmarktproblemen insgesamt kennzeichnen[23]).

3. Entwicklungslinien in der Erforschung regionaler Berufsbildung

Umfassende Regionalanalysen zur Weiterbildung im allgemeinen und zur beruflichen Weiterbildung im besonderen liegen bisher erst nur vereinzelt vor. Obwohl seit Anfang der 70er Jahre die Relevanz der Erforschung regionaler Berufsbildungssysteme immer wieder betont wird, fehlt es bisher an abgesicherten theoretisch-methodischem Wissen zur Erhellung des regionalen Beziehungsgeflechts zwischen Bildungs- und Beschäftigungssystem.

Bereits seit den 60er Jahren setzte sich die planungsbezogene Bildungsforschung mit regionalen Versorgungsaspekten des allgemeinbildenden Schulwesens im Sinne einer "Geographie des Bildungswesens" auseinander. In einer Vielzahl von Studien wurde die regionale Verteilung von Bildungsangeboten auf die Bildungsnachfrage thematisiert, wobei Auf- und Ausbau von Bildungseinrichtungen generell als Faktor regionaler Entwicklung angesehen und demzufolge vom regionalen Bildungswesen wesentliche Impulse für die wirtschaftliche Entwicklung erwartet wurden[24]). Diese Optik stand im Einklang mit Befunden, denen zufolge das quantitative und qualitative Niveau des Standortfaktors "Aus- und Weiterbildung" als determinierende Variable regionaler Entwicklung fungiert[25]). In anderen Untersuchungen konnte hingegen nachgewiesen werden, daß z.B. die (institutionelle) Förderung von beruflicher Weiterbildung im Rahmen der Arbeitsmarktpolitik (AFG) in strukturschwachen Regionen die berufliche Weiterbildungsinfrastruktur nur sehr eingeschränkt beeinflussen kann und sie kaum in der Lage ist, regionale Defizite in den Versorgungsleistungen mit beruflicher Bildung nachhaltig aufzuheben, demzufolge auch die Freisetzung regionaler Entwicklungspotentiale eingeschränkt ist[26]).

Trotz der Tradition regionaler Bildungsforschung im allgemeinbildenden Schulwesen rückte erst zu Beginn der 70er Jahre die berufliche Bildung zunehmend ins Interesse der Forschung. In einer vom Institut für Arbeitsmarktforschung vorgelegten Untersuchung zur regionalen Ungleichheit von Bildungschancen im Zugang zum Dualen System wurden die eingeschränkten quantitativen und qualitativen Berufswahlmöglichkeiten in Flächenregionen und Gebieten mit einseitiger Wirtschaftsstruktur eindrucksvoll herausdestilliert und Maßnahmen zum Abbau regionaler Gefälle vorgeschlagen[27]). Mit dem Begriff "Problemregionen der beruflichen Bildung" konnte sich in der Folgezeit ein Forschungsfeld etablieren, das die besonderen Probleme des Übergangs Jugendlicher in die Berufsausbildung (insbesondere infolge der demographischen Entwicklung einerseits und des Rückgangs an Ausbildungsplätzen andererseits) in Abhängigkeit von regionalstrukturellen und insbesondere von wirtschaftsstrukturellen Rahmenbedingungen thematisierte[28]).

Mit der jährlichen Berichterstattung über Angebots-Nachfrage-Relationen in ihrer regionalen Differenzierung im Berufsbildungsbericht der Bundesregierung (spätestens seit 1981) sind die Disparitäten in den regionalen Versorgungslagen in den letzten Jahren zunehmend zum Gegenstand bildungspolitischer Kontroversen über das tatsächliche Ausmaß quantitativer und qualitativer Unterversorgungen (Jugendarbeitslosigkeit) in globaler wie auch regionaler Sicht avanciert. Wenngleich sich die in den letzten Jahren angespannte und für eine Vielzahl von Regionen dramatische Situation der Ungleichgewichte am Ausbildungsstellenmarkt (erste Schwelle) etwas abgeschwächt hat, so haben sich die grundsätzlichen Problemlagen einer Integration Jugendlicher ins Beschäftigungssystem teilweise zeitlich nur zur zweiten Schwelle (Übergang von der Ausbildung in eine dauerhafte Beschäftigung) verlagert[29]).

Wurde durch die empirischen Forschungsbefunde zur regionalen Verfassung der Berufsbildung ausreichend Zündstoff für die bildungspolitische Debatte um die Initiierung adäquater Maßnahmen zur Abmilderung regionaler Disparitäten geliefert[30]), entfaltete sich in der wissenschaftlichen Diskussion vor dem Hintergrund einer stärkeren Akzeptanz der Raumbedeutsamkeit von beruflicher Bildung eine Auseinandersetzung über die Auswahl von geeigneten Indikatorensystemen und Parametern zur Beschreibung regionaler Berufsbildungssysteme. Die Konstituierung angemessener Informationssysteme auf der Basis von Indikatoren einschließlich ihrer Fortschreibung als laufende Raumbeobachtung und Sozialberichterstattung sollten zur Typisierung von Raumeinheiten dienen, wobei durch regelmäßige Status-quo-Analysen prognostische Aussagen, die sich implizit aus der regionalen Dynamik wirtschaftsstruktureller Entwicklung ableiten ließen (z.B. Bedarfsaspekte), abgesichert werden sollten. Eine derartige systematische Aufarbeitung und zur Verfügungstellung aussagekräftiger räumlicher Daten und Informationen und deren problembezogene Verknüpfung im Hinblick auf die Identifizierung von Wirkungs- und Interdependenzgeflechten einzelner Einflußfaktoren sollte entsprechende bildungs-, arbeits- und strukturpolitische Handlungsmuster und Aktionsparameter im Sinne eines übergreifenden Konzeptes regionalisierter Berufsbildungspolitik liefern[31]). Die Forderung nach der Entwicklung einer breiten daten- und informationsunterstützten regionalen Berichterstattung zur beruflichen Bildung hatte sich nicht zuletzt aus der Kritik an der unzureichenden Aussagefähigkeit von Ausbildungsbilanzen in der Berichterstattung des Berufsbildungsberichts entwickelt[32]). Erweiterte analytische Ansätze zur Durchdringung regionaler Systeme und Strukturen der beruflichen Ausbildung unter Zuhilfenahme von erweiterten statistischen Instrumenten sind z.B. im Rahmen kommunaler Berufsbildungsberichte zur Anwendungsreife entwickelt worden[33]). Ausgehend von einer Segmentation des Bildungssystems, das die Bildungswege in relativ dauerhafte institutionell aufgespaltene Teilsegmente differenziert und hierdurch die Allokation von Schülerströmen in die berufliche Ausbildung durch rigide Mobilitäts- und Substitutionsbarrieren bestimmt sieht, wird ein Beratungs- und Informationsmodell präferiert, das die Selektionsmuster und diskriminierenden Zuweisungen transparent werden läßt und demzufolge entsprechende bildungspolitische Maßnahmen auf regionaler/lokaler Ebene begründen hilft[34]).

Im Kontext mit den Bemühungen um die Erforschung regionaler Berufsbildungssysteme in ihren Beziehungsstrukturen wurden notwendigerweise auch erneut Fragen nach den Basisdaten einer Berufsbildungsstatistik einschließlich des methodischen Konzeptes aufgeworfen. Wie bereits oben im Zusammenhang mit der Etablierung einer Weiterbildungsstatistik thematisiert, blieb eine grundsätzliche Reorganisation der Berufsbildungsstatistik im feingesponnenen Netz der in der beruflichen Aus- und Weiterbildung ausgeprägten Interessen- und Machtstrukturen hängen. Während durch die Erhebungspraxis im Feld der beruflichen Erstausbildung vergleichsweise informative statistische Grundlagen bereitgestellt werden, trifft dies für die berufliche Weiterbildung nach wie vor nicht zu, da weder aggregierte noch regional differenzierte Daten mit ausreichender quantitativer und qualitativer Aussagekraft für Forschungszwecke zur Verfügung stehen[35]).

Diesem Umstand Rechnung tragend, konzentrierte sich die regional orientierte berufliche Weiterbildungsforschung in ihren Anfängen ebenfalls auf die Dechiffrierung regionaler bzw. trägerspezifischer Bestandsstrukturen in der Weiterbildung[36]). Dabei handelte es sich weitgehend um mehr oder minder differenzierte statistische Analysen, die zumeist nur temporäre bzw. partielle Momentaufnahmen in der beruflichen Weiterbildung abbildeten. Zugleich förderten diese Untersuchungen aber zutage, daß es in den Versorgungsleistungen mit Weiterbildungsangeboten erhebliche regionale Disparitäten gab, die bildungspolitische Aktivitäten gerade in ländlich strukturierten Räumen einforderten[37]), zumal sozialräumliche Strukturen negative Beziehungen und Wirkungen zwischen Bildungsangebot und Bildungsnachfrage herstellen und sie sich dauerhaft in Form von Bildungsgefällen verstetigen können[38]).

Als Zwischenresümee über die Entwicklungsetappen regionaler beruflicher Weiterbildungsforschung kann festgehalten werden, daß sich der Diskussionsstand über die komplexe Forschungslandschaft erst in den letzten Jahren intensiver entwickelt und im Bewußtsein der Fachöffentlichkeit verankert hat. Obwohl sich die Diskussion relativ schnell und analog zu den Forschungsansätzen in der regionalen beruflichen Erstausbildung entfalten konnte, vermochte sie bis dato eher einen Beitrag zur Formulierung von Forschungsfragestellungen zu leisten. Die Umsetzung in konkrete Forschungsprojekte hingegen hat aber kaum das qualitative Niveau der Forschungsergebnisse zur beruflichen Erstausbildung erreichen können. Die Gründe liegen vornehmlich in der Verfaßtheit der beruflichen Weiterbildung selbst. Organisatorische Zersplitterung als Ausdruck der "pluralen" Strukturen, ordnungspolitisches Kompetenzgerangel, bestehende Finanzierungsmodalitäten etc. bestimmen im wesentlichen die in diesem Feld wirkenden partikularen Interessenkonstellationen und die mittlerweile ritualisierten Konflikte. Letztlich führt dies zur vielbeklagten Intransparenz, die die vielbeschworene Nutzersouveränität erheblich beschneidet.

So überrascht der Befund nicht, daß konsistent theoretisch-methodische Konzepte zur räumlichen Analyse einschließlich der Aufarbeitung regionaler Verflechtungen zwischen Bildungs- und Beschäftigungssystem unter Berücksichtigung der beruflichen Weiterbildung nur rudimentär entwickelt sind[39]). Als Reflex auf die Widerstände und Schwierigkeiten, mit denen sich die Forschung konfrontiert sieht, hat sie sich in den letzten Jahren verstärkt auf regionale Aspekte ausgewählter Teilbereiche der beruflichen Weiterbildung in öffentlicher

Verantwortung konzentriert, die sich durch eine breitere Datenbasis auszeichnen und aufgrund der Erhebungspraxis zudem eine Datentiefenstruktur liefern, die regionale Differenzierungen ermöglicht. Dies trifft besonders auf den Bereich der AFG-geförderten beruflichen Weiterbildung zu. Die Akzente liegen dabei auf Auswirkungen unterschiedlicher Arbeitsmarktsituationen auf das Angebot an beruflicher und betrieblicher Weiterbildung. Dabei werden Fragen der Förderungs- und Steuerungspolitik, der Inanspruchnahme des Leistungsumfangs und der erzielten Wirkungsbreite der Maßnahmen erörtert. Die Anlage der Untersuchungen steht im wesentlichen in der Tradition des Paradigmas "disparater regionaler Entwicklung". So konnte festgestellt werden, daß die Inanspruchnahme staatlich geförderter beruflicher Weiterbildung in Regionen mit unterschiedlichen Arbeitsmarktbedingungen insofern deutlich variiert, als besonders berufliche Bildungsmaßnahmen für Arbeitslose im Vergleich zwischen strukturschwachen und wirtschaftsstarken Gebieten verschiedene Nutzungsintensitäten seitens der Arbeitsämter hervorrufen können. Andererseits zeigt sich aber auch, daß die positiven Effekte der Qualifizierungsförderung in Regionen mit wirtschaftsstrukturellen Schwächen verpuffen, wenn eine Wiedereingliederung der Weitergebildeten am Arbeitsmarkt nicht erfolgt. Als interessanter Befund kann auch gewertet werden, daß sich qualitative Disparitäten der Angebotspalette von Weiterbildung in strukturschwachen Regionen insbesondere in Berufsfeldern niederschlagen, die als Nukleus innovationsorientierter Bildungsmaßnahmen rangieren (z.B. EDV-Weiterbildung)[40]. In diesem Kontext stehen auch Untersuchungen bezüglich der Frage nach den Potentialen AFG-impliziter Steuerungsmöglichkeiten im Hinblick auf die Gestaltung und Qualitätssicherung regionaler Bildungsangebote und der Einflußnahme auf die regionale Infrastruktur für die berufliche Qualifizierung. Demnach ist die Planbarkeit regionaler Maßnahmen beruflicher Weiterbildungs- und Qualifizierungsförderung an den erfolgreichen Rückgriff auf abgesicherte und systematisch aufbereitete regionale Planungsdaten zum Arbeits- und Bildungsmarkt gebunden[41]. Dieser Rückgriff erweist sich zumeist als "Griff ins Leere", da hier die zentralen Schwachstellen und Engpaßvariablen regionaler Planungsbemühungen unter den gegebenen Rahmenbedingungen verortet werden können. Unter der Voraussetzung einer Expansion öffentlich geförderter beruflicher Weiterbildung, wie z.B. im Rahmen der Qualifizierungsoffensive der Bundesanstalt für Arbeit, kann eine regionale Steuerungssicherheit durch Fehlsignale leicht in ein Steuerungsrisiko umschlagen[42]. Zur Abwendung derartiger Risiken muß das Votum eindeutig zugunsten einer Stärkung öffentlicher Planungskompetenz gesetzt werden. Diese Kompetenz müßte jedoch auf der Ebene der regionalen Akteure angesiedelt sein, und die Planungssicherheit müßte durch Einbeziehung von Elementen regionaler Feinsteuerung sichergestellt werden. Flankierend hierzu müßte die permanente Erstellung von regionalen Berufs- und Weiterbildungsplänen, die die Prognosesicherheiten bei der Abschätzung regionaler Bedarfslagen erweitern könnten, vorangetrieben werden. Damit könnten erste Grundlagen für ein längerfristiges Konzept regionaler Weiterbildungsplanung mit der Perspektive einer Entfaltung regionaler Entwicklungsmöglichkeiten gelegt werden. Damit wäre aber auch eine Grundbedingung angesprochen, die auf eine teilweise Entkoppelung zwischen kurzfristig entstehenden regionalen Bedarfslagen im Beschäftigungssystem und den reaktiven Handlungsmustern beruflicher Qualifizierungspolitik abzielt. Dies bedingt, daß die Betriebe aus ihrer alleinigen Definitionsmacht in der doppelten Funktion als Nachfrager und Anbieter von Qualifikationen bzw. Weiterbildung tendenziell herauszulösen sind. Argumentativ kann dies dadurch untermauert werden, als selbst die Betriebe kaum in der Lage sind, ihren mittel- und langfristigen Bedarf aufgrund fehlender systematischer Analyseinstrumente zu bestimmen, und sich dies bei der Abgleichung zwischen regionalem (überbetrieblichem) beruflichem Weiterbildungsangebot und dem regionalen Qualifikationsbedarf als neuralgischer Punkt herauskristallisiert[43]).

Berufliche Weiterbildung mit der Fokussierung auf Fragen nach dem spezifischen Obolus, den sie zur Bewältigung gesellschaftlicher, sozialer, ökonomischer und letztlich auch regionaler Entwicklungen leisten kann, ist, wie bereits dargelegt, mit Realitäten sozialer und regionaler Diskriminierung konfrontiert, die im wesentlichen aus ihrer unmittelbaren Nähe zum Beschäftigungssystem als (kurzfristiger) "Bediener" von Bedarfsanforderungen resultiert. Die zunehmende Segmentierung des Weiterbildungsmarktes, die selektiven Wirkungen in den Partizipationsquoten und letztlich die relativ hohe Prognoseunsicherheit über zukünftige Entwicklungen im Beschäftigungssystem haben die berufliche Weiterbildungsforschung immer wieder auf Fragestellungen nach verbindlichen und handhabbaren Konzepten der Bedarfsfeststellung gelenkt. Bedarf, ob global, regional oder lokal, ist aber keine Meßgröße, die sich unmittelbar erschließen läßt[44]). Vielmehr wirken vielfältige Faktoren und Interessen in die Bedarfsartikulationen ein, die einerseits durchaus zu hohen Überschneidungsfeldern z.B. zwischen betrieblichem und regionalem Bedarf führen, andererseits aber deutlich auseinanderfallen können. Hiervon sind zumeist diejenigen negativ tangiert, die als Opfer des Arbeitsmarktes von raumstrukturellen Entwicklungen und der Qualifizierungsoffensive betroffen sind. Die diesem Personenkreis zugeschriebenen Qualifikationsnotwendigkeiten werden dabei schwerpunktmäßig nur noch über arbeitsmarkt- und sozialpolitische Präventionsmaßnahmen (mit den entsprechenden Alimentierungsleistungen) eingefangen[45]), zumal sie verstärkt auch der Etikettierung und Klassifizierung als "grundsätzlich defizitäre Gruppe" im Beschäftigungssystem unterliegen[46]) und es sich auch abzuzeichnen scheint, daß sie dauerhaft von (regionalen) Entwicklungen am Arbeitsmarkt abgekoppelt werden, sofern nicht politisches Handeln greift[47]).

Angesichts der Avancen von beruflicher Weiterbildung, im Vergleich zu anderen Bereichen des Bildungswesens zum bildungspolitischen Konfliktfeld der Zukunft zu werden (wie es in den 70er Jahren sicherlich für das Feld der Schulpolitik zutraf), bleibt die Frage nach den konkreten Gestaltungsperspektiven. Die Formulierung von Perspektiven ist aber zugleich - wie in keinem anderen Feld des Bildungswesens - an die Identifizierung von Interessenpositionen gebunden. Ausgehend von der Akzeptanz partikularer Interessenslagen an beruflicher Weiterbildung könnte die Diskussion um den scheinbar objektiven Bedarf entdramatisiert und einer diskursiven Bedarfsfestlegung zugeführt werden. Dies bedeutet jedoch die explizite Bestimmung und Durchsetzung legitimer Arbeitnehmerinteressen in die Prozesse beruflicher Qualifizierung. Ein solches "Entwicklungsmodell Weiterbildung" sollte in der Lage sein, berufliche Weiterbildung losgelöst von den gegenwärtig determinierenden Strukturen und Prozessen sozialer Ungleichheit für alle Arbeitnehmer erreichbar zu machen. Eine diesbezügliche grundsätzliche Perspektive, aus der zwar noch keine klaren Konturen für konkrete Bedarfsdefinitionen extrahiert werden können, müßte übergreifende qualitative Koordinaten und Kriterien einer Bedarfsdefinition aus Arbeitnehmersicht formulieren. Weiterbildungspolitische Konzepte wie z.B. "Arbeitsorientierung und Qualifikationskonversion", die diese Ziele transportieren, könnten dabei mit Ansätzen einer "arbeitnehmerorientierten Regionalpolitik", die auch die berufliche Qualifizierung und Weiterbildung berücksichtigt, verknüpft und weiterentwickelt werden[48]).

Die Perspektive, die diese Gestaltungsoption produktiv aufzunehmen vermag, liegt eindeutig in der Favorisierung beruflicher Qualifizierung und Weiterbildung, die auf Prävention und Antizipation im Kontext des gesellschaftlichen und ökonomisch-technischen Wandels setzt, anstatt, wie bisher weitgehend praktiziert, nur kurativ auf diese Wandlungsprozesse zu reagieren. Insofern muß die marktgesteuerte Bedarfsfestlegung in der doppelten Definitionsmacht der Betriebe strukturell verändert werden. Dies würde in der Konsequenz nicht bedeuten, die Entscheidung zugunsten eines der in Konkurrenz stehenden Modelle ("Markt versus öffentliche Verantwortung") zu treffen, zumal die historische Entwicklung des Weiterbildungssystems beide Pfade beschritten hat und dieses Mischsystem die gegenwärtige Bildungspraxis kennzeichnet und auch eine spezifische Leistungsfähigkeit garantiert. Gegenwärtig kann es deshalb nur um Reformen und Korrekturen an dieser Bildungspraxis gehen.

4. Zusammenfassung und Desiderate regionaler beruflicher Weiterbildungsforschung

Im Rahmen dieses Beitrags sollten nur die wesentlichen Nuancen und Facetten in der regionalen Berufsbildungsforschung präsentiert werden, und deshalb konnten lediglich nur einige zentrale Forschungsstränge skizziert werden. Dabei war es jedoch von Relevanz, die Diskussion in Kontexte einzubinden, die - konzentriert in dem Begriff der "Chancengleichheit" bzw. der Kategorie des "Bildungsbedarfs" - die Debatte im wesentlichen mitbestimmt haben. Faßt man die einzelnen Forschungsstränge zu einer Typologie zusammen, so ergibt sich folgendes Bild, wenngleich betont werden muß, daß sich die mittlerweile etablierten Forschungsfelder nicht chronologisch entwickeln, sondern sich in ihren Fragestellungen wechselseitig beeinflussen und hohe Überschneidungsfelder aufweisen:

1) Bildungsplanerische Ansätze

Planungsbezogene Ansätze charakterisierten die Anfänge regionalorientierter beruflicher Weiterbildungsforschung. Sie wurden vornehmlich als statistische Untersuchungen realisiert, die dem Zweck von Bestandsaufnahmen im Geflecht der Weiterbildungsorganisation dienten. Diese standen im Kontext von Bemühungen, die Weiterbildung insgesamt stärker in das Bildungssystem und in die Planungshorizonte staatlicher Bildungspolitik zu integrieren. Dabei wurde deutlich, daß erforderliche Informations- und Datengrundlagen über die Weiterbildung kaum vorhanden waren und somit auf abgesicherte Planungsgrundlagen nicht zurückgegriffen werden konnte. Folglich konzentrierte sich die Forschung auf Fragestellungen einer verbesserten statistischen Durchdringung der Weiterbildung.

2) Bildungssoziologische Ansätze

Gespeist durch vielfältige Befunde zu den Benachteiligungen in der Weiterbildung gerieten soziale, curriculare und regionale Defizite der Weiterbildung in das Blickfeld der Forschung. Durch die spezifischen subjektiven und objektiven Determinanten bei der Konstituierung von Bildungskarrieren im Hinblick auf die Statuszuweisung im Beschäftigungssystem wurden insbesondere auch regionale Aspekte beim Zugang der (Weiter-)Bildung thematisiert. Der empirische Nachweis der Existenz regionaler Bildungsgefälle im Kontext von sozialen Deprivilegierungen besonderer Bevölkerungsgruppen in der Weiterbildung animierte die Forschung, sich auch mit den Bedingungen und Einflußfaktoren regionaler Angebotsstrukturen und ihren Wirkungen auf die Teilhabechancen in der Weiterbildung auseinanderzusetzen. Im Vergleich zur Thematisierung sozialer und curricularer Benachteiligungen spielten regionale Aspekte aber eine eher untergeordnete Rolle in den Untersuchungen. Dies war auf den Umstand zurückzuführen, daß interpretationsfähige Daten und Informationen zur regionalen Weiterbildung kaum zur Verfügung standen und diese erst durch umfangreiche (zeit- und kostenintensive) Primärerhebungen erschlossen werden mußten.

3) Arbeitsmarktpolitische Ansätze

Mit der Verschärfung der Krise am Arbeitsmarkt, die zum Teil an regionalen Arbeitsmärkten ein dramatisches Ausmaß gewann, und infolge der zunehmenden Strukturalisierung der Arbeitslosigkeit konzentrierte sich die Forschung u.a. auf die Wirkungen und potentiellen Steuerungsfunktionen staatlicher beruflicher Weiterbildungsförderung nach dem AFG. Ausgehend von Befunden zu den regionalen Disparitäten in den Infrastrukturausstattungen mit beruflicher Bildung, die sich als hemmender Faktor einer Expansion in der beruflichen Weiterbildungsförderung darstellen, wurden u.a. Fragen abgehandelt, inwieweit auf regionaler Ebene eine Förderungspolitik betrieben werden kann, die in der Lage ist, Friktionen am Arbeitsmarkt durch verstärkte Weiterbildungsaktivitäten nachhaltig abzufedern. Derartige Strategien konfligierten jedoch auf regionaler Ebene mit den betrieblichen Weiterbildungspolitiken. Zentrale Erklärungsmuster ungleicher betrieblich organisierter beruflicher Weiterbildung liegen z.B. in den unterschiedlichen Aktivitäten zwischen Großbetrieben einerseits und Mittel- und Kleinbetrieben andererseits. Da strukturschwache Regionen einen überdurchschnittlichen Besatz von Klein- und Mittelbetrieben bzw. Zweigbetrieben größerer Konzerne aufweisen, sind die wirtschaftsstrukturellen Rahmenbedingungen Ausgangspunkt für die Implementierung überbetrieblicher, kompensatorischer Maßnahmen.

4) Regional- bzw. raumpolitische Ansätze

Regionalpolitische Ansätze nahmen schwerpunktmäßig ihren konkreten Bezugspunkt im Bereich der beruflichen Ausbildung. Der übergreifende Kontext dieses Forschungsstrangs lag vorwiegend in der Aufarbeitung regionaler Problemlagen beim Übergang von der Schule in die Berufsausbildung. Dabei hat sich die Forschung recht frühzeitig auf die Entwicklung von geeigneten Indikatorensystemen und methodischen Konzepten zur Beschreibung quantitativer wie auch qualitativer Aspekte des Übergangs konzentriert. Mittlerweile sind diese Ansätze weiterentwickelt und auf die berufliche Weiterbildung ausgedehnt worden, obgleich man auch in diesem Kontext von Forschungskontinuität zwischen Aus- und Weiterbildung nicht sprechen kann[49]).

5) Struktur- und beschäftigungspolitische Ansätze

Dieses Feld stellt sich als eine Perspektiverweiterung zuvor skizzierter regionalpolitischer Ansätze dar. In den Vorschlägen und Zielen wird auf die Zusammenführung verschiedener Teilpolitiken insistiert, wobei der Berufsbildungspolitik ein besonderer regionalpolitischer Bedeutungsgehalt bei der positiven Verstetigung regionaler Entwicklung zugemessen wird. Derartig integrierte Politikansätze weisen den Vorteil auf, einer "Balkanisierung von Teilpolitiken", die teilweise kontraproduktive Effekte zeigen, entgegenzusteuern, indem durch einen verschränkten und vernetzten Einsatz von Fördermitteln aus unterschiedlichen Ressorts Entwicklungspotentiale freigesetzt werden könnten. Zugleich bedingt dies aber auch eine Verlagerung von Handlungs- und Gestaltungseingriffen auf die Ebene regionaler Akteure.

Als Fazit kann man an dieser Stelle festhalten, daß die regionale berufliche Weiterbildungsforschung lange Zeit ein Schattendasein geführt hat. Begründet liegt dies sicherlich darin, daß sie ihre Forschungsfragestellungen aus einem komplexen Bedingungs- und Wirkungsgefüge beziehen muß und sich das Forschungsfeld quer zu den oben geschilderten Forschungsrichtungen entfaltet hat. In diesem fortschreitenden und dynamischen Entfaltungsprozeß konnte sie sich aber als eigenständige Wissenschaftsdisziplin noch nicht ausreichend profilieren[50]). Folglich liegen auch daher keine konsistenten und handhabbaren theoretisch-methodischen Konzepte für die Erforschung regionaler beruflicher Weiterbildung vor. Chancen zur Abhilfe dieses unbefriedigenden Zustandes könnten aus dem vielzitierten Bedeutungszuwachs von beruflicher Weiterbildung und in der Renaissance bzw. Neuorientierung regionalpolitischer Handlungs- und Gestaltungsansätze erwachsen, die die regionale berufliche Weiterbildung und Qualifizierung in einer weitaus aktiveren Funktion für die regionale Entwicklung sehen, als ihr bisher konzediert wurde. Dies würde aber die Überwindung eines weitverbreiteten Selbstverständnisses in Politik und Wissenschaft bedeuten, welches die regionale berufliche Weiterbildung nur in der eindimensionalen Formel eines reaktiv-kurativen Managements regionaler Arbeitsmarkt- und Beschäftigungskrisen begreift.

Aus der übergreifenden Fragestellung, wie die berufliche Weiterbildung regionale Prozesse befördern und unterstützen kann, lassen sich nunmehr nachfolgende Forschungsdesiderate ableiten:

● Forschungspolitisch interessant erscheinen gegenwärtig Konzepte wie z.B. "Arbeitskräftepool", "Beschäftigungsgesellschaften" und "regionale Qualifizierungszentren", die sich außerhalb traditionell praktizierter Formen beruflicher Weiterbildung auf regionaler, betrieblicher oder branchenspezifischer Ebene zur Bewältigung von arbeitsmarktlichen und regionalstrukturellen Problemen etabliert haben und präventive Maßnahmen der beruflichen

Weiterbildung und Qualifizierung u.a. mit einer (temporären) Beschäftigungssicherung in unterschiedlichen institutionellen Kooperationsformen verknüpfen[51]). Damit könnte das tradierte "Recycling-Modell" der beruflichen Weiterbildung nach dem AFG, indem die Betriebe die Arbeitskräfte mit nicht mehr verwertbaren Qualifikationen am externen Arbeitsmarkt "entsorgen" und die Institutionen und Träger der beruflichen Weiterbildung durch entsprechende Qualifizierung diese Arbeitskräfte "wiederaufarbeiten", tendenziell zugunsten einer besseren Verkoppelung von betrieblicher und außerbetrieblicher Qualifizierung aufgeweicht werden[52]). Unter dem Gesichtspunkt der Verkoppelung von beruflicher Weiterbildung, Arbeitsmarktpolitik und Beschäftigungssicherung bzw. -förderung erscheinen derartig ambitionierte Konzepte zudem eine hohe Tauglichkeit für Ansätze (endogener) regionalpolitischer Innovationen zu besitzen. Daher wäre es begrüßenswert, wenn diese Konzepte und Projekte im Hinblick auf deren Tragfähigkeit, Realisierungsbedingungen, Gestaltungspotentiale und letztlich auf ihr regionalpolitisches Wirkungsfeld verstärkt in die Forschung einbezogen würden. In diesem Forschungskontext müßten die o.g. Fragestellungen auch auf die Evaluation anderer Modelle und Konzepte, wie z.B. Lernortverbünde, der Ausbau von berufsbildenden Schulen zu regionalen Qualifizierungszentren der Aus- und Weiterbildung, Zentren regionaler Innovations- und Technologieberatung etc.[53]), ausgedehnt werden. Gegenwärtig scheint sich abzuzeichnen, daß Betriebe zunehmend mit externen Bildungsträgern kooperieren und sich Dienstleistungen im Kontext von Weiterbildung bzw. Qualifizierungsberatung bereitstellen lassen, wogegen zunächst nichts vorzubringen ist. Wenn diese Angebote betriebsbezogen ausgelegt sind, so hat dies sicherlich schon rein aus kapazitativen Gründen Auswirkungen auf das quantitative und qualitative Spektrum des regionalen überbetrieblichen Weiterbildungsangebots. Problematisch wird dies allerdings dann, wenn damit eine sukzessive Ausrichtung auf den betrieblichen Bedarf erfolgt und in der Konsequenz die externe Weiterbildung vornehmlich auch für die Betriebsbelange instrumentalisiert und funktionalisiert wird. Hierdurch würde dann die Gefahr neuer Segmentation drohen. Aus wissenschaftlicher Sicht wäre es aufschlußreich zu klären, unter welchen Interessenkonstellationen und Rahmenbedingungen die Betriebe in einer regional und nicht unmittelbar betriebsspezifisch orientierten Perspektive als Träger von beruflicher Qualifizierung und Weiterbildung agieren würden. Einem abgestimmten kooperativen System von Lernortkombinationen (betrieblich, außerbetrieblich, organisatorisch, finanziell, didaktisch-methodisch), im dem nicht ausschließlich betrieblich oder betrieblich induzierte Weiterbildung bedient würden, wäre aus bildungs-, arbeitsmarkt- und regionalpolitischer Sicht ein hoher Stellenwert zuzumessen. Gerade die Einbindung der Betriebe in ein regionales Kooperations- und Organisationsgeflecht von verschiedenen Bildungsträgern mit einer gemeinsamen Verantwortung für das Niveau von regionaler beruflicher Weiterbildung und Qualifizierung könnte auch einen konstruktiven Beitrag zur "Entideologisierung der Lernortdebatte" leisten.

● Obwohl kontrovers und bildungspolitisch gegenwärtig nicht opportun, hingegen aus forschungspolitischen und -pragmatischen Gründen aber nach wie vor sehr relevant ist das Problem der defizitären Daten- und Informationslagen. Insbesondere aus dem Gesichtsfeld regionaler Forschung betrachtet, sollte es erneut ins Zentrum von Forschungsaktivitäten rücken. Dabei kann es nicht um die Forcierung bzw. Wiederaufnahme einer Debatte von wissenschaftlich zwar wünschenswerten, praktisch aber schwer zu realisierenden elaborierten Weiterbildungs-Informationssystemen, wie in den 70er Jahren diskutiert, gehen. Favorisiert werden müssen in einem ersten Zugriff vielmehr der erforderliche Renovierungsbedarf in den bisher verfügbaren Daten- und Informationsquellen und deren Verknüpfungschancen im Hinblick auf weiterbildungsrelevante Aspekte. Im zweiten Zugriff wäre es dann notwendig, bestehende Informationsdefizite durch zusätzliche Datenerhebungen auszugleichen. Damit wären Grundvoraussetzungen gegeben, um die regionale berufliche Weiterbildungsforschung und -politik mit notwendigen Planungsgrundlagen auszustatten, wobei es von besonderer Relevanz wäre, eine Berufsbildungsstatistik als Hilfswissenschaft der regionalen Berufsbildungsforschung mit hoher "Verwendungstauglichkeit" zu verankern und jährlich fortzuschreiben. Eine detaillierte statistische Beobachtung z.B. von Schülerströmen und Bildungsverläufen Jugendlicher beim Übergang ins Beschäftigungssystem unter Einschluß potentieller Aspirationen auf spätere Um- und/oder Nachqualifizierung und Weiterbildung[54]) könnte frühzeitig - insbesondere bei sich andeutenden Problemlagen - Aufschluß über geeignete regionalpolitische Handlungsmuster geben. Neben der Aufbereitung von regionalisierten quantitativen Daten wäre es zur Arrondierung notwendig, qualitative Informationen über die Determinanten des regionalen Weiterbildungsverhaltens im Hinblick auf die Existenz individueller und institutioneller Weiterbildungsbarrieren zu erhalten[55]). Hierdurch könnten differenzierte Beurteilungen von Versorgungsleistungen durch potentielle Anbieter und Nutzer verfügbar gemacht werden, so daß Defizite, aber auch Bedarfslagen rekonstruierbar wären. In diesen Kontext einzubinden sind die auf regionaler bzw. lokaler Ebene agierenden Weiterbildungsdatenbanken und Informationssysteme. Von forschungspolitischem Interesse bleibt, ob sich diese Systeme in der Praxis künftig durch hohe Frequentierungsquoten auszeichnen werden, wobei vorrangig danach zu fragen ist, wer diese Systeme zur Informationsbeschaffung nutzt und welche Serviceleistungen und Hilfsfunktionen sie bei der Ausgestaltung einer regional-orientierten Berufsbildungspolitik übernehmen können. Dabei müssen diese Systeme u.a. den Beweis antreten, daß sie als individuelle Nutzersysteme erreichbar sind und ähnlich effektiv, effizient und umfassend informieren wie institutionalisierte und personalaufwendige Bildungsberatungsstellen[56]). Es bleibt zu vermuten, daß sie für die bildungs- und arbeitsmarktpolitisch diskriminierten Personengruppen keinen adäquaten Ersatz für eine intensive Beratung darstellen, sondern lediglich nur als unterstützendes und flankierendes Leistungsangebot fungieren können.

● Durch den deutschen Wiedervereinigungsprozeß ergibt sich für die regionale Berufsbildungsforschung im Kontext mit der Arbeitsmarktentwicklung ein erheblicher Forschungsbedarf[57]). Dieser liegt einerseits in der Aufarbeitung von bestehenden Forschungsdefiziten über die Verfaßtheit von beruflicher (betrieblicher) Weiterbildung in ihrem regionalen Struktur- und Handlungsgefüge in der ehemaligen DDR[58]). Über derartige Analysen wäre ein Verständnis für spezifische Problemkonstellationen und Handlungsmuster der involvierten Akteure zu entwickeln. Dieses Vorverständnis sollte eine zentrale Interpretationsfolie zur Analyse und Beurteilung bildungs- und arbeitsmarktpolitischer Initiativen in den neuen Bundesländern darstellen. Andererseits sind der gegenwärtig synchron verlaufende und zuweilen ambivalente Prozeß der Destruktion alter Strukturen in der ehemaligen DDR und die Reorganisation der beruflichen Weiterbildung unter marktwirtschaftlichen Bedingungen einschließlich der reglementierenden Instrumentarien, die die vormals bestehenden institutionell-organisatorischen Kontinuitätslinien zerschneiden und tradierte Strukturen im infrastrukturellen Gefüge der regionalen Weiterbildungsorganisation erodieren, einer differenzierten Analyse zu unterziehen. So wäre beispielsweise zu untersuchen, welche negativen Effekte mit der forcierten betrieblichen Politik der Externalisierung (entweder Privatisierung oder Zerschlagung) von ehemals betrieblichen Bildungskapazitäten (z.B. Betriebsakademien) für die regionale Infrastruktur der beruflichen Weiterbildung verbunden sind. Gleichfalls interessant ist, ob durch die Etablierung marktkonformer Organisationsmodelle der beruflichen Weiterbildung positive regionale Effekte erzielt werden können. Im ökonomisch-sozialen Szenario des Transformationsprozesses in den fünf neuen Bundesländern wird der beruflichen Weiterbildung und Qualifizierung[59] ein herausragender Stellenwert bei der gesellschaftlichen und betrieblichen Modernisierung eingeräumt. Verhindert werden soll u.a. dabei, daß auf betrieblicher Ebene bestehende Modernisierungsblockaden nicht zu längerfristigen Abwärtsspiralen am Arbeitsmarkt führen[60] und regionale Innovationspotentiale verschüttet werden. Die Dramatik der Entwicklung am Arbeitsmarkt in den fünf neuen Bundesländern hat einem Konzept zur Karriere verholfen, daß in den alten Bundesländern bei den Arbeitgebern auf massiven Widerstand gestoßen war. Mit der Konsensformel "Qualifizieren statt entlassen" wird jetzt für die neuen Bundesländer das Modell der "Beschäftigungsgesellschaften" präferiert, das im Rahmen der Arbeitsmarktpolitik einen weiteren Abschwung am Arbeitsmarkt aufhalten und zugleich eine Strategie notwendiger Massenqualifizierungen einleiten soll[61]. Unter forschungspolitischen Aspekten regionaler Berufsbildungsforschung ist es erforderlich, den Prozeß der Etablierung von Beschäftigungsgesellschaften[62] im Kontext mit den regionalen Wirkungen auf den Arbeitsmarkt und die berufliche (betriebliche) Weiterbildungsinfrastruktur zu untersuchen. Dabei wäre es von besonderem Interesse, nach den Chancen und Reichweiten derartiger Modelle zur regionalen Vitalisierung und Renovierung im Sinne der Freisetzung endogener Entwicklungs- und Innovationspotentiale zu fragen.

Abkürzungsverzeichnis

ARL	Akademie für Raumforschung und Landesplanung
BbSch	Die Berufsbildende Schule
BeitrAB	Beiträge aus der Arbeitsmarkt- und Berufsforschung
BIBB	Bundesinstitut für Berufsbildung
BMBW	Der Bundesminister für Bildung und Wissenschaft
BWP	Berufsbildung in Wissenschaft und Praxis
CEDEFOP	Europäisches Zentrum für die Förderung der Berufsbildung
Ders	Derselbe
GBP	Gewerkschaftliche Bildungspolitik
IAB	Institut für Arbeitsmarkt- und Berufsforschung
ISO	Institut zur Erforschung sozialer Chancen
LSW	Landesinstitut für Schule und Weiterbildung (NRW)
LWTW	Landesverband für Weiterbildung in Technik und Wirtschaft
MittAB	Mitteilungen aus der Arbeitsmarkt und Berufsforschung
NRW	Nordrhein-Westfalen
RP	Regierungspräsident
Verf	Verfasser
WSI	Wirtschafts- und Sozialwissenschaftliches Institut (DGB)
ZBW	Zeitschrift für Berufs- und Wirtschaftspädagogik
ZfPäd	Zeitschrift für Pädagogik

24

Anmerkungen

1) Vgl. Buttler, F./Gerlach, K./Liepmann, K.: Grundlagen der Regionalökonomie, Reinbek 1977. Offe, K. (Hrsg.): Opfer des Arbeitsmarktes. Zur Theorie der strukturierten Arbeitslosigkeit, Neuwied/ Darmstadt 1977. Naschold, F.: Alternative Raumpolitik. Ein Beitrag zur Verbesserung der Arbeits- und Lebensverhältnisse, Kronberg/Ts. 1978. Arbeitskreis arbeitsorientierte Regionalwissenschaft (Hrsg.): Regionale Krisen und Arbeitnehmerinteresse, Köln 1981. Krummacher, M.: Regionalentwicklung zwischen Technologieboom und Resteverwertung, Bochum 1985. Steiner, M.: Regionale Ungleichheit, Wien/Köln/Graz 1990.

2) Vgl. Koller, M./Kridde, H.: Regionale Arbeitsmarktindikatoren für 1987 und 1988, in: MittAB, Heft 1 (1988), S. 84 - 96. Dobischat, R.: Selektionsprozesse in der Berufsbildung und auf dem Arbeitsmarkt unter dem Einfluß neuer Technologien, in: LSW (Hrsg.): Neue Technologien in der Berufsbildung, Soest 1988, S. 79 - 117.

3) Vgl. IAB: Ergänzende Herausforderungen an die Arbeitsmarkt- und Berufsforschung im geeinten Deutschland und Autorengemeinschaft: Zur Arbeitsmarktentwicklung 1990/91 im vereinten Deutschland, in: MittAB, Heft 4 (Schwerpunktheft Gesamtdeutscher Arbeitsmarkt) 1990, S. 435 - 473. Adamy, W.: Marktwirtschaft und Arbeitslosigkeit in der DDR - Zwei Seiten einer Medaille, in: WSI-Mitteilungen, Heft 7 (1990), S. 433 ff.

4) Vgl. Ganser, K.: Zur Raumbedeutsamkeit von Maßnahmen im Bildungsbereich, in: ARL (Hrsg.): Regionale Bildungsplanung im Rahmen der Entwicklungsplanung, Hannover 1978. Garlichs, D./ Maier, F./Semlinger, K. (Hrsg.): Regionalisierte Arbeitsmarkt- und Beschäftigungspolitik, Frankfurt/ New York 1983. Elsner, W./Katterle, S. (Hrsg.): Wirtschaftsstrukturen, neue Technologien und Arbeitsmarkt, Köln 1984. Derenbach, R.: Berufliche Eingliederung der nachwachsenden Generation in regionaler Sicht, Bonn 1984. Dobischat, R./Wassmann, H.: Berufliche Weiterbildung, Arbeitsmarkt und Region, Frankfurt/Bern/New York 1985. Fricke, W./Seifert, H./Welsch, J. (Hrsg.): Mehr Arbeit in die Region, Bonn 1986. Bosch, G./Gabriel, H./Seifert, H./Welsch, J.: Beschäftigungspolitik in der Region, Köln 1987. Maier, F.: Beschäftigungspolitik vor Ort, Berlin 1988. ARL (Hrsg.): Politikansätze zu regionalen Arbeitsmarktproblemen, Hannover 1988. Stender, J.: Segmentation und Selektion, Bochum 1989. Caspari, A./Dörhage, W. (Hrsg.): Beschäftigung für die Region. Arbeitsmärkte im Strukturwandel, Berlin 1990.

5) Vgl. Bruder, W./Ellwein, T. (Hrsg.): Raumordnung und staatliche Steuerungsfähigkeit, Opladen 1980. Gabriel, H./Seifert, H.: Lokal gestaltete Beschäftigungspolitik, in: WSI-Mitteilungen, Heft 10 (1988), S. 607 - 617. Konukiewitz, M.: Die Implementation räumlicher Politik, Opladen 1985. Kruse, H.: Reform durch Regionalisierung, Frankfurt/New York 1990. Koller, M.: Regionalforschung im IAB. Konzepte und Ergebnisse, in: Mertens, D. (Hrsg.): Konzepte der Arbeitsmarkt- und Berufsforschung (BeitrAB, 70), Nürnberg 1988, S. 415 ff.

6) Vgl. zusammenfassend Dobischat, R./Wassmann, H., a.a.O., S. 51 ff.

7) Vgl. BMBW (Hrsg.): Berichtssystem Weiterbildung. Integrierter Gesamtbericht (Schriftenreihe Studien zu Bildung und Wissenschaft, 89), Bad Honnef 1990. Koch, R.: Weiterbildung im Zusammenhang mit der technischen Modernisierung der Arbeitswelt, in: BIBB/IAB (Hrsg.): Neue Technologien: Verbreitungsgrad, Qualifikation und Arbeitsbedingungen (BeitrAB, 118), Nürnberg 1987, S. 149 - 248. Noll, H.-H.: Weiterbildung und Berufsverlauf. Empirische Analysen zum Weiterbildungsverhalten von Erwerbstätigen in der Bundesrepublik Deutschland, in: BWP, Heft 1 (1986), S. 7 ff. Ders.:

Weiterbildung, Beschäftigungsstruktur und Statusdistribution, in: Weymann, A. (Hrsg.): Bildung und Beschäftigung, Göttingen 1987, S. 141 ff.

8) Deutscher Bildungsrat (Hrsg.): Strukturplan für das Bildungswesen, Stuttgart 1973.

9) Vgl. Hamacher, P.: Entwicklungsplanung für Weiterbildung, Braunschweig 1976. BMBW (Hrsg.)/Siebert, H. (Verf.): Grundangebot Weiterbildung, Bonn 1981. Braun, J./Fischer, L.: Bedarfsorientierte Beratung in der Weiterbildung, München 1984.

10) Vgl. Diekmann, B./Kühl, J.: Modellentwurf eines Weiterbildungsinformationssystems (WIS), in: Deutscher Bildungsrat (Hrsg.): Weiterbildungsinformationssystem - Modellentwurf und Rechtsfragen (Gutachten und Studien der Bildungskommission, 33), Stuttgart 1974.

11) Vgl. BMBW (Hrsg.)/Gnahs, D./Beiderwieden, K. (Verf.): Weiterbildung in Stichworten. Ein statistischer Leitfaden (Schriftenreihe Bildungsplanung, 39), Bad Honnef 1982.

12) Vgl. Klemm, K.: Bildungsgesamtplan 90. Ein Rahmen für Reformen, Weinheim/München 1990, S. 188 ff. Lediglich in Niedersachsen wird dieses Kernprogramm in einer sehr reduzierten Form zur statistischen Berichterstattung angewendet/ vgl. Institut für Entwicklungsplanung und Strukturforschung (Hrsg.): Weiterbildung in Niedersachsen - Bericht 1987 -, Hannover 1989.

13) Vgl. BMBW (Hrsg.): Berufsbildungsbericht 1988, Bad Honnef 1988, 122 ff.

14) Vgl. Kramer, H./Herpich, M. u.a.: Weiterbildungs-Informationssysteme, hrsg. vom BIBB (Fachinformationen zur beruflichen Bildung, Heft 2), Berlin 1989. BMBW (Hrsg.): Konzertierte Aktion Weiterbildung. Empfehlungen zur Integration von Datenbanken in die Weiterbildungsberatung, Nr. 6 (16.10.1990). Dazu auch der Beitrag von F. Edding und H. Kramer in diesem Band.

15) Vgl. Baethge, M./Dobischat, R./Husemann, R./Lipsmeier, A./Weddig, D.: Black Box Betriebliche Weiterbildung: Forschungsdefizite und Forschungsperspektiven aus der Sicht von Arbeitnehmern, in: Mitteilungen, Heft 11 (1989), hrsg. vom Soziologischen Forschungsinstitut Göttingen, Göttingen 1989, S. 53ff.

16) Vgl. BMBW (Hrsg.): Bildungspolitik in der sozialen Marktwirtschaft, Bildung Wissenschaft Aktuell, Heft 2 (1986). BMBW (Hrsg.): Berufliche Weiterbildung. Antwort der Bundesregierung auf eine Große Anfrage, Bildung Wissenschaft Aktuell, Heft 9 (1986). Institut der deutschen Wirtschaft (Hrsg.): Streitsache: Mehr Markt in der Weiterbildung, Köln 1988.

17) Vgl. Heid, H.: Zur Paradoxie der bildungspolitischen Forderung nach Chancengleichheit, in: ZfPäd., Heft 1 (1988), S. 1 ff.

18) Vgl. Bayer, M./Ortner, G./Thunemeyer, B. (Hrsg.): Bedarfsorientierte Entwicklungsplanung in der Weiterbildung, Opladen 1981.

19) Vgl. exemplarisch hierzu den Beitrag von W. Schlaffke in diesem Band.

20) Vgl. hierzu ausführlich: Baethge, M./ Dobischat, R./Husemann, R./Lipsmeier, A./Schiersmann, Ch./Weddig, D.: Forschungsstand und Forschungsperspektiven im Bereich betrieblicher Weiterbildung - aus der Sicht von Arbeitnehmern, in: BMBW (Hrsg.): Betriebliche Weiterbildung. Forschungsstand und Forschungsperspektiven. Zwei Gutachten (Schriftenreihe Studien zu Bildung und Wissenschaft, 88), Bad Honnef 1990, S. 214 ff.

21) Vgl. Geißler, Kh.: Viel Neues in der betrieblichen Bildungsarbeit - und manches Alte auch, in: Herzer, H./Dybowski, G./ Bauer, H.G. (Hrsg.): Methoden betrieblicher Weiterbildung. Ansätze zur Integration fachlicher und fachübergreifender beruflicher Bildung, Eschborn 1990, S. 198 ff.

22) Vgl. Geißler, Kh.: Mit dem Qualifikations-"Schlüssel" nach oben. Ein Begriff, der einen falschen Schein erzeugt/Drei Thesen wider einen Mythos, in: Frankfurter Rundschau vom 10.5.90, S. 35. Lisop, I.: Schlüsselqualifikationen - Zukunftsbewältigung ohne Sinn und Verstand, in: Nuissl, E./Siebert, H./ Weinberg, J. (Hrsg.): Literatur- und Forschungsreport Weiterbildung, Nr. 22 (1988), S. 78 ff.

23) Vgl. Sauter, E.: Herausforderung an die berufliche Weiterbildung - Recycling oder Prävention, in: Döring, P.A./Weishaupt, H./ Weiß, M.: Bildung in sozioökonomischer Sicht, Köln/Wien 1989, S. 141 ff.

24) Vgl. ARL (Hrsg.): Beiträge zur Regionalen Bildungsplanung, Hannover 1970. Weishaupt, H. (Hrsg.): Sozialraumanalyse und regionale Bildungsplanung, Baden-Baden 1983, S. 17 ff. Klemmer, P./ Kraemer, D.: Zur Frage der Interdependenzen zwischen wirtschaftlicher Entwicklung von Regionen und deren spezieller Infrastrukturausstattung mit Einrichtungen für die berufliche Erstausbildung, in: Deutscher Bildungsrat (Hrsg.): Zur Standortplanung von Bildungseinrichtungen (Gutachten und Studien der Bildungskommission, 58), Stuttgart 1976.

25) Vgl. Clemens, R./Kayser, G./Tengler, H.: Standortprobleme kleiner und mittlerer Unternehmen in strukturschwachen Regionen. Göttingen 1982, S. 162 ff.

26) Vgl. Baethge, M./Bauer, W./Mohr, W./Münch, J./Schöll-Schwinghammer, I./Schumann, M.: Sozialpolitik und Arbeitnehmerinteresse, Frankfurt/M. 1976, S. 414 ff.

27) Vgl. Schwarz, U./Stooß, F.: Zur regionalen Ungleichheit der beruflichen Bildungschancen und Vorschläge zum Abbau des Gefälles, in: MittAB, Heft 2 (1973), S. 121 ff.

28) Vgl. Westphal-Georgi, U. (Bearb.): Materialien zum Expertengespräch: Problemregionen der beruflichen Bildung, hrsg. vom BIBB, Berlin 1978. Saterdag, H.: Die Bedeutung regionalstruktureller Rahmenbedingungen für die Ausbildungs- und Berufsentscheidung (BeitrAB, 55), Nürnberg 1982. Derenbach, R.: Die Problemregionen der beruflichen Bildung als Untersuchungsgegenstand der regionalen Bildungsforschung, in: Weishaupt, H. (Hrsg.): Sozialraumanalyse..., a.a.O., S. 253 ff.

29) Vgl. Bolder, A.: Kontinuierliche regionalisierte Berichterstattung über die Entwicklung an der 2. Schwelle: Modellüberlegungen anhand eines empirischen Beispiels, in: Fricke, W./Johannson, K. u.a. (Hrsg.): Jahrbuch Arbeit und Technik in Nordrhein-Westfalen 1989, Bonn 1989, S. 399 ff. Volkholz, V.: Angebots-Nachfrage-Relation an der zweiten Berufsschwelle, in: Fricke, W./Johannson, K. u.a., a.a.O., S. 413 ff. Winkel, R.: Chancenrealisierung an der zweiten Schwelle, hrsg. vom ISO-Institut (Bericht Nr. 43), Köln 1990.

30) Der Prozeß der Dezentralisierung berufsbildungspolitischer Maßnahmen zur Verringerung regionaler Disparitäten hat auf EG-Ebene ebenfalls zu einer Vielzahl von Aktivitäten geführt. Vgl. CEDEFOP (Hrsg.): Berufsbildungsbedürfnisse in Landgemeinden, Berlin 1985. Boterf Le, G.: Wie konzipiert man eine Berufsbildungspolitik in Verbindung mit der Regionalentwicklung. Ein Beitrag zur Erarbeitung einer Methodologie, in: Berufsbildung, hrsg. vom CEDEFOP, 19 (1985), S. 27 ff. CEDEFOP (Hrsg.): Regionalentwicklung und Berufsbildung. Analysen und Steuerung der Beziehungen Regionalentwicklung - Berufsbildung, Berlin 1986. Ders.: Regional-Konzepte der Berufsbildung. Eine Herausforderung, Heft 2 der Zeitschrift Berufsbildung, Berlin 1986.

31) Vgl. Der Bundesminister für Raumordnung, Bauwesen und Städtebau (Hrsg.): Berufliche Qualifikation und regionale Entwicklung, Bonn 1982. Derenbach, R.: Berufliche Eingliederung..., a.a.O. Brosi, W.: Berufliche Bildung und ihre Bedeutung für die regionale Entwicklung, in: Keine Arbeit - keine Zukunft. Die Bildungs- und Beschäftigungsperspektiven der geburtenstarken Jahrgänge, Frankfurt/M. 1984. Weimer, K.-H.: Berufliche Bildung und wirtschaftlicher Strukturwandel im Ruhrgebiet, Opladen 1987.

32) Vgl. hierzu BMBW (Hrsg.): Berufsbildungsbericht 1989, Bad Honnef 1989, S. 54 ff. Peege, J.: Gedanken über Korrektheit und Aussagefähigkeit der Ausbildungsplatzbilanzen in den Berufsbildungsberichten, in: GBP, Heft 3 (1988), S. 105 ff. Kau, W.: Zur Korrektheit und Aussagefähigkeit der Ausbildungsbilanzen, in: GBP, Heft 4 (1989), S. 109 ff.

33) Vgl. Stender, J.: Zur berufsbildungsstatistischen Bedeutung und Problematik regionaler Strukturanalysen in bezug auf die Ausbildungsversorgung Jugendlicher. Dargestellt an der Ruhrgebietsregion Duisburg, in: Kell, A./Lipsmeier, A. (Hrsg.): Berufliches Lernen ohne berufliche Arbeit (ZBW, Beiheft 5), Stuttgart 1984, S. 95 ff. Kutscha, G.: Ausbildungsversorgung und Berufsnot Jugendlicher im Ruhrgebiet. Ansatzpunkte und Aspekte zur regionalen Berufsbildungsforschung, in: Kell, A./ Lipsmeier, A., a.a.O., S. 86 ff. Kutscha, G./Stender, J.: Berufsbildungsbericht Duisburg 1984 - Ansatz zur Entwicklung eines regionalen Berufsbildungs-Informationssystems, in: BWP, Heft 1 (1985), S. 6 ff. Dies.: Kommunale Berufsbildungsberichte - Institutionalisierung und Konzeptentwicklung am Beispiel des Duisburger Modells, in: BWP, Heft 2 (1986), S. 45 ff.

34) Vgl. Stender, J.: Segmentation und Selektion, a.a.O. Ders.: Systemanalysen zur beruflichen Bildung: Segmentation und Selektion als Gegenstand einer regionsorientierten Berufsbildungsforschung, in: ZBW, Heft 8 (1987), S. 699 ff. Ders.: Ausbildungsversorgung in der Problemregion Duisburg. Aufbau und Erprobung eines regionalen Berufsbildungs-Informationssystems, Opladen 1989. Pilnei, M.: Kommunale Berufsbildungspolitik. Maßnahmen der Kommunen gegen Jugendarbeitslosigkeit als Reform von unten, Weinheim/München 1990. Projektgruppe Jugend und Arbeit (Hrsg.): Jugendliche beim Einstieg in das Erwerbsleben. Regionale Chancenstrukturen und individuelle Strategien, Weinheim/München 1990.

35) Vgl. Berufsbildungsbericht NRW 1989, hrsg. vom Minister für Wirtschaft, Mittelstand und Technologie des Landes NRW, Düsseldorf o.J. (1990), S. 133. BMBW (Hrsg.): Berichtssystem Weiterbildung. Integrierter..., a.a.O., S. 225. Hilzenbecher, M.: Berufliche Weiterbildung - Überlegungen zum Aufbau eines kombinierten angebots- und nachfragebezogenen statistischen Informationssystems, in: BWP, Heft 5 (1990), S. 18 ff. Zur Bedeutung von Daten aus dem Mikrozensus für die berufliche Weiterbildungsbeteiligung, vgl. Hilzenbecher, M.: Berufliche Weiterbildung im Mikrozensus, in: BWP, Heft 3 (1991), S. 28 ff.

36) Vgl. Meister, J.-J.: Erwachsenenbildung in Bayern, Stuttgart 1971. Feidel-Mertz, H.: Wissenschaftliche Untersuchung zum Stand der Erwachsenenbildung in Hessen, Frankfurt/M. 1972. Funke, U.: Berufliche Erwachsenenbildung in Rheinland-Pfalz unter besonderer Berücksichtigung der Volkshochschulen, Mainz 1972. Müller, K.: Weiterbildung in Baden-Württemberg, Weinheim/Basel 1978. Kehnen, P./Pflüger, A./Schiebel: Erfassung von Struktur und Umfang des Angebots beruflicher Weiterbildung an Volkshochschulen, hrsg. vom BIBB (Berichte zur beruflichen Bildung, Heft 14), Berlin 1979. LWTW (Hrsg.): Gegenstand, Umfang und Methoden der beruflichen Weiterbildung im Lande Nordrhein-Westfalen, Düsseldorf 1981. Bestandsaufnahme der Weiterbildung in Schleswig-Holstein (vorgelegt von einer Interministeriellen Arbeitsgruppe Weiterbildung der Landesregierung Schleswig-Holstein), Kiel 1989. Bojanowski, A./Döring, O./Faulstich, P./ Teichler, U.: Situation der Weiterbildung in Hessen - Ergebnisse und Trends der "Weiterbildungsumfrage 89", in: Hessische

28

Blätter für Volksbildung (Sonderheft 1990), S. 31 ff. Zu verweisen ist an dieser Stelle noch auf Untersuchungen des Instituts für Regionale Bildungsplanung, das im Rahmen der Grundlagenentwicklung für eine Weiterbildungsstatistik und Ansätze zur Entwicklung von Planungskriterien umfangreiche Erhebungen in Niedersachsen durchgeführt hat. Die einzelnen Teilberichte (z.B. Teilnehmer/Nichtteilnehmer, Anbieter) sind im der Reihe Materialien zur Regionalen Bildungs- und Entwicklungsplanung (Hefte 111 bis 114) veröffentlicht.

37) Vgl. Back, J./Gnahs, D.: Weiterbildung im ländlichen Raum. Thesen zu einem vernachlässigten Problem, in: Innere Kolonisation - Land und Gemeinde, Heft 2 (1981), S. 54 ff. Die Konzertierte Aktion Weiterbildung hat dieses Thema erneut aufgenommen; vgl. BMBW (Hrsg.): Empfehlungen und Bericht zur Verbesserung und Förderung der Weiterbildung im ländlichen Raum, Nr. 5 (16.10.1990). Dazu auch: Deutscher Bundestag: Schlußbericht der Enquete-Kommission "Zukünftige Bildungspolitik - Bildung 2000" (Bundestagsdrucksache 11/7820, 5.9.1990), S. 29 ff.

38) Vgl. Infratest Sozialforschung (Hrsg.): Berichtssystem Weiterbildungsverhalten, Materialband II zur Haupterhebung: Regionale Unterschiede im Weiterbildungsverhalten, München 1979. Meulemann, H./Weishaupt, H.: Determinanten des Bildungsgefälles in Großstädten, in: Deutscher Bildungsrat (Hrsg.): Zur Standortplanung von Bildungseinrichtungen, a.a.O., S. 57 ff. Klaus-Roeder, R.: Sozialräumliche Strukturen und Weiterbildung am Beispiel der Volkshochschulen in Hessen, Frankfurt/ M. 1982.

39) Dobischat, R.: Einführung in die Statistik der beruflichen Weiterbildung, Kurseinheit 2: Regionale Defizite in der beruflichen Weiterbildung, FernUniversität Hagen 1985.

40) Vgl. Fraaz, K.: Regionale Disparitäten bei Maßnahmen zur beruflichen Weiterbildung und Wiedereingliederung von Arbeitslosen, in: BWP, Heft 6 (1988), S. 210 ff. Ähnliche Befunde finden sich auch bei Döbele-Berger, C./Schwellach, G./Treeck v., W./Zimmer, G.: Softwarenutzung am Arbeitsplatz und berufliche Weiterbildung, Forschungsbericht, hrsg. von der Forschungsgruppe Verwaltungsautomation an der Gesamthochschule Kassel, Kassel 1988, S. 178.

41) Vgl. Sauter, E./Walden, G. u.a.: Berufliche Weiterbildung und Arbeitslosigkeit. Bildungsmaßnahmen im Auftrag der Arbeitsämter, hrsg. vom BIBB (Materialien und statistische Analysen zur beruflichen Bildung, Heft 47), Berlin 1984. Sauter, E./Walden, G.: Bildungsmaßnahmen im Auftrag der Arbeitsämter - ein Instrument zur beruflichen Weiterbildung von Arbeitslosen, in: BWP, Heft 4 (1984), S. 117 ff. Walden, G.: Die Beteiligung von Beschäftigten an Maßnahmen zur beruflichen Fortbildung und Umschulung nach dem Arbeitsförderungsgesetz (AFG), in: BWP, Heft 2 (1988), S. 35 ff. Walden, G./Bardeleben v., R./Fraaz, K.: Regionale Weiterbildungsaktivitäten und Arbeitslosigkeit, hrsg. vom BIBB (Materialien und statistische Analysen zur beruflichen Bildung, Heft 87), Berlin 1989.

42) Vgl. Bosch, G.: Qualifizierungsoffensive und regionale Weiterbildungsplanung, in: WSI-Mitteilungen, Heft 10 (1987), S. 589 ff. Ders.: Probleme der Regionalisierung der Weiterbildungsplanung, in: GBP, Heft 10 (1986), S. 257 ff.

43) Vgl. Bardeleben v., R./Böll, G./Drieling, Ch./Gnahs, D./Seusing, B./Walden, G.: Strukturen beruflicher Weiterbildung. Analyse des beruflichen Weiterbildungsangebots und -bedarfs in ausgewählten Regionen, hrsg. vom BIBB (Berichte zur beruflichen Bildung, Heft 114), Berlin 1990. Bardeleben v., R./ Böll, G./Kühn, H.: Strukturen betrieblicher Weiterbildung, hrsg. vom BIBB (Berichte zur beruflichen Bildung, Heft 83), Berlin 1986.

44) Vgl. den Beitrag von G. Bosch in diesem Band.

45) Vgl. Dobischat, R./Peschel, J./Voigt, J.: Probleme und Perspektiven einer beruflichen Weiterbildung von Langzeitarbeitslosen in der Bundesrepublik, Studie im Autrag des CEDEFOP, hrsg. von der Sozialforschungsstelle Dortmund (Beiträge aus der Forschung, 47), Dortmund 1990. Dobischat, R./Neumann, G.: Betriebliche Weiterbildung und staatliche Qualifizierungsoffensive, in: WSI-Mitteilungen, Heft 10 (1987), S. 599 ff.

46) Vgl. Weymann, A./Wingens, M.: Die Verknüpfung von Bildungs- und Beschäftigungspolitik im Spiegel sozialwissenschaftlicher Etikettierungen. Zur öffentlichen Begründung berufsbezogener Weiterbildung, in: Weymann, A. (Hrsg.): Bildung und Beschäftigung (Soziale Welt, Sonderband 5), Göttingen 1987, S. 385 ff. Dobischat, R./Voigt, J.: Lernungewohnte in der beruflichen Aus- und Weiterbildung oder auf dem Weg vom Benachteiligtenprogramm zum "Benachteiligungsprogramm", in: Görs, D./Markert, W./Voigt, W. (Hrsg.): Wandel der Arbeitsanforderungen als Herausforderung an die berufliche Weiterbildung, Bremen 1987, S. 163 ff.

47) Vgl. Glücklich, F.: Kapitulation vor der Dauerarbeitslosigkeit - Welchen Weg nimmt die Bundesrepublik? Hamburg 1988. Landtag Rheinland-Pfalz: Bericht der Enquete-Kommission "Arbeit in der Industriegesellschaft - Langfristige Folgen der Arbeitslosigkeit" (Landtagsdrucksache 11/4659, 30.8.1990).

48) Vgl. Baethge, M./Dobischat, R/Husemann, R../Lipsmeier, A./Schiersmann, Ch./Weddig, D., a.a.O., S. 256 ff. Faulstich, P.: Qualifikationskonversion - Arbeitsorientierung und Persönlichkeitsentfaltung, in: Gieseke, W./Meueler, E./Nuissl, E. (Hrsg.): Nur gelegentlich Subjekt? Beiträge der Erwachsenenbildung zur Subjektkonstitution, Heidelberg 1990, S. 155 ff.

49) Zu den nach wie vor geltenden Befunden einer Diskontinuität zwischen beruflicher Erstausbildung und beruflicher Weiterbildung vgl. Lipsmeier, A.: Zum Problem der Kontinuität von beruflicher Erstausbildung und beruflicher Weiterbildung, in: Die Deutsche Berufs- und Fachschule, Heft 10 (1977), S. 723 ff.

50) Kutscha, G.: Berufsbildungsforschung unter dem Anspruch des Bildungsprinzips - Berufspädagogische Aspekte unter besonderer Berücksichtigung der Regionalforschung, in: BWP, Heft 6 (1990), S. 3 ff.

51) Vgl. Drewes, C./Pelull, W./Wittemann, K.-P./Schumann, M.: Gesamtbericht "Vorstudie Arbeitskräftepool", Endbericht zur sozialwissenschaftlichen Begleitungforschung, Göttingen 1982. Drewes, C./Lipsmeier, A.: Erwachsenengerechte Aus- und Weiterbildung im Arbeitskräftepool, in: ZBW, Heft 7 (1983), S. 483 ff. Bosch, G.: Qualifizieren statt Entlassen. Beschäftigungspläne in der Praxis, Opladen 1990. Heimann, K.: Perspektiven des Ausbaus der Ausbildungsstätten der Stahlindustrie zu regionalen Bildungszentren, in: WSI-Mitteilungen, Heft 4 (1989), S. 207 ff. Bühler, T./Steinle, W.J.: Regionale Beschäftigungsförderung - Erfahrungen aus Modellversuchen zur Förderung des endogenen Entwicklungspotentials, in: Fritsch, M./ Hull, Ch. (Hrsg.): Arbeitsplatzdynamik und Regionalentwicklung, Berlin 1987, S. 319 ff. Neumann, G.: Qualifizierung und regionale Beschäftigungspolitik. Arbeit - Technik - Qualifikation als Strukturelemente eines kommunal-politischen Konzepts zur beruflichen Weiterbildung, in: Hessische Blätter für Volksbildung, Heft 3 (1989), S. 220 ff.

52) Vgl. Sauter, E., a.a.O., S. 141 ff.

53) Vgl. Geschäftsstelle des Modellversuchs beim RP Detmold (Hrsg.): Regionale Erprobung eines Aus- und Weiterbildungskonzeptes für werkstattorientierte rechnergestützte Fertigungsverfahren. Detmold 1990. Bader, R.: Berufliche Weiterbildung im Rahmen des dualen Systems. Grundzüge einer kommunalen Konzeption für berufliche Weiterbildung im Rahmen eines Systems, in: BbSch 42 (1990), S. 643 ff. Franz, F.: Qualifikationsberatung als Instrument regionaler Strukturpolitik, in: BWP, Heft 5 (1990), S. 32 ff. Paulsen, B.: Arbeitsorientiertes Lernen im Weiterbildungsverbund, in: BWP, Heft 1 (1991), S. 31 ff. Pätzold, G.: Lernortkooperation. Berufspädagogische Begründung, Stand und Entwicklungsperspektiven, in: BbSch 43 (1991), S. 216 ff.

54) Gerade die berufliche Verbleibsforschung hat sich der Beobachtung dieser Prozesse verstärkt verschrieben. Vgl. dazu Kaiser, M./Nuthmann, R./Stegmann, H. (Hrsg.): Berufliche Verbleibsforschung in der Diskussion, hrsg. vom IAB (BeitrAB 90.1.-90.3), Nürnberg 1985. Kutscha, G.: Übergangsforschung - Zu einem neuen Forschungsbereich, in: Beck, K./Kell, A. (Hrsg.): Bilanz der Bildungsforschung, Stuttgart 1990, S. 113 ff. Thematisiert werden Übergangsprobleme in einem Regionalprojekt an der Universität Duisburg: "Strukturentwicklung im Arbeitsmarktfeld Mikroelektronik und Konsequenzen für die berufliche Aus- und Weiterbildung", Entwicklung eines "Weiterbildungs-Informationssystems Mikroelektronik (WIM)" und seine Einrichtung für die Region Duisburg. Vgl. hierzu Buer v., J.: Berufsbildungsforschung - Forschungsprojekte und Forschungsplanung, in: Kell, A./Lipsmeier, A. (Hrsg.): Lernen und Arbeiten (ZBW, Beiheft 8), Stuttgart 1989, S. 160 ff. In diesem Projekt sind bisher folgende Berichte erschienen: Kutscha, G. u.a.: Forschungsdesign und Darstellung ausgewählter Ergebnisse aus der ersten Erhebungswelle am Abschluß der Berufsausbildung, Duisburg 1990. Stender, J.: Einflußfaktoren des Weiterbildungsinteresses - Eine Analyse von Ausbildungsabsolventen, Duisburg 1990. Eckert, M. u.a.: Berufsausbildung und Weiterbildungsinteressen aus der Sicht von Auszubildenden vor Eintritt in das Erwerbsleben, Duisburg 1991.

55) Vgl. BMBW (Hrsg.): Weiterbildungsbarrieren. Ergebnisse einer Befragung (Schriftenreihe Bildung Wissenschaft Aktuell, 7), 1990. Bardeleben, v.R./Böll, G./Drieling, Ch./Gnahs, D./Seusing, B./Walden, G.: Strukturen..., a.a.O., S. 9 ff.

56) Vgl. Braun, J./Fischer, L. (unter Mitarb. von Röhrig, P.): Bedarfsorientierte Beratung in der Weiterbildung. Technologische Entwicklung und Arbeitslosigkeit als Herausforderung für die Weiterbildungsberatung, München 1984. Dazu auch der Beitrag von Schiersmann, Ch./Thiel, H.-U. in diesem Band.

57) Vgl. Hönekopp, E.: Arbeitsmarkt- und Berufsforschung im sich vereinenden Deutschland, in: MittAB, Heft 4 (1990), S. 576 ff.

58) So ist gegenwärtig nicht einschätzbar, ob und in welcher Form in der ehemaligen DDR regionalisierte Forschung im Kontext mit Fragen der beruflichen Weiterbildung und Qualifizierung betrieben wurde. Für den Bereich der Arbeitsmarktforschung liegen mittlerweile erste Regionalanalysen vor: Rudolph, H.: Beschäftigungsstrukturen in der DDR vor der Wende. Eine Typisierung von Kreisen und Arbeitsämtern, in: MittAB, Heft 4 (1990), S. 474 ff. Großer, H./Langnickel, A./ Stoll, R.: Ein regionaler Arbeitsmarkt im Umbruch. Wirtschaftliche Situation und Beschäftigung im Kreis Pirna (Sachsen) beim Übergang zur Marktwirtschaft, in: MittAB, Heft 4 (1990), S. 563 ff. Wahse, J./Dahms, V./Fitzner, S./Schaefer, R.: Arbeitslosigkeit und Kurzarbeit in Ostdeutschland, hrsg. vom Institut für Wirtschaftswissenschaften Berlin, 1991.

59) Vgl. Blaschke, D./Koller, M./Kühlewind, G./Möller, U./Stooß, F.: Qualifizierung in den neuen Bundesländern. Materialien aus der Arbeitsmarkt- und Berufsforschung, Nr. 7, Nürnberg 1990.

60) Vgl. Voskamp, U./Wittke, V.: Aus Modernisierungsblockaden werden Abwärtsspiralen - zur Reorganisation von Betrieben und Kombinaten der ehemaligen DDR, in: Mitteilungen, Heft 18 (1990), hrsg. vom Soziologischen Forschungsinstitut Göttingen, Göttingen 1990, S. 12 ff.

61) Vgl. Dobischat, R./Neumann, G.: Qualifizierungs- und beschäftigungspolitische Perspektiven in den fünf neuen Bundesländern, in: GBP, Heft 4 (1991), S. 81 ff. Bosch, G./Neumann, H.: Qualifizierungsgesellschaften müssen ihr Personal erst qualifizieren. Zu den Stärken und Schwächen der Arbeitsmarktmaßnahmen in den neuen Bundesländern, in: Frankfurter Rundschau vom 23.5.1991.

62) Vgl. Bosch, G./Neumann, H. (Hrsg.): Beschäftigungsplan und Beschäftigungsgesellschaft. Neue Initiativen in der Arbeitsmarkt- und Strukturpolitik, Köln 1991. Friedrich-Ebert-Stiftung (Hrsg.): Strukturwandel und Beschäftigungskrisen in den neuen Bundesländern (Wirtschaftspolitische Diskurse, Nr. 5), Bonn 1990. Ders.: Die Zukunft selbst gestalten: Beschäftigungs- und Qualifizierungsgesellschaften in der Phase der wirtschaftlichen Neuordnung (Wirtschaftspolitische Diskurse, Nr. 11), Bonn 1990. Ders.: Arbeitsmarktprobleme und Qualifizierungserfordernisse in den fünf neuen Bundesländern (Wirtschaftspolitische Diskurse, Nr. 13), Bonn 1990.

ROLF DERENBACH / MARIA PIERRET

Zielsetzungen und Aktionsprogramme der Europäischen Gemeinschaft im Bereich der beruflichen Bildung

1. Einführung

Das Interesse für Fragen der Berufsbildung und der beruflichen Weiterbildung auf EG-Ebene hat seit Mitte der 80er Jahre sehr stark zugenommen. Auch die praktische Politik durch Berufsbildungsprogramme der Kommission der EG befindet sich in einer dynamischen Entwicklung. Man versucht jetzt durch Politikverflechtung zwischen Berufsbildungs-, Regional- und Technologiepolitik in sich geschlossene Entwicklungsstrategien zu verwirklichen. Diese Tendenz geht von der Erkenntnis aus, daß moderne Berufsbildung und Requalifizierung die Entwicklung der nationalen und regionalen Wirtschaftssysteme und die Förderung der sozialen Sicherheit für die Bürger der EG nachhaltiger beeinflußen können als etwa rein quantitative Erweiterungsinvestitionen im Bereich der Wirtschaft. In diesem Überblicksartikel ist es nicht möglich, alle Aspekte und Entwicklungslinien auf diesem Gebiet im Detail herauszuarbeiten. Wichtig war uns, die folgenden Fragen im Ansatz zu beantworten:

- Inwieweit ist die EG rechtlich zuständig?
- Welche Zielsetzungen werden verfolgt?
- Mit welchen Programmen und welcher finanziellen Ausstattung wird die Berufsbildung gefördert?
- Inwieweit ist ein regionalisierter Ansatz verwirklicht?

2. Rechtliche Zuständigkeit der EG im Bildungsbereich

Es ist charakteristisch für die Entwicklung der Gemeinschaft, daß die Ausweitung ihrer Handlungsfelder der rechtlichen Klärung der Zuständigkeit vorauseilt. Dies ist auch in bezug auf den Bildungsbereich der Fall. Tatsächlich besteht bisher keine ausreichende rechtliche Grundlage, die eine allgemeine und originäre Kompetenz der EG auf diesem Gebiet zweifelsfrei klärt.

Im EWG - Vertrag von 1957 ist der Bildungsbereich in den Artikeln 57 und 128 angesprochen. Art. 57 ermächtigt die EG, Richtlinien zur gegenseitigen Anerkennung der Bildungsabschlüsse zu erlassen. Art. 128 erlaubt der EG, im Bereich der Berufsbildung "allgemeine Grundsätze zur Durchführung einer gemeinsamen Politik aufzustellen, die zu einer harmonischen Entwicklung sowohl der einzelnen Volkswirtschaften als auch des gemeinsamen Marktes beitragen kann".

Beide Zuständigkeiten sind in unmittelbarem Zusammenhang zu sehen mit Artikel 48, der eines der Grundrechte der Bürger in den Mitgliedstaaten, nämlich das der Freizügigkeit der Arbeitnehmer, begründet. Dieses Recht kann offensichtlich nur dann in seinem vollen Anspruch wahrgenommen werden, wenn die in einem Mitgliedstaat erworbenen Qualifikationen auch im Zuzugsland anerkannt werden. Daraus wiederum ergibt sich notwendigerweise, die nationalen Systeme der beruflichen Ausbildung und der Weiterbildung so anzupassen, daß die dort vermittelten Abschlüsse untereinander vergleichbar sind. Die Begründung der Bildungszuständigkeit auf der Grundlage insbesondere des Artikels 128 bleibt schwach und in wesentlichen Punkten indirekt.

Eine gewisse Klärung ist 1989 durch zwei Urteile (ERASMUS-Urteil und PETRA-Urteil) des Europäischen Gerichtshofs geschehen. An einer an sich wenig wichtigen Detailfragestellung entzündete sich die Frage, ob die "allgemeinen Grundsätze" des Art. 128 verbindlich für die Mitgliedstaaten sind und somit den Stellenwert von Richtlinien bzw. Verordnungen annehmen können.

Das Gericht bejahte die Auffassung der Kommission, daß der Art. 128 eine verbindliche Kompetenz der EG - Organe im Bildungsbereich begründet. Es setzte somit das Ziel, die Niederlassungsfreiheit im Binnenmarkt ohne Restriktionen zu verwirklichen, über eine besonders von den deutschen Bundesländern befürwortete Garantie einer eigenständigen Bildungspolitik der Mitgliedstaaten. Es ging sogar soweit, der EG das Recht einzuräumen, auch in Fragen der Sekundar- und Tertiärbildung tätig zu werden. Diese Ausdehnung der Kompetenz sei aus Gründen der funktionalen Abhängigkeiten zwischen den Bildungssektoren notwendig.

Diese Urteile haben gerade in der Bundesrepublik erhebliche Unruhe verursacht. Die deutschen Länder sehen sich konfrontiert mit einer teilweisen Zuständigkeitsverlagerung in einem Bereich, der zum Kernbereich des Föderalismus gehört. Da sie auf der Entscheidungsebene der EG nur indirekt (im Rahmen des sogenannten Bundesratsverfahrens) mitwirken können, befürchten sie eine Schwächung des föderalen Aufbaus zu ihren Lasten. Über den Umweg der EG könnte insbesondere der Bundesbildungsminister in seinen Kompetenzen erheblich gestärkt werden. Tatsächlich hat Bundesbildungsminister Rainer Ortleb Ende Mai 1991 mit Verweis auf die neuen europäischen Anforderungen eine Neuaufteilung der Kompetenzen im Bildungsbereich verlangt.

Wenige Monate nach dem "ERASMUS - Urteil" hat die EG ein Grundsatzpapier (Mitteilung der Kommission an den Rat über die allgemeine und berufliche Bildung in der Europäischen Gemeinschaft - Mittelfristige Leitlinien: 1989 - 1992) veröffentlicht, in dem sie ihre Auffassungen über eine eigene Bildungspolitik offenlegt. Auf die sachlichen Ziele wird im nächsten Abschnitt näher eingegangen. Im Hinblick auf die institutionellen Fragen stellt die EG ausdrücklich fest, Leitlinien nur in dem Umfang erlassen zu wollen, die ihr unter strenger Beachtung des Subsidiaritätsprinzips als notwendig erscheinen.

Die Verhandlungen der Regierungskonferenz zur Politischen Union, die vom Europäischen Rat im Dezember 1990 zur Fortschreibung der Römischen Verträge eingesetzt wurde, könnten eine weitere Klärung bringen. Die Staats- und Regierungschefs haben "die Notwendigkeit einer Ausweitung oder Neufestlegung der Gemeinschaftszuständigkeiten weithin anerkannt". Zu den dabei genannten Zuständigkeiten gehören auch die "Bereiche der Wahrung der Vielfalt des europäischen Erbes und die Förderung des kulturellen Austausches und der Bildung".

Entwürfe zu einer Neufassung des Artikels 128 liegen bereits vor. Der deutsche Entwurf zielt vor allem darauf, die Grenzen der Zuständigkeit der EG genau abzustecken. Die Ergebnisse der Verhandlungen müssen abgewartet werden.

Dennoch kann heute schon gesagt werden, daß eine bildungspolitische Zusammenarbeit der EG und der Mitgliedstaaten - auch für diejenigen Institutionen, die sich bisher auf diesem Gebiet verweigert haben - unabdingbar sein wird. Hierzu liegt eine "Erklärung des Rates und der im Rat vereinigten Minister für das Bildungswesen über die gemeinschaftliche Zusammenarbeit im Hinblick auf 1993" vor, in der unter Anwendung von zwei Prinzipien, Achtung der kulturellen Vielfalt und Subsidiarität der gemeinschaftlichen Maßnahmen, die folgenden Gebiete der Zusammenarbeit unterschieden werden:

- ein multikulturelles Europa,
- ein Europa der Mobilität,
- ein Europa der Solidarität,
- ein Europa des Fachwissens und
- ein Europa der Weltoffenheit.

3. Prämissen und Zielsetzungen

Die Formulierung von bildungspolitischen Zielsetzungen auf europäischer Ebene reicht schon länger zurück. Eine erste Stellungnahme der EG zur beruflichen Bildung wurde 1963 erarbeitet. 1974 wurde im Ministerrat ein Bildungsausschuß eingesetzt, der das erste Bildungsprogramm erarbeitete, das 1976 durch den Ministerrat gebilligt wurde. Auf dieser Grundlage und deren Fortschreibung sind die folgenden Ziele bestimmt worden:

- gegenseitige Anerkennung der beruflichen Befähigungsnachweise,
- Förderung der länderübergreifenden Mobilität von Studenten,
- Förderung der Ausbildung in neuen Technologien,
- Förderung des Bewußtseins der Entwicklung der europäischen Einigung,
- Förderung des Fremdsprachenlernens,
- Vermittlung von Informationen über die nationalen Bildungssysteme,
- Förderung der beruflichen Eingliederung der Schulabgänger ohne Abschluß,
- Förderung der Gleichheit im Bildungswesen (für Frauen, Benachteiligte, Wanderarbeitnehmer),
- Förderung der Weiterbildung.

In dem bereits angesprochenen Leitlinienpapier von 1989 wurde eine systematische Liste der Ziele und Aktionen ausgearbeitet. Danach sieht man einen Regelungsbedarf im Hinblick auf drei Arbeitsgebiete:

- Raum für Mobilität und Austausch auf europäischer Ebene,
- Stärkung der allgemeinen und beruflichen Bildung als Schlüsselposition in der globalen Entwicklungsstrategie der Gemeinschaft,
- Betonung der Humanressourcen als wichtige Verbindung zwischen Wirtschafts- und Sozialpolitik.

Die Kommission präzisiert den Regelungsbedarf weiter unter dem Stichwort "Künftige Herausforderungen und Perspektiven" wie folgt:

- Entwicklung der Humanressourcen insbesondere durch Qualifikationsanalysen,
- Expansion und Aufwertung der Bildungsangebote, Gewährleistung der Kontinuität der Bildungswege durch bessere Vorbereitung der Pflichtschule auf die berufliche Erstausbildung bzw. der beruflichen Erstausbildung auf das berufliche Lernen im Erwachsenenalter,
- Partnerschaft und Kooperation zwischen Bildung, Wirtschaft und Forschungseinrichtungen (auch auf regionaler und lokaler Ebene),
- Integration der Bildungsbereiche (Allgemeinbildung, Berufsbildung, Weiterbildung) untereinander vor allem unter dem Gesichtspunkt der Förderung der Schlüsselqualifikationen (lebenslanges Lernen, Innovationsbereitschaft, Anpassungsfähigkeit an neue berufliche Anforderungen),
- Gleichheit/Förderung der Bildung von Minderheiten, Frauen, Schulabgängern ohne ausreichenden Bildungsabschluß, Erwachsenen in unsicheren Beschäftigungsverhältnissen, Langzeitarbeitslosen),
- Flexibilität und Bildung als Teil regionalwirtschaftlicher Entwicklungsmaßnahmen.

Die eigentlichen Leitlinien (Aktionsziele) sind vor allem maßnahmeorientiert, d.h., sie werden durch bestehende und neue Gemeinschaftsprogramme umgesetzt. Daher kann an dieser Stelle auf das nächste Kapitel verwiesen werden.

Im Hinblick auf die Zielsetzungen ist im übrigen auch auf die Europäische Sozialcharta zu verweisen, die Ende 1989 vom Europäischen Parlament gebilligt wurde. Sie bestimmt u.a. folgendes:

- Jeder Arbeitnehmer der Europäischen Gemeinschaft muß während seines gesamten Erwerbslebens Zugang zur beruflichen Bildung haben und sie in Anspruch nehmen können.
- Die zuständigen Behörden, die Unternehmen usw. müssen die Voraussetzungen für eine ständige Weiterbildung schaffen, die es jedem ermöglicht, sich durch einen Bildungsurlaub weiterzubilden, sich umzuschulen und im Zuge der technischen Entwicklung sich neue Kenntnisse zu erwerben.

4.   Gemeinschaftliche bildungsbezogene Aktionsprogramme und deren finanzielle Ausstattung

Die EG arbeitet mit unterschiedlichen Politikansätzen. Am bedeutsamsten sind zweifellos ihre ordnungsrechtlichen Eingriffe, die gegenwärtig vor allem für die Verwirklichung des Binnenmarktes eingesetzt werden. Rechtsgrundlagen sind entweder Verordnungen, die unmittelbar verbindlich sind, oder Richtlinien, die erst durch die Übernahme in das nationale Recht wirksam werden. Während bei den Verordnungen Ziele und Mittel durch die EG selbst bestimmt werden, bleibt im Fall der Richtlinien die Wahl der Mittel den Mitgliedstaaten überlassen.

Im Fall der Bildungspolitik werden ordnungsrechtliche Ansätze bisher nur bei der Anerkennung der Bildungsabschlüsse eingesetzt. Das bedeutet, daß die bildungspolitischen Initiativen vorrangig durch Aktionsprogramme umgesetzt werden. Die Berufsbildungspolitik ist somit Teil einer aktionsorientierten Strukturpolitik der EG, die vor allem dem Ziel verpflichtet ist, den sozialen und ökonomischen Zusammenhalt der EG zu verstärken.

Am Beispiel des Budgets 1990 werden in der beigefügten Tabelle die Handlungsfelder und deren Mittelausstattungen der EG-Strukturpolitik ausgewiesen.

Handlungsfelder und finanzielle Mittel

	in Mio. Ecu	in %
Gemeinsame Agrarpolitik	28.941,0	70,2%
Regionalentwicklung und Verkehr	5.978,0	14,5%
Sozialpolitik	4.435,0	10,8%
darunter		
- Europäische Sozialfonds (ESF)	4.075,0	9,9%
- Bildungs- und Jugendpolitik	150,1	3,6%
Industrie- und Technologiepolitik	1.857,9	4,5%
Insgesamt	41.211,9	100,0%

Anmerkung: Durch Verdoppelung der Beträge erhält man den ungefähren Betrag in DM.

Die Prozentanteile zeigen das Übergewicht der Gemeinsamen Agrarpolitik, die durch Preisstützung und durch agrarstrukturelle Maßnahmen rund 70% der Mittel beansprucht. Allerdings wurde beschlossen, den Anteil der Agrarpolitik auf unter 50% zurückzuführen, zugleich werden die Strukturfondsmittel gegenüber 1988 verdoppelt. Absehbar steht somit mehr finanzieller Handlungsspielraum auch für Maßnahmen im Bereich der Bildungspolitik zur Verfügung. Gerade in den Jahren 1989 und 1990 sind mehrere Aktionsprogramme beschlossen worden, durch die die Umsetzung von bildungspolitischen Maßnahmen erheblich verbessert wurde.

Eine Typisierung der Instrumente ist nach der Art der Maßnahmen möglich. Hierbei können unterschieden werden:

a) Transferzahlungen zugunsten der Preise landwirtschaftlicher Produkte
b) Strukturfonds
c) Aktionsprogramme (entweder als Teil der Strukturfonds oder aber als eigenständige Aktionsprogramme)
d) Förderung von Institutionen wie z.B. der neugegründeten europäischen Umweltagentur oder der Verbraucherverbände
e) EG-eigene Forschungstätigkeit (Gemeinsame Forschungsstelle) bzw. Auftragsforschung im Rahmen der Politikberatung
f) Maßnahmen für Forschungstätigkeit im Rahmen der europäischen Technologiepolitik
g) Maßnahmen der Informationsvermittlung (Informationskampagnen über die EG und den Prozeß der europäischen Einigung oder über spezifische Themenstellungen von gesamteuropäischem Interesse
h) Aufbau von europaweiten Informationsnetzen wie z.B. ELISE (Informationsnetz über lokale Beschäftigungsinitiativen).

Für die Förderung der Berufsbildung werden bisher die Maßnahmen nach Typ B (Sozialfonds, teilweise auch Regionalfonds), Typ C in Form von mehreren Aktionsprogrammen, Typ D (Europäisches Zentrum zur Förderung der Berufsbildung - CEDEFOP), Typ F (z.B. Aktionsprogramm DELTA zur Entwicklung von Bildungstechnologien) und Typ H (Informationsnetz EURYDICE - zur Verbreitung von Informationen über die europäischen Bildungssysteme) eingesetzt.

Im folgenden werden die wichtigsten Aktionsprogramme behandelt. Die Angaben über die Mittelausstattung beziehen sich auf die Laufzeit der Programme, die in der Regel mehrere Jahre umfaßt.

An erster Stelle ist der Europäische Sozialfonds zu nennen. Die nach der Reform der Strukturfonds gültige Rechtsgrundlage ist die Verordnung (EWG) 4255/88 vom 19. Dezember 1988.

Die Bezeichnung für diesen Fonds ist einigermaßen irrtümlich. So dürfte aus der Bezeichnung Sozialfonds abgeleitet werden, daß es sich hier vorrangig um Unterhaltungszahlungen für benachteiligte Gruppen handelt. Tatsächlich werden die Mittel im wesentlichen für die Umschulung, Einarbeitung und Weiterbildung von arbeitslosen Menschen benutzt. In dieser Ausrichtung ist er auch als qualifikationsorientiertes Modernisierungsinstrument zu bewerten.

Der Zielrahmen ist zweifach:

- Maßnahmen zur Bekämpfung der Langzeitarbeitslosigkeit (Ziel 3 der europäischen Strukturpolitik) und
- Maßnahmen zur Eingliederung der Jugendlichen in das Erwerbsleben (Ziel 4).

Dabei beteiligt sich der ESF zu 50% der Kosten an der Finanzierung folgender Maßnahmen öffentlicher Träger: Maßnahmen zur Berufsbildung, die - falls erforderlich- von Maßnahmen zur Berufsberatung begleitet werden, und Beihilfen zur Einstellung in neugeschaffene stabile Arbeitsplätze sowie für Maßnahmen zur Existenzgründung.

Außerdem beteiligt sich der Fonds an der Finanzierung folgender Maßnahmen:

- Maßnahmen innovativer Art (Umsetzung neuer Hypothesen über Inhalt, Methodik und Aufbau der Berufsbildung und der Beschäftigungsförderung)
- Vorbereitungs-, Begleit- und Verwaltungsmaßnahmen (Untersuchungen, technische Hilfen und Erfahrungsaustausch sowie Maßnahmen zur Begleitung und Bewertung)
- Maßnahmen zur Förderung des sozialen Dialogs für Unternehmenspersonal in zwei oder mehreren Mitgliedstaaten und Weitergabe von Kenntnissen über die Modernisierung des Produktionsapparates
- Maßnahmen zur Orientierung und Beratung bei der Wiedereingliederung von Langzeitarbeitslosen.

Die Berufsbildung umfaßt alle Maßnahmen zur Vermittlung von Kenntnissen und Fähigkeiten, die auf dem Arbeitsmarkt zur Ausübung einer spezifischen Berufstätigkeit erforderlich sind, sowie alle Maßnahmen mit Ausbildungsinhalten, die aufgrund der technologischen Veränderungen und des Bedarfs und der Entwicklung des Arbeitsmarktes notwendig werden.

Fondsmittel können gewährt werden u.a. zur Deckung des Einkommens von Teilnehmern, zu den Verwaltungskosten, einschließlich Berufsberatung, zu den Kosten für die Ausbildung des Lehrpersonals und zu den Kosten, die sich aus der Einstellung in neugeschaffene stabile Arbeitsplätze (für max. zwölf Monate) und bei Existenzgründungsmaßnahmen ergeben.

Nach der Reform der Strukturfonds 1988 werden die Mittel durch Gemeinschaftliche Förderkonzepte vergeben, d.h. durch Vereinbarungen, die die EG und die zuständigen Stellen der Mitgliedstaaten gemeinsam erarbeiten. Für die Bundesrepublik wurden die folgenden Schwerpunkte hinsichtlich des Ziels 3 gesetzt:

- Maßnahmen zugunsten von Frauen und von Personengruppen mit besonderen Schwierigkeiten auf dem Arbeitsmarkt
- Qualifizierungsmaßnahmen, die auf die besonderen Bedürfnisse der Langzeitarbeitslosen zugeschnitten sind,
- Einstellungsbeihilfen für Langzeitarbeitslose,

und hinsichtlich des Ziels 4:

- Maßnahmen zugunsten von Frauen und von Personengruppen mit besonderen Schwierigkeiten auf dem Arbeitsmarkt
- Ausbildung in neuen Technologien
- transnationale und innovatorische Maßnahmen.

Insgesamt setzt die EG für die Bundesrepublik 1989 - 1992 3 271,7 Mio. Ecu für das Ziel und 296,1 Mio. Ecu für Ziel 4 ein. Hinzu kommen noch 5,2 Mio. Ecu für innovative Maßnahmen. Insgesamt wird für den Dreijahreszeitraum ein Finanzvolumen von 1.405,3 Mio. Ecu aktiviert.

Das Programm EUROTECNET - Aktionsprogramm auf dem Gebiet der Berufsbildung und des technologischen Wandels - beruht auf der Rechtsverordnung 657/89 vom 18. Dezember 1989. Das Ziel besteht darin, Innovationen in der beruflichen Erst- und Weiterbildung zu fördern. Außerdem werden Konzipierungs- und Planungsaufgaben zur Entwicklung des künftigen Ausbildungsangebots unterstützt mit einem Mittelvolumen 1990 - 1992 von 28,0 Mio. Ecu. Typische Aktionen sind nach den Richtlinien:

- Aufbau von Netzen innovativer Modellvorhaben
- transnationale Zusammenarbeit und Austauschvorhaben
- Einsatz neuer Lernmethoden
- Anpassung von Ausbildungsangeboten und -systemen
- Informationsveranstaltungen.

Das Programm FORCE - Aktionsprogramm zur Förderung der beruflichen Weiterbildung - wurde auf die Förderung der beruflichen Weiterbildung zugeschnitten (Rechtsverordnung 267/90). Durch dieses Programm wird eine Zusammenarbeit aller Beteiligten (Unternehmen, Ausbildungseinrichtungen, Sozialpartner, Staat) angestrebt, damit gemeinsame Anstrengungen zur Verwirklichung folgender Ziele unternommen werden:

- Förderung von Investitionen in die berufliche Weiterbildung durch innovative Partnerschaften (staatliche und kommunale Stellen, Unternehmen, Sozialpartner)
- Durchführung beispielhafter Maßnahmen in Wirtschaftsbranchen und Regionen mit Nachholbedarf
- Förderung des "Weiterbildungsmanagements"
- Förderung der länderübergreifenden und grenzüberschreitenden Zusammenarbeit im Bereich der beruflichen Weiterbildung
- Durchführung von Untersuchungen zum Weiterbildungsbedarf und im Bereich der Qualifikationsentwicklung.

Die Maßnahmen sollen grundsätzlich länderübergreifend durchgeführt werden. Die EG gewährt finanzielle Unterstützung:

- für Austauschprogramme (Praktika in Unternehmen und Ausbildungseinrichtungen),
- für Vorarbeiten, die bei der Konzipierung von länderübergreifenden oder grenzüberschreitenden Modellvorhaben entstehen,
- für empirische Erhebungen über berufliche Weiterbildungspläne.

Das Programm FORCE befindet sich zur Zeit in der Anlaufphase.

Das Programm PETRA - Aktionsprogramm für die Berufsbildung Jugendlicher und zur Vorbereitung der Jugendlichen auf das Erwachsenen- und Erwerbsleben - beruht auf dem

Ratsbeschluß 569/87 vom 1.12.1987. Mit diesem Programm werden Jugendliche im Anschluß an die Vollzeitschulpflicht gefördert. Durch dieses Programm können jährlich rund 200 Initiativen gefördert werden, wofür 43,0 Mio. Ecu für den Zeitraum 1988 - 1992 bereitstehen. Dabei sollen Schwerpunkte gesetzt werden vor allem im Bereich behinderter oder benachteiligter Jugendlicher. Auch dabei ist auf einen länderübergreifenden Ansatz zu achten. Das Programm PETRA soll künftig erheblich ausgeweitet werden, ein erster Entwurf der Kommission dafür liegt vor.

Das Programm LINGUA - Aktionsprogramm zur Förderung des Fremdsprachenlernens in der Gemeinschaft - wurde durch die Ratsentscheidung 489/89 vom 28.7.1989 eingesetzt. Zweifellos sind fundierte Sprachkenntnisse eine wesentliche Voraussetzung dafür, daß die Europäer aktiv am Leben der Gemeinschaft teilhaben und die Vorteile eines europäischen Binnenmarktes nutzen können. LINGUA soll daher das Ausmaß und die Qualität des Fremdsprachenlernens steigern. Das LINGUA-Programm hat eine Laufzeit von vier Jahren (1990 - 93). Im Haushalt sind insgesamt 200 Mio. Ecu eingesetzt. Es umfaßt vier Bereiche:

- Fortbildung von Fremdsprachenlehrern durch Stipendien in Höhe von maximal 1.500 Ecu. Zum Zuge kommen sollen vor allem die weniger verbreiteten Sprachen. Ferner können Fortbildungseinrichtungen für grenzüberschreitende Kooperations- und Austauschprogramme Beihilfen bis zu 25 000 Ecu pro Jahr beantragen.
- Förderung des Fremdsprachenunterrichts an Universitäten und Verbesserung der Ausbildung von Sprachlehrern. Hier sind Beihilfen möglich bei der Zusammenarbeit europäischer Hochschulen sowie Auslandstipendien für Studenten und Lehrkräfte.
- Erweiterter Fremdsprachenunterricht in Industrie und Wirtschaft für Arbeitnehmer und Ausbilder insbesondere in kleinen und mittleren Unternehmen.
- Förderung des Austausches von Jugendlichen zwischen 16 und 25 Jahren im Rahmen ihrer beruflichen Ausbildung.

Das Programm ist grenzüberschreitend angelegt und deckt sowohl das Interesse eines Mitgliedstaates am Fremdsprachenerwerb der eigenen Bevölkerung als auch am Erlernen der Landessprache durch die Bevölkerung anderer Mitgliedstaaten ab. Die Maßnahme ist mit Partnern aus dem Land zu verwirklichen, dessen Sprache erlernt werden soll.

1990 wurden die drei neuen Programme für die berufliche Qualifizierung EUROFORM, NOW und HORIZON durch die Kommission vorgeschlagen. Jeder dieser Programmvorschläge zielt darauf, den sich bedingt durch den technologischen Fortschritt schnell ändernden Bedarf nach neuen bzw. modifizierten Berufsqualifikationen zu befriedigen. Die Programme werden auch im Hinblick auf die neuen Anforderungen, die sich aus dem gemeinsamen Markt ergeben, gesehen. Schließlich soll den strukturschwachen Regionen durch einen transnationalen Erfahrungsaustausch geholfen werden.

Das Programm EUROFORM - Aktionsprogramm zur Förderung grenzüberschreitender Zusammenarbeit in der Berufsbildung - zielt darauf ab, das Zustandekommen grenzübergreifender Partnerschaften zwischen Beteiligten aus dem Bereich der Berufsbildung zu fördern. Zu diesen grenzübergreifenden Maßnahmen gehört der gegenseitige Austausch von Bildungsprogrammen sowie von Lehrkräften und Praktikanten. Im einzelnen sind folgende förderungswürdige Maßnahmen vorgesehen:

- Förderung des Zustandekommens grenzübergreifender Kooperation zwischen Behörden und öffentlichen oder privaten Berufsbildungseinrichtungen
- das Zustandekommen von Konsortien (Gremien der grenzüberschreitenden Zusammenarbeit), die für die Programmierung und Durchführung der Maßnahmen verantwortlich sind.

Die Beteiligung der EG im Zeitraum 1990 - 1993 wird auf insgesamt 300,0 Mio. Ecu veranschlagt.

Das Programm HORIZON - Gemeinschaftsinitiative für die Behinderten und bestimmte benachteiligte Gruppen - wird mit 180,0 Mio. Ecu ausgestattet (1990 - 1993). Gefördert werden unter anderem die folgenden Maßnahmen:

- Vermittlung von beruflicher Qualifikation einschließlich der Ausbildung von Ausbildern
- Gründung von kleinen und mittleren Betrieben durch die genannte Personengruppe
- Hilfe bei der Beschaffung von Diensten einschließlich Anpassung der Infrastruktur an die besonderen Bedürfnisse behinderter Personen.

Das Programm NOW - Gemeinschaftsinitiative zur Förderung der Chancengleichheit im Bereich Beschäftigung und berufliche Bildung - ist auf die Frauenförderung ausgerichtet. Das Finanzvolumen beträgt 120,0 Mio. Ecu (1990 - 1993). Gefördert werden u.a.:

- Gründung von kleinen Unternehmen und Genossenschaften durch Frauen
- Berufliche Beratung und Bildung im Rahmen der beruflichen Wiedereingliederung von Frauen.

Mit diesen Aktionsprogrammen ist das Spektrum der berufsbildungspolitischen Programme im engeren Sinne im wesentlichen abgesteckt. Berufsbildungsmaßnahmen können zusätzlich auch durch den Regionalfonds unterstützt werden (z.B. im Programm INTERREG - grenzüberschreitende Entwicklungszusammenarbeit).

Beachtet werden sollte, daß die Berufsbildungspolitik der EG sich in dynamischer Entwicklung befindet, somit sind die Angaben nur Momentaufnahmen.

Nachrichtlich sollen noch die Austauschprogramme erwähnt werden, die bereits mit großem Erfolg umgesetzt worden sind und das Gesamtgebiet der Maßnahmen der EG in den Bereichen Bildungs- und Jugendpolitik der EG komplettieren. Es handelt sich um:

- ARION - Studienaufenthalte für Bildungsfachleute in anderen EG-Mitgliedstaaten

- COMETT II - Förderung der Zusammenarbeit Hochschule, Wirtschaft und Ausbildung in den neuen Technologien mit den folgenden Förderzielen:
  - Verbesserung der Ausbildung auf dem Gebiet der Technologie

- Entwicklung der europäischen Zusammenarbeit zwischen Hochschule und Wirtschaft für die Ausbildung im Technologiebereich
- gemeinsame Entwicklung von Aus- und Weiterbildungsprogrammen
- Deckung des Bedarfs an hochqualifiziertem Personal in der Wirtschaft
- Chancengleichheit von Mann und Frau.

- COMETT II wird umgesetzt durch europäische Netze von Ausbildungspartnerschaften von Hochschulen und Wirtschaft und durch Studenten- und Personalaustausch. Das Programm ist ausgestattet mit 200,0 Mio. Ecu für den Zeitraum 1990 - 94.

- ERASMUS - Förderung der Zusammenarbeit zwischen europäischen Hochschulen und der Mobilität der Studenten
  Gefördert werden die Einrichtung eines europäischen Hochschulkooperationsnetzes und Stipendien für Studienaufenthalte (Studenten und Lehrpersonal) in anderen Mitgliedstaaten. Dafür stehen jährlich rund 50 Mio. Ecu zur Verfügung.

- JUGEND FÜR EUROPA - Förderung des Jugendaustausches (insbesondere zwischen Regionen mit wenig Austauschmöglichkeiten, darin eingeschlossen sind auch Maßnahmen zur Förderung des Jugendaustausches mit osteuropäischen Ländern (Polen und Ungarn). Gegenwärtig läuft das Programm bis einschließlich 1991, ein Folgeprogramm ist vorgesehen.

5.   Partnerschaftsprinzip und regionaler und lokaler Einsatz der Programme

In der Vergangenheit ist die Vergabe der Mittel aus den Strukturfonds auf der Grundlage von jährlichen Ausschreibungen durchgeführt worden. Dies hat zwangsläufig zu einer durch Zufälligkeiten geprägten Verteilung der Mittel geführt. Ein wichtiger Schritt zugunsten einer räumlichen Dezentralisierung der Aktionsprogramme der EG ist durch die Reform der drei Strukturfonds erreicht worden (Verordnung 4253/88 vom 19. Dezember 1988 über die Vorgehensweise bei Planung und Durchführung der Strukturfonds). Bei der Erarbeitung der Programme und Maßnahmen wird danach eine partnerschaftliche Zusammenarbeit zwischen EG-Dienststellen und den zuständigen nationalen Stellen, die zur Erarbeitung gemeinschaftlicher Förderkonzepte (GFK) führt, angewandt. Bei den Gemeinschaftlichen Förderkonzepten handelt es sich um Vereinbarungen zwischen Mitgliedstaat und EG, durch die die räumlichen und sachlichen Förderschwerpunkte, der spezifische Beitrag der drei Fonds und der abgestimmte Finanzierungsrahmen für einen mehrjährigen Zeitraum festgelegt werden.

Bei der Erarbeitung der nationalen Bedarfsfeststellung und bei der Durchführung soll dabei ein soweit wie möglich "dezentralisiertes Vorgehen" bestimmend sein. Dieses Prinzip eröffnet Möglichkeiten der Mitwirkung durch die örtlichen Gebietskörperschaften, wie sie bisher nicht bestanden. Die kommunale Ebene kann sich nun eigenständig um eine Beteiligung bemühen. Die EG verlangt sogar, ... "daß die Mittelvergabe so weit wie möglich dezentralisiert erfolgen soll". Sie streckt somit strukturpolitisch die Hand aus, um die Gebietskörperschaften zur Mitwirkung einzuladen. Es entsteht somit ein "europäischer

Dienstweg", der sich zwar nach wie vor der Koordinierung über die Landes- und Bundesebene bedient, dessen wesentliches Merkmal jedoch nun ist, daß Maßnahmen aus der Sicht der kommunalen Ebene heraus entwickelt werden können.

In der praktischen Umsetzung ist dieser gestufte Aufbau allerdings noch nicht verwirklicht, auch in der Bundesrepublik endet die Dezentralisierung vorerst auf der Landesebene. In den Planungs-ausschüssen sind bisher Vertreter der kommunalen Ebene nicht beteiligt. Die zuständige Generaldirektion sagt daher, daß sie künftig stärker auf die tatsächliche Umsetzung des Partnerschafts- und Dezentralisierungsprinzips drängen werde.

In der Abbildung ist das gestufte Planungs- und Durchführungsverfahren in vereinfachter Form dargestellt. Die neuen Bestimmungen und die neuen Planungs- und Vergabeverfahren werden in der Veröffentlichung "Leitfaden zur Reform der Strukturfonds der Gemeinschaft", die von der Kommission herausgegeben wurde, im Detail erläutert.

Vorgehensweise bei Planung und Durchführung der Strukturfondsprogramme (vereinfacht)

Stufe	Aufgabe	Beteiligung der kommunalen Ebene
1.	Aufstellung nationaler Pläne Bedarfsanalyse, Ableitung des Maßnahmebedarfs aus nationaler Sicht (Bund, Länder, komm. Ebene)	Mitwirkung an der Planung durch Bedarfsmeldung, Projektvorschläge
2.	Verhandlungen der Mitglied- staaten mit der EG: Ausgleich der nationalen Bedarfsfeststellungen mit den Fondsleitlinien und dem gegebenen Finanzierungsrahmen Ergebnis: Gemeinschaftliches Förderkonzept (GFK)	keine
3.	Umsetzung der GFKs in operatio- nelle Programme durch die natio- nalen Stellen (Festlegung der Maß- nahmearten, Zuordnung der Mittel, Bestimmung der Maßnahmeträger)	Beteiligung an der Umsetzungspla- nung, Sicherung der Eigenmittel**)
4.	Durchführung der Maßnahmen durch die Trägerorganisationen	Durchführung in eigener Träger- schaft oder durch beauftragte Träger
5.	Evaluation*)	Mitwirkung, u.U. Ableitung besser geeigneter Projektvorschläge

Das Ablaufschema ist vereinfacht. Planungs- und Durchführungszeitraum 1989 - 1993
*) Bewertungsgebot entsprechend den Fondsverordnungen
**) in der Regel 50% bzw. entsprechend den nationalen Beihilferegelungen

Edgar Sauter

Handlungsebenen der Weiterbildung

Überregionale Ordnungselemente für eine regionale Gestaltung der beruflichen Weiterbildung

1. Handlungsebenen

Berufliche Weiterbildung wird von Bildungsträgern (einschließlich Betrieben) in der Regel auf der lokalen bzw. der lokal-regionalen Ebene angeboten; es wird bei der Planung der Angebote davon ausgegangen, daß Bildungsmaßnahmen - wenn sie erfolgreich sein sollen - den Bedürfnissen der Menschen und dem Bedarf der Betriebe und Verwaltungen "vor Ort" entsprechen müssen. Mit dem regionalen Bezug des Angebotes wird nicht zuletzt dessen flexibler, elastischer und dynamischer Charakter verbunden; eine flächendeckende und ausgeglichene Weiterbildungsversorgung wird erleichtert.

Zugleich wird die Forderung erhoben, daß im Rahmen der Weiterbildung erworbene Qualifikationen nicht nur regional verwertbar, sondern auch überregional arbeitsmarktgängig sein sollen[1]. Für diese Forderung tritt insbesondere die Arbeitnehmerseite ein; aber auch die Empfehlung der Enquete-Kommission "zukünftige Bildungspolitik-Bildung 2000", die Teilnahme an Weiterbildungsmaßnahmen grundsätzlich zu zertifizieren, zielt auf eine möglichst umfassende Nutzung der Weiterbildung im Rahmen der persönlichen Berufslaufplanung (vgl. Deutscher Bundestag 1990, S. 90). Nicht zuletzt geht es darum, die Bildungsanstrengungen der Arbeitnehmer auf der Grundlage längerfristig gültiger Qualifikationsstandards abzusichern. Für die Planung des lokal-regionalen Angebots bedeutet dies, daß auch überregionale Qualifikationsanforderungen, wie sie sich z. B. in anerkannten Abschlüssen niederschlagen, berücksichtigt werden müssen. Für Angebote, die sowohl den Anforderungen aus dem regionalen Bezug als auch aus überregionalen Verwertungszusammenhängen gerecht werden wollen, läßt sich der Schluß ziehen, daß sie auf das Zusammenspiel unterschiedlicher Handlungsebenen angewiesen sind.

Vor diesem Hintergrund sind auch die erheblichen regionalen Unterschiede in der Inanspruchnahme von Weiterbildung wahrzunehmen und zu interpretieren. Unterschiedliche Ansätze bieten sich hier an: Zum einen kann z. B. auf unterschiedliche - empirisch nachweisbare - Bedarfs- und Bedürfnislagen der Beteiligten in den verschiedenen Regionen hingewiesen werden, die sich in unterschiedlicher Weiterbildungsbeteiligung niederschlagen. Zum anderen können die regionalen Disparitäten aber auch daraufhin untersucht werden, inwieweit die Angebote den Bedarfen und den Bedürfnissen der Beteiligten entsprechen und inwieweit die Rahmenbedingungen (wie z. B. Information, Beratung, Finanzierung, Freistellung, Infrastruktur und Arbeitsmarktlage) die Weiterbildungsbeteiligung hemmen oder fördern.

---

1) So z.B. die Enquête-Kommission Weiterbildung.

In diesen Zusammenhang der Rahmenbedingungen für die regionale Gestaltung der beruflichen Weiterbildung gehört auch das Zusammenspiel der überregionalen mit der lokal-regionalen Handlungsebene. Für den erfolgreichen Auf- und Ausbau der Weiterbildung als quartärer Bereich ist das Zusammenwirken dieser Handlungsebenen erforderlich. Bereits der Bildungsrat thematisiert im Strukturplan die Arbeitsteilung und die Kooperation unterschiedlicher Aktionsebenen in der Weiterbildung. "Die verschiedenen Ebenen der Kooperation müssen in engem Kontakt miteinander stehen. Die lokal-regionale Detailplanung und Durchführung muß sich in Grundsätzen der überregionalen Planung und Organisation des Gesamtbereichs und so in das Bildungssystem einfügen. Überregional sollen nur die Aufgaben und Probleme behandelt und entschieden werden, die lokal-regional nicht gelöst werden können" (Deutscher Bildungsrat 1970, S. 210). In der Konzeption des Bildungsrates kommt der überregionalen Ebene damit eine subsidiäre Bedeutung zu. Für sein Organisationskonzept der Weiterbildung entwickelt der Bildungsrat die folgenden Elemente:

- Auf der lokal-regionalen Ebene soll ein Forum für die an der Weiterbildung Beteiligten geschaffen werden, das für eine Übersicht über die bestehenden Angebote sorgt und auf dieser Basis eine gemeinsame Planung und Abstimmung eines regionalen Gesamtprogramms ermöglicht;
- auf der überregionalen Ebene (Bund-Länder) sollen Grundzüge für die Ordnung des Gesamtbereichs Weiterbildung entwickelt werden, die z. B. Mindeststandards für Einrichtungen und Beurteilungsmaßstäbe für Bildungsgänge und Kurse, für Zugang und Abschlüsse, für die Leistungskontrolle und für die Qualifikation der Lehrkräfte umfassen (vgl. Deutscher Bildungsrat 1970, S. 212).

Aufgabenteilung und Kooperation der beiden Handlungsebenen sind unter dem Aspekt zu sehen, die Vorteile beider Ebenen zu nutzen und die Gefahren, die sich aus einer einseitigen Betonung einer Ebene ergäben, zu begrenzen. Die Gefahren eines ausschließlich regional orientierten Weiterbildungshandelns liegen in der Segmentierung der Qualifikationen und ihren Folgen für die Beteiligten; hier ist insbesondere auf die Einschränkung der Mobilität hinzuweisen, die bei überregional nicht verwertbaren Abschlüssen entsteht (vgl. Bosch, G. 1987, S. 599). Die Gefahren einer ausschließlich überregional orientierten Weiterbildung wären dagegen in der mangelnden Offenheit und Flexibilität für regionale Bedarfe und Bedürfnisse der Beteiligten und in der damit verbundenen Starrheit des Angebotes zu sehen[2].

2.   Strukturen der Weiterbildung

Bei der Behandlung überregionaler Bedingungen für die regionale Gestaltung der Weiterbildung sind die differenzierten Strukturen zu berücksichtigen, die für die Weiterbildung charakteristisch sind. Es gilt insbesondere drei Teilbereiche zu unterscheiden, für die die überregionalen Bedingungen und damit auch die Handlungsebenen jeweils unterschiedliche Bedeutung haben.

---

2) Vgl. dazu auch den Beitrag von Bosch in diesem Band.

Bei den Teilbereichen handelt es sich um

- die AFG-geförderte Weiterbildung, die wesentlich von der Nachfrage der Bundesanstalt bzw. der von ihr geförderten Teilnehmer an Bildungsmaßnahmen bestimmt wird;
- die betriebliche Weiterbildung, bei der die Betriebe als Anbieter von Weiterbildung für ihre Mitarbeiter auftreten, zugleich aber auch, wenn sie über keine ausreichende Weiterbildungsinfrastruktur verfügen, Weiterbildung nachfragen;
- die individuelle Weiterbildung, bei der Einzelpersonen unabhängig von institutionellen Abhängigkeiten (z. B. als Arbeitsloser) Bildungsangebote auf dem Weiterbildungsmarkt wahrnehmen.

Diese Teilbereiche überschneiden sich in unterschiedlicher Weise (z. B. AFG-geförderte Weiterbildung und individuelle Weiterbildung im Bereich der Aufstiegsfortbildung von Erwerbstätigen, die auf der Grundlage des AFG gefördert werden) und lassen sich nicht scharf voneinander abgrenzen. Bezogen auf zentrale Merkmale (wie z. B. Anbieter, Zielgruppen, Angebotsstruktur, Funktion und Finanzierung) weist jeder der Teilbereiche ein eigenständiges Merkmalsprofil auf.

Auch unter dem Aspekt der Handlungsebenen und der Darstellung der überregionalen Bedingungen für die Gestaltung regionaler Weiterbildung ist die Unterscheidung der Teilbereiche relevant: Im Bereich der AFG-geförderten Weiterbildung werden die Handlungsebenen durch die Vorgaben des AFG und die Aufgabenverteilung innerhalb der Verwaltungsebenen der Bundesanstalt bestimmt. Die lokal-regionale Ebene wird durch die Zusammenarbeit von Arbeitsamt und Bildungsträger gekennzeichnet. Im Bereich der betrieblichen Weiterbildung dominiert die regionale bzw. örtliche betriebliche Ebene; überregionale Vorgaben werden hier z. B. über das Betriebsverfassungsgesetz (BetrVG) und - falls der Betrieb Maßnahmen mit anerkannten Abschlüssen durchführt - über das Berufsbildungsgesetz (BBiG) wirksam. Darüber hinaus sind bei Großunternehmen mit mehreren Standorten firmeninterne Vorgaben mit überregionaler Bedeutung zu berücksichtigen.

Im Bereich der individuellen Weiterbildung, der klassischen Domäne der Aufstiegsfortbildung, hat sich zu einem großen Teil bereits durchgesetzt, was durch das Zusammenspiel der Handlungsebenen angestrebt wird: Die Bildungsanstrengungen der Weiterbildungsteilnehmer auf der lokal-regionalen Ebene sind bereits überwiegend auf Maßnahmen mit anerkannten Abschlüssen oder Qualifikationsstandards bezogen.

Ausgehend von den Vorschlägen des Bildungsrates werden in der folgenden Übersicht die im Bereich der Weiterbildung anfallenden Aufgaben und Aktivitäten den Handlungsebenen zugeordnet: Der lokal-regionalen Ebene kommt dabei Priorität zu; nur was hier nicht geleistet werden kann, entfällt auf die überregionale Ebene.

Die Übersicht zeigt, daß die Aufgaben beider Ebenen eng aufeinander bezogen sind. Die Aufgaben der lokal-regionalen Ebene können nur dann optimal bewältigt werden, wenn entsprechende Funktionsvoraussetzungen auf der überregionalen Ebene vorhanden sind. So können z.B. nur dann bundesweit auf dem Arbeitsmarkt verwertbare Qualifikationen durch

Aufgaben und Aktivitäten im Bereich der Weiterbildung nach Handlungsebenen

Handlungsebene	Aufgaben/Aktivitäten
(1) lokal-regional	❑ Planung und Entwicklung von Bildungsangeboten durch die Bildungsträger (Betriebe, außerbetriebliche Anbieter) auf der Grundlage regionaler Bedarfsanalysen,
	❑ Abstimmung der Angebote im Hinblick auf die Herstellung eines regionalen Gesamtprogramms, z. B. im Rahmen einer Kooperation der Bildungsträger,
	❑ Herstellung von Angebotstransparenz, z.B. durch Datenbanken, Weiterbildungsberichte und Angebotsverzeichnisse,
	❑ Information und Beratung der Bildungsinteressenten und Maßnahmeträger, z.B. durch Datenbanken, Kammern, Arbeitsämter, kommunale Einrichtungen,
	❑ Durchführung der Maßnahmen (einschließlich Methoden- und Medieneinsatz, Prüfungen, Evaluation),
	❑ Ausbau der Infrastruktur durch institutionelle Förderung,
	❑ Verknüpfung der Wirtschaftsförderung mit Maßnahmen der Qualifizierung,
	❑ Maßnahmen zur Qualitätssicherung und -kontrolle, z.B. durch freiwillige Selbstkontrolle oder im Rahmen der AFG-Förderung durch die Arbeitsämter.
(2) überregional	❑ Setzung von Rahmenbedingungen für die Gestaltung des Angebots, z.B. durch - Fortbildungsregelungen und Zertifikate sowie - Qualitätsanforderungen an Maßnahmen und Bildungsträger (einschließlich Qualifikationsanforderungen an Lehrkräfte),
	❑ Regelungen von Vorgaben für die Förderung des Weiterbildungszugangs und der -beteiligung, z.B. durch - Finanzierungs- und Freistellungsregelungen bzw. -vereinbarungen sowie - Förderung von Informations- und Beratungsinstitutionen,
	❑ Herstellung von Rahmenbedingungen für die Transparenz des Weiterbildungsbereichs, z.B. durch - Einführung einer bundeseinheitlichen Weiterbildungsstatistik - durch regelmäßige Repräsentativerhebungen und qualitative Untersuchungen.

Weiterbildung erworben werden, wenn entsprechende Abschlüsse bzw. Zertifikate überregional festgelegt wurden oder zumindest die Qualität der Maßnahme durch entsprechende Kriterien und Verfahren gesichert werden kann. Ebenso wird die Planung und Entwicklung von Maßnahmen auf der lokal-regionalen Ebene wesentlich erleichtert, wenn die Transparenz des Weiterbildungsbereichs durch Statistiken mit bundeseinheitlich, d.h. überregional vorgegebenen Merkmalen gewährleistet werden kann.

Auf den Handlungsebenen sind unterschiedliche Akteure gefordert: Auf der lokal-regionalen Ebene sind die Aufgaben z.B. vor allem durch die Bildungsträger, die Betriebe, die Kommunen, die Kammern sowie die Lehrkräfte zu bewältigen; auf der überregionalen Ebene handelt es sich dagegen um Aufgaben, die in erster Linie Sache des Gesetzgebers (Bund/Länder) oder der Sozialparteien sind. Insgesamt sind die Aufgaben und Aktivitäten der überregionalen Ebene auf die Konstituierung einer Ordnung für den Gesamtbereich der Weiterbildung bezogen. Öffentliche Verantwortung für die Weiterbildung wird nicht zuletzt durch überregionale Regelungen verdeutlicht, sie steht für staatliche Rahmenstrukturpolitik und damit für eine deutliche Markierung der Orientierungslinien für alle am Weiterbildungsmarkt Beteiligten (vgl. Lipsmeier, A. 1990, S. 111). Das Zusammenspiel der Handlungsebenen stärkt die Entwicklung eines mittleren Pfades zwischen Markt und öffentlicher Verantwortung im Sinne eines Mischsystems, denn es macht deutlich, daß Elemente des Marktes und der öffentlichen Verantwortung nicht nur vereinbar sind, sondern miteinander verknüpft und produktiv genutzt werden können.

Die in der Übersicht skizzierten Aufgaben und Aktivitäten auf überregionaler Ebene sind bisher nur teilweise realisiert. Dies verweist auf die eingeschränkten Möglichkeiten einer überregionalen Steuerung des Weiterbildungsbereichs und damit zugleich auf Effizienzmängel auf der regionalen Ebene (vgl. Bosch, G. 1991). Zum einen fehlen die Instrumente und gesetzlichen Grundlagen, wie z.B. im Bereich der Finanzierung oder der Weiterbildungsstatistik; zum anderen sind die vorhandenen Instrumente und rechtlichen Regelungen außerordentlich zersplittert. So stehen z.B. Regelungen aus dem Arbeitsförderungsgesetz, dem Berufsbildungsgesetz, dem Betriebsverfassungsgesetz, dem Fernunterrichtsschutzgesetz sowie den Bildungsurlaubsgesetzen und den Erwachsenenbildungs-/Weiterbildungsgesetzen der Länder weitgehend unverbunden nebeneinander, und die unterschiedlichen Politikfeldern zugeordneten Elemente der Weiterbildung bleiben bisher unverknüpft.

Die auf der überregionalen Ebene zu regelnden Rahmenbedingungen für die Gestaltung des Angebots, des Weiterbildungszugangs und die Transparenz des Weiterbildungsbereichs stellen zentrale, miteinander zu verknüpfende Ordnungselemente dar:

- Forschung, Planung und Entwicklung im Weiterbildungsbereich sind auf regelmäßige statistische Erfassung der wichtigsten Merkmale angewiesen. Die bisher verfügbaren Informations- und Datenquellen reichen jedoch nicht aus, um

  - für alle an der Weiterbildung Beteiligten Markttransparenz herzustellen,
  - Fehlentwicklungen wie z.B. regionale Disparitäten und Segmentationstendenzen rechtzeitig zu erkennen sowie

- eine sach- und problembezogene Forschung im Bereich der Weiterbildung durchzuführen (vgl. Sauter, E. 1990, S. 266).

Die unzureichende statistische Erfassung der Weiterbildung schränkt das Handeln aller Beteiligten ein und beeinträchtigt den Ausbau der Weiterbildung zu einem gleichwertigen Teil des Bildungssystems. Eine durchgreifende Verbesserung der statistischen Datenlage in der Weiterbildung ist kurzfristig - angesichts der bildungspolitischen Stagnation in diesem Bereich - nicht zu erwarten.

- Die Weiterbildungsbeteiligung verläuft bei unterschiedlichen Teilgruppen der Bevölkerung uneinheitlich. Nach wie vor sind z.B. Frauen, Ältere, Geringqualifizierte und Erwerbstätige in gewerblich-technischen Berufen in Weiterbildungsmaßnahmen unterrepräsentiert. Fehlende bzw. unzureichende Finanzierungs- und Freistellungsregelungen bzw. -möglichkeiten stellen wesentliche Barrieren für die Weiterbildungteilnahme dar. Die bestehenden gesetzlichen Finanzierungs- und Freistellungsregelungen haben sich

- aufgrund geringer Inanspruchnahme weitgehend als unwirksam erwiesen (Bildungsurlaubsregelungen) oder
- sich zugunsten von ohnehin leistungsorientierten Erwerbstätigengruppen ausgewirkt (AFG-geförderte Aufstiegsfortbildung).

Finanzierungs- und Freistellungsregelungen im Rahmen von Tarifverträgen haben bisher noch eine quantitativ geringe Bedeutung. Vorschläge zur Freistellung, die den Gesamtanspruch - unter Berücksichtigung des gesamten aktiven Erwerbslebens - auf drei Jahre bemessen (vgl. Edding, F. 1988, S. 31), haben für absehbare Zeit keine Realisierungschancen.

- Fortbildungsregelungen sowie Kriterien und Verfahren zur Sicherung der Qualität von Bildungsmaßnahmen sind für die Ordnung der Weiterbildung von zentraler Bedeutung. Die rechtliche Zersplitterung, die bildungspolitischen Konfliktfelder, aber auch die Ansätze für die Arbeitsteilung und das Zusammenspiel der Handlungsebenen in der Weiterbildung lassen sich am Beispiel der bestehenden Rahmenbedingungen für die Gestaltung der Angebote am besten nachzeichnen und nachvollziehen. Im folgenden Abschnitt wird diese Thematik deshalb im einzelnen dargestellt.

3. Rahmenbedingungen für das Angebot

Zentrale Bedeutung für die Gestaltung des Angebots in der Weiterbildung haben

- die Bestimmungen des BBiG bzw. der Handwerksordnung (HwO), die sich auf Fortbildungs-/Umschulungsregelungen beziehen;
- die Regelungen in den Schulgesetzen der Länder, die insbesondere die Weiterbildung im Rahmen der Fachschulen betreffen;
- die Anforderungen an die Weiterbildung, die als Förderungsvoraussetzungen nach dem AFG gestellt werden;

- die Kriterien der Anerkennung von Weiterbildungseinrichtungen und Trägern im Rahmen der Erwachsenen-/Weiterbildungsgesetze der Länder.

Darüber hinaus ist auf die Zulassungskriterien für Fernlehrgänge nach dem Fernunterrichts-schutzgesetz (FernUSG) zu verweisen, auf die im folgenden jedoch nicht im einzelnen eingegangen wird (vgl. dazu Sauter, E. 1990, S. 97 ff.)

3.1 Fortbildungs-/Umschulungsregelungen nach BBiG/HwO

Ziel des BBiG ist die langfristige Ordnung der beruflichen Weiterbildung. Die zentralen Instrumente, mit denen dieses Ziel für die berufliche Weiterbildung erreicht werden soll, sind zwei Regelungstypen, die sich auf unterschiedliche regionale Ebenen beziehen:

- Die zuständigen Stellen, in der Regel die Kammern, können Inhalt, Ziel, Anforderungen und Verfahren für Fortbildungsprüfungen sowie die Zulassungsvoraussetzungen für ihre jeweiligen Bezirke regeln (sogenannte "Kammerregelungen", § 46 Abs. 1 BBiG);
- daneben sind Fortbildungsordnungen des Bundes möglich, das heißt, der Bundesminister für Bildung und Wissenschaft erläßt im Einvernehmen mit dem jeweiligen Fachminister Rechtsverordnungen, in denen Fortbildungsgang und -abschluß geregelt werden können (§ 46 Abs. 2 BBiG).

Beide Ebenen sind auch für die berufliche Umschulung zu unterscheiden. Der quantitative Entwicklungsstand weist derzeit (1990) 1.196 Fortbildungs- und 28 Umschulungsregelungen auf, die sich auf 247 unterschiedliche Fortbildungsabschlüsse beziehen, da eine Reihe von Regelungen für einen Fortbildungsabschluß von mehreren zuständigen Stellen erlassen wurde (vgl. Bundesinstitut für Berufsbildung 1990, S. 313).

Bezogen auf die inhaltlichen Fortbildungsbereiche ist ein eher konservatives Regelungs-verhalten der zuständigen Stellen festzustellen, d. h. es dominieren die kaufmännischen Fortbildungsregelungen der Industrie- und Handelskammern; Regelungen für neue Dienst-leistungsfunktionen und für den Bereich der neuen Informationstechnik sind bisher noch selten (vgl. Tillmann, H. 1989, S. 21).

Bei dem zweiten Regelungstyp, den Fortbildungsordnungen des Bundes, wurden bis 1990 insgesamt 174 Regelungen erlassen. Der Akzent liegt mit über 150 Regelungen eindeutig bei den Meistern. Darüber hinaus sind nur Einzelregelungen, wie z. B. Pharmareferent/-in, Sekretär/-in vorhanden, die keinen systematischen Zusammenhang erkennen lassen (vgl. Bundesinstitut für Berufsbildung 1990, S. 312).

Beide Typen von Fortbildungsregelungen sind darauf ausgerichtet, daß Qualifikationsziele verbindlich festgelegt und öffentlich-rechtlich anerkannte Weiterbildungsabschlüsse ge-schaffen werden. Ziel ist die Herstellung stabiler Strukturen für einen gleichberechtigten Bildungsbereich innerhalb des Bildungssystems. Insbesondere die Ordnungsmaßnahmen des Bundes können mit anerkannten Abschlüssen die entscheidenden Voraussetzungen liefern, daß

- die Transparenz über die in der Weiterbildung zu erwerbenden Qualifikationen für alle Beteiligten hergestellt wird,
- Qualifikationen vergleichbar werden (z. B. hinsichtlich der Leistungen im schulischen Bildungssystem) und
- die Verwertbarkeit von Weiterbildungsleistungen erhöht wird (z. B. unter dem Aspekt von Anrechenbarkeit von Leistungen im Bildungssystem).

Unter dem Aspekt der Arbeitsteilung zwischen den beiden Handlungsebenen ist darüber hinaus hervorzuheben, daß die lokal-regionale Ebene erheblich entlastet wird, ihr Handlungsspielraum für Organisation und Durchführung von Maßnahmen wird erweitert.

Der oben skizzierte quantitative Entwicklungsstand der Fortbildungsregelungen zeigt bereits, daß eine durch anerkannte Prüfungen abgeschlossene Weiterbildung heute noch eher die Ausnahme als die Regel ist. Angesichts von rd. 6,4 Mio. Personen, die 1988 an beruflicher Weiterbildung teilgenommen haben (vgl. Kuwan, H. 1989, S. 25), ist die Anzahl von 141.000 Teilnehmern an Fortbildungsprüfungen (1989) sehr gering (vgl. BMBW 1990, S. 253).

Die vom BBiG gebotenen Möglichkeiten, Weiterbildung auf den gesetzlich vorgegebenen Ebenen zu regeln, sind bisher von den Regelungsinstanzen, den zuständigen Stellen und dem Bund nur unzureichend genutzt worden. Ein wesentlicher Grund für diese Entwicklung ist in den Kontroversen der Beteiligten zu sehen. Insbesondere der Konflikt zwischen den Sozialparteien prägt die Vorbereitung und die Entwicklung der Fortbildungsregelungen. Der bisherige Verlauf der Zusammenarbeit bzw. des Konfliktes der Beteiligten ist durch folgende Grundpositionen gekennzeichnet:

- Die Arbeitgeberseite bevorzugt die regional begrenzten Fortbildungsregelungen der zuständigen Stellen;
- die Arbeitnehmerseite ist primär an bundeseinheitlichen Fortbildungsordnungen interessiert, auf deren Grundlage sich entsprechende Tarifforderungen am besten vertreten lassen;
- der Bund schließlich betont seine Zurückhaltung hinsichtlich des Erlasses von Fortbildungsordnungen; sein Verhalten wird durch das Konsensprinzip bestimmt, nach dem der Bund nur dann Fortbildungsordnungen erläßt, wenn die Sozialparteien sich zuvor auf diese verständigt haben.

Auch der 1983 begründete "Koordinierungskreis Weiterbildung", der die Aufgabe hat, die Abstimmung zwischen den Beteiligten herbeizuführen und gemeinsame Empfehlungen für Regelungsinitiativen zu erarbeiten, konnte die grundsätzliche Kontroverse nicht überwinden. Nach wie vor ist kein rascher und systematischer Ausbau der Fortbildungsregelungen zu erwarten. Zum einen hat sich gezeigt, daß sein Einfluß auf die Entwicklung von Kammerregelungen relativ gering ist, denn die weitaus überwiegende Anzahl dieser Regelungen entsteht außerhalb des Koordinierungskreises. Zum anderen wirkt sich aus, daß der Regelungsbedarf von vornherein auf die Aufstiegsfortbildung beschränkt wurde: Im "Grundsatzpapier über den Erlaß von Fortbildungsregelungen nach § 46 BBiG unter Berücksichtigung der Beschlüsse des Bundesausschusses für Berufsbildung vom 16. März 1976 und des Hauptausschusses des Bundesinstituts für Berufsbildung vom 18. Mai 1979" heißt es: "Ein Regelungsbedarf wird im allgemeinen nur bei Fortbildungsmaßnahmen vorliegen, die Chancen für einen beruflichen Aufstieg eröffnen oder verbessern können" (S. 3).

Gegenüber den Beschlüssen des Bundesausschusses und des Hauptausschusses, in denen eine Festlegung der Fortbildungsregelungen beider Typen auf die Aufstiegsfortbildung vermieden wurde, erfolgt im "Grundsatzpapier" damit eine eindeutige Einengung der Regelungen auf diesen Typ der Fortbildung.

Die Festlegung auf die Aufstiegsfortbildung bedeutet auch, daß die Fortbildungsregelungen vor allem für den Teilbereich der individuellen Weiterbildung wirksam werden; in den Teilbereichen der betrieblichen Weiterbildung und der AFG-geförderten Weiterbildung, in denen die Anpassungsfortbildung dominiert, können sich die Vorteile der durch Abschlüsse geregelten Weiterbildung nur relativ geringfügig auswirken.

3.2   Schulische Weiterbildung: Fachschulen

Neben den nach dem BBiG geregelten Fortbildungsabschlüssen sind in der beruflichen Weiterbildung die schulischen Abschlüsse der Fachschulen zu berücksichtigen. Mit gut 112.000 Schülern pro Jahr (vgl. BMBW 1990, S. 43) machen die Fachschulen nur einen sehr kleinen Teil der Weiterbildung aus; sie kennzeichnen jenen Teil des beruflichen Weiterbildungsangebots, der in den Zuständigkeitsbereich der Länder und ihrer Schulgesetze fällt. Nach der Definition der Kultusministerkonferenz (KMK) vom 8.12.1975 sind dies Schulen, "die grundsätzlich den Abschluß einer einschlägigen Berufsausbildung oder eine entsprechende praktische Berufstätigkeit voraussetzen; als weitere Voraussetzung wird in der Regel eine zusätzliche Berufsausübung gefordert. Sie führen zu vertiefter beruflicher Fachbildung und fördern die Allgemeinbildung. Bildungsgänge an Fachschulen in Vollzeitform dauern in der Regel mindestens ein Jahr, Bildungsgänge an Fachschulen in Teilzeitform dauern entsprechend länger" (zitiert nach Grüner, G. 1983, S. 247).

Aufgrund der Langfristigkeit ihrer Angebote, Theoretisierung und Systematisierung ihrer Inhalte sowie der Regelungen der Abschlüsse stellen die Fachschulen in der beruflichen Weiterbildung "den am meisten vergesellschafteten Typ dar" (Faulstich, P. 1981, S. 117). Ihre Attraktivität ist nicht zuletzt darauf zurückzuführen, daß ihre Abschlüsse auf das staatliche Eingruppierungs- und Entlohnungssystem bezogen sind und damit günstige Verwertungschancen bieten.

Die schulischen Abschlüsse und die Abschlüsse aus dem BBiG-Bereich stehen nebeneinander; es gibt praktisch keine Durchlässigkeit zwischen diesen Systemen mit unterschiedlichen historischen Wurzeln. Die Abschlüsse aus dem BBiG-Bereich finden keine Anerkennung im schulischen System. Unter dem Aspekt der Gleichwertigkeit von allgemeiner und beruflicher Bildung wird deshalb immer wieder gefordert, den Inhabern von Fortbildungsberufen nachträglich schulische Abschlüsse zuzuerkennen. Eine Gleichstellung von Abiturienten und Meistern hinsichtlich der Hochschulzugangsberechtigung ist jetzt im Rahmen einer Novellierung der Hochschulgesetze in Bremen und Schleswig-Holstein erfolgt.

Die Fachschulen und ihre Abschlüsse sind, wie die Fortbildungsregelungen des BBiG-Bereichs, der Aufstiegsfortbildung zuzuordnen; ihre Bedeutung konzentriert sich deshalb ebenfalls auf den Teilbereich der individuellen Weiterbildung.

Durch Fortbildungsregelungen und schulische Weiterbildungsabschlüsse werden zentrale curriculare Eckwerte überregional festgelegt und damit Vorgaben für die Gestaltung der Maßnahmen auf lokal-regionaler Ebene definiert. Welche Elemente eines Weiterbildungsganges bzw. einer Fortbildungsprüfungsregelung festgelegt werden, ist in der "Empfehlung über Kriterien und Verfahren für den Erlaß von Fortbildungsordnungen und deren Gliederung" des Bundesausschusses für Berufsbildung vom 16.03.1976 bzw. in der "Empfehlung für Fortbildungsregelungen der zuständigen Stellen" des Hauptausschusses des Bundesinstituts für Berufsbildung vom 18.05.1979 enthalten.

Den Ausführungen und Festlegungen in den Empfehlungen zu den Fortbildungsregelungen des BBiG-Bereichs entspricht auf der Seite des schulischen Weiterbildungssystems die KMK-Rahmenvereinbarung über Fachschulen mit zweijähriger Ausbildungsdauer vom 27.10.1980, in der die curricularen Eckwerte für die Fachschulgänge und -abschlüsse definiert werden.

Insgesamt ist festzustellen, daß die curricularen Vorgaben sich insbesondere auf die Angaben zur Definition der Ziele, der Inhalte und der Prüfung sowie deren Organisation beziehen. Darüber hinaus werden in der KMK-Rahmenvereinbarung auch Vorgaben für die fachliche und pädagogische Qualifikation der Lehrkräfte gemacht. Die konkrete Gestaltung der Weiterbildungsgänge bleibt, insbesondere im BBiG-Bereich, den Bildungsträgern überlassen.

3.3 Anforderungen an das Weiterbildungsangebot auf der Grundlage des AFG

Während das BBiG auf die langfristige Herstellung einer Ordnung der Weiterbildung angelegt ist, sind die Ziele des AFG, die unter anderem durch die finanzielle Förderung des arbeitsmarktpolitischen Instruments Weiterbildung erreicht werden sollen, eher kurzfristig und arbeitsmarktpolitischer Art (wie z. B. Abbau oder Vermeidung von Arbeitslosigkeit). Finanzielle Förderung ist dabei - wie jede staatliche Vergabe von finanziellen Mitteln - an Kriterien bzw. Qualitätsansprüche gebunden; im Falle des AFG geht es um die Anforderungen an das zu fördernde Weiterbildungsangebot. In § 34 AFG sind Förderungsvoraussetzungen festgelegt, die als eigenständige Grundlagen und Vorgaben für die Prüfung und Gestaltung des zu fördernden Angebotes gelten können (vgl. Richter, I. 1989, S. 7).

Die Teilnahme an Weiterbildung kann danach nur gefördert werden, wenn folgende Voraussetzungen erfüllt sind:

- Es muß sich um "Maßnahmen ... mit Unterricht" (unterhalb der Hochschulebene) handeln, die zeitlich unterschiedlich organisiert sein können (Vollzeit, Teilzeit, berufsbegleitend, Fernunterricht mit Direktunterricht);
- die Maßnahme muß eine "erfolgreiche berufliche Bildung" erwarten lassen. Das bedeutet,

es muß eine Eignungs- und Erfolgsprognose durchgeführt werden, die sich auf "Dauer, Gestaltung des Lehrplans, Unterrichtsmethode, Ausbildung und Berufserfahrung des Leiters und der Lehrkräfte" erstreckt;
- es werden "angemessene Teilnahmebedingungen" gefordert, d. h. der Teilnehmer soll vor unseriösen Praktiken und Übervorteilung durch die Bildungsträger geschützt werden;
- die Maßnahme muß wirtschaftlich und sparsam geplant und durchgeführt werden; sie muß effizient sein, d. h. das günstigste Kosten-Nutzen-Verhältnis aufweisen.

Angesichts dieser Anforderungen liegt es nahe, daß die Prüfung dieser Voraussetzungen für die Bundesanstalt dann mit relativ wenigen Problemen verbunden ist, wenn die Maßnahmen auf die nach dem BBiG entwickelten Fortbildungsregelungen bezogen sind. Denn mit diesen sind Standards gesetzt, auf die die BA ihre Qualitätsprüfung abstützen kann. Hier ist auch der enge Sachzusammenhang zwischen BBiG und AFG zu sehen, denn zum Zeitpunkt der Verabschiedung beider Gesetze im Jahr 1969 konnte davon ausgegangen werden, daß das, was unter Weiterbildung verstanden wurde, weitgehend der nach BBiG regelungsfähigen Aufstiegsfortbildung zugeordnet werden konnte.

In der Entwicklung der letzten zwanzig Jahre haben sich die Akzente jedoch verlagert. Negative Arbeitsmarktentwicklung und die Dynamik des Politikfeldes Arbeitsmarkt rückten die berufliche Anpassungsfortbildung in den Mittelpunkt der Förderung. Gegenüber dem langfristig orientierten Interesse an Fortbildungsregelungen für den beruflichen Aufstieg dominiert die kurzfristig arbeitsmarktorientierte Förderung der Anpassungsfortbildung, für die auf BBiG-Basis geregelte Abschlüsse nur in geringem Umfang vorhanden sind. Durch diese "Ordnungslücke" lockerte sich der Zusammenhang zwischen AFG und BBiG. Im Rahmen der AFG-geförderten Anpassungsfortbildung gewinnen die in § 34 AFG genannten Ansprüche für die qualitative Gestaltung von Weiterbildungsmaßnahmen an Bedeutung. Wo Ordnungsmittel nach BBiG fehlen, ist die Bundesanstalt gezwungen, Alternativen zu finden und zu entwickeln, um den im AFG geförderten Ansprüchen an das Weiterbildungsangebot gerecht zu werden.

Dies gilt insbesondere für den Bereich der von der Bundesanstalt initiierten Auftragsmaßnahmen für Arbeitslose; bei diesem Maßnahmetyp ist die Bundesanstalt nicht nur als Finanzierungsinstanz gefordert, sie ist auch für die gesamte Gestaltung der Maßnahmen und deren Qualität verantwortlich. In der Wahrnehmung der Funktion der Qualitätsprüfung, die Vorgaben für die qualitative Gestaltung der von ihr geförderten Maßnahmen einschließt, sind der Bundesanstalt faktisch Aufgaben eines "Ersatzordnungsgebers" zugefallen: Neben die nach BBiG-Standards geregelte Weiterbildung tritt die nach AFG-Standards geförderte und gestaltete Weiterbildung.

Eine Untersuchung des Bundesinstituts hat gezeigt, daß die Arbeitsämter erhebliche Schwierigkeiten haben, den Aufgaben der Qualitätsprüfung und Maßnahmegestaltung nachzukommen, zumal die Mitarbeiter der Arbeitsämter auch nicht dafür ausgebildet sind, pädagogische Leistungen zu beurteilen und Lehrgangskonzepte zu erarbeiten. Der Mangel an geeigneten Maßnahmekonzepten führt zu wenig effizienter Entwicklungsarbeit durch die Mitarbeiter der Arbeitsämter. Zugleich wurde deutlich, daß die Schwierigkeiten einer qualitativen Beurteilung und Gestaltung der Maßnahmen dazu führen, daß die Entscheidungen von der leichter zu beurteilenden Kostenseite und damit auf Kosten der Qualität gefällt werden.

Aufgrund dieser Situation hat das Bundesinstitut in enger Zusammenarbeit mit der Bundesanstalt für Arbeit ein Konzept für die Festlegung und Sicherung der Qualität von Auftragsmaßnahmen der Arbeitsämter entwickelt (vgl. Sauter, E./Harke, D. 1989). Es umfaßt

- Qualitätsanforderungen an Maßnahmen und Bildungsträger, die zum Zeitpunkt der Vergabe von Auftragsmaßnahmen zu stellen sind; dazu gehören z. B. die Teilnehmerzahl, die Zugangsvoraussetzungen, der Rahmenlehrplan, die Fortbildung und die Arbeitsbedingungen des pädagogischen Personals,
- Verfahren für die Entwicklung von Lehrgangskonzepten sowie Instrumente für die fachliche Kontrolle der Bildungsträger und die begleitende Betreuung der Teilnehmer (z. B. der Erfahrungsbogen für Teilnehmer/-innen an beruflichen Bildungsmaßnahmen),
- außerdem enthält es Rahmenbedingungen, die für seine Umsetzung in die Praxis erforderlich sind (z. B. Fortbildung der Mitarbeiter der Arbeitsämter).

Entscheidendes Merkmal dieses Qualitätskonzepts ist, daß der Qualität Vorrang eingeräumt wird: Zuerst müssen die qualitativen Anforderungen erfüllt sein, bevor der Preis einer Maßnahme zur Entscheidungsgrundlage wird.

Diese Mindeststandards für die Qualität AFG-geförderter Bildungsmaßnahmen bilden wichtige Rahmenvorgaben für die lokal-regionale Gestaltung des Angebots; es handelt sich um Anforderungen an die Maßnahmen sowie an die Bildungsträger:

Zum einen sind Maßnahme- und Materialkonzepte erforderlich, die allen Beteiligten die Qualitätsansprüche an die Gestaltung von Lehrgängen verdeutlichen. Für den Bereich der kurzfristig revidierbaren Anpassungsfortbildung müssen - im Unterschied zu dem zeitaufwendigen Verfahren bei Fortbildungsordnungen - pragmatische Entwicklungsverfahren angewendet werden, die Qualität und Aktualität der Lehrgänge gewährleisten (vgl. Schmidt, H. 1989, S. 45). Ein Ansatz, der die lokal-regionale Ebene von Entwicklungsarbeit entlastet, ist in "Entwicklungsverbünden" der Bildungsträger zu sehen. Im Rahmen solch überregional arbeitender Entwicklungsverbünde könnten sowohl Konzepte für Standardmaßnahmen als auch für innovative Maßnahmen entwickelt werden, die allen Bildungsträgern zur Verfügung gestellt werden könnten. Ein solcher Ansatz ist auch deshalb erforderlich, weil jeder einzelne Träger - unter dem wachsenden Kostendruck, der von der Bundesanstalt ausgeht - mit der Entwicklung anspruchsvoller Maßnahmen überfordert ist.

Zum anderen sind qualitative Anforderungen an die Bildungsträger zu stellen, die sich z. B. auf Information, Beratung und Betreuung der Teilnehmer sowie auf die Fortbildung des pädagogischen Personals beziehen; sie tragen dazu bei, die Weiterbildungsinfrastruktur zu verbessern und wirken im Sinne eines Verbraucherschutzes darauf hin, unseriöse Anbieter auszuschließen. In diesem Zusammenhang ist es auch Aufgabe der Bundesanstalt, dafür zu sorgen, daß es zu einer flächendeckenden Infrastruktur kommt, die eine ausgeglichene Weiterbildungsversorgung der Arbeitslosen gewährleistet.

Insgesamt bietet die Arbeitsverwaltung einen organisatorischen Rahmen, der der Arbeitsteilung auf unterschiedlichen Handlungsebenen entgegenkommt (dreistufiger Verwaltungsaufbau: Hauptstelle, Landesarbeitsämter, Arbeitsämter); es kommt hinzu, daß die überregionalen Vorgaben in der Regel ausfüllungsbedürftig sind und den unterschiedlichen lokal-regionalen Arbeitsmarktlagen entsprechend angewendet werden müssen. So ist z.B. von den Arbeitsämtern vor Ort zu entscheiden, ob eine Maßnahme (nach § 36 AFG) "unter Berücksichtigung von Lage und Entwicklung des Arbeitsmarktes zweckmäßig ist".

Die administrative Förderungspraxis zeigt aber zugleich, daß dies nicht zu einem produktiven Handlungs- und Entscheidungsspielraum vor Ort führt, sondern eher zu einer Inflationierung von Normen, zu einer "Kaskade von Rechtsvorschriften", die die Verwaltung und ihre Mitarbeiter gerade im Bereich der Weiterbildungsförderung überfordert; dies aber führt nicht selten zu Ineffektivität und Inaktivität (vgl. Blankenburg, E./Krautkrämer, U. 1980, S. 138f).

3.4 Kriterien der Anerkennung von Weiterbildungseinrichtungen/-trägern

Auch die gesetzlichen Regelungen der Weiterbildungs-/Erwachsenenbildungsgesetze der Länder enthalten überregionale Rahmenbedingungen für die Gestaltung des regionalen Bildungsangebotes. Die bisher diskutierten Regelungen des BBiG, der Schulgesetze und des AFG sind primär auf Abschlüsse bzw. Maßnahmen und Angebote bezogen; dagegen sind die Regelungen der acht seit 1970 entstandenen Weiterbildungs-/Erwachsenenbildungsgesetze auf die Anerkennung von Einrichtungen bzw. Trägern orientiert und wirken insofern indirekt auf die Gestaltung des Angebots. Unter dem Aspekt der überregionalen Rahmenbedingungen sind vor allem die folgenden Merkmale hervorzuheben:

(1) die Konzentration auf die nicht berufliche Weiterbildung,
(2) die institutionelle Förderung der Weiterbildungsinfrastruktur,
(3) der regionale Bezug.

Zu (1):

Entsprechend der Zuständigkeitsverteilung zwischen Bund und Ländern in der Weiterbildung handelt es sich bei den Weiterbildungs- und Erwachsenenbildungsgesetzen der Länder primär um Regelungen für die Organisation und finanzielle Förderung der nichtberuflichen Weiterbildung. Trotzdem wird in den Gesetzen in der Regel die berufliche Weiterbildung zu den Gegenstandsbereichen der Weiterbildung gezählt; dies gilt insbesondere für das Bremer Gesetz (§ 1 Abs. 2) und das Nordrhein-Westfälische Gesetz (§ 3 Abs. 1), in denen auch auf den Zusammenhang von beruflicher und nichtberuflicher Weiterbildung eingegangen wird. Zugleich werden jedoch Einrichtungen (einschließlich Betriebe), die überwiegend der beruflichen Bildung dienen, von der Förderung ausgeschlossen. Nicht zuletzt die Einschränkungen der institutionellen Förderung in den letzten Jahren haben dazu geführt, daß sich viele der Einrichtungen, wie z. B. die Volkshochschulen, immer stärker im Bereich der beruflichen Weiterbildung engagierten, z. B. bei der Durchführung von Maßnahmen für die Bundesanstalt. Das bedeutet, daß sich in den Teilbereichen der AFG-geförderten Weiterbildung und der individuellen Weiterbildung auch der Ansatz der institutionell finanzierten und gesteuerten Weiterbildung auswirkt.

Zu (2):

Kern der gesetzlichen Regelungen ist die Anerkennung von Trägern und Einrichtungen als Voraussetzung für die finanzielle Förderung. Ziel dieser Förderung ist die Herstellung kontinuierlicher Bildungsarbeit auf der Grundlage einer gesicherten Infrastruktur. Zu den Anerkennungsvoraussetzungen gehören vor allem die folgenden Merkmale:

- Orientierung an den vorgegebenen Zielen und Inhalten der Erwachsenenbildung/Weiter-bildung; Abgrenzung von anderen Aufgaben,
- Gemeinnützigkeit, Verzicht auf Gewinnerzielung,
- freier Zugang zu den Bildungsangeboten für jedermann,
- Verpflichtung zur Kooperation mit anderen Einrichtungen unter Mitarbeit in dafür vorge-sehenen Gremien (z. B. Landeskuratorien),
- Qualifikationsanforderungen an das Personal,
- Nachweis dauerhafter Leistungsfähigkeit (Planmäßigkeit und Kontinuität der Arbeit),
- Offenlegung der Arbeit und der Finanzierung.

Die Förderung bezieht sich vor allem auf Personalkostenzuschüsse. Angesichts der qualifikatorischen Anforderungen an das Personal und die Verpflichtung der Einrichtungen zur Fortbildung ihrer Mitarbeiter, die in allen Gesetzen festgelegt ist, ist vor allem in der Professionalisierung des Personals der wesentliche Ansatz für die qualitative Steuerung des Angebots zu sehen.

Zu (3):

Ein wesentliches Ziel der institutionellen Förderung der Weiterbildungseinrichtungen ist, über den Ausbau der Infrastruktur eine flächendeckende Versorgung mit Bildungsangeboten zu gewährleisten und zugleich regionale Ungleichheiten in der Weiterbildungsversorgung auszugleichen. Der Ansatz der institutionellen Förderung ist von vornherein auf das Modell der Aufgabenteilung zwischen überregionaler und regionaler Ebene angelegt. Es wird davon ausgegangen, daß die angebotsorientierte Förderung nach überregional festgelegten Anfor-derungen auf der regionalen Ebene zu Aktivitäten führt, die eine gleichmäßige Versorgung sicherstellen. Dieses Ziel ist jedoch bisher nicht durchgängig erreicht worden; so wird z. B. für Baden-Württemberg darauf hingewiesen, daß nach wie vor ein Bildungsgefälle zwischen den Verdichtungsräumen und den ländlichen Gebieten besteht. Zurückgeführt wird dies unter anderem auf die Diskontinuität der Förderung durch Bund und Länder und mangelnde Systematisierung der Bildungsarbeit (vgl. Weiterbildung. Herausforderung und Chance. Bericht der Kommission "Weiterbildung", 1984, S. 11). Zugleich wirkt sich die am Lei-stungsvolumen der Einrichtungen orientierte finanzielle Förderung zugunsten der Ballungs-gebiete aus, in denen Teilnehmer kostengünstig gewonnen werden können (vgl. Rohlmann, R. 1989, S. 194).

4. Zusammenfassung und Folgerungen für eine überregionale Weiterbildungssteuerung

Es wird davon ausgegangen, daß die berufliche Weiterbildung folgende zentrale Ansprüche erfüllen muß:

- Das Angebot muß sowohl am Bedarf der Betriebe als auch an den individuellen Bedürfnissen orientiert sein und die regionale Versorgung quantitativ und qualitativ sicherstellen.
- Die im Rahmen der Weiterbildung erworbenen Qualifikationen müssen grundsätzlich, insbesondere in den Teilbereichen der AFG-geförderten Weiterbildung und der individuellen Weiterbildung, marktgängig, d. h. überbetrieblich und überregional verwertbar sein.

Die Einlösung dieser Ansprüche erfordert unterschiedliche Handlungsebenen. In Anlehnung an den Bildungsrat werden eine lokal-regionale und eine überregionale Ebene unterschieden: Auf der überregionalen Ebene müssen die Grundzüge eines Gesamtbereichs festgelegt werden, zu denen auch Mindeststandards für Weiterbildungsgänge und anerkannte Abschlüsse gehören; durch sie wird die öffentliche Verantwortung für die Weiterbildung konstituiert.

Auf der lokal-regionalen Ebene dagegen geht es darum, in diesem Rahmen Angebote zu organisieren, abzustimmen und durchzuführen. Im Bereich der Rahmenvorgaben für die regionale Gestaltung lassen sich folgende Ansätze unterscheiden:

- Die Bestimmungen des BBiG sind ihrer Intention nach auf die Entwicklung einer Gesamtordnung für die berufliche Weiterbildung angelegt. Dies zeigen die vorgesehenen Regelungstypen der Kammerregelungen und der Fortbildungsordnungen. Der gegenwärtige Entwicklungsstand zeigt aber, daß die Ordnungspolitik seit 1969 nur unzureichend vorangekommen ist:

  - Die Fortbildungsregelungen sind, bis auf wenige Ausnahmen, auf die Aufstiegsfortbildung konzentriert; sie betreffen deshalb vor allem den Teilbereich der individuellen Weiterbildung.
  - Für den Bereich der Anpassungsfortbildung, der den weit überwiegenden Teil des Weiterbildungsangebots betrifft, besteht eine "Ordnungslücke".
  - Die Erarbeitung der Fortbildungsregelungen ist vom Konflikt der Sozialparteien geprägt, der Bund verhält sich - unter Einhaltung des Konsensprinzips - zurückhaltend.

- Im Bereich der schulischen Weiterbildung, der in den Zuständigkeitsbereich der Länder fällt, stellen die Fachschulen und ihre Abschlüsse einen wichtigen, aber quantitativ nur geringen Bereich der Aufstiegsfortbildung dar, der in das Bildungssystem integriert ist. Schulischer Tradition entsprechend sind die curricularen Vorgaben für die Fachschulen relativ detailliert und umfassen auch Vorgaben für die Qualifikation der Lehrkräfte.

- Im Rahmen der finanziellen Förderung der beruflichen Weiterbildung nach dem AFG werden qualitative Anforderungen an Maßnahmen und Träger gestellt, die insbesondere im

Bereich der Anpassungsfortbildung die Funktion von Alternativen zu ordnenden Maßnahmen haben. In der Praxis zeigen sich jedoch erhebliche Schwierigkeiten in der Entwicklung und Anwendung von Qualitätsstandards:

- Die Mitarbeiter der Arbeitsämter sind nicht dafür ausgebildet, pädagogische Leistungen zu beurteilen und Lehrgangskonzepte zu erarbeiten.
- Die Qualitätsstandards sind bisher nicht so weit operationalisiert, daß sie ohne Probleme administrativ gehandhabt werden können.
- Bei den Weiterbildungsentscheidungen setzen sich bisher Kostenargumente gegen Qualitätsargumente durch.
- Die Entscheidungsspielräume auf der lokal-regionalen Ebene werden nicht im Sinne einer primär qualitativ gestalteten und regional ausgerichteten Weiterbildung genutzt.

- Mit den Kriterien zur Anerkennung von Weiterbildungseinrichtungen nach den Weiterbildungs-/Erwachsenenbildungsgesetzen der Länder wird der Ansatz verfolgt, zum einen auf das Angebot qualitativ Einfluß zu nehmen, zum anderen soll aber zugleich eine Infrastruktur auf lokal-regionaler Ebene geschaffen werden, die zu einer kontinuierlichen Bildungsarbeit in der Lage ist und regionale Bildungsdefizite beheben kann.

Folgerungen für eine überregionale Weiterbildungssteuerung

Insgesamt ist auf die folgenden Elemente und Aspekte einer überregionalen Weiterbildungssteuerung hinzuweisen:

(1) Planung, Organisation und Gestaltung haben ihren Schwerpunkt "vor Ort", die lokal-regionale Ebene ist deshalb als "zentrale" Ebene anzusehen und auszubauen. Die Verteilung der Aufgaben auf die Handlungsebenen ergibt sich unter subsidiärem Aspekt: Nur das, was auf der lokal-regionalen Ebene nicht geleistet werden kann, ist auf der überregionalen Ebene zu behandeln.

(2) Weder die lokal-regionale noch die überregionale Ebene sind für die ständig wachsenden Aufgaben der Weiterbildung hinreichend entwickelt. Bei einer Zunahme der Aktivitäten und Aufgaben auf der lokal-regionalen Ebene wird jedoch auch ein stärkerer Koordinierungsbedarf von seiten der überregionalen Ebene erforderlich: Das Instrumentarium für eine überregionale Weiterbildungssteuerung ist zu nutzen und weiterzuentwickeln.

(3) Zu den wichtigsten Ordnungselementen, die auf der überregionalen Ebene zu entwickeln sind, gehören Rahmenbedingungen für die Gestaltung des Angebots, Regelungen für die Finanzierung und Freistellung sowie verbindliche Instrumente für die Herstellung von Transparenz. In einer "Bundesrahmenordnung für die Weiterbildung" (Edding) sind diese Elemente miteinander zu verknüpfen und auf gemeinsame Ziele zu beziehen.

(4) Im Rahmen eines Zusammenspiels der Handlungsebenen, für das im einzelnen erst noch Modelle entwickelt werden müssen, sind sowohl Elemente des Marktes als auch der öffentlichen Verantwortung zu nutzen und im Sinne eines Mischsystems zu entwickeln.

(5) Die überregionalen Vorgaben für die Gestaltung des Angebots sind historisch gewachsen und sehr heterogen; die Integration der Weiterbildung in das Bildungssystem erfordert, die unterschiedlichen Ansätze zu verknüpfen und auf gemeinsame Ziele auszurichten. Das Ziel, abschlußbezogene Angebote für arbeitsmarktgängige Qualifikationen zu schaffen, sollte dabei im Vordergrund stehen.

(6) Anerkannte Abschlüsse und Fortbildungsregelungen können nicht auf die Aufstiegsfortbildung begrenzt werden. Deshalb müssen auch für die kurzfristig revidierbare Anpassungsfortbildung pragmatische Ansätze und Verfahren angewendet werden, die zu Maßnahmen und Lehrgängen mit arbeitsmarktgängigen Qualifikationen führen. Ein Ansatz ist z.B. in Entwicklungsverbünden von Bildungsträgern zu sehen, die Maßnahme- und Materialkonzepte nach vorgegebenen, öffentlich verantworteten Qualitätsstandards entwickeln.

(7) Finanzierungs- und Freistellungsregelungen sind für die Steuerung der Weiterbildung von zentraler Bedeutung. Sie sind darauf abzustellen, daß die Erwerbstätigen

- rechtzeitig, d.h. präventiv an Weiterbildung teilnehmen,
- Weiterbildungsangebote entsprechend ihrem persönlichen Bedarf auswählen und
- über ein ausreichendes Zeitkontingent für ihre lebenslange Qualifizierung verfügen können.

(8) Das zielgerichtete Handeln aller an der Weiterbildung Beteiligten ist an allgemein zugängliche, zuverlässige Daten- und Informationsquellen gebunden. Eine regelmäßige Erfassung des Weiterbildungsbereichs durch statistische Erhebungen und Repräsentativuntersuchungen ist deshalb eine unverzichtbare Grundlage für Planung, Entwicklung und Forschung.

Ein erster Schritt zu besseren Informationen über die Weiterbildungssituation in den Regionen kann mit Hilfe der seit 1979 regelmäßig durchgeführten Repräsentativerhebung "Berichtssystem Weiterbildung" (vgl. Kuwan, H. u.a. 1990) erreicht werden. Auf der Basis einer vergrößerten Stichprobe in dieser Erhebung könnten auch gesicherte Aussagen über die regionalen Unterschiede im Weiterbildungsverhalten der Erwerbsbevölkerung gemacht werden (vgl. Edding, F. 1990, S. 107).

Literatur

Blankenburg, E./Krautkrämer, U.: Ein Verwaltungsprogramm als Kaskade von Rechtsvorschriften: Das Arbeitsförderungsgesetz. In: Mayntz, R. (Hg.) Implementation politischer Programme. Empirische Forschungsberichte. Königstein/Ts. 1980, S. 138 - 153

Bundesminister für Bildung und Wissenschaft (Hg.): Grund- und Strukturdaten 1990/91, Bonn 1990

Bosch, G.: Qualifizierungsoffensive und regionale Weiterbildungsplanung. In: WSI-Mitteilungen 10/1987, S. 589 - 599

Bosch, G.: Regionale Entwicklung und Weiterbildung. Beitrag im vorliegenden Band

Bundesinstitut für Berufsbildung (Hg.): Die anerkannten Ausbildungsberufe. Ausgabe 1990, Bielefeld 1990

Deutscher Bildungsrat: Empfehlungen der Bildungskommission. Strukturplan für das Bildungswesen. Bonn 1970

Deutscher Bundestag: Schlußbericht der Enquete-Kommission "Zukünftige Bildungspolitik - Bildung 2000". Drucksache 11/7820 vom 05.09.1990

Edding, F.: Eine Bundesrahmenordnung für die Weiterbildung? In: Institut der deutschen Wirtschaft (Hg.): Streitsache: Mehr Markt in der Weiterbildung. Köln 1988, S. 22-33

Edding, F.: Weiterbildungsfinanzierung aus der Sicht der Wissenschaft. Kurzfristig mögliche Maßnahmen und langfristige Reformen. In: Institut der deutschen Wirtschaft (Hg.): Streitsache: Finanzierung der Weiterbildung. Köln 1990, S. 104-112

Faulstich, P.: Arbeitsorientierte Erwachsenenbildung. Frankfurt/M. 1981

Grüner, G.: Fachschule. In: Blankertz, H. u. a. (Hg.): Sekundarstufe II - Jugendbildung zwischen Schule und Beruf. (Enzyklopädie Erziehungswissenschaft; Bd. 9) Stuttgart 1983, S. 247 - 250

Kuwan, H.: Berichtssystem Weiterbildungsverhalten 1988. Repräsentative Untersuchung zur Entwicklung der Weiterbildungsbeteiligung 1979-1988. Hrsg. vom BMBW, Reihe Bildung - Wissenschaft - Aktuell 5/89, Bonn 1989

Kuwan, H. u.a.: Berichtssystem Weiterbildung. Integrierter Bericht. Hrsg. vom BMBW, Bad Honnef 1990

Lipsmeier, A.: Wieviel Staat braucht die berufliche Weiterbildung? In: Festschrift 20 Jahre, Bundesinstitut für Berufsbildung. Berlin 1990, S. 103 - 114

Richter, I.: Kommentar zu § 34 AFG. Manuskript 1989

Rohlmann, R.: Strukturanalyse der wirtschaftlichen Bedingungen der allgemeinen Weiterbildung. Baden-Baden 1989

Sauter, E.: Weiterbildungsstatistik. Ansätze, Defizite, Vorschläge. In: Recht der Jugend und des Bildungswesens 3/90, S. 258 - 270

Sauter, E.: Qualität in der beruflichen Weiterbildung. Ansätze und Instrumente der Qualität von Weiterbildungsangeboten auf gesetzlicher Grundlage. Fernuniversität Hagen, Hagen 1990

Sauter, E./Harke, D.: Qualität und Wirtschaftlichkeit beruflicher Weiterbildung. Bericht über ein Projekt zur Festlegung und Sicherung der Qualität von Bildungsmaßnahmen der Arbeitsämter. Berichte zur beruflichen Bildung, Heft 99, BIBB, Berlin und Bonn 1988

Schmidt, H.: Entwicklung, aktueller Stand und Perspektiven der beruflichen Weiterbildung. In: Görs, D./Voigt, W. (Hg.): Neue Technologien, Lernen und berufliche Weiterbildung. Beiträge zur Fachtagung Berufliche Weiterbildung Universität Bremen, 14. - 16. Februar 1989, Tagungsbericht 18, Bremen 1989, S. 37 - 49

Tillmann, H.: Steuerung und Regelung der beruflichen Weiterbildung. Steuern und Regeln beruflicher Weiterbildung im Rahmen des Berufsbildungsgesetzes (BBiG). Fernuniversität Hagen, Hagen 1989

Weiterbildung. Herausforderung und Chance. Bericht der Kommission 'Weiterbildung', erstellt im Auftrag der Landesregierung von Baden-Württemberg, Stuttgart 1984

GERHARD BOSCH

Regionale Entwicklung und Weiterbildung

1. Qualifizierung als Faktor regionaler Wirtschaftsentwicklung

Es besteht heute weitgehend Konsens darüber, daß berufliche Qualifizierung ein wichtiger Faktor der regionalen Entwicklung ist. Gelegentlich wird Qualifizierung sogar eine entscheidende Anstoßfunktion zugeschrieben, Innovation und nachfolgende Investitionen auszulösen[1]). Damit hat auch die Skepsis gegenüber isolierter Investitions- und Technologieförderung zugenommen. Viele Unternehmen bzw. Wirtschafts- und Technologieförderer der öffentlichen Hand haben unter hohen Kosten die Auffassung revidieren müssen, daß mit der Bereitstellung der Hardware bereits alle Anwendungsprobleme gelöst seien. Manche teure Anlage wurde mangels ausreichender Qualifikationen der Anwender zu einer Investitionsruine.

In der regionalen Beschäftigungspolitik ist zunehmend eine Entgrenzung vormals strikt getrennter Politikbereiche festzustellen, die eine frühzeitige Verknüpfung und Koordination zwischen verschiedenen Politikfeldern notwendig erscheinen läßt. Solche Koordinationsnotwendigkeiten nehmen auch innerhalb der einzelnen Politikfelder zu. Im Bildungsbereich etwa steigt der Bedarf an neuen Investitionen ständig an. "Für die einzelnen Lernorte bedeutet dies, daß immer höhere Investitionen auf sie zukommen, die sie als einzelne zu tragen nicht mehr in der Lage sind. Hier bieten sich regionale Kooperationsformen zwischen den Trägern der beruflichen Bildung an"[2]).

Perspektiven für eine besser koordinierte regionale Beschäftigungspolitik werden in einer "Regionalisierung der Regionalpolitik" bzw. in der Entwicklung endogener, in der Region selbst liegender Entwicklungspotentiale gesehen. Eine regionalisierte Regionalpolitik will von der pauschalen Bezuschussung einzelner Investitionsvorhaben abgehen und statt dessen Projekte fördern, die in der Region selbst entwickelt worden sind. Sie geht davon aus, daß

- strukturpolitische Erneuerungskonzepte primär auf der regionalen Ebene entstehen müssen und
- strukturrelevante Entscheidungen in der Verantwortungsgemeinschaft aller Träger der regionalen Wirtschaftspolitik getroffen werden müssen[3]).

Die regionale Strukturpolitik des Bundes und der Länder mit Geld soll damit durch eine Regionalpolitik ohne Geld unterfüttert und effektiviert werden, die bestehende "Defizite in der Zusammenarbeit zwischen Kommunen, Verwaltung und Wirtschaft ausräumt"[4]).

Auch die Überlegungen zur Förderung endogener Potentiale setzen an dem Querschnittscharakter regionaler Strukturpolitik an. Sie sehen Perspektiven in den in der Region selbst liegenden Entwicklungspotentialen, die einen auf Qualifizierung, neuen Technologien und neuen Produkten beruhenden Innovationsprozeß in Gang setzen können[5]). Ansatzpunkte solcher strukturpolitischen Strategien liegen in der Aktivierung bzw. Konvertierung von Entwicklungspotentialen insbesondere in den Bereichen der Qualifizierung, der Infrastruktur und der Naturausstattung (Sanierung von Altlasten) sowie in der Passivierung die Entwicklung behindernder Potentiale (z.B. Umweltbelastungen) (vgl. Schaubild 1)[6]). Solche endogenen Entwicklungsstrategien bedürfen einer spezifischen regionalen Beschäftigungspolitik, die die Rolle eines Geburtshelfers bei der Entwicklung der Potentiale spielt.

Die Stärke beider Politikansätze liegt darin, daß sie den Blick für eine eigenständige regionale Beschäftigungspolitik schärfen und ein möglicherweise lähmendes Abwarten ausschließlich auf externe Hilfe für regionale Strukturpolitik beenden. Gerade in strukturschwachen Regionen wäre allerdings eine Verengung des Blicks allein auf die in der Region liegenden Potentiale problematisch. Sie können sich nicht ohne externe Hilfen gleichsam "am eigenen Schopf aus dem Sumpf ziehen".

Schaubild 1 : Beispielhafte Typisierung endogener Potentiale einer Region

Potentiale	exponierbare/ aktivierbare	konvertierbare	passivierbare
menschliches Arbeitsvermögen	- Arbeitslose - stille Reserve - Qualifizierungsreserven - techn. Know-how-Reserven - Gestaltungs- und Innovationsreserven	- Umschulungsreserven - Umstrukturierungs-möglichkeiten im Ausbildungsbereich	- Überlastungen des Arbeitsvermögens (Überstunden, Arbeitsintensität etc.) - Lärmbelastungen - Schadstoffbelastungen
Sachmittel und materielle Infrastruktur	- Kapazitätsreserven im sekundären und tertiären Bereich - Ausbaumöglichkeiten und intensivere Nutzung von Schiene, Wasserstraßen, ÖPNV - Wohnraumleerstand	- Produkt- und Prozeß-innovationsmöglich-keiten; Produktionsumstellungschancen - Umstrukturierungsmög-lichkeiten im FuE-Bereich (Hochschulen)	- ökologisch bedenkliche Prozesse und Produkte - Straßenausbau - Versiegelungsgrad
Stoffe und Energien	- Stoffgewinnung aus Abfällen - Energieausnutzungs-grade - Polymineralische Stoffnutzung	- Müllkonvertierung - Wärme-Kraft-Koppe-lung - ineffiziente Energieverwendung (ÖPNV vs. Individualverkehr)	- Abprodukt- und Abfallentstehung - Müllverbrennung - Energieverbrauch - Kurzlebigkeit von Gebrauchsgütern
Naturquellen	- regenerative Energie-quellen - Naturressourcen (z.B. Kompostierung, Holz-verwendung etc.)	- Sanierung kontaminier-ter Böden und belasteter Gewässer	- Landschaftsverbrauch - Boden-, Wasser-, Luft-belastungen und -verschwendungen

Quelle: Scholz, D. u.a., Anregungen für eine regionale Entwicklungs- und Beschäftigungspolitik in Frankfurt/Oder, in: Bosch, G., Neumann, H., Beschäftigungsplan und Beschäftigungsgesellschaft. Neue Konzepte und Initiativen in der Arbeitsmarkt- und Strukturpolitik, Bund-Verlag, Köln 1991.

Allerdings bleiben die Aussagen über endogene Potentiale oder die Regionalisierung der Regionalpolitik oft schlagwortartig und allgemein. Sie geraten allzuleicht in die Gefahr, nur eine ohnehin laufende Politik mit neuen Etiketten zu legitimieren.

Um dies zu vermeiden, müssen die eigenständigen Handlungspotentiale einer Region analysiert werden; es müssen Instrumente identifiziert werden, um sie zu fördern bzw. bereitzustellen; diese Instrumente müssen untereinander verknüpft werden, da es ja nicht um die Förderung etwa von Qualifizierung oder neuen Technologien für sich alleine, sondern um ein koordiniertes Vorgehen geht; schließlich müssen Träger, Verantwortlichkeiten und Personen zur Organisation dieses neuen Schnittpunkts politischen Handelns benannt werden. Politikgestaltung wird aber immer noch vorrangig von der Umsetzung jeweils fachpolitischer Ziele bestimmt. Regionale Beschäftigungspolitik als übergreifender Ansatz "bezeichnet noch kein klar umrissenes, selbständiges Handlungsfeld, sie hat keinen vorgegebenen institutionellen Träger und kein 'Zuhause'"[7]).

Der folgende Beitrag soll sich mit den Möglichkeiten und spezifischen Schwierigkeiten befassen, berufliche Weiterbildung in ihrer "Eigenschaft als regionaler Entwicklungsfaktor" zu fördern. Insbesondere sollen Ansatzpunkte und Instrumente erörtert werden, die zersplitterte Weiterbildungslandschaft untereinander besser zu koordinieren und mit anderen Bereichen der Regionalpolitik zu verknüpfen. Dabei erweist sich - und dies ist unsere Hauptthese - die berufliche Weiterbildung als ein sperriger Gegenstand für eine solche Koordination. Zum einen läßt sich berufliche Weiterbildung innerhalb einer Region wegen der institutionellen Vielfalt und der unterschiedlichen Eigeninteressen der verschiedenen Träger nicht einfach koordinieren. Zum anderen sind langfristige Bildungsziele (Erweiterung der individuellen Handlungskompetenz, größere Beweglichkeit auf dem Arbeitsmarkt insgesamt - auch auf dem überregionalen etc.) nicht ohne weiteres mit häufig nur kurzfristig absehbaren wirtschaftlichen Anforderungen kompatibel zu gestalten. Aus bildungspolitischer Sicht sind daher Vorbehalte gegen eine einseitige wirtschaftspolitische Instrumentalisierung nicht unbegründet.

Im folgenden wird zunächst die bisherige Praxis der Entwicklung von Weiterbildungsmaßnahmen in der Region an Hand einiger Beispiele skizziert (Abschnitt 2). Diese bilden zwar nicht die gesamte Breite regionaler Weiterbildungsplanung ab, verdeutlichen aber exemplarisch einige Grundprobleme. Daran schließen sich Überlegungen zum Konzept "regionaler Weiterbildungsbedarf" an (Abschnitt 3). Die Ermittlung des regionalen Weiterbildungsbedarfs gilt als das entscheidende Scharnier zwischen Weiterbildung und regionaler Entwicklung, von dessen Güte die Qualität aller Empfehlungen zur regionalen Weiterbildung abhängt. Zum Schluß diskutieren wir praktikable Bausteine für eine Weiterbildungspolitik in der Region, die stufenweise in komplexere regionale Entwicklungskonzepte eingebunden werden können (Abschnitt 4).

2. Steuerungsversuche von beruflicher Weiterbildung in der Region einige Beispiele

2.1 Unsystematische Planung überwiegt

"Weiterbildungsplanung ist ein empirischer Prozeß" formulierte kürzlich ein Verantwortlicher einer Industrie- und Handelskammer in einem Gespräch. Etwas negativer formuliert könnte man auch sagen: ein unsystematischer oder gar zufälliger Prozeß.

Etwas karikiert läßt sich die Gestaltung beruflicher Weiterbildung auf regionaler Ebene immer noch so kennzeichnen: Die einzelnen Bildungsträger versuchen über informelle Kontakte zu den Betrieben, Teilnehmerbefragungen und Verbleibsuntersuchungen von Absolventen ihrer Maßnahmen Fühlung zum Markt zu halten[8]). Sie modifizieren ihre Angebote, wenn sie hier auf starke Signale des Marktes stoßen. "Das Weiterbildungsangebot orientiert sich ... hauptsächlich an der manifesten Nachfrage und den Erfahrungen mit bereits bestehenden Angeboten. Dadurch kommt die Programmplanung und Schwerpunktsetzung häufig nicht über eine Fortschreibung bestehender Angebote hinaus, hier und da ergänzt durch die Reaktion auf aktuelle Anforderungen"[9]). Die Neigung zur Fortschreibung von Angeboten rührt nicht zuletzt aus dem institutionellen Eigeninteresse der Auslastung einmal angeschaffter Anlagen.

Zwar existiert zwischen den Bildungsträgern häufig eine informelle Kooperation, es mangelt "jedoch deutlich an einer Systematisierung und Institutionalisierung der Zusammenarbeit"[10]). Es kommt daher zu Überschneidungen im Kursangebot, Parallelentwicklungen neuer Curricula und kostspieligen Doppelinvestitionen. Für die potentiellen Nachfrager ist das Angebot intransparent und unübersichtlich. "Die Folge sind regelrechte 'Umschulungskarrieren', die mit hohen volkswirtschaftlichen Kosten verbunden sind und - wenn überhaupt - erst spät in regulären Beschäftigungsverhältnissen münden"[11]).

In diesem Feld läßt sich ein wie immer geartetes regionales Interesse nur schwer ausmachen. Die einzelnen Träger fühlen sich nur für bestimmte Segmente des Marktes zuständig. Die Kammern etwa organisieren immer noch in erster Linie Aufstiegs- und Anpassungsfortbildungen für Beschäftigte und überlassen das schwierigere Klientel der Langzeitarbeitslosen gerne anderen. Es kommt bei offensichtlichen Angebotslücken zu gelegentlichen Gemeinschaftsanstrengungen in Form von Kooperationsvereinbarungen zwischen verschiedenen Trägern, vor allem um das Kursangebot im Bereich neuer Technologien zu verbessern, oder zu Neugründungen von Trägern etwa für bislang vernachlässigte Gruppen von Erwerbstätigen (Frauen, Ausländer, Jugendliche, Langzeitarbeitslose). Eine wichtige Rolle bei der Erweiterung der Angebotspalette für diese Gruppen spielen regionale Beschäftigungs- und Qualifizierungsinitiativen. Die erheblichen regionalen Unterschiede in der Qualifizierung von Arbeitslosen[12]) belegen jedoch, wie sehr die Angebotsstruktur in der beruflichen Weiterbildung von politischen Besonderheiten und Zufälligkeiten geprägt ist.

Die dennoch vorhandene Systematik vor allem abschlußbezogener regionaler Bildungsmaßnahmen hat ihren Ursprung nicht in lokalen Steuerungsverfahren, sondern in den überregionalen Gestaltungshilfen für berufliche Weiterbildung[13]) und der überregionalen Strukturierung berufsfachlicher Arbeitsmärkte. So entlasten überregional entwickelte Curricula und Qualitätsstandards die regionale Ebene. Die Entwicklung berufsfachlicher Arbeitsmärkte gewährleistet die Akzeptanz standardisierter Qualifizierungsmaßnahmen sowohl bei den Unternehmen, die ihre Arbeitsplatzprofile auf solche Standardangebote zuschneiden, wie auch bei den Erwerbstätigen, die mit einer betriebsübergreifenden und überregionalen Verwertung ihrer erworbenen Qualifikationen rechnen können[14]).

2.2 Auftragsmaßnahmen der Bundesanstalt für Arbeit

Arbeitsämter, berufliche Schulen, Volkshochschulen, freie Bildungsträger, Kammern und Kommunen reagieren auf den unbefriedigenden Planungsstand im Bereich der beruflichen Weiterbildung. Sie experimentieren mit regionalen Bedarfsanalysen, Verbundmodellen, Versuchen einer systematischeren Weiterbildungssteuerung[15]), ohne daß hier bereits Patentrezepte erkennbar wären.

Einer der bedeutsamsten lokalen Steuerungsversuche in der beruflichen Weiterbildung sind die Auftragsmaßnahmen der Bundesanstalt für Arbeit. Die Bundesanstalt für Arbeit orientierte seit Anfang der 80er Jahre ihre Qualifizierungsmaßnahmen zunehmend auf das Ziel, Arbeitslose wieder zu integrieren. Dieses Ziel konnte sie nicht durch Rückgriff auf die sogenannten freien, von den Trägern selbst angebotenen Maßnahmen erreichen. Sie mußte für die Zielgruppe der Arbeitslosen Maßnahmen selbst einleiten und gestalten. Durch den Ausbau dieser sogenannten Auftragsmaßnahmen, der gegenwärtig allerdings wieder rückläufig ist, übernahmen die Arbeitsämter steuernde Funktionen und mußten selbst Einfluß auf Konstruktion und Durchführung von Weiterbildungsmaßnahmen nehmen.

Die Arbeitsämter organisieren Auftragsmaßnahmen relativ kurzfristig und pragmatisch[16]). Sie loten Qualifikationsengpässe, Beschäftigungsmöglichkeiten, Teilnahmemotivation der Arbeitslosen, Chancen ihrer sozialen Absicherung, Vermittlungs- und Qualifikationswünsche von Unternehmen, Ausbildungskapazitäten der Träger sowie den hinter einzelnen "Wünschen" stehenden politischen Druck aus. Je nach Erfolg der Maßnahmen werden diese fortgeschrieben, modifiziert oder abgesetzt. Die Erfolgsmaßstäbe unterscheiden sich dabei zwischen den Arbeitsämtern beträchtlich. Während für einige vorrangig die kurzfristige Vermittlung in Arbeit zählt, versuchen andere, die Qualität der Weiterbildung und die Berücksichtigung besonderer Personengruppen miteinzubeziehen. Die Weiterbildungsmaßnahmen an einem Ort sind zumeist historisch gewachsene, manchmal auch schon erstarrte Strukturen mit einem festen Beziehungsgeflecht zwischen Arbeitsämtern, Interessenten an und Trägern von Weiterbildungsmaßnahmen.

An folgenden Aspekten orientierten sich die untersuchten Arbeitsämter bei der Planung von Einzelmaßnahmen:

a) Die Beseitigung aktueller Qualifikationsengpässe spielte zum Untersuchungszeitpunkt (1985/86) eine geringe Rolle. Dies lag z.T. an der unzureichenden Arbeitskräftenachfrage in vielen Arbeitsämtern und dem gleichzeitig hohen Angebot qualifizierter Arbeitsloser. Entscheidender ist aber, daß Weiterbildung als kurzfristiges Instrument der Arbeitsvermittlung nur begrenzt einsetzbar ist (vgl. Abschnitt 3).

b) Eine größere Rolle spielt die Orientierung an einem absehbaren Qualifikationsbedarf, auf den das Arbeitsamt auf der Grundlage des Vermittlungsgeschäfts der vergangenen Jahre schließt. Bürokaufleute sind beispielsweise nur mit EDV-Kenntnissen oder Facharbeiter nur mit Hydraulik-, Pneumatik- und Mikroelektronikkenntnissen vermittelbar. Je nach örtlicher Wirtschaftsstruktur werden bestimmte Kurse in regelmäßigem Abstand durchgeführt.

c) Weiterbildungsmaßnahmen werden auch als reine Vermittlungshilfen, deren qualifikatorischer Bestandteil nebensächlich wird, eingesetzt. Hierbei handelt es sich vor allem um innerbetrieblich durchgeführte Anpassungsfortbildungen ohne anerkannten Abschluß, die in der Praxis mehr oder weniger verdeckte Einarbeitungsmaßnahmen sind. Die Bedarfsorientierung wird hier zumeist auf Kosten des Qualifizierungsanteils realisiert[17]).

d) Die Arbeitsämter versuchen Weiterbildungsmaßnahmen mit einer möglichen Zukunftsperspektive - entkoppelt von der gegenwärtigen Arbeitsmarktlage - zu konzipieren. Hier wird der scheinbar sichere Orientierungsrahmen des aktuellen Arbeitsmarktes verlassen. Da man sich nicht in der Lage sieht, Positivlisten über Berufe mit Zukunft aufzustellen - mangels sicherer regionaler Entwicklungsperspektiven -, begnügt man sich mit Negativlisten. Zumeist werden hiermit jedoch nur Exotenberufe (z.B. Pferdewirt/in) ausgeschlossen, so daß man mit diesen Negativlisten nicht sehr weit gelangt.

Eine andere Möglichkeit, auf den Mangel an Positivlisten zu reagieren, ist die Durchführung von Weiterbildungsmaßnahmen in wenig spezialisierten Grundberufen, die eine Offenheit für einen Einsatz in verschiedenen Bereichen gewährleisten. Umschulungsmaßnahmen konzentrieren sich dann auf Berufe mit einem breiten Anwendungsfeld (z.B. Schlosser oder Dreher, die nicht wie Hütten- oder Chemiefacharbeiter branchengebunden sind) und breiten Basiskenntnissen, auf die verschiedene spezielle Fortbildung später aufgesattelt werden kann. Die Brücke zur Zukunft kann also nur über eine Orientierung auf branchenübergreifende berufliche Arbeitsmärkte geschlagen werden.

e) In nur wenigen Fällen wird der Versuch unternommen, durch Qualifikationsmaßnahmen selbst Einfluß auf die Nachfrage zu nehmen, also Bedarf zu schaffen. Beispiele hierfür finden wir in Ausbildungen zu Energieberatern oder Entsorgern. Es handelt sich allerdings zumeist um nur kleine Arbeitsmärkte; die zusätzlichen Beschäftigungseffekte bleiben begrenzt.

f) Ein Großteil der Maßnahmen orientiert sich am Teilnehmerpotential, also an den Vorkenntnissen, Lebenssituationen und Bildungsmotivationen der Arbeitslosen an einem Ort. Der Hauptunterschied zwischen den Arbeitsämtern liegt dabei in der Bereitschaft und Fähigkeit, auch besondere Maßnahmen für Langzeitarbeitslose, Frauen oder Ausländer zu konzipieren.

g) Ein wesentlicher Einflußfaktor sind schließlich die Träger. Die Arbeitsämter sind zumeist interessiert, bewährte Träger zu erhalten, ohne die qualitativ hochwertige

Weiterbildungsmaßnahmen gar nicht durchgeführt werden können; die in ihrer Sachkompetenz überlegenen Träger können dabei vielfach eigene Interessen durchsetzen (Auslastung ihrer Werkstätten, Nutzung noch nicht abgeschriebener, aber schon veralteter Maschinen etc.)[18]), und zwar um so mehr, je weniger "Signale" die Arbeitsämter vom Arbeitsmarkt oder durch eine eigene systematische Planung erhalten. Hinzu kommt, daß einige Träger durch ihre enge Verbindung zu den Kammern, Unternehmerverbänden oder bestimmten Betrieben eine machtvolle Lobby darstellen, die vom Arbeitsamt nicht ohne weiteres "übersehen" werden kann.

Die fallweise, empirische Vorgehensweise der Arbeitsämter unterliegt vielen Zufälligkeiten. Vielfach war die Steuerung von Maßnahmen noch nicht einmal innerhalb der Arbeitsämter transparent, da sie arbeitsteilig durchgeführt wurde. Die Arbeitsämter versuchten in den letzten Jahren daher fast alle ihre Steuerungsmethoden durch einen Ausbau der internen und externen Koordination zu verbessern:

- Inzwischen liegt die interne Maßnahmeplanung zumeist nicht mehr allein in der Verantwortung einzelner Arbeitsberater und -vermittler. Die Maßnahmen werden regelmäßig intern im Kreis mehrerer Arbeitsberater erörtert. Die technischen Berater werden zur Begutachtung von Lehrplänen und Trägern herangezogen. Viele Arbeitsämter stellen inzwischen einen Jahresplan auf, den sie zu realisieren versuchen. Dies trägt zweifellos zu einer größeren Abstimmung und Rationalität des Vorgehens bei und stärkt die Kompetenz der Arbeitsberater und -vermittler.

- Abstimmungen mit anderen für berufliche Weiterbildung verantwortlichen Institutionen sind offensichtlich die Ausnahme und beschränken sich auf einzelne lokale Modellprojekte. Anders als bei den berufsvorbereitenden Maßnahmen, die von den Arbeitsämtern erst nachrangig nach den beruflichen Schulen angeboten werden können, erfolgen kaum Absprachen mit den beruflichen Schulen oder auch den Volkshochschulen und Kammern.

- Es wurden Versuche unternommen, den betrieblichen Bedarf zu ermitteln. Die Arbeitsämter haben vielerorts Konferenzen mit örtlichen Unternehmen und Weiterbildungsexperten durchgeführt, um von ihnen Angaben über den besonderen lokalen Qualifikationsbedarf zu erhalten. Die Resultate sind ernüchternd. Es gab keine (!) konkreten Hinweise für zusätzliche Qualifikationsmaßnahmen. Auch Befragungen der Träger und Unternehmer waren in der Regel wenig ergiebig. Die Auswertung einer aufwendigen Befragung von fast 2000 Unternehmen der Industrie und des Handwerks in Nordrhein-Westfalen erlaubt nur die grobe, fast triviale Schlußfolgerung, daß künftig Weiterbildungsanforderungen im Zusammenhang mit neuen Technologien steigen werden[19]).

- Versuche einer besseren Abstimmung der Weiterbildungspolitik mit anderen beschäftigungspolitischen Institutionen vor Ort werden in der Regel nur in Ausnahmefällen für sinnvoll gehalten. Arbeitsämter und Wirtschaftsförderung gehen etwa von dem gemeinsamen Selbstverständnis aus, daß eine Koordination nur "bei schönem Wetter möglich ist". Denn Hinweise auf einen Qualifikationsbedarf könne die Wirtschaftsförderung nur bei Neuansiedlungen geben, die jedoch selten seien. Die regionale Wirtschaftsförderung hat zwar inzwischen die Bedeutung der Bestandspflege angesichts der abnehmenden Zahl der Neuansiedlungen erkannt, in diese Bestandspflege aber noch nicht ausreichend das Arbeitsvermögen der Beschäftigten (s. Schaubild 1) einbezogen.

3. Regionaler Weiterbildungsbedarf

In der Idee, Weiterbildung stärker am regionalen Bedarf zu orientieren, liegen neben den genannten Chancen für eine effektivere regionale Beschäftigungspolitik auch Gefahren einer Reduzierung bildungspolitischer Zielsetzungen auf kurzfristige und einseitige Anpassungsleistungen an technologische und wirtschaftliche Entwicklungen und einer Instrumentalisierung der Weiterbildung zugunsten einseitiger betrieblicher Interessen. Entsprechende Befürchtungen sind nicht unbegründet. So wird z.B. in der Diskussion über eine regionale Bedarfsorientierung der beruflichen Weiterbildung der Bundesanstalt für Arbeit gelegentlich unterstellt, daß dieser Bedarf von den Betrieben genannt werden kann. Diese wüßten am besten, welche Qualifikationen in naher Zukunft benötigt würden[20]. Die Bundesanstalt für Arbeit hofft, daß der Bedarf in Zusammenarbeit mit Verbänden, Gewerkschaften, Bildungsträgern und Betrieben "festgestellt" werden kann. Den Betrieben wird eine vorrangige Rolle bei der "Darlegung" des Bedarfs zugesprochen[21].

Die Schlüsselstellung der Betriebe als Abnehmer beruflicher Qualifikationen steht außer Frage. Auch ist unübersehbar, daß ein Teil von kurzfristigen Weiterbildungsmaßnahmen schnelle Anpassungsleistungen an neue Anforderungen im Betrieb, die sich etwa durch neue Technologien, Gesetze etc. ergeben, erforderlich machen. Die in Abschnitt 2 beschriebenen Schwierigkeiten der Arbeitsämter, der Gestaltung ihrer Weiterbildungsmaßnahmen einen regionalen Bedarf zugrunde zu legen, weisen allerdings auf die Gefahren zu schneller und glatter Antworten hin. Wir stoßen hierbei auf erhebliche methodische Schwierigkeiten der Bedarfsermittlung. Hinzu kommt, daß sich ein regionaler Bedarf nicht interessenfrei bestimmen läßt. "Die Frage nach der Definition von Bedarf führt... unmittelbar hinein in die Auseinandersetzung über die unterschiedlichen, mit beruflicher Weiterbildung verknüpften Interessen... Aus diesem Geflecht unterschiedlicher Interessen und politischer Gestaltungsvorstellungen kann keine wissenschaftliche Analyse die Bedarfsdiskussion herauslösen. Sie kann diese Diskussion nur versachlichen helfen..."[22]

Auf diesem Hintergrund sind folgende Probleme bei der Bestimmung eines regionalen Bedarfs zu berücksichtigen:

1. Bedarf läßt sich in der Regel nicht einfach "feststellen" oder "abfragen". Potentielle Nachfrager müssen erst zur Erkenntnis gelangen, daß Qualifikation ein möglicher Engpaßfaktor der wirtschaftlichen Entwicklung ist. Diese Erkenntnis muß anschließend über konkrete Verfahren in bildungspolitische Lösungen umgesetzt werden (Verfahren der Ermittlung von Bildungsbedarf, Curriculumentwicklung etc.). Viele Unternehmen verfügen bis heute nicht über eine betriebliche Bildungsbedarfsanalyse[23] und sind von daher nicht in der Lage, ihren möglichen eigenen Bedarf anders als in Form von Ad-hoc-Entscheidungen zu artikulieren. Will man über Bedarfsanalysen zur Entwicklung konkreter Bildungs-

maßnahmen gelangen, muß die Methode, daß "Blinde Blinde nach dem Weg in die Zukunft befragen", aufgegeben werden[24]). Die angewendeten Methoden der Bedarfsermittlung müssen dem Entwicklungsaspekt der Bedarfsartikulation (bei Individuen und Institutionen) Rechnung tragen und ihn fördern. Bedarf muß durch Information, Beratung und Anreize oft erst "hervorgeholt" werden. Geschieht dies nicht, wird nur manifester, nicht aber latenter Bedarf berücksichtigt.

2. Bedarf kann von Individuen, Institutionen geäußert oder als politischer Bedarf formuliert werden[25]). Bei der Diskussion über das Entwicklungspotential einer Region bleibt teilweise unklar, welche Bevölkerungsgruppen zu diesem Potential gezählt werden und welche nicht. In der beruflichen Weiterbildung benachteiligte Gruppen wie Ausländer, Frauen, Un- und Angelernte werden oft nicht oder nur unzureichend zum entwicklungsfähigen Potential der Regionen gerechnet. Die gegenwärtige Diskussion über vermeintlich nicht integrierbare Langzeitarbeitslose zeigt, daß auch diese zumeist aus dem regionalen Entwicklungspotential ausgegrenzt worden sind. Gerade bei hohem Arbeitskräfteüberschuß ist die Versuchung groß, das Arbeitskräftepotential durch Ausgrenzungsstrategien zu vermindern. Der unmittelbare ökonomische Druck, neue Arbeitskräftereserven zu erschließen, ist ebenfalls gering. Dies kann zum einen unerwünschte soziale Auswirkungen haben; zum anderen ist langfristig bei erneutem Wachstum das verfügbare Arbeitskräftepotential rasch erschöpft und begrenzt die Entwicklungschancen einer Region. Anfang bis Mitte der achtziger Jahre wurde in der alten Bundesrepublik angesichts der hohen Arbeitslosigkeit in fast allen Regionen von einem zu engen Weiterbildungsbedarf ausgegangen; dies verursachte den heutigen Facharbeitermangel. In den neuen Bundesländern besteht die Gefahr, daß dieser Fehler wiederholt wird. Also auch aus rein wirtschaftlichen Gründen müssen individuelle und institutionelle Bedarfe berücksichtigt und durch politische Zielsetzungen, die vor allem auch noch latente Bedarfe benachteiligter Gruppen einbeziehen, ergänzt werden.

3. Betrieblicher und regionaler Bedarf mögen sich zwar in weiten Teilen überschneiden, fallen aber um so deutlicher auseinander, je mehr man nur auf den manifesten betrieblichen Bedarf abstellt. Zum ersten sind einige Betriebe zur Bedarfsdeckung nur teilweise auf das regionale Angebot angewiesen. Dies gilt insbesondere für Großbetriebe und konzernabhängige Betriebe, die auch auf überregionale Konzernangebote oder interne Ressourcen zurückgreifen können[26]). Vom regionalen Angebot abhängig sind hingegen insbesondere Klein- und Mittelbetriebe. Sie verfügen nicht über eigene Bildungseinrichtungen und sind personell und finanziell überfordert, eigene Maßnahmen durchzuführen oder gar zu konzipieren. Zumeist sind sie sogar nicht in der Lage, ihren Qualifikationsbedarf zu artikulieren oder zu konkretisieren. Hier sind sie auf überbetriebliche Hilfen angewiesen. Die lokale Ebene reagiert also nicht nur auf betriebliche Nachfrage, sondern hat hier eher eine Katalysatorfunktion. Zum zweiten erreicht betrieblicher Bedarf nur die Beschäftigten bzw. den Teil der Arbeitslosen, die unmittelbar eingegliedert werden sollen. Nicht-Beschäftigte, die ins Erwerbsleben zurückkehren wollen, Arbeitslose ohne unmittelbare Stellenangebote fallen zunächst einmal aus dem Blickwinkel der Betriebe heraus und werden allenfalls bei einer künftigen Expansion interessant. Auch ein Teil der Beschäftigten wird vernachlässigt. Dies gilt vor allem für Un- und Angelernte in den Betrieben, die bei unzureichender Weiterbildung langfristig aus den Betrieben herausgedrängt werden und den lokalen Arbeitsmarkt nachteilig

belasten können. Um solchen Segmentierungen des Arbeitsmarktes vorzubeugen, muß regionale Entwicklungsplanung von einer weiteren Perspektive als einer rein betrieblichen ausgehen. Sie muß Lücken füllen, die von den Betrieben nicht geschlossen werden können, sie muß Hilfestellungen leisten für Betriebe, deren Kapazitäten für eigene Weiterbildungspolitik nicht ausreichen (vor allem Klein- und Mittelbetriebe), sie muß schließlich auch auf die Weiterbildungspolitik der Betriebe einwirken, um dort den Kreis der Begünstigten auszuweiten und um eine "soziale Pollution" des Arbeitsmarktes zu verhindern[27]).

4. "Die Zeithorizonte von Marktprozessen (also auch von betrieblicher Einstellungspolitik, d. V.) und (Weiter-) Bildungsprozessen sind unterschiedlich dimensioniert: Markt ist gegenwarts- bzw. gegenwartsnahbezogen, Weiterbildungsprozesse müssen zukunftsorientiert sein, weil die in ihnen erworbenen Qualifikationen länger vorhalten sollen als nur für je aktuelle Situationen"[28]). Zudem können vor allem anspruchsvolle und kapitalintensive Weiterbildungsmaßnahmen in der Regel nicht kurzfristig bereitgestellt werden. Curricula müssen z.T. erst entwickelt werden, Träger müssen die nötige Infrastruktur bereitstellen etc. So erfordern selbst Maßnahmen von relativ kurzer Dauer (wie z.B. CNC-Kurse) einen längeren Planungsvorlauf. Ein anderer Teil von Weiterbildungsmaßnahmen, insbesondere Umschulungen, dauert bis zu 2 1/2 Jahre. Der nötige Planungsvorlauf und die Dauer der Maßnahmen bergen die Gefahr, daß der Markt sich in eine andere Richtung entwickelt. Daher muß Weiterbildungspolitik vor allem bei Infrastrukturentscheidungen und bei langfristigen Maßnahmen eine Zukunftsorientierung aufweisen. Angesichts ungewisser Perspektiven lautet die bildungspolitische Antwort hierauf, daß Weiterbildung zukunftsoffene, breite und flexibel einsetzbare Qualifikationen vermitteln soll, die am ehesten durch überregional entwickelte Standards gewährleistet werden können. Dieser Grundsatz gilt für langfristige Fortbildungen und Umschulungen, aber auch für Anpassungsfortbildungen an neue technologische Erfordernisse, nicht aber für kurzfristige Ad-hoc-Maßnahmen (z.B. Einführung in Steuerrechtsänderung). Überregional entwickelte Curricula, Berufsabschlüsse und Qualitätsstandards entlasten die regionale Ebene von Planungsunsicherheit und -aufwand und beschleunigen die zeitliche Reaktionsfähigkeit. Eine unzureichende Ordnung des Weiterbildungssystems hat beträchtliche Kosten zur Folge: hierzu zählen zusätzliche Entwicklungskosten, geringere Flexibilität und Unübersichtlichkeit, die mit Doppelentwicklungen verbundene Bürokratisierung und erhöhte Transaktionskosten in der gesamten Wirtschaft[29]). Zudem ist erfahrungsgemäß der Standard von Weiterbildungsmaßnahmen, die an existierende Berufsbilder anknüpfen, wesentlich höher als der der lokalen "selbstgestrickten Maßnahmen"[30]).

5. Der Weiterbildungssektor ist institutionell sehr zersplittert. Die einzelnen Segmente unterliegen völlig verschiedenen gesetzlichen Regelungen und Finanzierungsstrukturen. Es haben sich in der Vergangenheit einerseits arbeitsteilige Strukturen herausgebildet, die eine Koexistenz ohne allzu viele Berührungspunkte ermöglichen ("Das Arbeitsamt ist für Arbeitslose, die Betriebe sind für Beschäftigte zuständig"). Andererseits konkurrieren Bildungsträger untereinander heftig um verfügbare Mittel. Die einzelnen Weiterbildungsbereiche sind aufgrund ihrer institutionellen Eigenlogik nur begrenzt an einer Einbindung in die regionale Weiterbildungspolitik interessiert bzw. in der Lage[31]). Dieses widersprüchliche Geflecht von friedlicher Koexistenz, harter Konkurrenz und unterschiedlichen institutionellen Strukturen

ermöglicht gegenwärtig allenfalls weiche Formen von Koordination und Planung, die an die Eigeninteressen der Partner anknüpfen und durch gezielte Interventionen Anreize für Kooperationen schaffen.

6. Nur wenn auf regionaler Ebene Versuche unternommen werden, Technologie-, Wirtschaftsförderung und Weiterbildung stärker untereinander zu verknüpfen, besteht eine Möglichkeit, die in den Konzepten zur endogenen Entwicklung oder zur Regionalisierung der Regionalpolitik angelegten Synergieeffekte verschiedener Politikbereiche zu realisieren. Auch diese Verknüpfungen werden nur partiell zu realisieren sein, da sich Zeitstrukturen und institutionelle Systeme der einzelnen Politikbereiche z.T. nicht entsprechen. Anstöße zu solchen Grenzüberschreitungen der einzelnen Politikbereiche sind jedoch unübersehbar. So ist es inzwischen Allgemeingut, daß Weiterbildung von betrieblichen Schlüsselpersonen ein sehr wirkungsvolles Mittel zur Diffusion neuer Technologien ist[32]).

4.   Bausteine regionaler Weiterbildungssteuerung

Abschnitt 3 verdeutlichte Schwierigkeiten und notwendige Voraussetzungen einer Bedarfsorientierung von Weiterbildung; die benannten Probleme sind aber keinesfalls als Killerargumente gegen eine koordinierte regionale Beschäftigungs- und Weiterbildungspolitik zu verstehen. Allerdings sollte sichtbar werden, daß eine solche Politik nicht mit starren Organisationsmustern und fertigen Antworten bewältigt werden kann. Regional unterschiedliche Problemlagen und Ausgangsbedingungen sowie das jeweils verschiedene soziale, ökonomische, ökologische und politische Profil gestalten alle Steuerungsversuche regionaler Weiterbildung zu einem politischen Suchprozeß, der sowohl sachliche Lösungen als auch das finanziell und politisch Mögliche austesten muß.

Angesichts fehlender Patentrezepte und politischer Unbeweglichkeiten wird die Praxis der bisherigen Weiterbildungsplanung nur schrittweise verändert werden können. Die folgenden Bausteine sind zentrale Orientierungspunkte für den erwähnten Suchprozeß:

1. Das besondere regionale Interesse an Weiterbildung muß institutionell ein "Zuhause" erhalten. Dabei kommt vor allem den Kommunen oder auch größeren Regionalverbänden (Kreisen) als allgemeinsten Repräsentanten regionaler Interessen eine zentrale Rolle zu[33]). Sie sind auch verantwortlich für andere Politikbereiche (z.B. Technologie- oder Wirtschaftsförderung), die mit Weiterbildungsmaßnahmen koordiniert werden können. Jeder trägerübergreifende Steuerungsversuch von Weiterbildung erfordert personelle und finanzielle Ressourcen, die zusätzlich bereitgestellt werden müssen. Bislang sind sehr verschiedene Ansätze einer Institutionalisierung regionaler Weiterbildungssteuerung bzw. einer integrierteren Bildungs- und Beschäftigungspolitik zu beobachten. Verschiedene Kommunen fassen die Arbeitsmarktpolitik und Wirtschaftsförderung zusammen (Saarbrücken: Amt für Arbeitsmarktpolitik, Wiesbaden: Amt für Wirtschafts- und Beschäftigungsförderung), die allerdings nur Teilbereiche der Weiterbildung einschließen. Mehrere Kommunen haben inzwischen eigene Zuständigkeiten für Weiterbildung auf lokaler Ebene eingerichtet (Weiterbildungsreferat bei der Stadt Nürnberg). Am vielversprechendsten scheint der Aufbau regionaler

Weiterbildungsberatungsstellen zu sein. Solche Stellen aktivieren durch ihre Beratungstätigkeit von Individuen und Betrieben latenten Weiterbildungsbedarf (vor allem von benachteiligten gesellschaftlichen Gruppen und von Klein- und Mittelbetrieben). Zudem verfügen sie über das nötige Detailwissen, um Defizite zu erkennen und auch konkrete Vorschläge zu neuen Weiterbildungsmaßnahmen bzw. zur Verbesserung bestehender durchzuführen. "Der einrichtungsneutrale Status der bedarfsorientierten Weiterbildungsberatung hat sich als eine wichtige Voraussetzung für eine erfolgreiche Kooperation mit allen Anbietern im örtlichen Weiterbildungsbereich erwiesen"[34]).

2. Weiterbildungsberichte können eine Übersicht über die betrieblichen und überbetrieblichen Weiterbildungsmaßnahmen in der Region und die Weiterbildungsteilnahme einzelner Personengruppen geben. Solche Berichte können Defizite benennen (z.B. unzureichende Einbeziehung von bestimmten Personengruppen in die Weiterbildung, Mängel bzw. Überschneidungen bei Weiterbildungsangeboten). Sie können Anhaltspunkte für eine Diskussion über Zielsetzungen in der regionalen Weiterbildungspolitik geben. Unübersehbar ist allerdings, daß die Aussagekraft der Berichte durch die mangelnde statistische Basis begrenzt wird. Datenbanken über Weiterbildung können die Transparenz über das Angebot erhöhen[35]). Die meisten vorliegenden Weiterbildungsberichte sind noch unbefriedigend, da sie vorwiegend nur auf die Teilnehmerstatistik der Bundesanstalt für Arbeit zurückgreifen können[36]). Komplexere Ansätze der regionalen Berichterstattung sind gegenwärtig aufwendig, da die Regionen selbst Primärdaten erheben müssen. Eine systematische lokale Berichterstattung erfordert vermutlich eine überregional koordinierte und finanzierte Erschließung zusätzlicher Datenquellen.

3. Zur Vermeidung von Parallelinvestitionen und Verringerung von Doppelinvestitionen ist eine bessere Kooperation der Träger sinnvoll. Hier sind bereits mehrere Modelle erfolgreich praktiziert worden. In Dortmund haben sich in Form eines eher offenen Zusammenschlusses 17 große öffentliche und private Weiterbildungseinrichtungen zur "Arbeitsgemeinschaft Dortmund bildet weiter" zusammengefunden. Diese Arbeitsgemeinschaft hat zunächst einen Weiterbildungsatlas erstellt und plant durch Erfahrungsaustausch, Kooperation und gemeinsame Öffentlichkeitsarbeit das Weiterbildungssystem in der Region zu verbessern[37]). Ein anderes Beispiel ist der Arbeitskreis von 30 Anbietern in Siegen-Olpe-Wittgenstein, die gemeinsam mit der Weiterbildungsinformations- und Beratungsstelle der IHK für ein abgestimmtes Angebot sorgen wollen[38]). Beide Modelle sind aus einer längeren erfolgreichen Phase informeller Kooperation entstanden. Diese Erfahrung spricht dafür, größere Kooperationsvorhaben durch lockere Formen der Kooperation vorzubereiten. Gerade in Kooperation mit anderen Trägern können Weiterbildungszentren auch Aufgaben in der regionalen Technologieberatung und Wirtschaftsförderung übernehmen[39]).

4. Da die Zukunftsentwicklung des Arbeitsmarktes offen ist und Weiterbildung auch durch breite Qualifikationen die Mobilitätsfähigkeit der Betroffenen für den gesamten regionalen Arbeitsmarkt erhalten soll, muß regionale Bildungs- und auch Weiterbildungspolitik eine stark angebotsorientierte Qualitätssicherung enthalten. Die Infostelle Weiterbildung in Siegen vergibt in ihrem Weiterbildungsverzeichnis beispielsweise "Gütesiegel", die eine bestimmte Hard- und Software-Ausstattung, eine fachliche und pädagogische Eignung der

Lehrkräfte, Höchstteilnehmerzahlen, regelmäßige Teilnehmerbefragungen und aussagekräftige Lehrgangsbescheinigungen verlangen. Das BIBB hat für die Gestaltung von Auftragsmaßnahmen der Arbeitsämter Qualitätsstandards formuliert[40]). Kommunen bzw. Länder können auch z.b. durch technische Berater Weiterbildungseinrichtungen "TÜV-Plaketten" verleihen, die solche Qualitätsstandards verallgemeinern und die Träger veranlassen, den Qualitätswettbewerb zu Lasten eines reinen Preiswettbewerbs höher zu gewichten. Darüber hinaus sollte in einzelnen Fachrichtungen die Qualität der Erstaus- und Weiterbildung durch einen Erfahrungsaustausch von Berufsschullehrern, Ausbildern, Personalleitern etc. verbessert werden. Insbesondere bei der Umsetzung neuer Berufsbilder wie gegenwärtig etwa in den Metall- und Elektroberufen ergibt sich hier Handlungsbedarf. Das Berufsförderungszentrum Essen hat in diesen Berufsfeldern im Ruhrgebiet entsprechende regionale Netzwerke aufgebaut, die geeignete Ausbildungsmittel und didaktisch-methodische Ansätze erproben und Lernverbünde unter Beteiligung von Groß-, Mittel-, Kleinbetrieben, außerbetrieblichen Bildungseinrichtungen und berufsbildenden Schulen sowie Fachschulen aufbauen. Damit sollen die qualifikatorischen Voraussetzungen für den notwendigen Strukturwandel in NRW geschaffen werden[41]).

5. Auch die regionale Strukturpolitik sollte Ansätze einer integrierten regionalen Weiterbildungs- und Beschäftigungspolitik unterstützen. Dazu müssen die Vergabe öffentlicher Mittel für Technologie, Umwelt, Arbeitsmarkt- und Weiterbildungspolitik vom örtlichen Konsens abhängig gemacht und Koordinierungsprojekte finanziell belohnt werden. Das gilt etwa für die Umsetzung der EG-Strukturfonds[42]), das Langzeitarbeitslosenprogramm, das Zukunftsprogramm Montanindustrie (ZIM) und das Zukunftsprogramm Nordrhein-Westfalen (ZIN). Im Rahmen von ZIN werden beispielsweise in den Regionen "runde Tische" organisiert, die Projektvorschläge für eine regionale Weiterbildungspolitik entwickeln[43]). Von entscheidender Bedeutung ist, daß an diesen runden Tischen die verschiedenen gesellschaftlichen Kräfte, darunter auch die Gewerkschaften angemessen vertreten sind und nicht in exklusiven Zirkeln unternehmerische Interessen unter sich bleiben.

6. Um die Ausgrenzung sogenannter Problemgruppen aus zukunftsträchtigen Beschäftigungsverhältnissen oder aus dem Beschäftigungssystem überhaupt zu verhindern, müssen Benachteiligungen solcher Personengruppen durch Weiterbildungsmaßnahmen ausgeglichen werden. Ein Maßstab für die Potertialausschöpfung regionaler Arbeitsmarktpolitik ist sicherlich, inwieweit sie durch regionale Maßnahmen Frauen, Un- und Angelernte, Ausländer und Langzeitarbeitslose einschließt. Alle bisher genannten Instrumente müssen genutzt werden, um Weiterbildungs- und Beschäftigungsangebote für diese Personengruppen gezielt auszubauen. Dabei sollte versucht werden, Langzeitarbeitslosigkeit durch vorbeugende Qualifizierung (Beschäftigungspläne) der von Entlassung bedrohten Beschäftigten zu verhindern[44]).

Selbst durch eine verbesserte Berichterstattung, Koordination und Beratung der Weiterbildung werden in der Region allenfalls Korridore künftiger Bedarfe absehbar sein. Von daher müssen betriebliche und individuelle Aus- und Weiterbildungsentscheidungen zusätzliche Orientierungspunkte durch eine überregionale Standardisierung des Angebots erhalten. Zu einer solchen Standardisierung gehört vor allem die Festlegung von Ausbildungsordnungen und anerkannten Berufsabschlüssen. Ein ausschließlich lokal agierendes Weiterbildungssystem würde zu einer Segmentierung von Qualifikationen und starken Begrenzungen der beruflichen Mobilität führen. Der Bildungsrat hat bereits vor langer Zeit auf die notwendige Arbeitsteilung unterschiedlicher Aktionsebenen in der Weiterbildung hingewiesen. "Die verschiedenen Ebenen der Kooperation müssen in engem Kontakt miteinander stehen. Die lokal-regionale Detailplanung und Durchführung muß sich in Grundsätze der überregionalen Planung und Organisation des Gesamtbereichs und so in das Bildungssystem einfügen. Überregional sollen nur die Aufgaben und Probleme behandelt und entschieden werden, die lokal-regional nicht gelöst werden können"[45]).

Zusammenfassend läßt sich sagen: Auch bei verbesserter Steuerung regionaler Weiterbildungspolitik bleiben erhebliche Unsicherheiten über die künftige Arbeitsplatz- und Wirtschaftsentwicklung bestehen. Regionaler Weiterbildungsbedarf kann nur eingegrenzt, nicht genau bestimmt werden. Gerade bei massiven strukturellen Änderungen - wenn sozusagen feste Orientierungspunkte für berufliche Entscheidungen in der Region zerbrechen, wie in den neuen Bundesländern - können Weiterbildungsorientierungen nur mit Hilfe eines überregional geordneten Berufsbildungssystems gewonnen werden. Die betroffenen Beschäftigten können bei unsicheren Zukunftsperspektiven nur zu einer Weiterbildung motiviert werden, wenn es gelingt, eigenständige Berufsorientierungen zu stärken. Eine breite Berufsausbildung ist auf dem Arbeitsmarkt - wenn auch nicht ohne Friktionen - langfristig fast immer belohnt worden.

Anmerkungen

1) So heißt es etwa im Bericht der Kommission Montanregionen: "... Ausbildungsstätten wirken ... durch ihre aktive Präsenz als Katalysator für die Modernisierung in der regionalen Wirtschaft", Bericht der Kommission Montanregionen des Landes Nordrhein-Westfalen 1989, Düsseldorf, S. 345.

2) Vgl. Berufsförderungszentrum Essen, PTQ-Projektgruppe, Projektinformation 1.89; in ähnliche Richtung argumentiert auch H. Ruprecht in diesem Band.

3) Vgl. Sachverständigenrat, Jahresgutachten 1988, Ziff. 420 ff.

4) Vgl. Bericht der Kommission... a.a.O., Düsseldorf 1989, S. 371.

5) Vgl. Derenbach, R., Berufliche Kompetenzen für eine selbsttragende regional-wirtschaftliche Entwicklung, Plädoyer für eine qualitative Regionalpolitik auf der Grundlage von Qualifikation und Innovation, Informationen zur Raumentwicklung, Heft 1/2 1984, S. 84.

6) Vgl. Hahne, U., Endogenes Potential: Stand der Diskussion, in: Arbeitsmaterial Akademie für Raumforschung und Landesplanung Nr.76, Endogene Entwicklung. Theoretische Begründung und Strategiediskussion, Hannover 1984, S. 27-39.

7) Vgl. Bosch, G. u.a., Beschäftigungspolitik in der Region, Köln, 2. Aufl. 1988, S. 359.

8) Vgl. hier z.B. Sauter E., Fink E., Planung, Organisation und Durchführung von Weiterbildung in den Bildungswerken der Wirtschaft. Ergebnisse einer Befragung in 11 Bildungswerken der Wirtschaft, Berichte zur beruflichen Bildung Heft 23, Bundesinstitut für Berufsbildung, Berlin 1980.

9) Vgl. Braun, J. u.a.; Bedarfsorientierte Beratung in der Weiterbildung. Technologische Entwicklung und Arbeitslosigkeit als Herausforderung für die Weiterbildungsberatung, München 1984, S. 144.

10) Vgl. Bericht der Kommission... a.a.O., S. 298.

11) Vgl. Bericht der Kommission ... a.a.O., S. 297.

12) Vgl. hierzu den Beitrag von Fraaz, K., in diesem Band und Dobischat, R., Einführung in die Statistik der beruflichen Bildung - Kurseinheit 2: Regionale Defizite in der beruflichen Weiterbildung, Fernuniversität Hagen 1985.

13) Vgl. den Beitrag von Sauter, E., in diesem Band.

14) Vgl. Sengenberger, W., Struktur und Funktionsweise von Arbeitsmärkten. Der bundesdeutsche Arbeitsmarkt im internationalen Vergleich, Frankfurt/New York 1987.

15) Wir schließen uns hier dem Steuerungsbegriff von Sauter an: "Der Begriff der Steuerung wird dabei in einem weiten Sinn gebraucht: nicht als staatlicher Eingriff, um ein bestimmtes Ziel oder Verhalten zu erzwingen, sondern als zielorientiertes Einwirken auf Prozesse und Bedingungskonstellationen im Weiterbildungsbereich", vgl. Sauter, E., Steuerung und Regelung der beruflichen Weiterbildung, Kurseinheit 1/2, Förderung und Steuerung beruflicher Weiterbildung nach dem AFG (Arbeitsförderungsgesetz), Fernuniversität Hagen 1986, S. 39.

16) Vgl. Bosch, G. u.a., Beschäftigungspolitik... a.a.o. In dieser Studie wurde die Koordination von lokaler Wirtschaftsförderung, kommunaler Haushaltspolitik, Arbeitsbeschaffungsmaßnahmen und beruflicher Weiterbildung der Bundesanstalt für Arbeit am Beispiel von Duisburg und Kaiserslautern untersucht.

17) Vgl. hierzu Dobischat, R., Neumann, G. (1987), Betriebliche Weiterbildung und staatliche Qualifizierungsoffensive - Qualifizierungsstrategien zwischen privatwirtschaftlicher Modernisierung und staatlichem Krisenmanagement, WSI-Mitteilung 10.

18) Vgl. Weitzel, R., Auftragsmaßnahmen der Arbeitsverwaltung. Von der Ausnahme zur Regel, Wissenschaftszentrum Berlin IIM/LMP 84-14, Berlin 1984.

19) Vgl. Braun-Henze, Heizelmann, Rieger, Die Bedeutung der beruflichen Weiterbildung im Rahmen der technischen und wirtschaftlichen Innovation in Nordrhein-Westfalen, Landesverband NW für Weiterbildung in Technik und Wirtschaft e.V., Düsseldorf, Januar 1986 und Landesarbeitsamt Nordrhein-Westfalen, Auswertung der Umfrage zum Qualifikationsbedarf in der Industrie, Düsseldorf 29.7.1986. Trotz dieser mittlerweile ernüchternden Ergebnisse von Umfragen zum Weiterbildungsbedarf wird immer wieder der Fehler wiederholt, solche zur Bedarfsermittlung zu benutzen. So ist jüngst offensichtlich auch die IHK Siegen in einem ansonsten sehr vielversprechenden Projekt mit einer Umfrage bei ca. 1600 Betrieben auf die "Nase gefallen". Da heißt es: "So hatten viele vor allem kleinere und mittlere Betriebe große Schwierigkeiten, ihren Qualifikationsbedarf zu erkennen... Hier müssen bei zukünftigen Befragungen... eine... ausführlichere Information der Betriebe z.B. über zu erwartende technologische Entwicklungen gewährleistet sein, um eine aussagekräftige Qualifizierungsermittlung durchführen zu können" (IHK Siegen, Info-Stelle Weiterbildung. Baustein einer dynamischen Qualifizierungsgesellschaftbilanz einer Pilotphase, Siegen 1990). Man will also den Betrieben erst ihren Bedarf erklären, um ihn dann abfragen zu können. Die rein quantitativen lokalen Bedarfsbefragungen erfüllen inzwischen m.E. kaum vielversprechende Erkenntnisfunktionen. Sie

zielen offensichtlich mehr darauf, den Befrager im Feld bekannt zu machen und ihm Anknüpfungspunkte bei Betriebskontakten zu geben. Diese kritischen Bemerkungen gelten nicht für Befragungen, die Fakten über betriebliche Weiterbildung, Beschäftigtenstrukturen etc. erheben.

20) Vgl. Bundesvereinigung der Deutschen Arbeitgeberverbände, Qualifizierungsoffensive und Hilfen der Arbeitsämter. Hinweise zur Durchführung von beruflichen Qualifizierungsmaßnahmen in Betrieben, Köln Februar 1986.

21) Vgl. Bundesanstalt für Arbeit, Runderlaß 60/86 vom 21.2.1986, in: Gewerkschaftliche Bildungspolitik 10/1986, S. 219.

22) Vgl. Baethge u.a., Forschungsstand und Forschungsperspektiven im Bereich betrieblicher Weiterbildung - aus Sicht von Arbeitnehmern, in: Betriebliche Weiterbildung Forschungsstand und Forschungsperspektiven. Zwei Gutachten, Schriftenreihe Studien zu Bildung und Wissenschaft Band 88, Bonn 1990, S. 214. Vgl. auch den Beitrag von R. Dobischat in diesem Band.

23) Im produzierenden Gewerbe verfügen z.B. - selbst wenn man Kleinstunternehmen mit weniger als 20 Beschäftigten ausklammert - lediglich 30 % der Unternehmen über eine schriftlich fixierte Personalplanung. Damit erfährt die Vorausschau des Personalbedarfs und der Personalversorgung immer noch weniger Aufmerksamkeit als die Entwicklung von Investitionen, Produktion oder Absatz. Vgl. Semlinger, K., Vorausschauende Personalwirtschaft - Betriebliche Verbreitung und infrastrukturelle Ausstattung, in: Mitteilungen aus der Arbeitsmarkt- und Berufsforschung 3/1989, S. 336 ff.

24) Vgl. Staudt, E. u.a., Innovation und Qualifikation, Frankfurter Allgemeine Zeitung: Blick durch die Wirtschaft vom 9.9.85.

25) Unter Bedarf von Institutionen wird der Qualifikationsbedarf von Betrieben und Verwaltungen gefaßt. Politischer Bedarf entsteht durch politische Willensbildung in staatlichen Organen der Gesellschaft (man müßte ergänzen auch im politischen außerinstitutionellen Raum). Vgl. Ortner, G., Bedarf und Planung in der Weiterbildung: Zur Differenzierung des Bedarfs-begriffs für die Weiterbildung, in: Bayer, M. u.a. (Hrsg.), Bedarfsorientierte Entwicklungsplanung in der Weiterbildung, Opladen 1981, S. 21.

26) Vgl. von Bardeleben, R. u.a., Weiterbildungsaktivitäten von Klein- und Mittelbetrieben, in: BWP, 6/1989, S. 3 sowie Drieling, C. u.a., Weiterbildung in Klein- und Mittelbetrieben: Barrieren der Weiterbildungsbeteiligung und Vorschläge für Maßnahmen, in: BWP, 6/1989.

27) Sengenberger verwendet in Anlehnung an die Umweltdiskussion den Begriff "soziale Pollution". Er beschreibt damit Externalisierungsstrategien der Unternehmen auf Kosten der Öffentlichkeit. Dazu zählen vor allem Rotationsstrategien, durch die weniger qualifizierte Arbeitskräfte entlassen und mit öffentlichen Mitteln qualifizierte Arbeitskräfte eingestellt werden. Vgl. Sengenberger, W., The role of labour standards in industrial restructuring: Participation, protection and promotion. International Institute for Labour Studies, Genf, DP/19/1990.

28) Vgl. Baethge u.a., Forschungsstand... a.a.O., S. 215.

29) Schlaffke argumentiert in seinem Beitrag leider nur programmatisch gegen eine stärkere Ordnung des Weiterbildungsbereichs; er unterschätzt die beträchtlichen Kosten der Nicht-Ordnung für die Unternehmen, die langfristig durch unzureichende Qualifikationsstandards Entwicklungschancen verspielen.

30) Dies war deutlich bei den Maßnahmen des arbeitsmarktpolitischen Sonderprogramms von 1979, durch das Betriebe öffentliche Zuschüsse für selbstkonzipierte Weiterbildungsmaßnahmen sowie Maßnahmen mit anerkannten Abschlüssen erhielten. Vgl. hierzu die ausführliche Begleitforschung, darunter u.a. Bosch G. u.a., Arbeitsmarktpolitik und gewerkschaftliche Interessenvertretung, Köln 1984.

31) So wehrte sich beispielsweise das Hamburger Arbeitsamt gegen die Einrichtung einer regionalen Koordinierungsstelle, die die Umsetzung des Qualifizierungsprogramms für Hamburger Werftarbeiter begleiten sollte. Der Vorschlag des Senats, eine solche Koordinierungsstelle einzurichten, wurde als unzulässiger Eingriff in die Autonomie der Bundesanstalt für Arbeit gesehen. Zudem lehnte das Arbeitsamt jede strukturpolitische Orientierung bei der Beratung und Planung von Qualifizierungsmaßnahmen ab. Man gehe vom Einzelfall und der Entwicklung der offenen Stellen und Vermittlungen aus. Vgl. Bosch G., Neue Konzepte in der Arbeitsmarkt- und Strukturpolitik am Beispiel des Hamburger Aktionsprogramms Wirtschaft, in: Soziale Sicherheit 10/1989, S. 302 ff.

32) Back und Gnahs berichten z.B. in diesem Band über einen gelungenen Versuch, über die Qualifizierung von arbeitslosen Berufsanfängern PCs in Handwerksbetriebe einzuführen. An anderer Stelle wird die Funktion der Schulung von Meistern in CNC-Technik so beurteilt: "Die Intention der Ausbildung dient mehr der zukünftigen Wirtschaftsförderung, d.h. über Qualifikation, technisches Wissen und Informationen einen zukünftigen Technologietransfer in die Betriebe zu begünstigen", vgl. Moderne Technologien in der beruflichen Bildung, Materialien zum Berufsbildungsbericht 1985, Der Minister für Wirtschaft, Mittelstand und Verkehr des Landes Nordrhein-Westfalen, Düsseldorf 1985, S. 31.

33) Der Interessenshorizont der Kammern ist in der Regel leider viel zu eng, als daß sie eine solche regionale Funktion übernehmen könnten. Vgl. Hiesinger K., Die Industrie- und Handelskammern: öffentlich-rechtliche Einrichtungen oder Unternehmer-Lobbyisten, DGB-Tagung der Arbeitnehmervertreter in Berufsbildungsausschüssen, Hannover 30.1.1990 und DGB, Arbeitsschwerpunkte 1991/92 für DGB-Arbeitnehmerbeauftragte in den Berufsbildungsausschüssen bei den Industrie- und Handelskammern, Düsseldorf 4.10.1990.

34) Vgl. Braun J., Bedarfsorientierte... a.a.O., S.15. Die Auswertung der großen Modellversuche des BMBW mit regionaler Weiterbildungsberatung (1977 - 1982) enthält reichhaltige Belege, wie individuelle Beratung mit Bedarfsermittlung und Trägerberatung bei der Beseitigung von Angebotsdefiziten verbunden wurde. Insbesondere konnte die Bildungsbeteiligung benachteiligter Gruppen erhöht werden.

35) Vgl. den Beitrag von Edding/Kramer in diesem Band.

36) Für die berufliche Erstausbildung liegen inzwischen allerdings schon methodisch ausgereifte und empirisch gehaltvolle Berichte vor, die gelegentlich auch schon um Analysen des Weiterbildungsbereichs ergänzt werden. An erster Stelle ist hier zu nennen: Stadt Duisburg, Berufsbildungsbericht 1989.

37) Vgl. Regionalkonferenz Emscher-Lippe, Arbeitskreis 3, Regionales Weiterbildungs- und Umschulungskonzept, Abschlußbericht Februar 1990 und Bericht der Kommission... a.a.O., S. 76/77.

38) Vgl. IHK Siegen, Info-Stelle ... a.a.O.

39) Zu diesen Aufgaben siehe: Koch, J., Krake, R., Vom Weiterbildungsträger zum regionalen Dienstleistungszentrum für die mittelständische Wirtschaft, in: BWP 6/1989, S.13 ff; Franz, F.,

Berufliche Qualifizierung als Instrument der Wirtschaftsförderung. Neue Aufgaben für die Industrie- und Handelskammern, in: BWP 5/1988, S. 170 ff.

40) Vgl. den Beitrag von Sauter in diesem Band und Sauter, E., Harke, D., Qualität und Wirtschaftlichkeit beruflicher Weiterbildung - Bericht über ein Projekt zur Festlegung und Sicherung der Qualität von Bildungsmaßnahmen der Arbeitsämter, Berichte zur beruflichen Bildung, Heft 99, Berlin 1988.

41) Vgl. Berufsförderungszentrum Essen, PTQ-Projekt...a.a.O.

42) Vgl. Gabriel, H., Die Reform der EG-Strukturfonds, in: Bosch, G., Neumann, H., Beschäftigungsplan und Beschäftigungsgesellschaft. Neue Instrumente der Arbeitsmarkt- und Strukturpolitik, Köln 1991.

43) Vgl. Schäffer, W. D., Die Zukunftsinitiative für die Regionen Nordrhein-Westfalens (ZIN), in: Bosch, G., Neumann, H., Beschäftigungsplan... a.a.O. Bei der Vergabe von Landesmitteln werden Projekte vorrangig gefördert, die regional abgestimmt und in regionale Entwicklungskonzepte integriert wurden.

44) Vgl. Bosch, G., Qualifizieren statt Entlassen, 2. Auflage, Opladen 1990.

45) Deutscher Bildungsrat 1970, S. 210. Sauter gelangt in seinem Beitrag zur gleichen Schlußfolgerung.

ROLF DERENBACH / DIETER BACKES

Berufliche Weiterbildung und regionalwirtschaftliche Umstrukturierung am Beispiel des Saarlandes

1. Einführung

In diesem Beitrag wird dargestellt, welche Maßnahmen im Saarland im Bereich der beruflichen Weiterbildung ergriffen wurden, um die Situation auf dem Arbeitsmarkt zu verbessern und den notwendigen regionalwirtschaftlichen Strukturwandel zu unterstützen. Gewählt wurde das traditionell montangeprägte Saarland, weil dort vor dem Hintergrund der regionalwirtschaftlichen Strukturschwächen eine Vielzahl von zusätzlichen Maßnahmen erprobt wurde. In gewisser Hinsicht ist auf diese Weise eine regionalverantwortete Weiterbildungspolitik entstanden mit m.E. interessanten institutionellen Lösungen und instrumentellen Ansätzen. Sie treten neben die bekannten Formen der beruflichen Weiterbildung in Betrieben und nichtbetrieblichen Weiterbildungseinrichtungen, die nicht eigentlich im regionalen, sondern im branchen- oder berufsbezogenen Entwicklungsmodell zu sehen sind.

Zunächst wird die Region vorgestellt, d.h. ihr Bestand an humanen Ressourcen, Betrieben und Arbeitsplätzen kurz dargestellt und die demographischen und regionalwirtschaftlichen Trends aufgezeigt. Dabei geht es vor allem um die Analyse der sich abschwächenden wie auch der sich verstärkenden wirtschaftlichen Potentiale und deren Auswirkungen auf Qualifizierungsbedarfe und Beschäftigung.

Im folgenden Abschnitt wird dann die Region als politisches System mit spezifischen Entscheidungs- und Handlungsmöglichkeiten beschrieben - insbesondere im Hinblick auf den Ausbildungs- und Weiterbildungsbereich und im Hinblick auf die Förderung der regionalwirtschaftlichen Entwicklung. Außerdem werden die zusätzlichen Weiterbildungsmaßnahmen dargestellt.

Der Beitrag deckt als Zeitraum etwa die zweite Hälfte der 80er Jahre ab, denn damals spitzte sich die regionalwirtschaftliche Krise erheblich zu - Schließung mehrerer Stahlstandorte im Saarland. Ende der 80er Jahre haben sich die im folgenden beschriebenen Problemstellungen z.B. wegen der jetzt günstigeren Stahlkonjunktur zum Teil abgeschwächt, dennoch bleibt die Frage des Beitrags der beruflichen Weiterbildung auf der Tagungsordnung der regionalwirtschaftlichen Förderung.

2.   **Bevölkerungsdynamik und regionalwirtschaftliche Trends als Rahmenbedingungen der regionalen beruflichen Weiterbildungspolitik**

Demographie

Im Saarland leben rund 1.05 Millionen Menschen. Mit 409 Personen/qkm ist das flächenmäßig kleine Saarland eine der am dichtesten besiedelten Regionen in Europa. Für die Beschäftigungs-situation des Saarlandes ist eine Mischung von demographisch und ökonomisch bedingten Prozessen ausschlaggebend. Schon allein die demographische Verschiebung (geburtenstarke Jahrgänge bei den Berufsanfängern; vergleichweise wenig Menschen, die altersbedingt Altersplätze frei machen; vor allem nach dem Jahr 2000 starke Rückgänge der Bevölkerungszahl) stellt die Bildungs- und Ausbildungspolitik vor schwierige und im Zeitablauf immer wieder wechselnde Aufgaben.

Regionalwirtschaftliche Krise

Die demographisch bedingte Ausgangslage wurde Mitte der 80er Jahre überlagert durch die Zuspitzung der regionalwirtschaftlichen Krise. So waren verschiedene Kennwerte regionalwirtschaftlicher Leistungskraft allzu deutlich unter dem Bundesdurchschnitt und lag die Arbeitsplatzdichte, die die regionalwirtschaftliche Leistung im Hinblick auf die regionalen Beschäftigungsmöglichkeiten bewertet, mit 54,8 Arbeitsplätzen pro 100 Bewohner im Erwerbsalter (15-65 Jahre) wesentlich niedriger als im Bundesgebiet (62,3) bzw. als in einem strukturstarken Bundesland wie Baden-Württemberg, das einen Wert von 66,7 erreicht.

Beharrlichkeit regionalwirtschaftlicher Strukturprobleme

Die regionalwirtschaftlichen Probleme des Saarlandes gehen von seiner weit zurückreichenden industriellen Prägung aus, die traditionell von den Gütern Kohle/Energie und Eisen/ Stahl/Walz-werkerzeugnisse bestimmt war und nach wie vor ist. So ist mit 41% der Bereich Bergbau und Grundstoff-/Produktionsgütergewerbe sehr viel höher vertreten als im Bundesgebiet. Dementsprechend geringer sind die Anteile der anderen Industrien - vor allem der ertragsintensiven Investitionsgüterindustrien.

Dabei war die Dominanz des Montanbereiches in den zurückliegenden Jahrzehnten noch wesentlich ausgeprägter. Im Jahre 1960 waren noch mehr als zwei Drittel der Industriebeschäftigten in diesem Bereich tätig. Der Verlust an Arbeitsplätzen in den Traditionsbereichen des Landes vollzog sich zeitlich gestaffelt in zwei Phasen. Die erste Phase bildete die "Kohlekrise" in den 60er Jahren (Bestandsverlust um die Hälfte von ehemals rund 56 000 Arbeitsplätzen). Die zweite Phase begann mit der Rezession von 1974/75 mit einer in der Folge dramatischen Reduzierung der Produktionskapazitäten im Stahlbereich und einer Verringerung der Zahl der Arbeitsplätze von rund 40.000 zu Anfang der 70er Jahre auf 16.500 im Jahre 1988.

Welcher Stand an Beschäftigung in diesem Bereich auf Dauer gesichert werden kann, ist noch offen.

Phasenmodell der Umstrukturierung

Auch die Art der Umstrukturierung hat ihre zeittypischen Ausprägungen. Während der Kohlekrise in den 60er Jahren wurden neue industrielle Arbeitsplätze durch Ansiedlungen von Betrieben geschaffen und damit die Arbeitsplatzverluste im Kohlebereich ausgeglichen. Damals waren aufgrund des hohen Wirtschaftswachstums in der Bundesrepublik Arbeitskräfte sehr knapp. Aus diesem Grund errichteten viele Großbetriebe Zweigwerke in Regionen, die wie das Saarland noch Reserven aufwiesen. Vor allem die Errichtung eines großen Automobilwerkes ist in diesem Zusammenhang zu nennen. Dadurch entstand eine wichtige Beschäftigungsbasis völlig neu. Hinzu kamen weitere Betriebe, die als Zulieferer für den Kfz-Bereich tätig sind. Unter Einbeziehung der Zulieferindustrie hängt mit rund 55.000 Beschäftigten heute jeder 5. Arbeitsplatz mit dem Automobil zusammen - eine Monostrukturiertheit, die auch wieder Gefahren in sich birgt.

Unter den Bedingungen der Stahlkrise seit Mitte der 70er Jahre konnte dagegen die Arbeitsplatzzahl nicht mehr gehalten werden. Sie sank bis heute auf 20% unter das Niveau der 60er Jahre.

Auswirkungen auf der Ebene der Qualifikationsanforderungen

Der Blick in die Qualifikationsstatistik macht die Auswirkungen auf der Ebene der Qualifikationsanforderungen deutlich. In diesem Bereich ist die Dynamik deutlich anders als im Bundesgebiet. So ging im Saarland nicht nur - wie im Bundesgebiet - die Zahl der Fertigungsberufe ohne, sondern auch mit Qualifizierung stark zurück - ein deutlicher Hinweis auf die durch die Montankrise mitbedingte Entqualifizierung. Der bundesweit stark wachsende Bereich der Technikerberufe mit hoher Qualifikation stagniert dagegen im Saarland.

Zielgruppen in weitester Definition

Für die regionale Weiterbildungspolitik ergibt sich aus diesen Trends eine sehr große Bandbreite von Problemstellungen und damit Zielgruppen. Außerdem gilt es, die demographischen Verschiebungen im Auge zu behalten, die sich langfristig in einem wechselnden Altersprofil der Zielgruppen niederschlagen.

Die weiteste Definition der Zielgruppe der beruflichen Weiterbildung sind die Menschen im Erwerbsalter, also die Altersgruppe der 15-65jährigen. Sie teilt sich auf in die Bildungsbevölkerung (Sekundarstufe II und Hochschulbereich), die Erwerbspersonen und die Nichterwerbspersonen.

Die Gruppe der Nichterwerbspersonen ist anteilsmäßig im Saarland sehr hoch. Auch in dieser Gruppe sind - was früher weitgehend übersehen wurde - Zielgruppen der Weiterbildung abzugrenzen. Die erste besteht aus den Menschen (speziell Frauen), die nicht als arbeitslos gemeldet sind, aber dann arbeiten würden, wenn sich dafür eine Möglichkeit ergäbe (verdeckte Arbeitslosigkeit/stille Reserve). Unterstellt man die Erwerbsquote des Bundes auch im Saarland, so kann diese Zielgruppe auf mehr als 60 000 Personen zusätzlicher Erwerbsbereitschaft angesetzt werden. Bei den Frauen ist für die höhere Nichterwerbstätigkeit die Montanprägung verantwortlich. So fehlten im Saarland schon immer gewerbliche Arbeitsplätze im leichtindustriellen Bereich, die in anderen Regionen neben dem Dienstleistungsbereich zusätzliche Erwerbs-möglichkeiten für Frauen schaffen. Außerdem sind viele Betriebe Zweigbetriebe und bieten deshalb vergleichsweise wenig Büroberufe an.

Bei den nichterwerbstätigen Männern fällt auf, daß die Erwerbsquote der über 50jährigen viel stärker absinkt als im Bundesgebiet. Dies ist auf die montangeprägte Industrietätigkeit mit ihren höheren gesundheitlichen Risiken zurückzuführen. Hinzu kommen Frühverrentungen als eine der arbeitsmarktpolitischen Reaktionen auf die Krise im Montanbereich.

Rund 28 000 Menschen im Erwerbsalter leben von der Sozialhilfe, das sind doppelt soviele wie 1970.

Die Gruppe der Erwerbspersonen beinhaltet die der Erwerbslosen oder von Erwerbslosigkeit bedrohten Menschen. 1988 waren im Saarland 50.400 Menschen bei den Arbeitsämtern als arbeitslos gemeldet. Noch im Jahr 1972 waren es nur rd. 5 700 Menschen. Trotz der geringen Erwerbsbeteiligung, die zu einem erheblichen Maß erzwungen ist, ist der Anteil der Frauen besonders hoch. So waren 39,2% der Arbeitslosen Frauen, bei ihnen ist der Anteil der bis zu 24 Jahre alten Frauen mit 26% besonders hoch.

Die Zielgruppe der Erwerbstätigen aus den Krisenbranchen ist im Zeitraum einer "zugespitzten Strukturbereinigung" allein schon der Zahl nach sehr bedeutend.

Qualifizierungsziele

Neben der Zielgruppenbetrachtung ist es notwendig, Qualifizierungsziele der beruflichen Weiterbildung zu bestimmen. Dabei sollte getrennt werden zwischen bundesweiten Qualifizierungstrends, die jede Region und somit auch die strukturschwachen Regionen umsetzen müssen, und den spezifischen Qualifizierungstrends, die sich aus der besonderen Situation der regionalen Strukturschwäche ergeben.

Mit 92% abhängiger Erwerbspersonen (Bund 89%) arbeiten im Saarland besonders wenig Erwerbspersonen als Selbständige. Dies ist zum einen auf den sehr geringen Stellenwert der Landwirtschaft im Saarland zurückzuführen. Man geht jedoch einheitlich im Saarland davon aus, daß die Fähigkeit zur Selbständigkeit eine Schwachstelle in der Humankapitalausstattung des Saarlandes sei. Als Ursache dafür werden die sozialpsychologischen Besonderheiten einer Montanregion mit ihrer von wenigen Großbetrieben geprägten industriellen Vergangenheit genannt.

Die Umstrukturierung durch Ansiedlung (insbesondere in den 60er Jahren) hat eine zu starke Konzentration auf dem Automobilsektor inklusive der Zuliefererbetriebe entstehen lassen. Hinzu kommt, daß viele der neuerrichteten Betriebe Zweigwerke sind, die zwar z.T. recht differenzierte Produkte und dementsprechend auch hohe berufliche Qualifikationsanforderung mitbrachten, aber dennoch wesentliche Funktionselemente eines Unternehmens (Disposition, Produktentwicklung, Vermarktung) nicht aufweisen, ein zumindest indirekter Hinweis darauf, daß das Saarland in diesen Bereichen Nachholbedarfe hat, die durch die Ansiedlungen nicht abgebaut werden konnten. In einer Zeit, in der der interregionale und internationale Konkurrenzdruck zunimmt, muß dieser Unterbesatz in besonderem Maß als problematisch angesehen werden. Es entsteht dadurch eine Abhängigkeit von Entscheidungen, die in anderen Regionen getroffen werden.

Ein weiteres entwicklungspolitisch relevantes Merkmal ist im Saarland der traditionell begründete Unterbesatz mittelständischer Strukturen. Nur 14% (Bundeswert 21%) der Beschäftigten sind in Betrieben bis zu 99 Betriebsangehörigen, 20% (Bundeswert 29%) in Betrieben mit 100 bis 499 Betriebsangehörigen und 66% (Bundeswert 49%) in Betrieben mit mehr als 500 Betriebsangehörigen beschäftigt. Einzig jedoch in Kleinbetrieben zeigten sich im Saarland zwischen 1977 und 1987 per Saldo Zugewinne an Arbeitsplätzen, die Wachstumsquelle ist folglich unterrepräsentiert.

3. Umstrukturierung regionaler Entwicklungsförderung und deren instrumentelle Ausgestaltung

In diesem Abschnitt wird nun gezeigt, auf welche Weise im Saarland die Förderung der humanen Ressourcen intensiviert wurde. Dies ist ein Prozeß des Bewußtwerdens, des Hinzufügens von neuen Instrumenten und der Erschließung und Umschichtung von finanziellen Mitteln.

Bei der - beispielhaften - Beschreibung dieser Umschichtungen werden im folgenden zwei Betrachtungsebenen unterschieden. Einmal die Ebene der Umgewichtung von Entwicklungsprioritäten und sachlichen Entwicklungsfonds (institutionelle Programmierung von Entwicklung durch neue bzw. veränderte Entwicklungsfonds). Von den zuständigen Stellen wird damit durch Festlegung von finanziellen Mitteln eine spezifische Förderstruktur aufgebaut. Diese Ebene wird in diesem Kapitel behandelt. Zum anderen geht es um die Umsetzung auf der Ebene der Bildungsträger und der Weiterbildungsmaßnahmen, die im zweiten Teil behandelt werden.

Entwicklungsfonds des Landes

Für die Umsetzung der Regionalpolitik sind die Mittel wichtig, die im Haushalt des saarländischen Wirtschaftministers (Fonds für die Förderung der Wirtschaft) verbucht sind. Im folgenden wird die Entwicklung 1985 - 1989 (Haushaltsansätze) dieses Fonds nachgezeichnet. Es soll gezeigt werden, wie von den finanziellen Ressourcen her gesehen die Verflechtung von Berufsbildung und regionalwirtschaftlicher Förderung ausgebaut wurde.

Für das Jahr 1988 wurden im Haushalt des Wirtschaftsministers 175,8 Mio. DM zur Förderung der Wirtschaft eingesetzt. Auf supranationaler Ebene hatte die Europäische Gemeinschaft durch ihr Sonderprogramm für das Saarland einen Beitrag zur Entwicklung des Saarlandes geleistet. Hinzu kamen Mittel aus dem Regional- und Sozialfonds der EG. Insgesamt hatte die EG 1988 Mittel in Höhe von 12,4 Mio. DM bereitgestellt. Durch die Bund-Länder-Gemeinschaftsaufgabe "Verbesserung der regionalen Wirtschaftsstruktur" (Zuschüsse zu betrieblichen Investitionen in benachteiligten Gebieten) fließen dem Land weitere Mittel zu, die speziell für Regionen mit Stahlstandorten noch aufgestockt wurden. 1988 waren es 28,8 Mio. DM.

Mit diesen Mitteln wurden 1988 die folgenden Bereiche gefördert (Haushaltsansätze): Beratungs-/Entwicklungsagenturen (Anteil: 4,5%), berufliche Bildung (10,4%), Technologieförderung und Innovationstätigkeit (2,1%), technische Infrastruktur, Gewerbeflächenerschließung (8,2%), Zuschüsse für betriebliche Investitionen zur Schaffung neuer Arbeitsplätze (28,3%) und Maßnahmen im Kohle/Energiebereich (16,8%).

Die Analyse der Veränderungen im Haushalt 1985 und in der Haushaltsplanung 1989 zeigt die veränderten Gewichte dieser Förderbereiche. Die Schaffung von Arbeitsplätzen durch Bezuschussung von betrieblichen Investitionen (vor allem Förderung im Rahmen der Gemeinschaftsaufgabe "Verbesserung der regionalen Wirtschaftsstruktur") steht an erster Stelle des relativen Zuwachses. Besser gestellt wurde die Finanzierung der humankapital-

---

Zukunftszusatzqualifikation der saarländischen Landesregierung

I.) Zusatzqualifikation während der Ausbildung/Fortbildung (Zusatzqualifikation zum Abschluß nach BbiG).

II.) Zusatzqualifikation für Arbeitslose / vor allem für nach der Ausbildung arbeitslose Jugendliche (Zusatzzertifikation zum Abschluß nach BbiG).

III.) Zusatzqualifikation für Ausbilder und Facharbeiter in neuen komplexen Technologien.

IV.) Ausbau der Gewerbeförderanstalt des saarländischen Handwerks (GFA) zur Weiterbildungsakademie des saarländischen Handwerks.

V.) Entwicklung neuer Berufe und Berufsinhalte durch die Unterstützung von Modellmaßnahmen.

VI.) Technologieberatung für Arbeitnehmer und Betriebsräte (Modellversuch der Arbeitskammer des Saarlandes).

VII.) Technologieberatung einschließlich Weiterbildung für kleinere und mittlere Unternehmen durch die Z.P.T. (Zentrale für Produktivität und Technologie Saar e.V.).

VIII.) Zusatzqualifikationsprogramm für Existenzgründer (Modellversuch INEX).

orientierten Elemente (Entwicklungsagenturen, Berufsbildung, Technologie/Produktentwicklung - vgl. Abbildung).

Das Land hatte jedoch nicht nur die finanziellen Grundlagen der Weiterbildungspolitik mit seinen Möglichkeiten verbessert, sondern auch durch das "Zukunftszusatzqualifikationsprogramm" (vgl. Abbildung) fachliche Schwerpunkte der Verwendung der Mittel gesetzt.

Entwicklungsfonds der Bundesanstalt für Arbeit

Im Bereich der beruflichen Bildung wurden 1988 136,0 Mio. DM eingesetzt. Dabei waren die Förderung der beruflichen Ausbildung mit 17 %, die der beruflichen Fortbildung mit 25 %, die der betrieblichen Umschulung und die Unterhaltsgelder für die Teilnehmer mit 53 % beteiligt. Die Beteiligung an Weiterbildungsmaßnahmen ist mit 18 Teilnehmern auf 1000 Beschäftigte dadurch überdurchschnittlich stark. Für die Förderung der Beschäftigung sind zusätzlich die Arbeitsbeschaffungsmaßnahmen (123,9 Mio.DM) und die Maßnahmen der beruflichen Rehabilitation (48,6 Mio. DM) von großer Bedeutung.

Maßnahmen der Wirtschaftskammern

Die Kammern der Wirtschaft - behandelt werden an dieser Stelle die Industrie- und Handelskammer (IHK) und die Handwerkskammer (HWK) - hatten ihre Weiterbildungsaktivitäten der Menge und der Art nach erheblich ausgeweitet. Die Industrie- und Handelskammer (rund 8900 Mitgliedsunternehmen, 14.000 Auszubildende) hat aus früheren Anfängen heraus die "Zentrale für Produktivität und Technologie Saar" gegründet. Diese Einrichtung beschäftigt sich mit der Informationsvermittlung und -aufbereitung, Weiterbildung (Seminare, Unterstützung innerbetrieblicher Fortbildungsmaßnahmen z.B. durch Vermittlung des geeigneten Schulungspersonals), Betriebsberatung, Technologieberatung und Hilfen bei der Inanspruchnahme von staatlichen Förderprogrammen. Hinzu kommen Vermittlung bei Kooperationsprojekten (innerregional und überregional), Beratung im Zusammenhang mit Existenzgründungen und Hilfen bei Rechts- und Patentfragen. Die Zusammenarbeit mit den französischen Nachbarn wird durch die Zusammenarbeit mit der Agence Nationale de Valorisation de la Recherche intensiviert. Auf diese Weise wird versucht, Vorteile, die sich aus der Grenzlage des Saarlandes ergeben können, besser zu nutzen.

Die IHK bemühte sich außerdem um die Entwicklung von neuen Weiterbildungskonzepten. Hier ist z.B. die Einrichtung von Weiterbildungskonzepten in den Bereichen "Steuertechnik" und "Speicherprogrammierbare Steuerungen" zu nennen. Auch in der beruflichen Erstausbildung wurden neue qualitative Initiativen gesetzt. So wurden vor allem solche zusätzlichen Ausbildungsinhalte unterrichtet, die - wie z.B. neue Bürotechniken - von den Betrieben dringend benötigt werden, aber noch nicht in den Ausbildungsordnungen enthalten sind.

Die Handwerkskammer - rund 9000 Betriebe, 65 000 Beschäftigte und 10.000 Auszubildende - erweiterte das Ausbildungsprogramm der Gewerbeförderungsanstalt (überbetrieb-

liche Ausbildungsstätte für Erstausbildung, Weiterbildung, berufsbegleitende Meisterkurse)
um Fertigkeiten zur Anpassung an die technische Entwicklung. Hinzu kommen Lehrgänge
und Seminare für Existenzgründer und Betriebsinhaber. Die Handwerkskammer berät
ebenfalls in betriebswirtschaftlichen, technischen und juristischen Fragen. Eine wichtige
Aktivität der Handwerkskammer ist die Betriebsbörse. Betriebe, deren Inhaber den Betrieb
z.B. aus Altersgründen übergeben wollen, werden an junge Handwerksmeister vermittelt. So
wird oft eine Brücke über die schwierigen Probleme der Generationsfolge geschlagen.

Saarbrücker Programm zur Bekämpfung der Berufsnot

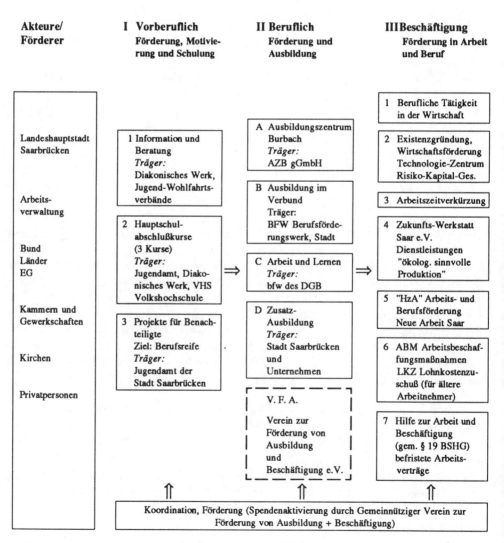

Akteure/ Förderer	I Vorberuflich Förderung, Motivierung und Schulung	II Beruflich Förderung und Ausbildung	III Beschäftigung Förderung in Arbeit und Beruf
			1 Berufliche Tätigkeit in der Wirtschaft
Landeshauptstadt Saarbrücken	1 Information und Beratung *Träger:* Diakonisches Werk, Jugend-Wohlfahrtsverbände	A Ausbildungszentrum Burbach *Träger:* AZB gGmbH	2 Existenzgründung, Wirtschaftsförderung Technologie-Zentrum Risiko-Kapital-Ges.
Arbeitsverwaltung		B Ausbildung im Verbund *Träger:* BFW Berufsförderungswerk, Stadt	3 Arbeitszeitverkürzung
Bund Länder EG	2 Hauptschulabschlußkurse (3 Kurse) *Träger:* Jugendamt, Diakonisches Werk, VHS Volkshochschule	C Arbeit und Lernen *Träger:* bfw des DGB	4 Zukunfts-Werkstatt Saar e.V. Dienstleistungen "ökolog. sinnvolle Produktion"
Kammern und Gewerkschaften	3 Projekte für Benachteiligte Ziel: Berufsreife *Träger:* Jugendamt der Stadt Saarbrücken	D Zusatz- Ausbildung *Träger:* Stadt Saarbrücken und Unternehmen	5 "HzA" Arbeits- und Berufsförderung Neue Arbeit Saar
Kirchen			6 ABM Arbeitsbeschaffungsmaßnahmen LKZ Lohnkostenzuschuß (für ältere Arbeitnehmer)
Privatpersonen		V. F. A. Verein zur Förderung von Ausbildung und Beschäftigung e.V.	7 Hilfe zur Arbeit und Beschäftigung (gem. § 19 BSHG) befristete Arbeitsverträge

Koordination, Förderung (Spendenaktivierung durch Gemeinnütziger Verein zur Förderung von Ausbildung + Beschäftigung)

Quelle: Landeshauptstadt Saarbrücken, Referat für Arbeitsmarktpolitik.

Maßnahmen der privaten Träger der beruflichen Fortbildung

Im Saarland bestehen zwei Berufsförderungswerke, und zwar einmal das Berufsförderungswerk Saar, das von der Arbeitskammer des Saarlandes und der Industrie- und Handelskammer des Saarlandes gemeinsam betrieben wird. Bundesweit operiert das Berufsförderungswerk des Deutschen Gewerkschaftbundes. Die Schwerpunkte der Bildungsarbeit liegen in der beruflichen Bildung für Positionen oberhalb der Facharbeiterebene (Techniker, Industriemeister), für technische Spezialberufe (Elektroniker, Steuerungstechnik, Mikrocomputer, CNC), in den Büroberufen (Fachkaufleute, EDV-Anwendung in verschiedenen Verwendungsbereichen, Fremdsprachen, Datenverarbeitung im Büro), im Bereich der Ausbilder von Ausbildern und schließlich auch im Bereich der Vorbereitung für Zertifikate, die zum Fach- und Fachhochschulbesuch berechtigen.

Da Mitte der 70er Jahre die Förderung nach AFG stärker auf die Personen, die arbeitslos sind, abgestellt wurde, kamen nun auch Kurse im Bereich der Facharbeiterberufe, der beruflichen Motivierung und der Grundbildung zum Tragen.

Die Modernisierung der angebotenen Ausbildungsgänge wurde vor allem im Bereich der Hochtechnologie vorangetrieben insbesondere zur Vorbereitung des Einsatzes moderner Werkzeugmaschinen, für Steuerungstechnologie, Entwerfen mit dem Computer und moderne Textverarbeitungssysteme.

Maßnahmen der Hochschulen

Die Universität des Saarlandes und die Fachhochschule des Saarlandes beteiligten sich ebenfalls an der beruflichen Weiterbildung zugunsten der regionalwirtschaftlichen Erneuerung. Existenzgründung, Technologietransfer, Mitnutzung der Hochschullabors für die Produktentwicklung, Entwicklungsberatung wurden dadurch verstärkt gefördert.

So wurde an der Fachhochschule des Saarlandes ein Institut zur Förderung von Existenzgründungen (INEX) errichtet. Die Arbeit dieses Instituts zielt auf die Verbesserung der Qualifikation zur Gründung und Führung von Unternehmen. Die Befähigung zum Aufbau und zur Leitung eines Unternehmens soll verbessert werden, Gründungsideen und Projektvorhaben sollen entwickelt werden, der Aufbau des Betriebes und die Markteinführung dieser Produkte sollen in Planungsmodellen erprobt werden, und eine Beratung bei den ersten Schritten zur Existenzgründung soll angeboten werden. Die Zielgruppen sind vor allem Studenten und Absolventen der Fachhochschulen aus technischen oder wirtschaftsnahen Studiengängen.

Stärker am Technologietransfer orientierte sich das Fachhochschulinstitut für Technologietransfer an der Fachhochschule des Saarlandes (FITT). Das Institut informiert über das Leistungsangebot und vermittelt den direkten Kontakt zu Experten und Laboratorien der Fachhochschule.

Auch die Universität des Saarlandes hatte eine Kontaktstelle für Wissens- und Technologie-transfer (KWT) eingerichtet. Die Kontaktstelle sieht ihre Aufgabe vor allem in der Information der Wirtschaft über das an der Universität vorhandene wirtschaftsnahe Wissen und über mögliche Formen der Zusammenarbeit durch Kontaktvermittlung zwischen Unternehmen und Wissenschaftlern an der Universität. Die Unternehmen und Wissenschaftler werden bei der Beteiligung an staatlichen Förderprogrammen unterstützt. Veranstaltungen, die dem gegenseitigen Erfahrungsaustausch dienen, werden ebenfalls durchgeführt.

Maßnahmen der Kirchen

Unter dem Eindruck der Arbeitslosigkeit und speziell der Jugendarbeitslosigkeit hatte die Evangelische Kirche beschlossen, einen eigenen Beitrag zu leisten bzw. die bereits bestehenden Dienste im Bereich der Jugendvorsorge zu erweitern. Das Diakonische Werk führt verschiedene Projekte zur Jugendarbeitslosigkeit und Jugendberufshilfe durch. So wurden an vier Standorten Hauptschulabschlußkurse durchgeführt. An drei Standorten sind Kontakt-, Informations- und Beratungszentren aufgebaut worden, die als offene Kontaktstellen (z.B. Jugendcafe) operieren. Hinzu kommt die Beratung für Schulabgänger in den Schulen, in Jugendzentren und Jugendtreffs. In zwei Standorten werden Lehrgänge zur Verbesserung der beruflichen Eingliederungsmöglichkeiten durchgeführt (Arbeiten in den Bereichen Metall-, Holz- und Kunststoffbearbeitung), und in 8 Standorten wird überbetriebliche Ausbildung vermittelt.

Zusätzlich wurde (bereits 1979) eine gemeinnützige Gesellschaft "Neue Arbeit Saar" gegründet. Diese Einrichtung kümmert sich seither um die Probleme der schwer vermittelbaren und langzeitarbeitslosen Arbeitnehmer. Gegenwärtig werden von der Neuen Arbeit Saar die folgenden Leistungen erbracht: In einem Betrieb werden ältere und besonders schwer vermittelbare Arbeitnehmer in unterschiedlichen Handwerksberufen beschäftigt. Ziel ist die Erhaltung und Förderung der Qualifikation dieser Menschen sowie ihre Befähigung zur kontinuierlichen Erwerbsarbeit, eine sozialpädagogische Begleitung wird durchgeführt. Der Bereich "Hilfe zur Arbeit" wendet sich an die langzeitarbeitslosen Sozialhilfeempfänger. Dabei geht es um eine Stärkung der sozialen Kompetenz und der Befähigung zur kontinuierlichen Erwerbstätigkeit. Hier steht vor allem die Rückgliederung in den Arbeitsmarkt im Vordergrund. Der Betrieb wird gefördert im Rahmen des Bundessozialhilfegesetzes. Im Bereich Fortbildung und Umschulung widmet sich die Neue Arbeit Saar vor allem der Qualifizierung von Frauen, die nach der Familienphase erneut berufstätig werden möchten. In 5 verschiedenen Arbeitsbereichen werden Qualifikationen vermittelt, die die Stellung dieser Frauen auf dem Arbeitsmarkt verbessern.

Der Bereich "Saar Consult" ist ein Beratungsbüro zur Schaffung, Unterstützung und Weiterentwicklung neuer Ausbildungs- und Beschäftigungsinitiativen. Hier steht die Akquisition von Arbeitsmöglichkeiten für die vorgenannten Betriebe, aber auch die Beratung von Selbsthilfe und selbstverwalteten Betrieben im Vordergrund der Arbeit.

Maßnahmen der Stadt Saarbrücken

Seit Beginn der 80er Jahre engagierte sich die Landeshauptstadt Saarbrücken an der Lösung der regionalen Probleme. Die Stadt wurde von der Stahlkrise besonders stark betroffen, weil einer der stillgelegten Hüttenstandorte in Burbach, einem Stadtviertel von Saarbrücken, liegt. Mit 17,7% liegt die Arbeitslosenquote noch beträchtlich über der des Saarlandes. In Saarbrücken wohnen rund 12 600 Menschen, die als arbeitslos gemeldet sind. Diese Zahl steigt auf rund 24 000, wenn die unmittelbare Nachbarschaft der Stadt mitberücksichtigt wird. In Saarbrücken leben rund 18% der Gesamtbevölkerung, der Anteil der Arbeitsplätze ist mit rund 25% weit höher. Auch aufgrund dieser zentralörtlichen Stellung sind Initiativen der Stadt auch für das gesamte Saarland von großer Bedeutung.

Unter Ausschöpfung der gegebenen Handlungsspielräume (eigene Finanzmittel, Mittel von Land und Bundesanstalt für Arbeit, Mitwirkung der Bildungsträger) hat die Stadt ein integriertes Programm zur Förderung von Ausbildung und Arbeit entwickelt ("Saarbrücker Programm zur Bekämpfung der Berufsnot"). Die Konzeption und die Bausteine dieses Programms veranschaulicht die Abbildung.

Mit diesem Programm bietet die Stadt ihre Mitwirkung an für die Berufsvorbereitung, für die Vermittlung von beruflicher Qualifikation in der gegebenen Engpaßsituation (Erstausbildung, Umschulung und Fortbildung), bei der Förderung der Arbeitsaufnahme und bei der Strukturpolitik. Im Bereich des Übergangs von der Schule in die Ausbildung bzw. der bereits eingetretenen Arbeitslosigkeit von jungen Schulabgängern werden Maßnahmen zur Berufsvorbereitung durchgeführt, die in der Zusammenarbeit von Sozialamt, Jugendamt und den Jugendwohlfahrtsverbänden/Diakonisches Werk verwirklicht werden. Im Bereich der beruflichen Ausbildung wurde unter Nutzung eines Gebäudes der stillgelegten Hütte das Burbacher Ausbildungszentrum (AZB) gegründet. Bisher wurden in diesen Gebäuden (z.T. in Eigenhilfe) Werkstätten im Bereich Metallbearbeitung, Holzbearbeitung, Gartenbau- und Landschaftspflege, Büroberufe, technisch-wissenschaftliche Assistenten und Informationselektroniker eingerichtet. Das Burbacher Ausbildungszentrum bildet zur Zeit rund 180 Menschen aus. Diese Maßnahme ist in besonderer Weise symbolträchtig, zeigt sie doch zum einen, daß auf dem nicht mehr genutzten Standort neue Nutzungen möglich sind, die in die Zukunft weisen.

Durch Ausbildung im Verbund von Stadt/städtischen Betrieben einerseits und den Berufsfortbildungswerken andererseits werden weitere Ausbildungsplätze geschaffen. Andere Betriebe, die sich an Verbundlösungen beteiligen, erhalten Beihilfen zu den Ausbildungsvergütungen. Im Bereich der Arbeitsaufnahme werden vor allem die Möglichkeiten der Arbeitsbeschaffungsmaßnahmen der Bundesanstalt für Arbeit genutzt. Dabei werden Arbeiten durchgeführt z.B. im Bereich der Stadtökologie.

Die Stadt ist sich bewußt, daß eine nur auf die Ausbildung gerichtete Arbeitsmarktpolitik unter den gegebenen Bedingungen nicht ausreicht. Sie bemüht sich daher, auch das Arbeitsplatzwachstum in der Region zu fördern. Auch dabei hat sie sich ein neues organisatorisches Instrument geschaffen, und zwar die Gesellschaft für Innovation und Unternehmensgründung

(GIU). Diese Gesellschaft hat im wesentlichen zwei Aufgaben: Sie betreibt das Saarbrücker Innovations- und Technologiezentrum (SITZ), das das Entstehen neuer Betriebe unterstützt. Das SITZ wurde auf dem Gelände eines ehemaligen Industriebetriebs unter Nutzung der alten Funktionsgebäude errichtet. Industrielle oder Forschungsaktivitäten können dort zu günstigen Konditionen die schwierige Gründungsphase durchlaufen. Es werden dafür nicht nur Flächen zu günstigen Mietpreisen bereitgestellt, sondern auch die Dienste eines gemeinsamen Büros. Zum anderen ist die Gesellschaft für Innovation und Unternehmensgründung eine Agentur der Wagnisfinanzierung, also ebenfalls auch ein Instrument zur Förderung von Unternehmensgründung in der Region.

Die Kommunalisierung der regionalen Weiterbildungspolitik ist ein wichtiger Ansatzpunkt, weil auf diese Weise Weiterbildung auch für Gruppen geöffnet werden kann, die bisher "draußen" geblieben sind.

Maßnahmen der Stahlstiftung Saarland

Vorrangig waren naturgemäß Maßnahmen, die unmittelbar im Bereich der Krisenbranche Stahl ansetzen. Seit 1974 ist der Mitarbeiterbestand in der saarländischen Stahlindustrie von 36.000 auf 16.000 (1989) gesunken. Parallel dazu verlief eine Konzentration der Produktion von acht Stahlwerken auf drei Produktionsstandorte, die Produktion ging von 11,6 Millionen t Roheisen und Rohstahl (1974) auf 8,7 Millionen (1989) zurück. In den zurückliegenden 15 Jahren hat sich die Produktivität so entwickelt, daß 45 % der 1974 im Bereich der Stahlindustrie Beschäftigten heute etwa 75 % der Produktion von 1974 erbringen, und dies bei einer erheblich gesteigerten

Die Verringerung der Zahl der Mitarbeiter bis zum Jahre 1985 konnte über die gängigen Personalanpassungsinstrumente der Stahlindustrie (Nichtbesetzung freiwerdender Arbeitsplätze, Frühpensionierungsmaßnahmen) bewältigt werden. 1986 waren jedoch diese Anpassungsmöglichkeiten weitgehend ausgeschöpft. Zu diesem Zeitpunkt erreichten die monatlichen Verluste der Stahlindustrie mit Ausnahme eines Standortes zweistellige Millionenbeträge. Der drohende Konkurs hätte insgesamt 11.000 Beschäftigte direkt und nach Schätzungen weitere 22.000 Arbeitsplätze indirekt betroffen. Die Arbeitslosenquote im Saarland wäre sprungartig von 15 % auf über 25 % angestiegen.

Um den Stahlbereich wirtschaftlich zu konsolidieren, war es notwendig, neben der Entschuldung des Unternehmens auch eine jährliche Personalkostenentlastung in Höhe von 300 Mio. DM zu erreichen. Auf Arbeitsplätze umgerechnet, bedeutete dies insgesamt 3.600 Arbeitsplätze im Stahlbereich.

Im August 1986 wurde eine Rahmenvereinbarung (Arbed Saarstahl GmbH, Techno Arbed Deutschland GmbH, AG der Dillinger Hüttenwerke, Industriegewerkschaft Metall und Deutscher Gewerkschaftsbund) geschlossen, um die Beschäftigungsgesellschaft "Stahlstiftung Saarland" zu gründen. In der Zweckbestimmung der Stiftungssatzung vom 9.1.1987 wurde definiert:

"Zweck der Stiftung ist die Förderung der Allgemeinheit durch die Betreuung von ehemaligen Arbeitnehmern der Saarstahl Völklingen GmbH, die im Rahmen personeller Anpassungsmaßnahmen seit dem 1.7.1980 vorzeitig in den Ruhestand versetzt wurden bzw. bis zur endgültigen Sanierung des Unternehmens noch versetzt werden, sowie die Betreuung aller der Arbeitnehmer,deren Arbeitsverhältnis im Rahmen personeller Anpassungsmaßnahmen beendet wird. Dieser Zweck wird verwirklicht durch materielle Förderung, Beratung zu Maßnahmen der beruflichen Bildung (Erstausbildung, Umschulung, Anpassungsfortbildung und Qualifizierung), Förderung sozialer Einrichtungen, z.B. der anerkannten Werkstatt für Behinderte, Beratung und Begleitung von Beschäftigungsinitiativen, Förderung von Ersatzarbeitsplätzen durch Innovationsförderung und Technologieberatung.

Rund 2.100 ehemalige Mitarbeiterinnen und Mitarbeiter traten bisher über freiwillige Aufhebungsverträge als sogenannte Stiftungsbetreute in die "Stahlstiftung Saarland" ein. Sie erhielten von der Stiftung folgende Leistungen:

- Materielle Absicherung durch Zahlung einer Stiftungsrente zusätzlich zu den AFG-Leistungen bis auf durchschnittlich 95 % des letzten Nettogehaltes.
- Vermittlung in Bildungs- und öffentliche Beschäftigungsmaßnahmen durch die gemeinnützige Gesellschaft für Bildung und Qualifizierung mbH der "Stahlstiftung Saarland".
- Sicherstellung der sozialen Betreuung durch das Stiftungsbüro. Durchführungen von Einzelberatungen durch das Stiftungsbüro.
- Rückführung der Stiftungsmitglieder nach Beschäftigung und Qualifizierung und sozialer Absicherung innerhalb der Stiftung auf sichere Arbeitsplätze im Unternehmen (aufgrund der Fluktuation) oder auf Arbeitsplätze außerhalb des Unternehmens.

Die Ergebnisse des Stiftungsmodells sind (Stand 1990) wie folgt:

- 70 % der Stiftungsbetreuten, die 50 Jahre und älter waren, wurden durch die Stiftungsrente, die zusätzlich zu den Leistungen nach dem Arbeitsförderungsgesetz (AFG) bis auf durchschnittlich 95 % des letzten Nettogehaltes gezahlt wurde, bis zum Eintritt in den Vorruhestand materiell abgesichert.

- Die jüngeren Stiftungsmitglieder wurden fast alle wieder in Arbeit vermittelt. 957 Stiftungsbetreute konnten auf Arbeitsplätze im Unternehmen zurückkehren, die aufgrund der Fluktuation bei Saarstahl oder bei der AG der Dillinger Hüttenwerke frei wurden. 70 Stiftungsbetreute wurden in andere Unternehmen vermittelt. 25 Stiftungsbetreute wurden in einem Arbeitsbeschaffungs-Projekt der gemeinnützigen Gesellschaft für Beschäftigung und Qualifizierung mbH beschäftigt.

- Seit 1987 wurden 116 Stiftungsbetreute durch die Stiftung und durch die gemeinnützige Gesellschaft für Bildung und Qualifizierung mbH zusätzlich qualifiziert. Hinzu kommen 200 Umschulungsmaßnahmen, die bei ruhendem Arbeitsverhältnis durchgeführt wurden.

Lediglich 34 ehemalige Arbeitnehmer/innen der Arbed Saarstahl AG, die ein zumutbares Arbeitsplatzangebot ausschlugen, wurden durch die paritätische Kommission von der

Betreuung durch die Stiftung ausgeschlossen. Neben der AFG-Leistung ging auch gleichzeitig damit die zusätzliche Stiftungsrente verloren.

4. Schlußbemerkung

An dem Beispiel des Saarlandes kann die Bedeutung der "Netzwerkbildung" für eine effiziente, d.h. soziale, qualifikatorische und regionalwirtschaftlich orientierte Beschäftigungspolitik in einer Krisensituation abgeleitet werden. Netzwerk bedeutet zunächst, daß sich die für die Programmierung und Finanzierung von Maßnahmen zuständigen Stellen zusammenfinden, um ein Gesamtrahmenkonzept festzulegen. Dieses ist im Saarland auf verschiedene Weise geschehen: einmal durch die Abstimmungen zwischen Land, Bund, Bundesanstalt für Arbeit und EG-Kommission; zum anderen wurde diese Abstimmung "nach oben" ergänzt durch eine Konzertierung "nach innen", d.h. die in der Region vorhandenen möglichen Träger von Beschäftigungs- und Qualifizierungsmaßnahmen werden in ihrem jeweiligen Verantwortungsbereich aktiv und füllten in gegenseitiger Kenntnis der Maßnahmen anderer Träger das Gesamtrahmenkonzept mit einer großen Vielfalt von Gruppen- bzw. qualifikationsorientierten Maßnahmen aus. Von besonderem Interesse erscheint dabei das Vorgehen der Stadt Saarbrücken, die ein schlüssiges Konzept kommunalisierter Beschäftigungs- und Qualifizierungspolitik ermöglicht hat. Der Vorteil liegt auf der Hand, weil die Kommune durch ihr Wissen über die vielfältigen Problemlagen und durch ihre Kenntnisse über die vorhandenen Ressourcen die Maßnahmen so bündeln kann, daß eine höhere Wirksamkeit gewährleistet ist.

Das Beispiel Saarland ist daher u.E. ein gelungenes Beispiel zur Umsetzung "endogener Regionalpolitik". "Endogen" bedeutet hier insbesondere Kooperationsbereitschaft, Einbeziehung einer (vielfältigen) Trägerschaftslandschaft und Koordinierung mit dem Ziel der Bündelung und der Verbesserung der Gesamtleistung eines regionalen Beschäftigungs- und Qualifizierungsansatzes. In diesem Sinne mag das Modell des Saarlandes auch beispielhaft sein für die Überwindung der drängenden Beschäftigungsprobleme in den neuen Bundesländern.

Hans-Jürgen Back / Dieter Gnahs

Weiterbildung im strukturschwachen Raum am Beispiel der Region Vechta

1.   Vorbemerkung

Der folgende Beitrag will anhand eines regionalen Beispiels aufzeigen, wie Weiterbildung, die in die Region "eingebettet" ist, regionale Strukturen beeinflußt und ggf. sogar Entwicklungstendenzen umkehren kann[1]). Ausgewählt wurde mit dem Arbeitsamtsbezirk Vechta eine strukturschwache ländliche Region, die durch eine relativ hohe Arbeitslosigkeit und eher traditionelle Produktionsstrukturen gekennzeichnet ist.

2.   Die Region Vechta (Arbeitsamtsbezirk)

Gliederung und Lage

Der Arbeitsamtsbezirk Vechta ist flächenmäßig vollständig deckungsgleich mit den beiden Landkreisen Vechta und Cloppenburg. Er gliedert sich in die Dienststellen Vechta (gebietsgleich mit dem Landkreis Vechta) sowie die beiden Dienststellen Cloppenburg und Friesoythe (s. Abbildung 1).

Fläche und Bevölkerung

Der Arbeitsamtsbezirk hat eine Fläche von 2.230 qkm und nimmt damit im Landesarbeitsamtsbezirk Niedersachsen-Bremen die 13. Stelle ein.

Die Bevölkerungsdichte ist auffallend gering, sogar im Vergleich zu Niedersachsen (1987 im Bundesgebiet 246, in Niedersachsen 152 und im AA-Bezirk Vechta 97 Einwohner pro qkm)[2]).

Im Landkreis Cloppenburg spielt die Stadt Cloppenburg als Mittelzentrum die entscheidende Rolle, während sich im Landkreis Vechta neben der Kreisstadt Vechta auch andere Schwerpunkte wie Lohne, Damme und Dinklage entwickelt haben.

Verkehrserschließung

Die Region liegt zwischen den Oberzentren Oldenburg, Bremen und Osnabrück. Mit diesen Zentren ist der örtliche Teilraum über die Autobahn Ruhrgebiet - Bremen/Hamburg sowie über die regional bedeutende Schienenverbindung Osnabrück - Delmenhorst/Bremen verbunden; der westliche Teilraum besitzt Eisenbahnverbindung mit Oldenburg und Osnabrück.

Während somit die Nord-Süd-Anbindung verhältnismäßig günstig beurteilt werden kann, muß die überregionale Ost-West-Anbindung (d. h. besonders zur Landeshauptstadt Hanno-

Abb. 1: Arbeitsamtsbezirk Vechta

ver) sowohl per Straße als auch per Schiene als unzureichend angesehen werden. Die innerregionale (Straßen-)Verkehrserschließung kann als bedarfsgerecht bezeichnet werden.

Wirtschaftsstruktur

Die Struktur der regionalen Wirtschaft wird hier grob skizziert

- durch die Verteilung der Beschäftigten auf die Wirtschaftsabteilungen und -zweige und den Vergleich mit Landes- und Bundeswerten,
- durch die Veränderung der sozialversicherungspflichtig Beschäftigten.

Die Wirtschaftsstruktur[3]) im AA-Bezirk Vechta läßt sich beschreiben mit dem relativ hohen Anteil der Landwirtschaft mit den ihr vor- und nachgelagerten Bereichen, dem Übergewicht im Verarbeitenden Gewerbe und im Baugewerbe und einem unterentwickelten Dienstleistungssektor.

Noch deutlicher wird der Stellenwert der Landwirtschaft, berücksichtigt man zusätzlich jene Wirtschaftszweige, die Zulieferungs- oder Weiterverarbeitungsfunktion besitzen. Eine Schätzung ebenfalls für den Landkreis Cloppenburg geht dafür von etwa einem Drittel aller Arbeitsplätze im landwirtschaftlichen bzw. landwirtschaftsverbundenen Bereich aus.

Grund für das starke Gewicht der Landwirtschaft in der Region ist die außerordentliche Spezialisierung und Konzentration in der Massentierhaltung bis hin zur agrarindustriellen Produktion.

Im Bereich Bergbau findet sich hier die Torfwirtschaft, schwerpunktmäßig im Gebiet Friesoythe, und die Öl- und Erdgasförderung, die in Vechta über die Förderung hinaus zur Ansiedlung von Service-Unternehmen in dieser Branche mit einem weit über die Region hinausgehenden Wirkungsfeld geführt hat.

Einen deutlichen Hinweis auf die gesamte regionale Wirtschaftsstruktur erhält man durch die Betrachtung der Beschäftigtenanteile in den einzelnen Wirtschaftszweigen innerhalb des Verarbeitenden Gewerbes[4]). Im AA-Bezirk entfallen knapp 30 % auf die Nahrungs- und Genußmittelverarbeitung, knapp 15 % auf den Straßenfahrzeugbau, ca. 12 % auf den Maschinenbau und ca. 10 % auf die Kunststoffverarbeitung. Damit sind etwa 65 % der Beschäftigten des Verarbeitenden Gewerbes allein in diesen vier Wirtschaftszweigen tätig. Die übrigen Anteile liegen unter jeweils 10 %.

Dagegen sind gerade solche Wirtschaftszweige auffallend geringer besetzt, die in den letzten Jahren im Landes- und Bundesdurchschnitt expandierten bzw. von denen für die Zukunft Wachstumschancen angenommen werden (Feinmechanik und Optik, Apparatebau, EDV-Anlagen- und Büromaschinenbau).

Ebenso wie das Verarbeitende Gewerbe ist das Baugewerbe in der Region vergleichsweise (noch) stark ausgeprägt. Der Beschäftigtenanteil beträgt hier knapp 10 % (1987). Hierin ist ein wesentlicher Grund für die starken saisonalen Schwankungen bei den Arbeitslosenzahlen zu sehen.

Es gibt nur wenige größere Betriebe. Sie sind im Straßen- und Tiefbau tätig. Die meisten Betriebe sind Kleinbetriebe oder dem mittelständischen Bereich mit weniger als 20 Beschäftigten zuzuordnen.

Im Handel bestehen, bezogen auf die Beschäftigtenanteile zwischen AA-Bezirk und Land oder Bund, keine wesentlichen Unterschiede.

Während in Bund und Land eher stagnative Tendenzen bei der Beschäftigungsentwicklung vorherrschten, expandierte die Zahl der sozialversicherungspflichtig Beschäftigten im Zeitraum 1980/1988 im Landkreis Vechta um 16,2 % und im Landkreis Cloppenburg um 5,3 %. Interessant ist dabei, daß entgegen dem allgemeinen Trend der Anteil des sekundären Sektors zusammen mit dem tertiären Sektor zu Lasten der Land- und Forstwirtschaft zunimmt. Es findet so etwas wie ein "nachholender" Industrialisierungsprozeß statt[5]).

Der Dienstleistungsbereich und die übrigen Wirtschaftsabteilungen sind im AA-Bezirk in unterschiedlichem Maße unterbesetzt. In den letzten Jahren war zwar eine leicht steigende Tendenz in der Beschäftigung zu verzeichnen, sie entsprach jedoch insgesamt nicht der allgemeinen Entwicklung.

Größe der Betriebe und Rolle des Handwerks

In der Region sind kleinere und mittlere Betriebe deutlich überrepräsentiert. Großbetriebe fehlen fast gänzlich. Das Handwerk hat ein starkes Gewicht in der Wirtschaftsstruktur.

Die Struktur des Handwerks entspricht, gemessen an den Beschäftigten, der Verteilungsstruktur in der regionalen Gesamtwirtschaft mit einem Übergewicht im Verarbeitenden Gewerbe und entsprechenden geringeren Anteilen im Dienstleistungssektor. Das Baugewerbe und der Metallbereich sind mit zusammen 70 % am stärksten vertreten.

Arbeitsmarkt

Im Durchschnitt des Jahres 1989 betrug die Arbeitslosenquote im AA-Bezirk 8,4 %, im Landesarbeitsamtsbezirk Niedersachsen-Bremen 10,4 % und im Bundesgebiet 7,9 %[6]). Bis zur Neuberechnung der Arbeitslosenquoten auf der Basis der Volkszählungsergebnisse hatte Vechta eine fast doppelt so hohe Arbeitslosenquote und wurde zu den Gebieten mit sehr hoher Arbeitslosigkeit gezählt.

Charakteristisch für die Arbeitslosigkeit im AA-Bezirk Vechta sind die Schwankungen innerhalb des Jahres. Der starke Anteil saisonabhängiger Beschäftigung (vor allem Bauberufe) zeigt sich besonders auffällig im Norden des Bezirkes, im Bereich der Dienststelle Friesoythe.

Der Anteil an arbeitslosen Jugendlichen an allen Arbeitslosen ist wegen noch relativ hoher Nachwuchsrate in der Region relativ hoch (rund 25 % der Arbeitslosen sind unter 25 Jahre). Trotz der im Vergleich zum Landesarbeitsamtsbezirk weniger schlechten Lage entfallen immer noch auf eine offene Stelle rechnerisch 14 Arbeitslose (Jahresdurchschnitte 1989).

3.   Berufliche Weiterbildung

Förderung durch das Arbeitsamt

Im Jahr 1988 wurden im Arbeitsamt Vechta 2704 Eintritte in berufliche Bildungsmaßnahmen registriert. 54,4 % der Teilnehmer waren vorher arbeitslos gewesen.

Sowohl die Zahl der Eintritte als auch die Zahl der vorher arbeitslosen Teilnehmer ist gegenüber 1987 deutlich gesunken (3042 Eintritte, 68,3 % Arbeitslosenanteil), was als Folge der 9. Novelle des AFG angesehen werden kann[7].

Weiterbildungseinrichtungen und ihr Angebot

Das Arbeitsamt Vechta nennt rund 25 Bildungsträger, die in seinem Bereich für berufliche Bildungsmaßnahmen in Frage kommen. Davon haben 16 ihren Sitz innerhalb des Bezirkes, die übrigen zum überwiegenden Teil in Oldenburg oder anderen Teilen des Landes.

Gemessen am Umfang der in den Jahren 1987/1988 angebotenen Weiterbildungsveranstaltungen wird berufliche Weiterbildung mit Veranstaltungen innerhalb der Region hauptsächlich getragen von folgenden Anbietern (ohne Rangfolge):

- katholische örtliche Bildungswerke
- Kreisbildungswerk Vechta
- Volkshochschule Vechta
- Kreishandwerkerschaften Vechta und Cloppenburg
- Industrie- und Handelskammer Oldenburg.

Das Angebot dieser Einrichtungen ist in einer Übersicht zusammengestellt (Tab. 1). Dabei wurde eine Unterteilung nach Angeboten vorgenommen, die für Verwaltungsberufe oder kaufmännische Tätigkeiten, für den gewerblichen (produzierenden) und technischen Bereich von Interesse sind, sowie in einer dritten Gruppe nach Inhalten, die nicht klar zuzuordnen oder anderer Art sind.

Besonderen Stellenwert im Rahmen dieser Untersuchung haben Angebote, die die Entwicklungschancen der regionalen Wirtschaft stützen oder sogar initiieren können und die zunächst schlagwortartig mit "Neue Technologien" im produzierenden sowie verwaltenden und konstruktiven Gebiet als einer der Hauptthemenbereiche solcher Angebote zu benennen sind.

Tab. 1: Ausgewählte berufliche Bildungsmaßnahmen im Arbeitsamtbezirk Vechta (1986)

Bildungsstätte	Verwaltungs- und kaufmännischer Bereich		Gewerblicher und technischer Bereich		Fremdsprachen und sonstige Weiterbildungsangebote	
	Inhalt/Thema	Dauer der Maßnahme	Inhalt/Thema	Dauer der Maßnahme	Inhalt/Thema	Dauer der Maßnahme
1	2	3	4	5	6	7
Ludgerus-Werk e.V. Lohne	- Einführungen in die EDV - Weiterbildung zur geprüften Sekretärin - Industriefachwirt - Bilanzbuchhalter - Bankkaufmann - Bürokaufmann - Maschinenschreiben - Kurzschrift - Einführung in die Bürotechnik - Buchführung für Anfänger - EDV-Training für kaufm. Berufe	60 Vormittage 520 UStd. 540 UStd. 20 Abende 20 Abende 6 Abende 15 Abende 26 Abende	- Metalltechnik (Werkzeugmaschinen, CNC-Technik) - Umschulungslehrgang - Maschinenschlosser - Industrieelektronik I+II - Industriemeister-Fachrichtung Metall - Pneumatische und hydraulische Steuerungen - Grundlagen des Elektroschweißens - Grundkurs Dreher und Fräser	1 Jahr (Vollzeit) 2 Jahre (Vollzeit) 44/56 Abende 3 Jahre 10 Abende 5 Abende 8 Abende	- Stenotypielehrgang - Business English - Vorbereitung auf "Städtische Hauswirtschafterin" - Vorbereitung auf "Meisterin der Hauswirtschaft" - Vorbereitung auf RS-Abschluß - HS-Abschluß - praxisgerechte Methoden in der betriebl. u. außerbetriebl. Weiterbildung - Ausbildung der Ausbilder - Führungstraining für Meister	15 Abende 150 UStd. 2 1/2 Jahre wöchentlich + 100 UStd. 1.000 UStd. 3 Abende 38 Abende 2 Tage

Einrichtung	Kurse	Dauer	Kurse	Dauer
Bildungswerk Cloppenburg	- Einführungen in die EDV		- Wirtschaftsenglisch	6 Abende
	- EDV für Fortgeschrittene		- Ausbildung der Ausbilder	1/2 Jahr
	- Textverarbeitung mit EDV		- Meisterin der Hauswirtschaft	2 1/2 Jahre
	- Vorbereitung auf die Prüfung		- Vorbereitung "Hauswirtschafter/in"	
	- zum/r Bankkaufmann/-frau	10 Abende	- Abend HS	9 Monate
	- kaufm. Grundlagenwissen	10 Abende	- Abend RS	2 1/2 Jahre
	- Einführung in die Kosten- u. Leistungsrechnung		- Weiterbildung und neue Technologien (Mitarbeiterfortbildung)	
	- Buchführungskurse	12 Abende	- EDV-Lehrgang für arbeitslose Jungkaufleute	
	- Bilanzierung, Bilanzauswertung/-analyse		- Lehrgänge zur Berufsausbildung (zus. mit Kreishandwerkerschaft und Arbeitsamt)	
	- Maschinenschreiben	10 Abende	- APN	
	- Kurzschrift			
	- Sekretärinnenlehrgang	1 1/2 Jahre		
	- Bilanzbuchhalter	540 Std.		
	- kaufm. Übungsfirmen			
	- PC-Schulung für Arbeitslose im Handwerk	2 Abende		
	- EDV für Frauen			
	- Bürotechnologie	30 UStd.		
	- Basic	30 UStd.		
	- Programmiersprachen	18-36 UStd.		
Kreisbildungswerk Vechta e.V.	- Maschinenschreiben	15 Abende	- Business English	
	- Kurzschrift	15 Abende	- HS-Abschlußkurs	
	- Buchführung für Landwirte	15 Abende	- FHS-Vorbereitungskurs	
	- EDV für kaufm. Berufe			
	- Grundlagen d./Einführung in die EDV			
	- Buchführung			
	- kaufm. Rechnen			
	- Einführung ins Steuerrecht			
	- Computereinsatz im mittelständischen Betrieb	10 Abende		
	- kaufm. Rechnen u. Kalkulieren am Computer			

Tab 1 (Forts.)

Bildungswerke Vechta - Bakum - Dinklage - Goldenstedt - Visbek	- Buchführung für Azubis - kaufm. Rechnen, Kalkulation - Maschinenschreiben - Stenographie - EDV-Einführung - Buchführung	64 UStd.			
Kreishandwerkerschaft Cloppenburg - Bildungszentrum Handwerk -	- EDV-Anwendung im Betrieb - Btx-Nutzung im Betrieb		- Umschulungslehrgang zum Maschinenbauer, -schlosser - Übungswerkstatt Metall - Lehrgänge f. arbeitslose Maler und Lackierer - Lehrgänge f. arbeitslose Tischler - Elektronik-Lehrgang - Schweißlehrgänge - Altbausanierung - Stahlbetonbauerlehrgang	2 Jahre 6 Monate 2 1/2 Monate	
VHS Vechta	- kaufm. Übungsfirma - Buchführung - Bilanzierung - betriebl. Steuerrecht - Kosten-, Leistungsrechnung - Kurzschrift - Maschinenschreiben - Einführung EDV - Programmieren	6 - 9 Monate	- Übungswerkstatt Metall - Prüfung Mikroprozessortechnik - Mikroprozessor - Unterbau - Techniken - Einführung in Autoelektronik - Metallbearbeitung - Drehen und Fräsen	1/2 Jahr 1 Jahr 4 Monate 4 Monate 4 Monate	- Umschulung zur Bekleidungsnäherin, -fertigerin - Ausbildung z. Suchtkrankenhelfer - Vorbereitung auf Hauswirtschafterin - Vorbereitung auf Hauswirtschaftsmeisterin : 8 Monate / 7 Monate / 1 Jahr / 2 Jahre

Institution	Angebot	Dauer	Angebot	Dauer	Angebot	Dauer
IHK Oldenburg	- Handelsfachwirt - Bilanzbuchhalter - EDV-Anwendung - Betriebswirtschaftliche Grundlagen - PC in der betriebl. Praxis - Textverarbeitung - Rentabilitäts- und Finanzplanung im Handel - Außenhandel - EDV-Einführung - CAD/CAM - Sachbearbeiter: - Einführung in Exportgeschäft (in Lohne)		- Industrieelektronik - Mikroprozessortechnik - CNC-Technik - Drehen und Fräsen - Steuerungstechnik		- Fachseminar für Ausbilder I + II	
Kreishandwerkerschaft Vechta			- Elektronik-Lehrgänge - Schweißtechniken - Vorbereitung auf Meisterprüfung			
Sonstige	- Rechnungswesen/EDV (R. + R. Osnabrück) (in Friesoythe) - EDV-Kaufmann (R. + R. Osnabrück) (in Vechta) - Schreibtechnik (Akademie Überlingen) (in Friesoythe) - Fortbildung für Verkaufspersonal (AFU) (in Cloppenburg)	1/2 Jahr 1 Jahr 9 Monate 4 Monate	- Berufskraftfahrer (DEKRA) - Perfektionstraining für Berufskraftfahrer (DEKRA) - Maschinenschlosser (DGB) (in Friesoythe)	1 Jahr 3 Monate 1/2 Jahr 1 1/2 Monate 9 Monate 2 Jahre	- Anästhesie und Intensivpflege HS-Abschlußbelegung (Bildungswerk Friesoythe) - Arzthelferinnenlehrgang (DAG) (in Vechta) - Verkaufstraining für Azubis (BGN) (in Lohne)	2 Jahre 6 Monate 1 Jahr

Die Angebote für verwaltende und kaufmännische Berufe bzw. Tätigkeiten sind überwiegend "traditioneller" Art, wie z.B. Sekretärinnen-, Buchführungs- oder Maschinenschreibkurse, die verschiedenen Prüfungsvorbereitungen für Kaufleute und Fachwirte oder Sprachkurse. Elektronische Datenverarbeitung und Kommunikations- und Organisationstechniken sind zwar vertreten, aber überwiegend als Einführungsveranstaltungen. Differenzierungen für bestimmte Berufe oder Wirtschaftszweige sind allerdings jüngst in Ansätzen erkennbar.

Veranstaltungen zu moderner Technologie scheinen im Angebot für den produzierenden und technischen Bereich bereits fester verankert zu sein, wobei der Standard hier nicht beurteilt werden kann. Kurse in Elektronik, Steuerungstechnik, Mikroprozessortechnik, CNC-Technik oder Pneumatik sind zumindest keine Einzelveranstaltungen in der Region.

Darüber hinausgehende Neuerungen, vor allem die Verknüpfungsmöglichkeiten von Verwaltung, Konstruktion, Überwachung und Produktion sind im Weiterbildungsangebot der regionalen Träger nicht abgedeckt.

4.   Weiterbildungsangebot und Wirtschaftsstruktur

Es stellt sich nun die Frage, inwieweit das vorgefundene Weiterbildungsangebot den Bedarfsstrukturen der heimischen Wirtschaft entspricht. Um sie zu beantworten, wurden regionale Experten und Betriebsinhaber bzw. -leiter befragt[8]).

In diesen Gesprächen wurde deutlich, daß die erwarteten wirtschaftlichen und technischen Entwicklungen laufende Anpassungen der beruflichen Qualifikationen erforderlich machen. Dabei wird zunächst an die schulische und berufliche Erstausbildung gedacht. Doch Anpassungen in diesem Bildungssektor können nur mit erheblichen zeitlichen Verzögerungen umgesetzt werden. Deshalb werden die notwendigen Qualifikationsveränderungen zunehmend im Wege der beruflichen Weiterbildung der Beschäftigten vorgenommen.

Zukünftiger Personalbedarf soll in den meisten Betrieben primär auf dem Wege der eigenen Ausbildung gedeckt werden. Das würde allerdings keineswegs eine Verbesserung für das Lehrstellenangebot bedeuten, da überwiegend - nicht nur im Handwerk - über Bedarf ausgebildet wird.

Das Bewußtsein, daß ständige Höherqualifizierung notwendig ist, ist der Tendenz nach stärker verankert in Betrieben, die bereits in der Vergangenheit technischen Veränderungen unterworfen waren. Das sind zumeist die Industriebetriebe, weniger der Handel und technisch wenig geprägte Handwerkssparten.

Das spiegelt sich auch in der Art der Deckung des bisherigen Weiterbildungsbedarfs wider. Die Spanne reicht von ausschließlicher Eigeninitiative der Mitarbeiter bis zur gezielten Entsendung ausgesuchter Mitarbeiter zu Spezialkursen außerhalb der Region.

Das Weiterbildungsangebot wurde deshalb von den meisten Betrieben auch als ausreichend bezeichnet, da jene, die aktive Weiterbildungspolitik betreiben, das außerregionale Weiterbildungsangebot von Spezialinstitutionen und von Herstellern mit einbeziehen und zum überwiegenden Anteil auch nutzen.

Es gibt deshalb keine generellen Defizite im Weiterbildungsangebot, wohl aber regionale im Sinne von fehlenden Veranstaltungen am Ort oder in erreichbarer Nähe.

Ein besseres regionales Angebot würde die Möglichkeit schaffen, daß nicht nur ein aus betrieblicher Sicht ausgewähltes Minimum von Mitarbeitern höher qualifiziert würde. Zum einen wäre die freiwillige Beteiligung begünstigt, zum anderen könnten die finanziellen Aufwendungen der Betriebe einer größeren Anzahl von Mitarbeitern zugute kommen.

An Defiziten im regionalen Weiterbildungsangebot wurden genannt:

- Angebote im Bereich der Betriebsorganisation (Verwendungsmöglichkeiten von Kommunikationstechniken, Systemanalyse)
- Veranstaltungen für das mittlere Management (Führungstechniken)
- mehr Kurse zur Bedienung von rechnergesteuerten Maschinen
- Informationen über Verwendungs- und Einsatzmöglichkeiten aus dem Gesamtbereich der neuen Technologien
- kurzfristig verfügbare Sprachintensivkurse
- Veranstaltungen für Exportbetriebe (Außenhandels-, Währungs-, Zollfragen)
- Hilfen für das Handwerk (besonders im betriebswirtschaftlichen Bereich).

5.   Wirkungen von Weiterbildung auf die Regionalentwicklung

Die Wirkungen von Weiterbildung auf die Regionalentwicklung lassen sich nur schwer nachzeichnen, geschweige denn quantifizieren. Im folgenden soll exemplarisch versucht werden, anhand eines Kurses Wirkungslinien wenigstens anzudeuten. Es handelt sich um einen Kurs, der vom Katholischen Bildungswerk in Cloppenburg angeboten worden ist[9]).

17 arbeitslose Berufsanfänger aus kaufmännischen Berufen wurden in ca. 2 Monate dauernden Fortbildungskursen zu PC-Praktikanten qualifiziert. Der Bildungsträger mußte ebenfalls - entsprechend der Teilnehmerzahl - Praktikumsplätze in Handwerksbetrieben vorhalten. Das sich an die Fortbildungsmaßnahme anschließende viermonatige Praktikum wurde in Handwerksbetrieben der folgenden Sparten absolviert: Dachdecker, Maler, Elektroinstallateure, Sanitär- und Heizungsinstallateure, Tischler.

Das Praktikum wurde vom Bildungsträger betreut. Der Praktikant erhielt zu Fortbildungszwecken einen Personalcomputer, den er auch mit in den Betrieb nahm. Als Personalcomputer wurden zum Industriestandard kompatible Geräte ausgewählt. Im Softwarebereich wurden in der Regel speziell für das Handwerk geschriebene Programmpakete eingesetzt.

Die Maßnahme erwies sich im Hinblick auf mehrere Gesichtspunkte als vom Normalfall abweichend bzw. innovatorisch:

- Die theoretische Phase ist bewußt nicht breit angelegt, sondern bereitet sehr gezielt auf ein praktisches Einsatzfeld vor.
- Im Gegensatz zu den üblichen Praktika, die dem Praktikanten eine eher passive Rolle zuweisen, haben die Praktika im Projekt die Aufgabe, einen Technologietransfer zu bewerkstelligen. Der Praktikant hat gegenüber dem Praktikumsbetrieb einen Wissens- und Kenntnisvorsprung.
- Der Praktikant hat durch das Zurverfügungstellen eines "eigenen" Computers optimale Übungs- und Arbeitsmöglichkeiten, die im "normalen" Aus- und Weiterbildungsbetrieb schon aus finanziellen Gründen nicht erreichbar sind.
- Durch das Wechselspiel von Theorie und Praxis wird ein besonders hoher Lernerfolg gesichert. Das theoretisch Erlernte muß sich unmittelbar in der Praxis bewähren und nicht nur an fiktiven (als Aufgabe gestellten) Situationen.
- Die Rahmenbedingungen (interessante Technik, Praxisbewährung, optimale Übungsbedingungen) sind prinzipiell geeignet, die Motivation und das Interesse der Teilnehmer anzuregen.

Mit der Maßnahme "PC-Praktikanten in Handwerksbetrieben" wurden die folgenden Ziele bzw. Erwartungen verknüpft:

a) Arbeitslose Berufsanfänger erhalten eine zukunftsorientierte Weiterbildung, die eine Eingliederung auf dem Arbeitsmarkt erleichtert.

b) Die Tatsache, daß jeder Praktikant seinen eigenen PC hat und auch am Lernort "Betrieb" unterrichtet wird, macht die Weiterbildungsmaßnahme praxisnäher und effektiver als herkömmliche EDV-Kurse.

c) Handwerksbetriebe sollen an die Nutzung von PCs herangeführt werden, indem die "Schwellenangst" abgebaut wird.

d) Die Einführung von PC's in Klein- und Mittelbetrieben soll die regionale Wirtschaft modernisieren und damit wettbewerbsfähiger machen.

Es kristallisieren sich deutlich zwei Zielkomplexe heraus: Einmal geht es um soziale Aspekte (Verhinderung von Arbeitslosigkeit, Verbesserung der Vermittlungsaussichten), zum anderen um Wirtschaftsförderung (Modernisierung, Stärkung der Innovationsfähigkeit).

Inwieweit konnten nun die mit der Maßnahme verfolgten Ziele erreicht werden? Als Erfolgskriterien wurden bestimmt:

- die Wiedereingliederungsquote bei den Teilnehmern
- der Anteil der Betriebe, die einen PC anschafften bzw. anschaffen wollen.

Inwieweit durch den PC-Einsatz die betriebliche bzw. letztlich die regionale Wettbewerbsfähigkeit gestützt wurde (z.B. durch Möglichkeiten zur Kostensenkung, Verbesserung der Kalkulation), kann nur qualitativ erfaßt werden, indem die diesbezüglichen Einschätzungen der Beteiligten abgefragt werden.

Erste Anhaltspunkte über den Erfolg einer Maßnahme kann man aus den Vermittlungser-
folgen unmittelbar nach Beendigung einer Maßnahme gewinnen - insbesondere wenn es sich
um Fortbildungsmaßnahmen handelt, die in ihrer Konzeption neuartig sind, da sich hier u.U.
recht schnell zeigen kann, ob die Konzeption auf dem Arbeitsmarkt auf Interesse stößt.

Betrachtet man den Verbleib der Teilnehmer, so kann hier festgestellt werden, daß mehr
als die Hälfte (53 Prozent) ein Arbeitsverhältnis aufgenommen hat. Von den übrigen sind 23,5
Prozent weiterhin arbeitslos, und 17,6 Prozent nehmen an einer anderen Qualifizierungs-
maßnahme teil. Von den 9 Teilnehmern, die nach der Maßnahme in Arbeit mündeten, fanden
immerhin 7 im Praktikumsbetrieb eine Stelle.

Diese Zahlen liegen durchaus im Rahmen des Üblichen. Nach einer Wirkungsanalyse des
Instituts für Arbeitsmarkt- und Berufsforschung sind 56 % aller erfolgreichen Maßnahmeteilneh-
mer zwei Jahre nach Beendigung der Maßnahme sozialversicherungspflichtig beschäftigt, bei
den Maßnahmeteilnehmern unter 25 Jahren sind es 61 %. Die Höhe der Wiedereingliederungsquote variiert z. B. in Abhängigkeit von der Dauer der vorangehenden Arbeitslosigkeit,
der Art der Maßnahme und der Arbeitsmarktsituation im Wohnort[10]).

Für die Handwerksbetriebe bedeutete die Maßnahme eine gute Möglichkeit, sich über den
Einsatz eines Personalcomputers zu informieren und die Eignung in ihrem Betrieb unter
Praxisbedingungen zu erproben. Dafür spricht, daß sich fast die Hälfte der Handwerksbetriebe
einen Personalcomputer zulegen will. Die Tatsache, daß nach Teilnahme am Projekt auch
Handwerksmeister einen Computereinsatz in ihrem Betrieb nicht für sinnvoll erachten, sollte
nicht vorschnell negativ interpretiert werden, sondern eher als eine Korrektur eventuell
überzogener Vorstellungen über die Effektivität eines Computersystems.

Über die registrierten unmittelbaren Wirkungen hinaus hat die Maßnahme weitere Impulse
gesetzt. Zum einen wurden die Handwerksmeister aus den teilnehmenden Betrieben häufig
angeregt, selbst einschlägige Weiterbildungsmaßnahmen nachzufragen. Zum anderen wurden auch andere Betriebe in der Region angeregt, über PC-Anschaffungen nachzudenken. In
einigen Fällen konnten Anschlußmaßnahmen mit solchen Betrieben durchgeführt werden,
die bereits einen PC angeschafft hatten.

Resümierend läßt sich feststellen, daß Weiterbildungsmaßnahmen eindeutige Effekte auf
die Regionalentwicklung haben können. In diesem Fall trug der Kurs zur Modernisierung der
regionalen Kleinbetriebe bei.

6.   Optimierung des Weiterbildungssystems

Parallel zur zukunftsgerichteten Berufswahl muß ein qualifiziertes Weiterbildungsangebot
bereitgehalten werden. Auf die derzeit bestehenden Lücken des regionalen Angebots ist schon
hingewiesen worden. Sie liegen vor allem im gesamten Bereich der neuen Technologien.
Daneben scheinen vordringlich Hilfestellungen für das Handwerk bei der Bewältigung
betriebswirtschaftlicher und rechtlicher Fragestellungen sowie für die Einführung der neuen

technischen Möglichkeiten im Büro und im fertigenden Bereich notwendig zu sein. Dabei dürfte eine Differenzierung nach Branchen erforderlich sein. Das gegenwärtige Weiterbildungsangebot läßt diese Zielrichtung nur in Ansätzen erkennen.

1987 wurden Bildungsmaßnahmen für Bauhandwerker durchgeführt, die Kenntnisse im Verlegen von Pflastersteinen vermittelten. Damit konnte ein Einstieg in Spezialisierungen im Baugewerbe erfolgen, die etwa auf dem Gebiet der Stadt- oder Dorfsanierungen zu sehen sind. Weitere Möglichkeiten wären der Fassadenbau oder Gebäude- und Brückensanierungen, wofür Weiterbildungsmöglichkeiten geboten werden müßten.

Neben der inhaltlichen Bestimmung erfordern die enormen Zukunftsaufgaben im Bereich von Aus- und Weiterbildung immer dringlicher ein Höchstmaß an Kooperation der Beteiligten in der Region. Dies wird besonders deutlich vor dem Hintergrund des gegebenen engen finanziellen Rahmens und der zugleich steigenden Ausgabennotwendigkeiten.

Deshalb muß gefordert werden, daß Fehlleitungen von Finanzmitteln oder Fehlinvestitionen vermieden werden müssen, d. h. Information über und Transparenz von Investitionen sind notwendig sowie Absprachen, um Finanzmittel konzentriert und damit möglichst wirksam einsetzen zu können.

Diese Notwendigkeit wird besonders deutlich, wenn man sich die enormen Kosten für Schulungseinrichtungen auf dem Gebiet der neuen Technologien im produzierenden Sektor vor Augen führt. (So erscheint es z. B. wenig ökonomisch, wenn eine CNC-Schulungsmaschine, vom Landkreis finanziert, in der Berufsschule installiert wird und dort für Weiterbildungszwecke genutzt wird, was als positiv anzusehen ist, aber zugleich eine andere Weiterbildungseinrichtung unter großen Anstrengungen eine eigene Maschine anschafft, obwohl dann deren Auslastung möglicherweise nicht ausreichend ist - und das nur aus Gründen bestehender Konkurrenz. Noch gravierender wäre der Mittelfehleinsatz, wenn zudem noch öffentliche Mittel, etwa die des Arbeitsamtes, in Anspruch genommen würden.)

Im folgenden werden noch zwei weitere Maßnahmevorschläge angeführt, die sich unmittelbar auf die Situation der Region beziehen.

Weiterbildungsangebot für die Kunststoffindustrie

In der Kunststoffindustrie besteht Bedarf an Fachkräften. Werkzeugmacher und Kunststoffformgeber werden gesucht. Auch bei höheren Qualifikationen, von der Meisterebene bis hin zum mittleren Managementbereich, dürften noch Mängel in der Personalausstattung bestehen. Aber auch die unterste Qualifikationsebene, An- und Ungelernte, ist - unterschiedlich nach Betrieb und Produktion - noch zu stark vertreten.

Kurzfristige Höherqualifizierung ist nur im Wege der Weiterbildung zu erreichen. Es muß deshalb ein ortsnahes Angebot geschaffen werden, d. h. im Zentrum der Kunststoffindustrie in Lohne.

Informations- und Weiterbildungsangebot für die Bauwirtschaft

Durch Informationen (Vortragsveranstaltungen, Broschüren) sollte der Blick von der herkömmlichen, auf Neubauten ausgerichteten Bauwirtschaft mehr in Richtung auf Aufgaben der Erhaltung und Erneuerung von bestehenden Bauten gelenkt werden. Stadt- bzw. Dorferneuerung, Brückensanierungen, Fassadenverkleidungen oder Restaurierungen sind Stichworte.

Auf diese mehr allgemeine Orientierung aufbauend, die die gesamte Bauwirtschaft anspricht, sollten dann Weiterbildungsangebote zu speziellen Themen erfolgen oder aber sich an einzelne Zweige der Bauwirtschaft richten. Voraussetzung wäre ein guter Informationsaustausch zumindest zwischen Betrieben, Handwerkskammer, Kreishandwerkerschaft und Weiterbildungseinrichtungen, sofern die regionale Koordinationsstelle (noch) nicht existiert.

Neben den hier angesprochenen Zielgruppen Betriebsinhabern und Beschäftigte in der Bauwirtschaft wäre als dritte an die Auszubildenden zu denken, hier im Hinblick auf die berufsschulische Ausbildung.

Bei allen Maßnahmen, die zu einer Optimierung des Weiterbildungssystems führen sollen, bleibt dennoch die Frage im Raum, ob letztlich nicht auch für andere Regionen qualifiziert wird. Häufig nutzen die gut Qualifizierten ihre verbesserten Arbeitsmarktchancen zur Abwanderung. Der regionalen Wirtschaft gehen damit Humankapital und Entwicklungschancen verloren. Eine Abwanderung wird letztlich nie ganz zu verhindern sein. Sie sollte als individuelle Option und auch als Allokationsmechanismus zur Optimierung der volkswirtschaftlichen Prozesse nicht verhindert werden. Dennoch zeigen die Beispiele (insbesondere die PC-Praktikanten), daß regional bezogene Weiterbildung wichtige Entwicklungsimpulse setzen kann.

Anmerkungen

1) Die regionsbezogenen Grunddaten dieses Beitrages sind im Rahmen eines Forschungsprojektes des Institutes für Entwicklungsplanung und Strukturforschung erhoben worden. Vgl. dazu D. Gnahs/ A. Borchers/K. Bergmann, Analyse von Qualifikationsstrukturen und Qualifikationsbedarf in Niedersachsen als Grundlage für die Weiterentwicklung von Angeboten der beruflichen Aus- und Weiterbildung, vervielfältigtes Manuskript, Hannover 1988, sowie H. Stahlmann, Regionalbericht für den Arbeitsamtsbezirk Vechta, vervielfältigtes Manuskript, Hannover 1987.

2) Vgl. Landesarbeitsamt Niedersachsen-Bremen (Hrsg.), Jahreszahlen zur Arbeitsstatistik 1987, Hannover 1988, S. 1.

3) Landesarbeitsamt Niedersachsen-Bremen (Hrsg.), Sonderhefte des Landesarbeitsamtes Niedersachsen-Bremen: Statistik über sozialversicherungspflichtig Beschäftigte, fortlaufend.

4) Arbeitsamt Vechta, Sozialversicherungspflichtig beschäftigte Arbeitnehmer nach Wirtschaftszweigen, fortlaufend.

5) Vgl. Statistik der sozialversicherungspflichtig Beschäftigten.

6) Vgl. Sonderheft des Landesarbeitsamtes Niedersachsen-Bremen 4/90, Jahresbericht über die Arbeitsmarktentwicklung 1989, S. 7.

7) Vgl. Landesarbeitsamt Niedersachsen-Bremen (Hrsg.), Jahreszahlen zur Arbeitsstatistik 1987 und 1988, S. 59, bzw. Tabelle 75.

8) Das angewandte Verfahren der Bedarfsschätzung über Expertenbefragungen ist nicht unproblematisch, da z. T. sehr subjektive Beurteilungen in die Schätzungen einfließen. Ein derartiger Weg dürfte jedoch vertretbar sein, da zusätzlich weiteres sekundärstatistisches Material und (überregionale) Bedarfsschätzungen hinzugezogen wurden. Vgl. R. v. Bardeleben u. a., Strukturen beruflicher Weiterbildung, Bundesinstitut für Berufsbildung (Hrsg.), Berichte zur beruflichen Bildung, Heft 114, S. 87ff.

9) Dieser Kurs ist im Rahmen der wissenschaftlichen Begleitung des Modellprojektes "PC-Praktikanten in Handwerksbetrieben" untersucht worden. Vgl. C. Drieling, PC-Praktikanten in Handwerksbetrieben - Ergebnisse der wissenschaftlichen Begleitung des Modellprojekts, in: W. Brückers/N. Meyer (Hrsg.), Zukunftsinvestition berufliche Bildung, Bd. 2, Aus- und Weiterbildungskonzepte für die Gestaltung von Arbeit und Technik, Köln 1988, S. 299-315.

10) Vgl. Einzelheiten bei H. Hofbauer/W. Dadzio, Mittelfristige Wirkungen beruflicher Weiterbildung. Die berufliche Situation von Teilnehmern zwei Jahre nach Beendigung der Maßnahme, in: MittAB 2/87, S. 129-141 (im besonderen S. 131).

Rolf Dobischat / Rudolf Husemann

Berufliche Weiterbildung als regionalpolitischer Innovationspfad in den neuen Ländern

Eine Problemskizze am Beispiel der Beschäftigungs- und Qualifizierungsgesellschaften

1.   Einleitung

Dieser Beitrag versteht sich als eine Momentaufnahme in einem intensiv geführten bildungs- und arbeitsmarktpolitischen Diskurs um die Leistungsfähigkeit, aber auch um das Ausloten von Grenzen und Reichweiten beruflicher Weiterbildung und Qualifizierung zur regionalen Strukturentwicklung im Transformationsprozeß einer zentral gelenkten Planwirtschaft in ein marktwirtschaftliches Wirtschaftssystem. Momentaufnahme deshalb, da wir uns in einer Phase äußerst dynamischer Entwicklung befinden und ökonomische, soziale und regionale Entwicklungspfade gegenwärtig nur in ersten Konturen erkennbar sind.

Durch die Einführung der Wirtschafts- und Währungsreform sind in der ehemaligen DDR alle relevanten volkswirtschaftlichen Kennziffern (Wachstum, Industrieproduktion) dramatisch eingebrochen[1]). Zugleich sind mit den massiven Einbrüchen und in deren Folge mit der Abwärtsspirale am Arbeitsmarkt schwere infrastrukturelle und regionale Disparitäten in der Bewertung von Produktionsstandorten offenkundig geworden[2]).

Angesichts eines eher düsteren globalen Szenarios hinsichtlich der Beschäftigungsentwicklung in den kommenden Jahren[3]) erscheint es auf den ersten Blick ein von Zweckoptimismus geleitetes Unterfangen zu sein, die Frage nach regionalen Innovationspotentialen und Handlungschancen im Kontext des notwendigen Strukturwandels zu stellen und nach adäquaten Strategien, Konzepten und Modellen Ausschau zu halten. Wenngleich gegenwärtig alle politischen Anstrengungen notwendigerweise darauf gerichtet sind, den "Anpassungsprozeß" sozial-, arbeitsmarkt- und bildungspolitisch verträglich und problemstreckend abzufedern, so ist die Frage zu stellen nach einer Perspektiverweiterung der gegenwärtig konstatierbaren politischen Aktions- und Handlungsstrategien im Hinblick auf Schaffung von zukunftsorientierten Gestaltungsoptionen einer regionalen Entwicklungspolitik, in der berufliche Weiterbildung einen relevanten Part spielen kann.

Eine besondere Hoffnung bei der Bewältigung arbeitsmarkt- und qualifikationsbezogener regionaler Strukturanpassungsprobleme wird den Beschäftigungs- und Qualifizierungsgesellschaften (BQG) entgegengebracht. Angesichts mangelnder Alternativen haben inzwischen auch die Arbeitgeberseite und die Treuhandanstalt als wesentliches Steuerungspotential der Wirtschaftsentwicklung in den neuen Ländern eine Duldung solcher Konzepte signalisiert. Allerdings darf nicht außer acht gelassen werden, daß damit ein Schritt in unbekanntes Terrain gewagt wird. Erfahrungen über solche Gesellschaften sind bisher noch rar und verstreut, selektiv in bezug auf die verfolgten Fragestellungen und unter Bedingungen zustande gekommen, die mit den gegenwärtigen und künftigen Problemen in den neuen Ländern nicht vergleichbar sind[4]).

Ausgehend von einer Problematisierung des Zusammenhangs von regionalem Strukturwandel und beruflicher Qualifizierung (2) und einer Bestandsaufnahme von regionalen und institutionellen Erfahrungen in den alten Bundesländern sowie Voraussetzungen in den neuen Bundesländern (3) sollen in diesem Beitrag demnach Perspektiven von BQG als Elemente regionalen Strukturwandels aufgezeigt (4) und der gegenwärtig erkennbare Wissensbedarf im Sinne von Forschungsfragestellungen[5]) (5) skizziert werden.

2. Regionaler Strukturwandel und berufliche Qualifizierung

Die ökonomischen Strukturbereinigungsprozesse im Übergang von der Plan- zur Marktwirtschaft implizieren einen tiefgreifenden Anpassungsdruck auf alle gesellschaftlichen Bereiche, insbesondere auch auf den der beruflichen und betrieblichen Weiterbildung. Dieser Anpassungsdruck ist allerdings in einer doppelten Perspektive zu verstehen. Zum einen stellt der wirtschafts- und sozialstrukturelle Umgestaltungsprozeß einen äußeren Rahmen und damit ein Gefüge von Bedingungskonstellationen dafür dar. Weiterbildung befindet sich aber nicht nur in dieser passiv-reaktiven Situation, sondern ist - zum anderen - auch und vor allem als "Transmissionsriemen" für diesen Strukturwandel zu begreifen. Dies stützt sich zunächst einmal auf den Umstand, daß die Umgestaltung betrieblicher Planungs- und Organisationsprozesse eines Vorlaufs in entsprechender Weiterbildung bedarf. Unstrittig ist, daß neben technisch-organisatorischen Maßnahmen und neben der Entwicklung der Geschäftspolitik die Weiterbildung bzw. Personalentwicklung als Bestandteil der Personalwirtschaft als darauf bezogenes Handlungsfeld zunehmende Aufmerksamkeit genießt. Dabei setzt sich die Auffassung durch, daß das betriebliche Qualifikationspotential im Sinne einer Humankapital-Ressource zu begreifen ist, deren Entwicklung Voraussetzung für solche betrieblichen Entwicklungsprozesse ist[6]).

Weitere Aspekte, die die berufliche Weiterbildung stärker in einer Vorlauffunktion für Umgestaltungsprozesse begreifen, lassen sich neben den betriebsbezogenen Faktoren wie vorausschauende Einbettung in die Organisationsentwicklung, Vernetzung mit der Technikentwicklung und Marktstrategie[7]) aus Arbeitnehmersicht mit der Fähigkeit zur Gestaltung der eigenen Arbeitsumwelt und mit der höheren individuellen Verantwortung für die Berufskarriere beschreiben.

In bezug auf seine Bedeutung als Faktor regionaler Strukturentwicklung ist dieser Zusammenhang bisher nicht in dieser Deutlichkeit thematisiert worden. Dennoch läßt sich die hier skizzierte Doppelperspektive von Anpassungs- und Vorlauffunktion auch auf regionaler Ebene nachzeichnen.

Ein Blick auf die diesbezüglichen Probleme in den alten Bundesländern mag diese Einschätzung verdeutlichen. Insgesamt ist zu konstatieren, daß die Verknüpfung von beruflicher und betrieblicher Weiterbildung und regionalstrukturellen Entwicklungsperspektiven zu einem zukunftsorientierten Positiventwurf im Sinne einer komplementären regionalbezogenen Weiterbildungs-, Beschäftigungs- und Wirtschaftsstrukturpolitik noch aussteht[8]). Bislang dominiert eine "strukturkonservative" Ausrichtung, gekennzeichnet dadurch, daß die prägende Kraft in der Gestaltung des regionalen Weiterbildungsangebotes durchweg von denjenigen Betrieben bzw. Branchen ausgeht, die traditionsreich in der Region vertreten sind. Aber auch Betriebe in "modernen" Branchen (Elektronikindustrie, Automobilindustrie) sind erfolgreich darin, sich eine unternehmensbezogene regionale "Lernumwelt" zu schaffen. Es überrascht nicht, daß das regionale Aus- und Weiterbildungsangebot hier das großbetrieblich vertretene Qualifikationsspektrum reproduziert und das Weiterbildungsangebot eher auf produktionstechnische Anpassungsqualifizierungen gerichtet ist[9]).

Zwei Momente mögen angesprochen sein, die zur Erklärung dieser strukturkonservativen Ausrichtung einer regionalen Weiterbildungsentwicklung beitragen können. Sie betreffen die kommunale Zuständigkeit für die Organisation des (außerbetrieblichen und öffentlichen) Weiterbildungsangebots. Zum einen bleibt es problematisch, in einem regional großräumigen und zeitlich längerfristigen Strukturentwicklungsprozeß eine kommunal ausreichende Nachfrage nach zukunftsorientierter Weiterbildung zu erzeugen. Eine solche "tendenzielle Verengung des Bedarfshorizonts" dürfte weder kommunale noch freie Weiterbildungsträger dazu veranlassen, umfangreiche Initiativen bzw. Investitionen darin zu tätigen. Zeichnet sich - zum anderen - allerdings ein zukünftiger Bedarf deutlicher ab, so kann eine kommunale Konkurrenz um dessen Befriedigung entstehen, die dann zu einer suboptimalen Ausstattung von Einrichtungen und auch deren Auslastung führt[10]). Durchbrochen wird diese strukturkonservative Ausrichtung dann, wenn umfangreiche produktions- und beschäftigungsbezogene Anpassungsleistungen zu erbringen sind - aus den bisherigen Erfahrungen also in Krisensituationen, in denen Massenentlassungen drohen.

Es ist allerdings nicht ausgemacht, daß eine wie in den alten Bundesländern praktizierte Regionalpolitik umstandslos dazu geeignet gewesen wäre, Bedingungen der Struktur und Organisation der beruflichen Weiterbildung zu schaffen, die den jetzt in den neuen Ländern anstehenden Strukturwandel adäquat hätten begleiten können[11]).

Regionale Disparitäten und Binnenpolarisierungen stellten für die ehemalige DDR keine unbekannte Dimension dar. Mit der Gründung der DDR und der politischen und ökonomischen Spaltung Deutschlands schlugen Hypotheken zu Buche, die sich aus der regionalen Arbeitsteilung im ehemaligen Deutschen Reich herauskristallisiert haben. Das Gebiet der DDR wies bereits vor 1945 ein Süd-Nord-Gefälle auf. Während der Norden überwiegend agrarisch genutzt wurde, war der Süden hochindustrialisiert. Dies führte zu einer monostrukturellen Verfassung mit erheblichen sektoralen Mängeln, die Disparitäten in der Industriestruktur mit Auswirkungen auf das Arbeitskräftepotential und das Gefüge der beruflichen Bildung hervorbrachten[12]). Diese Strukturen haben sich bis heute weitgehend konserviert, so daß sie unterschiedliche regionale Problemlagen am Arbeitsmarkt verursachen, wobei der sich vollziehende Strukturwandel diesen Prozeß noch beschleunigen wird[13]).

Während in den alten Bundesländern bereits in den 60er Jahren mit regional- und strukturpolitischen Instrumenten versucht wurde, regionale Abkoppelungen und räumliche

Binnenpolarisierungen auszubalancieren[14]), existierten in der ehemaligen DDR keine vergleichbaren regionalpolitischen Interventionsstrategien; jedenfalls haben sich, sollten solche Strukturen regionaler Gegenmacht bestanden haben, diese nicht öffentlichkeitswirksam artikulieren können. Begründet war dies durch die strukturellen Bedingungen staatssozialistischer Planung und Lenkung, die die ökonomischen Entscheidungsparameter und Planungshorizonte auf die Gesamt-DDR als einheitlichen Wirtschaftsraum mit einem geschlossenen ökonomischen Kreislauf bezogen. Eine solche Planungsstrategie trug Elemente, die eher gegensätzlich zu denen der alten Bundesländer gerichtet waren. So entstanden Regionen mit expliziter industrieller Monostruktur.

Als Beispiel sei auf die Gründung von Eisenhüttenstadt verwiesen, einer Stadt, deren Wirtschaftsleben nahezu ausschließlich von der Erzeugung und Verarbeitung von Stahl gekennzeichnet war. Um 1953 gegründet, sollte mit dieser Stadt ein Modell einer sozialistischen Stadt realisiert werden, die mit ihrer Stahlproduktion die Versorgung des gesamten Staates gewährleisten sollte. Das Konzept erinnert von seinem äußerem Anschein her an die Symbiose von Wolfsburg und dem Volkswagenwerk. Solche regional konzentrierten betrieblichen Großgebilde waren die Vorläufer der späteren Kombinate, die durch Zusammenschluß mehrerer Betriebe ähnliche Zielsetzungen zu erfüllen hatten. Flankiert war diese Entwicklung - ähnlich wie in der Bundesrepublik - von einer Politik der Industrieansiedlung in strukturschwachen (nördlichen) Regionen (z.B. ehemalige Bezirke Schwerin und Rostock), die auch wiederum in ähnlicher Kombination durch Agrarproduktion und monostrukturelle Großindustrie (Werften) geprägt waren. Die Existenz dieser regionalen Monostrukturen dürfte sich als eines der wesentlichen Probleme bei der Neugestaltung der Wirtschaftsstruktur erweisen.

Für die Bewältigung des Transformationsprozesses stellt sich mit den Strukturen des ehemaligen "Produktionsmodell DDR"[15]) eine Erbmasse heraus, die eine Vielzahl von Problemfeldern und Hypotheken hinterlassen hat. Zu nennen wäre neben der Existenz wirtschaftssektoraler Rückstände und monostrukturierter Wirtschaftsräume insbesondere der technische Modernisierungsrückstand bei gleichzeitig starker tayloristischer Arbeitsorganisation und das Fehlen ganzer Betriebsstrukturen wie z.B. von Klein- und Mittelbetrieben. Hinzu kommen Beschäftigungsstrukturen, die einerseits durch hohe Überkapazitäten (verdeckte Arbeitslosigkeit) und andererseits durch gravierende Fehlqualifikationen im Hinblick auf den zu erwartenden Strukturwandel charakterisiert werden können. Mit der Implementation "neuer beschäftigungspolitischer Grundwerte" wie z.B. Absenkung der Frauenerwerbsquote, Segmentation der Beschäftigten in Stamm- und Randbelegschaften und Steigerung der Leistungsfähigkeit der Belegschaften etwa durch Verjüngung und Qualifizierung liegt eine Gleichzeitigkeit der Problemlagen und Wirkungen in allen Regionen vor. Zugleich droht Gefahr durch die Ausdünnung vorhandener (betrieblicher) Forschungs- und Entwicklungskapazitäten, in deren Folge es zu einer hochgradigen Gefährdung der für einen Modernisierungsprozeß notwendigen Innovationspotentiale kommt[16]). Damit könnten regionale und lokale/kommunale Entwicklungspotentiale u.a. auch durch das Auskämmen von Humankapitalbeständen (Abwanderung von qualifizierten Fachkräften) verschüttet werden, die insbesondere zur Revitalisierung von Regionen dringend erforderlich sind. Um die Etablierung eines "postsozialistischen Mezzogiorno"[17]) in den fünf neuen Ländern zu verhindern, wird der beruflichen Qualifizierung ein relevanter politischer Stellenwert bei der

Begleitung des regionalen Strukturwandels zugeschrieben, wobei sie fast zu einer ritualisierten Beschwörungsformel im Transformationsprozeß geworden ist.

3. Berufliche Weiterbildung im Prozeß institutionell-organisatorischer Reorganisation

Die oben angesprochene Doppelperspektive von Anpassungs- und Vorlauffunktion der Weiterbildung dürfte innerhalb der (inzwischen deutlichen Veränderungen unterworfenen) ehemaligen Konzeption der betriebsbezogenen Weiterbildung der DDR durchaus programmatisch berücksichtigt gewesen sein. Die betriebliche Weiterbildung als Nukleus beruflicher Qualifizierung in der ehemaligen DDR war weitgehend auf industrielle Großproduktion und leistungsfähige Agrarbetriebe ausgerichtet, wobei ca. jeder 20. Betrieb über eine eigene Bildungsstätte verfügte. Durch die organisatorische Anbindung beruflicher Weiterbildung an die Betriebe und Kombinate in Form von Betriebsakademien und Betriebsschulen erfüllten diese Einrichtungen mit ihrem breiten qualifikatorischen Leistungsgefüge konkrete Servicefunktionen für betriebliche und arbeitsplatzspezifische Anforderungsprofile. Zugleich wirkten sie als Rekrutierungskanal für die Bedarfsdeckung auf allen Ebenen der Qualifikationshierarchie (z.B. Facharbeiter, Meister, Führungskräfte u.a.)[18]. Als staatliche Einrichtungen unterlagen sie der Kontrolle und Weisung der Politik, so daß curriculare Vorgaben (Lehrpläne, Programme etc.) verbindlichen Charakter hatten. In der Konsequenz bedeutete dies, daß über Formen betrieblicher Weiterbildung erworbene Ausbildungsabschlüsse staatlich zertifiziert und anerkannt wurden. Zwischen einzelnen Betriebsakademien bestanden ferner Kooperationsbeziehungen insofern, als bei auftretenden qualifikatorischen Bedarfslücken, die von einem Einzelbetrieb nicht abgedeckt werden konnten, Arbeitnehmer bzw. Werktätige für Weiterbildungszwecke zwischenbetrieblich delegiert und ausgetauscht wurden.

Diese zentralistischen Organisationsstrukturen haben, soweit sie als Voraussetzung und Folge einer zentralistischen Leitungs- und Führungstätigkeit zu verstehen sind, dazu beigetragen, daß berufliche und betriebliche Weiterbildung - sicherlich unbeabsichtigt - destruktive Effekte erzeugt hat, die letztlich deren Scheitern mit befördert haben können. Dies scheint in besonderem Maße zuzutreffen für diejenigen Belegschaftsgruppen, die als Agenten und Akteure des betrieblichen (und damit letztlich auch des regionalen) Strukturwandels in diesen Positionen tätig sind. Noch vor der Wende wurden in entsprechenden empirischen Untersuchungen auf breiter Ebene Deformationen in den Leitungstätigkeiten festgestellt, angefangen von mangelnden Konzeptionsmöglichkeiten durch Planeinbindung bis hin zur Erziehung zur Anpassung und damit letztlich auch destruktiver Persönlichkeitsentwicklung. Zudem standen solche Erscheinungsformen in einem Spektrum sozialer Werte, in denen Leitungsfunktionen eher negativ bewertet wurden (i.S.v. Mittäterschaft an den bestehenden schlechten Verhältnissen)[19]. Ausdruck dieser Deformationen war eine "zwanghafte informelle Kompromißstruktur" im betrieblichen Planungs- und Entscheidungsgefüge, die diesen Belegschaften insgesamt wenig Handlungsspielraum bot[20].

Mit den Bestimmungen des Einigungsvertrags über die Übernahme des Berufsbildungs- und Arbeitsförderungsgesetzes in den neuen Ländern einschließlich der regulierenden

Instrumente und der impliziten politischen Handlungsmuster sind die tradierten Strukturen beruflicher Weiterbildung·in der ehemaligen DDR erodiert. Die Etablierung marktkonformer bundesrepublikanischer Organisationsmodelle, die inhaltliche Fokussierung auf Modelle und Konzepte beruflicher Weiterbildung nach westlichen Berufs- und Qualifikationsmustern und deren Kodifizierung in Aus- und Fortbildungsordnungen und sonstigen Zertifikaten hat zu einem Prozeß der partiellen Destruktion des ehemals existierenden infrastrukturellen Weiterbildungsgefüges und seines Beziehungsgeflechts geführt. Parallel hierzu ist eine Entwicklungslinie sukzessiver Reorganisation und Neuformierung zu konstatieren, die sich strukturell, rechtlich, finanziell, institutionell-organisatorisch, curricular und didaktisch-methodisch nach den Prinzipien von beruflicher Weiterbildung in den alten Bundesländern (Pluralismus, Markt, Subsidiarität) vollzieht. Erkennbar ist, daß dabei auf "die normative Kraft des Faktischen" im Wandlungsprozeß vertraut wird.

Beispielhaft läßt sich dies an der Institution der Betriebsakademien verdeutlichen. Vor der "Wende" existierten insgesamt 755 Betriebsakademien, die sich regional auf die Bundesländer Sachsen mit 208, Sachsen-Anhalt mit 154, Brandenburg mit 141, Mecklenburg mit 114, Thüringen mit 109 und Berlin mit 29 Einrichtungen verteilten. Bereits aus diesen Bestandszahlen wird deutlich, daß sich bei den Kapazitäten der Berufsbildung historisch das Süd-Nord-Gefälle in der ehemaligen DDR widerspiegelte, welches der Entwicklung der Industrie- und Bevölkerungsagglomeration folgte[21]. Die Handlungsmaxime der Treuhandanstalt, die der rigorosen Privatisierung und "Filetierung" von Betrieben und Kombinaten den Vorrang vor der Sanierung einräumt, hat dazu geführt, daß kostenträchtige Einrichtungen wie die Betriebsakademien entweder externalisiert oder in ihrem Leistungsgefüge reduziert wurden[22]. Nach ersten Einschätzungen bestehen von den einstmals 755 Betriebsakademien über die Hälfte nicht mehr als betriebliche Bildungseinrichtungen. Ein Drittel der Einrichtungen existiert überhaupt nicht mehr, ein Drittel ist noch als betriebliche Abteilungen vorhanden, ein Drittel hat sich verselbständigt und tritt als betriebsunabhängiger Bildungsträger am Markt auf, wobei generell ein zunehmender Trend zum eigenständigen Anbieter in einer Kooperation mit westdeutschen Bildungsorganisationen erkennbar ist[23].

Diese Entwicklungstendenz bestätigt eine empirische Untersuchung, nach deren Ergebnissen sich die Betriebsakademien künftig als Bildungseinrichtungen mit Betriebsorientierung, nicht aber als Betriebseinrichtung verstanden wissen wollen, ungeachtet dessen, daß ein Großteil der befragten Einrichtungen darauf verweist, daß ihre Existenz grundsätzlich gefährdet ist[24]. Unklar ist, unter welchen Bedingungen die in der Vergangenheit übernommenen Dienstleistungsfunktionen in der Weiterbildung von Arbeitnehmern aus externen Betrieben aufrechterhalten werden können. Die Absicht, Auftragsmaßnahmen für öffentliche Finanzträger durchzuführen, wird sich sicherlich nur für wenige Einrichtungen realisieren lassen. Um so schwerer dürfte dies fallen, wenn von 70% der befragten Einrichtungen Mängel in der eigenen technischen und Lehr- und Lernmittelausstattung festgestellt werden. Noch offen ist dabei, wie das Organisationspotential und die qualifikatorischen Kompetenzen des Lehrpersonals eingeschätzt werden.

Gegenwärtig ist nicht abschätzbar, welche quantitativen (personell, sachlich, räumlich) und qualitativen (Angebotspalette und -dichte u.a.) Konsequenzen der Prozeß der institutionell-organisatorischen Ressourcenreduktion in der beruflichen Weiterbildung auf die regionale Weiterbildungsinfrastruktur hat. Trotz der erheblichen Aktivitäten westdeutscher Bildungsträger in den Regionen der neuen Bundesländer geht das Institut der deutschen Wirtschaft davon aus, daß vorhandene Lücken und Defizite in der regionalen Weiterbildungsinfrastruktur kurzfristig nicht geschlossen bzw. beseitigt werden können[25]), da der Umfang der aufgelösten Bildungsstätten höher liegt als der Umfang seriöser Neugründungen[26]). Wie auch an vielen anderen Stellen bleibt es weiteren Analysen vorbehalten, Kriterien für eine Qualitätsprüfung zu entwickeln und der wissenschaftlichen Diskussion zu stellen.

Im Rahmen der "Qualifizierungsoffensive Ost" ist die Politik der 38 Arbeitsämter vordringlich darauf ausgerichtet, die regionale Weiterbildungslandschaft strukturell und marktkonform auszubauen und das Angebotsspektrum und Leistungsgefüge zu verbreitern. Dabei verfolgen die Arbeitsämter eine Strategie der Verfestigung von Kooperationsbeziehungen zwischen anerkannten westdeutschen und ostdeutschen Bildungsträgern einerseits und den Betrieben in der Region andererseits, um hierdurch qualitative Standards im Bildungsangebot durchzusetzen und zugleich Bedarfsartikulationen aus dem Beschäftigungssystem im Weiterbildungsangebot zu berücksichtigen[27]).

Auf der verzweifelten Suche nach einem Treibanker, der die stürmische Fahrt in die Arbeitslosigkeit bremsen soll, ist einem Konzept zur Karriere (come-back) verholfen, das in den alten Bundesländern auf massiven Widerstand durch die Arbeitgeberseite gestoßen war. Die Rede ist von der Konsensformel "Qualifizieren statt Entlassen"[28]). Mit ihr ist das Modell der Beschäftigungs- und Qualifizierungsgesellschaften ins Zentrum einer neuen Diskussion gerückt[29]).

4. Beschäftigungs- und Qualifizierungsgesellschaften als Konzept regionaler Entwicklung

Das Konzept "Qualifizieren statt Entlassen" und das Modell von Beschäftigungs- und Qualifizierungsgesellschaften" läßt sich in eine Kontinuitätslinie zu den Beschäftigungs- und Qualifizierungsplänen einordnen, wie sie in den alten Bundesländern seit Anfang der 80er Jahre als Instrument einer erweiterten Sozialplanpolitik der Gewerkschaften[30]) diskutiert und zuweilen mit mehr oder minderem Erfolg umgesetzt wurden[31]). Aus Erfahrungen mit der bundesrepublikanischen Praxis von Beschäftigungsplänen in den Wirtschaftssektoren Bergbau, Stahl, Werften, Elektroindustrie u.a. sowie aus Erfahrungen mit den Initiativen im Bereich des "zweiten Arbeitsmarktes" in Begleitung von Beschäftigungsgesellschaften haben sich folgende programmatische Konkretisierungen des Konzeptes herauskristallisiert[32]):

1. Die Erarbeitung von Lösungsansätzen für einzelbetriebliche Krisensituationen wird auch auf die Folgewirkungen für den regional/kommunalen Wirtschaftsraum (Sektorenentwicklung: Innovationsfähigkeit, Arbeitsmarkt) fokussiert.

2. Stabilisierung und Ausschöpfung von Qualifikationspotentialen sind auf Zeitgewinn zur Realisierung betrieblicher und regionaler Umbauprogramme (Produktionskonversion und -diversifikation) abgezielt.

3. Qualifizierung in Beschäftigungsplänen kombiniert betriebliche und öffentliche Mittel und konzentriert sich auf die Aufweichung betrieblicher Arbeitsmarktbarrieren zugunsten der Öffnung von Entwicklungskorridoren für die Un- und Angelernten und andere betrieblich benachteiligte Gruppen (bottom-up-Strategie).

4. Qualifizierung in betrieblichen Bindungen als Instrument präventiver Personalpolitik erhält den Solidarverbund der betrieblichen Zugehörigkeit und macht die individuelle Entscheidung für die Teilnahme an beruflicher Qualifizierung leichter.

5. Investitionsentscheidungen, Produktinnovation, Organisationsentwicklung, Personalplanung und Qualifizierung wird als gemeinsamer Entscheidungskomplex gesehen.

6. Qualifizierung in Beschäftigungsgesellschaften liefert einen Beitrag zur Zielvorstellung, Beschäftigung zu schaffen, anstatt Arbeitslosigkeit über den Bezug von Arbeitslosengeld zu alimentieren. In einer öffentlich getragenen Beschäftigungsgesellschaft, die durch Mischfinanzierung (EG-Mittel, Bundesmittel, Strukturfonds etc.) abzusichern ist, können Qualifizierung und Beschäftigung integriert angeboten und organisiert und Übergangswege vom zweiten (Beschäftigungsgesellschaft) zum ersten Arbeitsmarkt (Betriebe) geschaffen werden.

Die im Konzept angelegten Handlungsebenen vereinigen unterschiedliche Strategien, die einen Beitrag zu einer präventiven, zukunftsorientierten und regionalpolitisch relevanten Beschäftigungs- und Weiterbildungspolitik leisten können. Die bundesrepublikanischen Erfahrungen mit der Umsetzung von Qualifizierungs- und Beschäftigungsplänen geben jedoch wenig Anlaß zur Euphorie. So haben die jeweiligen (regionalen) und ökonomischen Rahmenbedingungen und eine restriktive Förderungspraxis die arbeitsmarkt- und beschäftigungspolitischen Potentiale nicht zu ihrer vollen Entfaltung kommen lassen.

Von ihrer ursprünglichen Konzeption her lag der Schwerpunkt ihrer Problemdefinition und Problemlösungskapazität auf einzelbetrieblicher Ebene. Wenngleich sie sich einer regionalstrukturpolitischen Diktion bedienten, folgten sie jedoch vorrangig dem Ziel, betriebliche Umstrukturierungs- und Anpassungsprozesse (Entlassungen) zu externalisieren und durch betriebsfremde Ressourcen finanzieren zu lassen (AFG), zumal sie weitgehend nur auf die Qualifizierungskomponente reduziert blieben, während vorwärtsweisende Zielsetzungen im Hinblick auf Beschäftigungs- und Arbeitsplatzschaffungseffekte dahinter zurückfielen. Das Funktionieren der Qualifikationskomponente war letztlich im Kern an die Voraussetzungen eines mehr oder minder regional-extern oder betriebsintern intakten Arbeitsmarktes gebunden, der die zu qualifizierenden Belegschaften weitgehend absorbieren kann.

Angesichts des Scheiterns von weiterreichenden Zielvorstellungen einer breiten regionalpolitischen Wirksamkeit der BQG und der nur partiellen Erfolge des Konzeptes auf der Ebene der Qualifizierungskomponente stand die Übertragbarkeit des Konzeptes auf die neuen Bundesländer unter großen Vorbehalten. Diese artikulieren sich u.a. in der Gefahrenbeschwörung, über das Modell der BQG und der darin wirkenden Instrumente, wie z.B. Arbeitsbeschaffungsmaßnahmen und Kurzarbeiterregelungen, alte Betriebs- und Branchenstrukturen zu konservieren und lediglich temporäre Beschäftigungsillusion zu erzeugen. In der zuweilen emotionalisierten öffentlichen Diskussion bedienen sich die ordoliberalen Propagandisten und Gegner von BQG des folgenden diskreditierenden Vokabulars:

"Ein Nachsitzen von erwachsenen Menschen in sogenannten Beschäftigungsgesellschaften ist in demokratischen Staaten nicht zumutbar, hat eher den Charakter von Erziehungslagern in Sozialismus und Faschismus. Wer einschlägige Institutionen fördert, läßt Probleme der "Lagerleitung" und Aufgabensteuerung leichtfertig außen vor."[33]) Der ehemalige Wirtschafts- und Finanzminister Karl Schiller bezeichnete sie als "staatlich alimentierte Phantome, die auf direktem Wege in einen Arbeitsamtssozialismus führen."[34]) Moderater formuliert die Wirtschaftswoche: "Die Beschäftigungsgesellschaften laufen in der Praxis auf eine gigantische Beschäftigungstherapie für ein ganzes Volk hinaus. Die Gesellschaften drohen den gerade anlaufenden Motor des wirtschaftlichen Fortschritts in den neuen Bundesländern gleich wieder abzuwürgen und die stärkste Quelle für neue zukunftssichere Arbeitsplätze zu verschütten: den Mittelstand. Private Unternehmer werden mit den ohne Personalkosten kalkulierenden Beschäftigungsgesellschaften im Wettbewerb um Aufträge nicht mithalten können. Neue lebensfähige Strukturen werden verhindert, alte kranke künstlich konserviert. Genauso funktionierte einst die DDR-Wirtschaft. Sie war nichts anderes als eine riesige Beschäftigungsgesellschaft."[35])

Diese Positionen verdeutlichen das Spannungsfeld, in dem sich die Diskussion um Beschäftigungs- und Qualifizierungsgesellschaften bewegt. Trotz dieser deutlich skeptischen bis ablehnenden Position scheint kaum eine Alternative zu dieser "neuen" Form aktiver Arbeitsmarkt- und Qualifizierungspolitik in Sicht[36]). Auch hat die Realität längst die politische Planung und Diskussion konterkariert. Als Notstandsprogramm mit zeitlicher Befristung sollen sie das globale wie auch regionale Abdriften am Arbeitsmarkt sozialverträglich abfedern[37]). So signalisierten Mitte 1991 ca. 800 Treuhandbetriebe die Absicht, Gesellschaften für Qualifizierung oder Beschäftigung für ca. 97 Tsd. Arbeitnehmer zu gründen oder sich daran zu beteiligen[38]). Als strukturförderliche Initiative sollen sie zudem als Überbrückungs- und Überleitungsinstrument den Strukturwandlungsprozeß im Betrieb und in der Region begleiten. Vorsichtig positive Positionen gehen davon aus, Beschäftigungsgesellschaften wie in der alten Bundesrepublik nur als Hilfsinstrument unter anderen zu verstehen und nicht als Rezept, das generell gegen Beschäftigungsprobleme verordnet werden kann: Die Rezeptur darf nur nach einer individuellen Diagnose erfolgen, und sie muß richtig dosiert sein[39]). Diesen Zielvorstellungen verpflichtet, hat auch die Treuhandanstalt ihre anfängliche Skepsis gegen die Förderung von BQG aufgegeben und ist in einen konstruktiven Dialog eingestiegen[40]).

In der Arbeitsverwaltung hat sich inzwischen auch auf oberen Ebenen eine höhere Akzeptanz gegenüber der Zusammenfassung von Mitteln und deren Verwendung für arbeitsplatzbezogene und gleichzeitig strukturbezogene Aufgabenstellungen eingestellt.

Unter dem Begriff "Mega-ABM" werden dort Arbeitsbeschaffungsmaßnahmen geführt, die mit einem Gesamtfördervolumen von über 3 Mio. DM auf die Erfüllung öffentlicher Aufgaben gerichtet sind. Besondere Berücksichtigung gilt der Verbesserung der kommunalen Infrastruktur, z.B. hinsichtlich der Verbesserung der Angebotsbedingungen für potentielle Investoren sowie durch die Sanierung von Gewerbeflächen und Gewerberäumen. Von den 71 Mega-ABM enthalten 43 eine Qualifizierungskomponente, die in der Regel 20% der Arbeitszeit beträgt[41]). In Einzelfällen wird dieses Modell auch als Beschäftigungsgesellschaft ausgestaltet, wobei bisher noch wenig Anhaltspunkte über den Qualifikationsgehalt vorliegen[42]).

In den neuen Bundesländern lassen sich gegenwärtig zwei idealtypische Modelle von BQG in der Diskussion unterscheiden: erstens das einzelbetriebliche Modell, das vom Unternehmen gegründet wird, um sich im Interesse einer Sanierung von Beschäftigten zu "entlasten". Die Beschäftigten werden für eine Übergangszeit in einer "Pufferzone" mittels Qualifizierungsprogrammen oder Arbeitsbeschaffungsmaßnahmen so lange geparkt, bis sie entweder dem externen Arbeitsmarkt endgültig überstellt (mit dem hohen Risiko eines Transits in die Arbeitslosigkeit) oder in den vormals abgebenden Betrieb wiedereingestellt werden. Zweitens ist das Verbundmodell zu sehen, das mehrere Beschäftigungsgesellschaften zusammenfaßt, wobei versucht wird, die Problemlagen einer Branche oder einer monostrukturierten Region gebündelt und in Kooperation mit Betrieben und anderen Partnern (Kommunen etc.) anzugehen. Die interne Dimensionierung und Komponentenzusammensetzung von BQG sind variantenreich und decken ein breites Spektrum von Qualifizierung und Beschäftigung, wirtschaftsförderlichen Initiativen, Vorbereitung von Existenzgründungen, Technologietransfer u.v.a. ab.

In Anknüpfung an die oben angestellten Überlegungen[43]) über die Vermittlung regionaler Bedarfslagen und qualifikationsbezogener Konzeptualisierung von BQG bewegt sich die Diskussion in einem Spektrum, welches auf der einen Seite durch die Orientierung am aktuellen und klar erkennbaren Bedarf, auf der anderen Seite durch Qualifizierung für zukünftig erwartbare Bedarfslagen gekennzeichnet ist. An dieser Stelle ist nicht der Raum dafür, etwa über die Treffsicherheit von Bedarfsprognosen oder Bedarfsermittlungen zu resümieren. Dagegen scheint es notwendig, Klarheit darüber herzustellen, welche Chancen und Risiken mit beiden Konzepten verbunden sind. Unzweifelhaft dürfte mit einer aktuellen Orientierung eine größere Dynamik am Arbeitsmarkt erzeugt werden. Vorstellbar ist nämlich, daß Betriebe - wie auch aus den alten Bundesländern bekannt - bei betrieblicher Reorganisation und dabei notwendig werdender Personalanpassung gleichsam in einem "Recyclingprozeß" auf in außerbetrieblichen Weiterbildungsmaßnahmen qualifiziertes Personal zurückgreifen[44]). Zum einen setzt eine solche Dynamik am Arbeitsmarkt einen Prozeß der Selektion und Segmentation nach Qualifikation und Arbeitsvermögen in Gang, bietet aber auch gleichzeitig die Chance, daß sich keine unmittelbare Polarisierung nach Gruppen in Beschäftigung und Gruppen in Qualifizierungsmaßnahmen verfestigt. Einen (regionalen) Arbeitsmarkt in Gang zu setzen, dürfte angesichts des Personalabbaus ganzer Belegschaftsgruppen und der damit verbundenen Schaffung von über längere Zeiträume leistungsfähigen Alters- und Qualifikationsstrukturen ein eigenständiges Ziel regionaler Strukturentwicklungspolitik sein. Für die interne Arbeit der BQG dürfte eine solche Orientierung am aktuellen regionalen Bedarf ein vergleichsweise hohes Maß an Handlungssicherheit bieten, lassen sich doch in der Kooperation mit Betrieben und vor allem auch der Arbeitsverwaltung als bedeutendem Finanzträger um so eher Weiterbildungskonzepte entwickeln, je deutlicher sich aktueller Bedarf artikuliert[45]). Jeweils zu bedenken ist auch die Beschäftigungsdimension. Bei einer solchen am aktuellen Bedarf operierenden Konzeption besteht grundsätzlich das Problem der Konkurrenz mit dem Leistungsangebot von frei am Markt befindlichen Wirtschaftsbetrieben; ein Umstand, der für die Durchsetzungsfähigkeit eines solchen Konzepts eher hemmend wirken könnte.

Betrachtet man andererseits ein Modell, welches eher längerfristige Qualifizierungsperspektiven verfolgt, so zeichnet sich folgendes Problemfeld ab: Wie auch immer eine Definition oder Erzeugung regionalen Qualifikationsbedarfs erfolgt, sie muß in der Lage sein, den Teilnehmern in den BQG eine tragfähige Zukunftsperspektive zu vermitteln, anderenfalls mangels Motivation der Erfolg einer solchen Option schnell fraglich würde. Hinsichtlich der Qualifizierung und Beschäftigung kann sie sich auf solche Bereiche konzentrieren, die bisher in der Region oder auch überregional wenig Berücksichtigung fanden (z.B. Umweltsanierung). Sie steht vor dem Problem, einerseits ein nur unscharfes Bild zukunftsbezogener Qualifizierungsinhalte zeichnen und vor allem in Maßnahmen vermitteln zu können, andererseits ihre Leistungsfähigkeit soweit zu entwickeln, daß in einem relativ kurzen Zeitrahmen (d.h. innerhalb der öffentlichen Förderung) eine tragfähige Marktposition erreicht werden kann. Dagegen dürften sich Potentiale entwickeln, die einen Durchbruch durch den oben skizzierten "Strukturkonservatismus" in der regionalen Weiterbildungsentwicklung bedeuten können. Sicherlich ist dabei mehr als bei einer aktuellen Bedarfsorientierung eine überregionale Abstimmung notwendig, um Unterauslastung, Ressourcenzersplitterung und Integrationsprobleme auf einem regulären Arbeitsmarkt für die Teilnehmer zu vermeiden. In bezug auf die Förderung des regionalen Strukturwandels durch Weiterbildung scheint dieser Konzeption mehr Dynamik innezuwohnen als dem ersten skizzierten Konzept.

Angesichts des aktuellen zeitlichen Problemdrucks, hervorgerufen durch die im Vergleich zu regionalen Umstrukturierungsprogrammen in den alten Ländern hohe Änderungsdynamik, muß offenbleiben, wieweit in kurzer Zeit Erfolge vorgewiesen werden können. Die vorliegenden Erfahrungen aus den alten Ländern zeigen, daß die Entwicklung und marktfähige Durchsetzung von neuen Produkten und Dienstleistungen Zeit braucht. Durch eine unterstützende Qualifizierungs- und Beschäftigungspolitik, so wie sie etwa in BQG konzipiert ist, ist die Möglichkeit gegeben, solche notwendigen Zeitperspektiven zu eröffnen und damit Arbeitsplatzprobleme lösen zu helfen[46]).

Was letztlich die generelle Frage der Qualifizierung als Strategie zur Bekämpfung von Arbeitslosigkeit betrifft, so ist sie insbesondere mit der zeitlichen Perspektive der Wirkungen von notwendigen Innovationsprozessen verbunden. Ein dauerhafter Erfolg der Qualifizierungspolitik in den neuen Ländern wird gerade dann nur möglich sein, wenn sie in eine vorausschauende Struktur- und Regionalpolitik integriert wird. Diese Perspektive würde jedoch einen Paradigmenwechsel in der bisher betriebenen Wirtschafts- und Arbeitsmarktpolitik zugunsten einer stärkeren industriepolitischen Akzentuierung erforderlich machen, wobei Industriepolitik in diesem Sinne ein Bündel von Teilpolitiken umfassen müßte, die darauf fokussiert sind, den wirtschaftlichen Strukturwandel zu beeinflussen oder gar zu steuern, so daß z.B. Investitionen privater Wirtschaftsunternehmen in solche Richtungen kanalisiert werden könnten, wie sie unter ausschließlich marktwirtschaftlichen Bedingungen nicht realisiert würden[47]). Wenngleich die Erfahrungen belegen, daß für Strukturentwicklung und Industrieansiedlung die Zusammenhänge regionaler Produktion, ihre intraregionale Verflechtung, damit verbundenes Know-how und entsprechender Know-how-Transfer sowie kurze Informationswege und geringe Mobilitätskosten viel entscheidender sind als eine regionale Angebotspolitik, die oft noch unzureichend koordiniert ist, sind für eine industrie-politische Strategie, die diese Zusammenhänge produktiv verarbeitet und konzeptionell antizipiert[48]), gegenwärtig keine politischen Signale erkennbar.

5.   Forschungsperspektiven

Aus dem bisher Gesagten wird deutlich, daß die Umsetzung der BQG in den neuen Bundesländern nicht auf breite Erfahrungen in den alten Bundesländern zurückgreifen kann. Weder haben die Modelle, die hier praktiziert wurden, Experten in ausreichendem Maße hervorgebracht, um den Bedarf in den neuen Bundesländern abzudecken, noch ist das administrative und organisatorische Know-how so aufbereitet, daß es als lehrbuchmäßiges Wissen abgerufen und weitergegeben werden könnte. In diesem Sinne gestaltet sich die weitere Entwicklung zunächst als empirischer Suchprozeß. Wie auch in der Vergangenheit bietet eine Begleitforschung, die als gestaltende Prozeßbeobachtung konzipiert ist, allerdings wiederum eine Chance, Erfahrungen zu systematisieren und in den Entwicklungsprozeß rückzubinden. Ohne einen abschließenden Katalog von Fragen formulieren zu können, dürften die im folgenden skizzierten Problemstellungen dabei von besonderer Relevanz sein:

- Welche Voraussetzungen bieten die in den neuen Bundesländern inzwischen in Auflösung befindlichen Weiterbildungsstrukturen für die Bewältigung der anstehenden Aufgaben? Dabei sind zunächst die Betriebsakademien in den Blick zu nehmen, die aufgrund ihrer traditionellen Betriebs- und Regionalorientierung als Träger für BQG in Frage kommen könnten. Diese Neuprägung erscheint allerdings nicht unproblematisch. Verbleiben die Betriebsakademien in einer engen betrieblichen Bindung, wird von ihnen eine volle Konzentration auf den innerbetrieblichen Strukturwandel verlangt. Wenn sie sich schon nicht marktförmig, also etwa als profit-center bewähren müssen, so bleibt jedenfalls kaum Raum für überbetriebliche qualifizierungs- und beschäftigungspolitische Aufgaben. Werden sie dagegen aus den Betrieben ausgegliedert (was häufiger der Fall zu sein scheint)[49]), ist eine notwendige Orientierung auf die unmittelbaren regionalen Probleme eng gekoppelt an die eigene Überlebensfähigkeit auf einem sich rasch entwickelnden konkurrenzorientierten Weiterbildungs(angebots)markt. Fachliche Kompetenz dürfte nur äußerst schwierig beizubringen sein.

- In regionaler Perspektive ist erweitertes Wissen über die Entwicklung einer regionalen Weiterbildungsstruktur zu erarbeiten. Dabei scheint neben der Restrukturierung des Gefüges der Weiterbildungsträger insbesondere Wissensbedarf nach der Initiierung von Kommunikations- und Informationsprozessen zwischen den beteiligten Akteuren (Bildungsträgern, Betrieben, Arbeitsverwaltung, Teilnehmern u.a.) in der Region zu bestehen. Daneben dürfte die Qualitätssicherung von Maßnahmen sowie die regionale Übertragbarkeit der gewonnenen Erfahrungen auch für weitere internationale Entwicklungen von großem Interesse sein[50]).

- Die regionalen BQG folgen einem Konzept der Verbindung von Lern- und Arbeitsprozessen unter qualifikatorischen und beschäftigungspolitischen Zielsetzungen. Die bisherigen Untersuchungen zu BQG haben noch kaum damit verbundene Problemstellungen hervorgebracht, schon gar nicht aus der Teilnehmerperspektive. Zu fragen ist danach, welche organisatorischen und methodisch-didaktischen Ausprägungen die oben genannten "Prototypen" von BQG aufweisen sollten, um erfolgreich zu arbeiten. Des weiteren ist zu klären, in welchem Verhältnis berufsfachliche und überfachliche (Schlüssel)Qualifikationen in die Lernprozesse einzubringen sind. Drittens ist im Rahmen wissenschaftlicher Begleitung und gestaltender Prozeßbeobachtung ein Abstimmungsprozeß von Motivationslagen und Lernprozessen herzustellen, der den Erfolg der Maßnahmen unterstützt.

- Selektions- und Segmentationsprobleme im Hinblick auf die Wiedereingliederung in reguläre Beschäftigungsverhältnisse sind sowohl im Innenverhältnis als auch im Außenverhältnis zu untersuchen. Im Innenverhältnis geht es um die Vermeidung von psychisch belastender und damit destruktiver Konkurrenz zwischen den Teilnehmern und um die Vermittlung von individuellen Entscheidungskriterien über die unterschiedlichen Wertigkeiten einer raschen beruflichen Wiedereingliederung und einer umfassenden beruflichen Qualifizierung. Im Außenverhältnis geht es dagegen um die Frage, wie weit ein "zweiter Arbeitsmarkt" den wirtschaftlichen und sozialen Wandel beeinflußt, aber auch darum, daß neue regionale Konzentrationen von Qualifikationsstrukturen vermieden werden, daß Orientierungen gesucht werden, die Bewegungen auf dem Arbeitsmarkt eher fördern als hemmen. Diese Frage knüpft an die oben angesprochenen Überlegungen zum Phänomen eines "Strukturkonservatismus" bei regionalen Qualifizierungsinitiativen an. In diesem Sinne wären BQG nicht als sozialpolitische Auffangnetze, sondern als Motoren in einem aktiv gestalteten regionalen Strukturentwicklungskonzept zu begreifen.

- Es ist zu prüfen, unter welchen Voraussetzungen der immer wieder beschworene gemeinsame Nutzen von Betrieben und Arbeitnehmern an beruflicher Weiterbildung zu realisieren ist. Da dies unter den Bedingungen einzelwirtschaftlicher Konkurrenz ein prinzipiell nur schwer zu erfüllender Anspruch ist, sind im Rahmen von BQG modellversuchsartig Konzepte zu erproben, die arbeitsorientiertes Lernen und lernorientiertes Arbeiten verbinden und die für eine Übertragung auf betriebliche Produktionsstrukturen aufzubereiten sind.

- Diese Überlegung knüpft an ein weiteres Problemfeld der beruflich-betrieblichen Weiterbildung an, das unter dem Stichwort "Regelungsinstrumente" diskutiert wird. Aus der Perspektive regionaler BQG kann es dabei in erster Linie um die Entwicklung betriebsbezogener Regelungsinstrumente, also etwa Betriebsvereinbarungen, gehen. Sie können unter Berücksichtigung der oben genannten Interessenlagen und Erwartungen, die aus dem Zusammenhang einer innovativen Weiterbildungsgestaltung und Unternehmensentwicklung erwachsen, breiter anzuwendende und übertragbare Erfahrungen hervorbringen.

Solche forschungsbezogenen Fragestellungen dürfen nicht den Blick dafür verstellen, daß aus der Perspektive regionaler Strukturentwicklung keine überzogenen qualifikatorischen und beschäftigungspolitischen Erwartungen an BQG gestellt werden können. Eine subsidiäre Funktion ist schon dadurch geboten, daß privatwirtschaftliche Initiativen und auch der öffentliche Sektor sich diesen Problemen eben nicht entziehen können. Neben der erhofften Bewältigung beschäftigungspolitischer Anpassungsprobleme zeichnen sich aber auch positive Momente ab:

Erstens sehen wir eine (positive) Entwicklung in der arbeitsmarkt- und beschäftigungspolitischen Diskussion, die in den beschäftigungspolitischen Krisenjahren in der alten BRD so massiv nicht vorangetrieben werden konnte. Zwar sind die Umstände bedauerlich, aber es werden Formen aktiver Arbeitsmarktpolitik - auch überindividuell - gefordert und praktiziert, die den alten Zuschnitt des AFG und dessen politische Intentionen historisch werden lassen. In der Gesetzgebung und in der Rechtsfortbildung werden sich neue Formen einstellen, die sehr viel weitgreifender als bisher Zusammenhänge zwischen wesentlichen Eckpunkten der Gestaltung des Erwerbslebens (Arbeit/Nichtarbeit, Arbeitsentgelt, Arbeitszeit, Arbeitsbedingungen, Weiterbildung) herstellen. Obwohl keinesfalls ausgemacht ist, daß diejenigen, die jetzt unmittelbar in Beschäftigungsgesellschaften eintreten, voll in den Genuß der damit verfolgten Ziele gelangen, so besteht doch die Erwartung, und für dessen Realisierung bedarf es des politischen Engagements, daß verbesserte arbeitsmarktpolitische Instrumente als Ergebnis dabei herauskommen.

Zweitens wird die größere Verbreitung und voraussichtlich längere Laufzeit von BQG dazu beitragen, daß die individuellen Voraussetzungen zur Bewältigung des wirtschaftlichen und sozialstrukturellen Wandels gestärkt werden - jedenfalls im Vergleich zum Übergang in die Arbeitslosigkeit. Kann eine Strategie der Bearbeitung wichtiger öffentlicher Bereiche (z.B. Umweltschutz) oder der Produktinnovation oder -konversion aussichtsreich verfolgt und daneben u.U. noch eine individuelle berufsfachliche Weiterbildung erfolgreich absolviert werden, scheint es um die individuellen Chancen auf dem Arbeitsmarkt nicht schlecht bestellt zu sein.

Drittens dürfte sich im Prozeß der institutionell-organisatorischen Reorganisation der regionalorientierten beruflichen und betrieblichen Weiterbildung sowohl durch den wirtschaftlichen Strukturwandel als auch durch die neuen Formen der Qualifizierungs- und Beschäftigungspolitik ein erheblicher Innovationsschub ergeben. Neben der Entwicklung neuer Produkte und Dienste und der damit notwendigen berufsfachlichen Qualifizierung werden durch die Zusammenführung wirtschaftlicher, administrativer und pädagogischer Kompetenzen Gestaltungsleistungen zu erbringen sein, die ihre Bewährungsprobe in einem durch große Breite und hohe Geschwindigkeit gekennzeichneten Strukturwandel zu bestehen haben. Wir dürfen nicht nur darauf gespannt sein, in welcher Weise die anstehenden Probleme angegangen werden, sondern auch darauf, welche Rückwirkungen und Lerneffekte bei den Akteuren und bei deren Zusammenwirken ausgelöst werden.

Anmerkungen

1) Vgl. OECD Wirtschaftsberichte Deutschland, Paris 1991.

2) Vgl. Deutscher Industrie- und Handelstag (Hg.): Die neuen Länder. Produktionsstandort "Sachsen-Anhalt", "Brandenburg", "Sachsen", "Thüringen", Bonn 1990. Der Bundesminister für Raumordnung, Bauwesen und Städtebau (Hg.): Raumordnungsbericht 1991, Bonn 1991. IG-Metall (Hg.): Strukturpolitisches Memorandum für Thüringen, Frankfurt/Main 1991.

3) Vgl. Kühl, J./Schaefer, R./Wahse, J.: Beschäftigungsperspektiven von Treuhandunternehmen, in: Mitteilungen aus der Arbeitsmarkt- und Berufsforschung, Heft 3 (1991), S. 501 ff.

4) Vgl. aber den Beitrag von Derenbach/Backes in diesem Band.

5) Vgl. dazu auch den Beitrag von R. Dobischat in diesem Band.

6) Vgl. dazu Meyer-Dohm, P.: Herausforderungen für die betriebliche Bildungspolitik, in: Meyer-Dohm, P./Schütze, H.G. (Hg.): Technischer Wandel und Qualifizierung: Die neue Synthese, Frankfurt/New York 1987. Staudt, E./Rehbein, M.: Innovation durch Qualifikation, Frankfurt/Main; Aschaffenburg 1988.

7) W. Weber faßt diese Momente in seinem Beitrag in diesem Band prägnant unter dem Faktor "Änderungsdynamik" zusammen. Dieser Faktor wird in den neuen Bundesländern vehement als "externe Bedingung" an jeden Betrieb herangetragen.

8) Vgl. z.B. Heidemann, W./Kamp, L.: Arbeitnehmerorientierte Technologie- und Qualifikationspolitik - Chancen für regionale Entwicklung, in: Brückers, W.; Meyer, N.(Hg.): Zukunftsinvestition Berufliche Bildung, Bd. 1, Köln 1988, S. 173 - 187. Volkholz, V.: Zukunft der Arbeit und Qualifikation der Arbeitnehmer im Ruhrgebiet, a.a.O., S. 206 - 243.

9) Zur Frage der Bedarfsermittlung vgl. insbesondere Baethge, M./Dobischat, R./Husemann, R./Lipsmeier, A./Schiersmann, Ch./Weddig, D.: Forschungsstand und Forschungsperspektiven im Bereich betrieblicher Weiterbildung - aus der Sicht von Arbeitnehmern, in: Der Bundesminister für Bildung und Wissenschaft (Hg.): Betriebliche Weiterbildung. Forschungsstand und Forschungsperspektiven (Studien Bildung Wissenschaft, Band 88), Bonn 1990, S. 214 ff. Bezogen auf Regionalentwicklung vgl. den Beitrag von G. Bosch in diesem Band.

10) Vgl. Volkholz, V., a.a.O., S. 236.

11) Vgl. zu Problemen des Zusammenwirkens verschiedener Handlungsebenen der Weiterbildung unter regionalen Gesichtspunkten den Beitrag von E. Sauter in diesem Band, der treffend formuliert: "Zu den wichtigsten Elementen, die auf der überregionalen Ebene zu entwickeln sind, gehören Rahmenbedingungen für die Gestaltung des Angebots, Regelungen für die Finanzierung und Freistellung sowie für die Herstellung von Transparenz".

12) Vgl. Biermann, H.: Berufsausbildung in der DDR. Zwischen Ausbildung und Auslese. Opladen 1990, S. 27.

13) Vgl. Blaschke, D./Koller, M./Kühlewind, G./Möller, U./Stooß, F.: Qualifizierung in den neuen Bundesländern. Hintergründe, Tendenzen, Folgerungen, Nürnberg (7) 1990 (Materialien aus der Arbeitsmarkt- und Berufsforschung), S. 14 ff.

14) Vgl. den Beitrag von R. Dobischat in diesem Band.

15) Vgl. Voskamp, U./Wittke, V.: "Fordismus in einem Land" - Das Produktionsmodell der DDR, in: Sozialwissenschaftliche Informationen Sowi 19, Heft 3 (1990), S. 170 ff. Kern, H.: Die Transformation der östlichen Industrien, in: Die neue Gesellschaft, Heft 2 (1991), S. 115. Deppe, R.: Bilanz der verlorenen Zeit. Industriearbeit, Leistung und Herrschaft in der DDR und Ungarn, in: Deppe, R./ Dubiel, H. (Hg.): Demokratischer Umbruch in Osteuropa, Frankfurt/Main 1991, S. 126 ff. Schwarz, R.: Innovation im Kombinat. Über Hemmnisse und Potentiale in der DDR-Wirtschaft, in: WBZ-Mitteilungen, September 1991, S. 11 ff.

16) Vgl. Voskamp, V./Wittke, V.: Aus Modernisierungsblockaden werden Abwärtsspiralen - zur Reorganisation von Betrieben und Kombinaten in der ehemaligen DDR, in: Sofi-Mitteilungen, Nr. 18, Göttingen 1990.

17) Vgl. Brücker, H.: Von der Planwirtschaft zum postsozialistischen Mezzogiorno, in: Die Mitbestimmung, Heft 2 (1991), S. 115 ff.

18) Vgl. Schäfer, H.-P.: Berufliche Weiterbildung in der DDR, in: Bundesministerium für innerdeutsche Beziehungen (Hg.): Vergleich von Bildung und Erziehung in der Bundesrepublik Deutschland und in der Deutschen Demokratischen Republik. Köln 1990, S. 377 ff. Bramer, H.: Berufliche Weiterbildung in der DDR vor der Wende, in: Mitteilungen aus der Arbeitsmarkt- und Berufsforschung, Heft 2 (1991), S. 423 ff.

19) Vgl. Ladensack, K.: Motivierung, Leiterleistungen und Leiterentwicklung - untersucht vor der Wende in der DDR, in: v. Eckardstein, E. u.a. (Hg.): Personalwirtschaftliche Probleme in DDR-Betrieben, Zeitschrift für Personalforschung, Sonderheft, München 1990, S. 86.

20) Vgl. Senghaas-Knobloch, E.: Neue Herausforderungen für die Arbeit- und Technikforschung im deutschen Einigungsprozeß: Gestaltungsansätze und Gestaltungsbarrieren, in: Fricke, W. (Hg.): Jahrbuch Arbeit und Technik, Bonn 1991, S. 88. Marz, L.: Der Prämoderne Übergangsmanager. Die Ohnmacht des "real sozialistischen" Wirtschaftskaders, in: Deppe, R./Dubiel, H., a.a.O., S. 104 ff.

21) Vgl. Autsch, B./Brandes, H./Walden, G.: Bedingungen und Aufgaben bei der Umgestaltung des Berufsbildungssystems in den neuen Bundesländern. Berlin; Bonn 1991, S. 13 und S 40.

22) Vgl. Dobischat, R./Neumann, G.: Qualifizierungs- und beschäftigungspolitische Perspektiven in den fünf neuen Bundesländern, in: Gewerkschaftliche Bildungspolitik, Heft 4 (1991), S. 81.

23) So Artur Meier von der Treuhandanstalt, in: Der Bundesminister für Bildung und Wissenschaft (Hg.): Qualität der Weiterbildung sichern. Bonn 1991, S. 76.

24) Vgl. Autsch/Brandes/Walden, a.a.O., S. 41.

25) Vgl. Weiß, R.: Innovations- und Integrationsfaktor: Berufliche Weiterbildung, in: Göbel, U./ Schlaffke, W. (Hg.): Bildungssituation und Bildungsaufgaben in den neuen Bundesländern. Köln 1991, S. 205.

26) Vgl. Dietrich, R.: Das System beruflicher Erwachsenenbildung in der ehemaligen DDR mit Ausblick auf künftige Strukturprobleme in den neuen Bundesländern, in: Mitteilungen aus der Arbeitsmarkt- und Berufsforschung, Heft 2 (1991), S. 439.

27) Vgl. Dobischat, R./Neumann, G.: Qualifizierungsoffensive Ost. Kein Allheilmittel, aber wichtige Weichenstellung für eine neue berufliche Zukunft, hg. von der Friedrich-Ebert-Stiftung. Bonn 1991, S. 12. Vgl. auch Dietrich, R., a.a.O., S. 439.

28) Konsensformel deshalb, da das Konzept in einer gemeinsamen Erklärung "Für mehr Beschäftigung in der DDR" der Bundesvereinigung Deutscher Arbeitgeberverbände und des Deutschen Gewerkschaftsbundes explizit unter der Rubrik "Arbeitsmarktpolitischer Handlungsbedarf" genannt wird:" BDA und DGB unterstützen das Konzept der sogenannten Qualifizierungsgesellschaften, mit dem soziale Probleme des Strukturwandels gemildert und die Voraussetzungen für neue Beschäftigungsfelder im Betrieb und in der Region geschaffen werden können. Diese Einrichtungen können zum einen zum Zweck gegründet werden, Qualifizierungsmaßnahmen vorübergehend, organisatorisch aus dem Betrieb auszulagern. Zum anderen können sich mehrere Unternehmen zusammenschließen, um mit Qualifizierungsgesellschaften die dargestellten Ziele gemeinsam zu verfolgen."

29) Vgl. Lafontaine, O./Stihl, H.P.: Die Rolle der Beschäftigungs- und Qualifizierungsgesellschaften im Sanierungsprozeß der ostdeutschen Wirtschaft, hg. von der Friedrich-Ebert-Stiftung, Bonn 1991.

30) Vgl. Heimann, K.: Eine Idee lernt laufen. Beschäftigungspläne, Qualifizierungsgesellschaften, Beschäftigungsgesellschaften - Elemente einer betrieblichen Sozialpolitik für die neuen fünf Bundesländer, in: Fricke, W. (Hg.), a.a.O., S. 297 ff. Ders.: Berufliche Bildung als Schlüssel der Regionalentwicklung, in: Bosch, G./Neumann, H. (Hg.), a.a.O., S. 147 ff.

31) Vgl. Bosch, G.: Qualifizieren statt entlassen. Beschäftigungspläne in der Praxis. Opladen 1990.

32) Vgl. Dobischat, R./Neumann, G.: Qualifizierungs- und beschäftigungspolitische..., a.a.O., S. 82. Bosch, G./Neumann, H.: Qualifizierungsgesellschaften müssen ihr Personal erst qualifizieren. Zu den Stärken und Schwächen der Arbeitsmarktmaßnahmen in den neuen Bundesländern, in: Frankfurter Rundschau vom 23.5.1991.

33) Staudt, E.: Das Fachpotential in den neuen Bundesländern wird unterschätzt. Dequalifikation durch Weiterbildung, in: Handelsblatt vom 16.9.1991.

34) Vgl. FAZ-Magazin vom 13.9.1991, S. 20.

35) Canibol, H.-P./Heckel, M./Weidenfeld, U.: Ostdeutschland: Der wirtschaftliche Verfall macht die Politiker kopflos. Rabatten hacken. Beschäftigungsgesellschaften sollen Arbeitslosigkeit und drohende soziale Unruhen verhindern. Wunderwaffe oder Rohrkrepierer, in: Wirtschaftswoche vom 22.3.1991, S. 16.

36) Für spätere Bewertungen der BQG an ihren Zielsetzungen gilt, was für alle sozialen Experimente und in diesem Fall den "sozialen Großversuch" "Qualifizierungsoffensive Ost" zutrifft: schlagen sie fehl, so sind genügend Warnungen im Vorfeld formuliert wurden; haben sie Erfolg, so haben sie sich am Markt bewährt. Was offenbleibt, ist die Bewertung der Rahmenbedingungen, die den Entwicklungsprozeß steuern.

37) Vgl. Sofortprogramm "Qualifizierung und Arbeit für Brandenburg".

38) Vgl. Kühl, J. u.a., a.a.O., S. 510.

39) Vgl. Sund, O.: Zur Diskussion von Beschäftigungsgesellschaften in der ehemaligen DDR, in: Bosch, G./Neumann, H., a.a.O., S. 339.

40) Vgl. Rahmenvereinbarung zur Bildung von Gesellschaften zur Arbeitsförderung, Beschäftigung und Strukturentwicklung (ABS), in: Treuhand-Informationen, Ausgabe 3/4 (1991), S. 20.

41) Vgl. IAB-Kurzbericht Neue Bundesländer vom 4.11.1991.

42) Vgl. IAB-Werkstattbericht Neue Bundesländer Nr. 6/16.10.1991, S. 17 ff.

43) Vgl. die in Anm. 8 angegebene Literatur.

44) Vgl. dazu Sauter, E.: Herausforderungen an die berufliche Weiterbildung - Recycling-Modell oder Prävention, in: Döring, P.A. u.a. (Hg.): Bildung in sozioökonomischer Sicht, Frankfurt 1989.

45) Vgl. etwa Grühn, J. u.a.: Die Qualifizierungsgesellschaft Energie und Umwelt mbH, Berlin, in: Bosch, G./Neumann, H.(Hg.), a.a.O, S. 340 ff.

46) Vgl. Sund, O.: Arbeitsmarktpolitik und Beschäftigungspläne, in: Bosch, G./Neumann, H.(Hg.), a.a.O., S. 438.

47) Vgl. Jürgens, U./Krumbein, W. (Hg.): Industriepolitische Strategien, Berlin 1991, S. 13 ff.

48) Vgl. Bosch, G./Neumann, H.: Strukturpolitische Herausforderungen der 90er Jahre, in: Bosch, G./Neumann, H. (Hg), a.a.O., S. 13 ff.

49) Vgl. Dietrich, R., a.a.O., S. 439. Schroeder, K. u.a.: Probleme und Perspektiven der betrieblichen Weiterbildung in der Chemischen Industrie in der ehemaligen DDR, Freie Universität Berlin, 4/1991.

50) Vgl. auch Münch, J./Husemann, R.: Beruflich-betriebliche Weiterbildung und sozioökonomischer Wandel in den neuen Bundesländern - ein Beitrag der Arbeitsgemeinschaft Betriebliche Weiterbildungsforschung, erscheint in: Daheim, H./Heid, H./Krahn, K. (Hg.): Soziale Chancen - ISO-Forschungen zum Wandel der Arbeitsgesellschaft, Frankfurt/New York, 1992.

KLAUS FRAAZ

Regionale Defizite bei Maßnahmen zur beruflichen Weiterbildung nach dem Arbeitsförderungsgesetz

1. Einleitung

Qualifikation durch berufliche Weiterbildung wird in Anbetracht des schnellen wirtschaftlichen und technischen Wandels, der noch durch das Zusammenwachsen der beiden Teile Deutschlands und der Teilmärkte in Europa beschleunigt wird, und angesichts des Rückgangs an Auszubildenden und Fachkräften ein zunehmend wichtiger Faktor der Wettbewerbsfähigkeit für Betriebe und Beschäftigte. In Anbetracht der Bedeutung, die die berufliche Weiterbildung für die künftige wirtschaftliche Entwicklung der Regionen beiderseits der deutschdeutschen Grenze hat, müssen sich Städte, Gemeinden und Kreise stärker um eine Feststellung der hier bestehenden Handlungserfordernisse und eine Ausschöpfung der Förderungsmöglichkeiten für Qualifizierungsmaßnahmen bemühen. Neben der betrieblichen Weiterbildung sind die Maßnahmen der Fortbildung, Umschulung und Einarbeitung nach dem Arbeitsförderungsgesetz (AFG)[1]) ein wichtiger Bereich der Förderung der beruflichen Weiterbildung. Sie haben besondere Bedeutung auch für die Wiedereingliederung Arbeitsloser erlangt.

Eine Auswertung[2]) von Maßnahmen der Weiterbildung nach dem AFG für die Jahre 1987[3]) und 1988 hat ergeben, daß in einer Reihe von ländlichen und altindustrialisierten Regionen des Bundesgebiets mit überdurchschnittlich hoher Arbeitslosigkeit unerwartet große Unterschiede in der beruflichen Weiterbildung und Wiedereingliederung von Arbeitslosen bestehen. 1988 haben von insgesamt 142 Arbeitsamtsbezirken 85 eine überdurchschnittlich hohe Arbeitslosigkeit. In 36 von diesen wiederum nehmen Arbeitslose Weiterbildungsmaßnahmen nur unterdurchschnittlich in Anspruch, und in 17 dieser 36 Arbeitsamtsbezirke brauchen die so Weitergebildeten überdurchschnittlich lange, um wieder in Arbeit zu kommen. Daß diese ungünstige Konstellation nicht zwangsläufig ist, zeigt sich bei 27 anderen Arbeitsamtsbezirken, in denen trotz hoher Arbeitslosigkeit Weiterbildungsmaßnahmen überdurchschnittlich stark in Anspruch genommen werden und zu überdurchschnittlichen Erfolgen bei der beruflichen Wiedereingliederung führen. Die Arbeitsamtsbezirke beider Gruppen liegen überwiegend in Norddeutschland.

Ferner muß leider festgestellt werden, daß sich Vermutungen nicht bestätigen, nach denen die Arbeitsamtsbezirke mit überdurchschnittlicher Arbeitslosigkeit und unterdurchschnittlicher Weiterbildungsteilnahme Arbeitslose verstärkt in Arbeitsbeschaffungsmaßnahmen (ABM) beschäftigen. In 25 der 36 bereits erwähnten Arbeitsamtsbezirke mit unterdurchschnittlicher Weiterbildung war 1988 auch die Teilnahme an ABM unterdurchschnittlich.

2. Raumordnungs- und regionalpolitische Bedeutung der beruflichen Weiterbildung

Maßnahmen der beruflichen Weiterbildung führen - abgesehen von der Erhöhung der individuellen Chancen für den beruflichen Aufstieg - nicht nur gesamtwirtschaftlich gesehen zu mehr qualifizierten Fachkräften, zu weniger Arbeitslosigkeit und zur Wiedereingliederung in den Arbeitsprozeß; sie wirken sich aus der Sicht der Raumordnung auch positiv für die regionale Entwicklung aus. In einer Zeit, in der Betriebsansiedlungen "von außen" in den strukturschwachen Gebieten rückläufig sind, gilt es, die regionalen Eigenkräfte zu stärken. Dann gewinnen Maßnahmen der Weiterbildung, die die berufliche Qualifikation der Erwerbsbevölkerung erhöhen und die Innovationstätigkeit der ansässigen Wirtschaftsunternehmen verbessern können, an Bedeutung.

Die in ländlichen strukturschwachen Gebieten vorherrschenden kleinen und mittleren Unternehmen unterhalten in der Regel weder eigene Forschungs- und Entwicklungsabteilungen, noch führen sie Weiterbildungsveranstaltungen in nennenswertem Umfang durch. Angesichts des beschleunigten technischen und wirtschaftlichen Wandels sind sie zur Erhaltung und Steigerung ihrer Wettbewerbsfähigkeit in zunehmendem Maße auf Personal angewiesen, das durch Teilnahme an Weiterbildungsmaßnahmen den wachsenden Anforderungen in Produktentwicklung, Produktion und Vertrieb gerecht wird. Weiterhin steigende Bedeutung für die wirtschaftliche Entwicklung werden in Zukunft Weiterbildungsmaßnahmen im Bereich der neuen Technologien haben. Demzufolge werden Wirtschaftsräume, die verstärkt Weiterbildung betreiben, mittel- bis langfristig ihre Wettbewerbsfähigkeit steigern können; für Räume, in denen die Weiterbildung vernachlässigt wird, besteht die Gefahr, daß sie in ihrer Wirtschaftskraft zurückfallen.

Das Ziel verstärkter beruflicher Weiterbildung wird zunehmend auch auf der regionalen Planungsebene verfolgt. Dies kommt z.B. in den regionalen Raumordnungsplänen zum Ausdruck, die den Grundsätzen des Raumordnungsgesetzes (ROG)[4] und der Landesplanungsgesetze der Länder[5], u.a. auch zur Verbesserung und Förderung von Bildungseinrichtungen in strukturschwachen Gebieten, Rechnung tragen.

Im regionalen Raumordnungsplan Westpfalz[6] heißt es z.B.: "Das vorhandene Netz an Weiterbildungseinrichtungen (Volkshochschulen, Universitäten, Berufsbildungsstätten des Handwerks und der Industrie, Fachschulen, Landwirtschaftliche Beratungs- und Weiterbildungsstellen usw.) ist als eigenständiger Teil des gesamten Bildungssystems so auszubauen, daß dem einzelnen in zumutbarer Entfernung ein breitgefächertes Angebot an allgemeiner, politischer und berufsbezogener Weiterbildung zur Verfügung steht. Das berufsbezogene Weiterbildungsangebot hat sich an den sich stetig wandelnden Anforderungen und Bedürfnissen der Arbeitswelt zu orientieren und eine Anpassung an veränderte Arbeitsstrukturen und neue Technologien unter Beachtung humanitärer Gesichtspunkte zu ermöglichen. Es ist anzustreben, daß zentrale Orte über ein ihrer zentralörtlichen Funktion entsprechendes qualitativ anspruchsvolles und quantitativ ausreichendes Weiterbildungsangebot verfügen."

Weiterbildungsgesetze, die ausdrücklich die berufliche Weiterbildung einbeziehen, bestehen z.B. in Nordrhein-Westfalen[7] und in Rheinland-Pfalz[8]. Sie regeln Aufgaben, Trägerschaft, Finanzierung und Zusammenarbeit bei der Weiterbildungsplanung. Beide Gesetze bestimmen Städte und Landkreise als Träger der Weiterbildungseinrichtungen. In Rheinland-Pfalz sind auf Kreisebene "Beiräte für Weiterbildung" einzurichten, und in Nordrhein-Westfalen sind "Weiterbildungsentwicklungspläne" durch die Träger der Weiterbildungseinrichtungen aufzustellen und fortzuschreiben.

In Baden-Württemberg sollen Stadt- und Landkreise die in ihrem Bereich tätigen Einrichtungen der Weiterbildung in "Kreiskuratorien für Weiterbildung") zusammenschließen. Dazu gehören auch die bereits vorhandenen "Arbeitsgemeinschaften für berufliche Fortbildung", in denen u.a. die regionalen Industrie- und Handelskammern, Handwerkskammern und Arbeitnehmerorganisationen als Träger von Weiterbildungseinrichtungen sowie die Berufsschulen vertreten sind.

3. Entwicklung der Eintritte in Weiterbildungsmaßnahmen

Das Jahr 1987 bildet den vorläufigen Abschluß einer geradezu stürmischen Entwicklung des Ausbaus der Maßnahmen zur beruflichen Weiterbildung, den die Bundesanstalt für Arbeit im Zuge der Qualifizierungsoffensive geleistet hat.

Jahr	Eintritte in Weiterbildungsmaßnahmen gem. §41, 41a, 47, 49 AFG			Arbeitslose im Jahresdurchschnitt
	insgesamt	davon zuvor arbeitslos		
1980	246.975	106.996	43 %	888.900
1983	306.201	196.846	64 %	2.258.235
1986	530.042	349.876	66 %	2.228.004
1987	596.354	383.136	64 %	2.228.788
1988	565.611	315.847	56 %	2.241.556
1989	489.876	277.973	57 %	2.037.781

Wie gut die berufliche Wiedereingliederung der Weiterbildungsteilnehmer gelang, läßt sich daraus schließen, daß im Zeitraum von 1983 bis 1987 bei den Erwerbspersonen insgesamt nur 23 bis 24 % und bei den zuvor Arbeitslosen nur zwischen 26 und 28 % am Ende des übernächsten Quartals nach erfolgreichem Abschluß der Maßnahme noch oder wieder Empfänger von Arbeitslosengeld oder Arbeitslosenhilfe waren. 1988 wurden sogar nur 20 bzw. 23 % der Weiterbildungsteilnehmer als Leistungsempfänger festgestellt. Hier haben sich die Maßnahmen der Bundesanstalt für Arbeit zur "Konsolidierung auf hohem Niveau" mit der - allerdings nicht beabsichtigten - Verringerung der Eintritte von Arbeitslosen in Weiterbildungsmaßnahmen ausgewirkt.

Die Förderleistungen für berufliche Weiterbildungsmaßnahmen nach dem AFG haben 1988 mit 5,9 Mrd. DM einen Höchststand erreicht. Für 1990 sieht der Haushaltsansatz der Bundesanstalt für Arbeit 6,4 Mrd. DM vor.

4. Regionale Inanspruchnahme der Weiterbildungsmaßnahmen 1988

Im folgenden wird die Teilnahme zuvor Arbeitsloser an Maßnahmen der Fortbildung, Umschulung und Einarbeitung gem. §§ 41, 41 a, 47 und 49 AFG in Regionen mit über- und unterdurchschnittlicher Arbeitslosigkeit im Jahresdurchschnitt 1988 dargestellt. Die Eintritte zuvor Arbeitsloser werden in Beziehung gesetzt zu den Arbeitslosen insgesamt (Weiterbildungsquote der Arbeitslosen). Diese Weiterbildungsquote der Arbeitslosen lag im Jahr 1988 im Bundesdurchschnitt bei 14,1 %. Sie lag über dem Bundesdurchschnitt in den Landesarbeitsamtsbezirken Nordbayern (18,6 %), Schleswig-Holstein (17,4 %), Rheinland-Pfalz/Saarland (16,3 %), Hessen (15,2 %) und unter dem Bundesdurchschnitt in Baden-Württemberg (14,0 %), Nordrhein-Westfalen (11,9 %), Niedersachsen/Bremen (11,5 %), Schleswig-Holstein/Hamburg (11,1 %) und Berlin (8,7 %). Die Weiterbildungsquote eines Arbeitsamtsbezirks wird der jeweiligen Arbeitslosenquote als Indikator für die regionale Beschäftigungssituation im Jahresdurchschnitt 1988 gegenübergestellt. Im Bundesdurchschnitt betrug die Arbeitslosenquote 1988 8,7 %.

1988 haben 272.550 Teilnehmer Weiterbildungsmaßnahmen im Vollzeitunterricht nach dem AFG erfolgreich abgeschlossen. Davon waren 215.758 oder 79 % vor Beginn der Maßnahme arbeitslos. Von diesen zuvor arbeitslosen, erfolgreichen Absolventen der Weiterbildungsmaßnahmen waren 49.884 oder 23,1 % am Ende des übernächsten Quartals nach Abschluß von Maßnahmen (bis spätestens zum 30.6.1989) noch oder wieder arbeitslos, d.h. Leistungsempfänger (Bezieher von Arbeitslosengeld oder Arbeitslosenhilfe).

Dieser Anteil der Leistungsempfänger an den zuvor arbeitslosen Absolventen von Weiterbildungsmaßnahmen - im folgenden als Leistungsquote der Weiterbildungsteilnehmer bezeichnet - ist ein Gradmesser für den Erfolg der Weiterbildungsmaßnahmen. Je niedriger die Leistungsquote, desto größer sind die Eingliederungserfolge der Weiterbildungsteilnehmer.

Mit Hilfe dieser drei Indikatoren Arbeitslosenquote, Weiterbildungsquote und Leistungsquote der Weiterbildungsteilnehmer bzw. ihrer Abweichungen vom Bundesdurchschnitt werden die Arbeitsamtsbezirke unterschiedlichen Gebietsgruppen zugeordnet (vgl. Anl. 1 - 4).

Von den 142 Arbeitsamtsbezirken wiesen 1988 85 eine überdurchschnittliche und 57 eine unterdurchschnittliche Arbeitslosigkeit auf (vgl. Anl. 1).

In mehr als zwei Fünftel der Arbeitsamtsbezirke mit überdurchschnittlicher Arbeitslosigkeit wurden Weiterbildungsmaßnahmen nur unterdurchschnittlich in Anspruch genommen (vgl. Anl. 1). Arbeitsamtsbezirke mit dieser unerwartet ungünstigen Konstellation befinden sich überdurchschnittlich häufig in Nordrhein-Westfalen (25 von 33 Arbeitsamtsbezirken), dem Saarland (2 von 3 Arbeitsamtsbezirken), einige allerdings auch in Niedersachsen (4 von 20 Arbeitsamtsbezirken) und Bayern (3 von 27 Arbeitsamtsbezirken - vgl. Anl. 2).

Dagegen wurden in nur einem Drittel der Arbeitsamtsbezirke mit unterdurchschnittlicher Arbeitslosigkeit Weiterbildungsmaßnahmen in unterdurchschnittlichem Umfang in Anspruch genommen. Die Arbeitsamtsbezirke liegen insbesondere in Baden-Württemberg (10 von 24 Arbeitsamtsbezirken) und Bayern (7 von 27 Arbeitsamtsbezirken).

Das bedeutet, daß in den strukturschwachen Arbeitsamtsbezirken Norddeutschlands Weiterbildungsmaßnahmen häufiger nur unterdurchschnittlich in Anspruch genommen wurden als in den gut strukturierten Arbeitsamtsbezirken Süddeutschlands.

Ähnliche Disparitäten zeigten sich bei der Entwicklung der Eintritte in Weiterbildungsmaßnahmen zwischen 1987 und 1988. Die relativ größten Einbrüche bei den Eintritten zuvor Arbeitsloser in Weiterbildungsmaßnahmen traten im Zuge der Konsolidierungsphase nicht - wie beabsichtigt - in den gut strukturierten süddeutschen Arbeitsamtsbezirken, sondern in den strukturschwachen norddeutschen Arbeitsamtsbezirken, insbesondere in Nordrhein-Westfalen auf.

Auch die Chancen zur beruflichen Wiedereingliederung Arbeitsloser nach erfolgreichem Abschluß von Weiterbildungsmaßnahmen wurden 1988 stark von der Arbeitsmarktsituation geprägt. Selbst wenn in Arbeitsamtsbezirken mit überdurchschnittlicher Arbeitslosigkeit (85 Arbeitsamtsbezirke) eine überdurchschnittliche Inanspruchnahme der Weiterbildungsmaßnahmen (49 Arbeitsamtsbezirke) erfolgt, haben doch fast die Hälfte (22) dieser überwiegend norddeutschen Bezirke einen überdurchschnittlich hohen Anteil von wieder Arbeitslosen nach Weiterbildung (vgl. Anl. 1 und 2).

In Arbeitsamtsbezirken mit überdurchschnittlicher Arbeitslosigkeit erfolgte ein Ausgleich der unterdurchschnittlichen Weiterbildungsteilnahme durch stärkere Inanspruchnahme von AB-Maßnahmen in den meisten Fällen nicht (vgl. Anl. 3, 4, 5 und 6). Vielmehr gab es auch 1988 eine Reihe von Arbeitsamtsbezirken (9 Bezirke), insbesondere in den städtisch-industriellen Gebieten von Nordrhein-Westfalen, mit besonders schwerwiegenden Arbeitsmarktproblemen. Sie sind nicht nur gekennzeichnet durch eine überdurchschnittliche Arbeitslosigkeit und geringe Weiterbildungsteilnahme zuvor Arbeitsloser, sondern auch durch

- einen überdurchschnittlich hohen Anteil wieder Arbeitsloser nach Weiterbildung,
- eine hohe Langzeitarbeitslosenquote,
- eine unterdurchschnittliche Teilnahme an AB-Maßnahmen (vgl. Anl. 4 und 5).

Arbeitsamtsbezirke mit einer derart ungünstigen Situation waren Hildesheim, Bochum, Dortmund, Düsseldorf, Essen, Köln, Krefeld, Paderborn und Wuppertal. Die Teilnahme an Weiterbildungs- und AB-Maßnahmen erreichte in solchen Arbeitsamtsbezirken häufig nicht einmal 15 % der Arbeitslosen (vgl. Anl. 6).

Es verdient aber auch besonderer Erwähnung, daß in einer Reihe von strukturschwachen Arbeitsamtsbezirken trotz sehr ungünstiger Ausgangssituation mit überdurchschnittlicher Arbeitslosigkeit und ungünstiger Struktur der Arbeitslosen (hoher Anteil von Langzeitarbeitslosen) die Weiterbildungs- und AB-Maßnahmen überdurchschnittlich stark in Anspruch genommen wurden. Dies galt 1988 für 14 Arbeitsamtsbezirke. Ein gutes Drittel dieser Bezirke (die fünf Arbeitsamtsbezirke Göttingen, Coesfeld, Rheine, Hof und Schwandorf) hatte keine übergroßen Schwierigkeiten bei der Eingliederung der Weiterbildungsteilnehmer. In fast zwei Dritteln dieser Arbeitsamtsbezirke (den 9 Arbeitsamtsbezirken Hamburg, Emden, Hameln, Oldenburg, Osnabrück, Wilhelmshaven, Bremen, Bremerhaven und Saarbrücken) war der Anteil der wieder Arbeitslosen nach erfolgreicher Weiterbildungsteilnahme allerdings überdurchschnittlich hoch (vgl. Anl. 4, 6 und 8).

5.   Gründe für die geringe Weiterbildungsteilnahme

Für die geringe Weiterbildungsteilnahme in bestimmten Arbeitsamtsbezirken gibt es auf der bisherigen Datenbasis keine eindeutigen Erklärungen. Mit monokausalen Ansätzen, also etwa allein mit der Strukturschwäche von Regionen, läßt sich die teilweise geringe Inanspruchnahme der Weiterbildungsmaßnahmen durch Arbeitslose nicht begründen. Dies wird z.B. belegt durch die Tatsache, daß es in strukturschwachen ländlichen und städtisch-industriell geprägten Gebieten sowohl Arbeitsamtsbezirke mit überdurchschnittlicher Weiterbildungsteilnahme als auch solche mit unterdurchschnittlicher Weiterbildungsteilnahme gibt.

Mit Sicherheit läßt sich vorerst nur sagen, daß eine Vielzahl von Gründen für eine geringere Weiterbildungsteilnahme Arbeitsloser in Betracht kommen, wie z.B.:

- zu einseitige Wirtschaftsstruktur, so daß bestimmte, z.B. innovationsrelevante, Qualifikationen von den Unternehmen überhaupt nicht oder nicht in ausreichendem Umfang nachgefragt werden;
- geringe Bereitschaft, sich für Bereiche zu qualifizieren, für die in der Region Beschäftigungsmöglichkeiten fehlen und die daher weite Wege zur Arbeitsstätte oder Abwanderung der Beschäftigten zur Folge hätten;
- zu geringe Siedlungsdichte, die ein zu geringes Aufkommen an Weiterbildungsteilnehmern bedingt, so daß Kurse wegen zu geringer Teilnehmerzahl nicht zustande kommen;
- gute Beschäftigungslage und relativ gute Wiedereingliederungsmöglichkeiten von Arbeitslosen können dazu führen, daß Weiterbildungsmaßnahmen sowohl von Arbeitslosen als auch von der Arbeitsverwaltung als unnötige "Warteschleifen" angesehen werden;
- schlechte Beschäftigungslage und schlechte Erfahrungen bereits Weitergebildeter mit der beruflichen Wiedereingliederung können zu starker Zurückhaltung bei Angebot und/oder Inanspruchnahme von Weiterbildungsmaßnahmen führen;
- ungünstige Sozialstruktur und geringe Bildungsmotivation der Arbeitslosen;
- zu geringe Transparenz des Weiterbildungsangebots;
- zu geringes Angebot geeigneter Weiterbildungsträger in den Arbeitsamtsbezirken;
- Kapazitätsengpässe beim Fachpersonal, das für Planung, Organisation und Betreuung von Weiterbildungsmaßnahmen in den Arbeitsämtern zuständig ist[10]).

Welche Umstände für eine geringe Weiterbildungsteilnahme verantwortlich zu machen sind, müßte durch Falluntersuchungen in den betreffenden Regionen geklärt werden.

6. Zusammenfassung und Ausblick

Die strukturschwachen Regionen, d.h. Arbeitsamtsbezirke mit überdurchschnittlicher Arbeitslosigkeit in altindustrialisierten Gebieten (z.B. an Ruhr und Saar) und in ländlichen Gebieten (z.B. in Niedersachsen, Nordrhein-Westfalen, Rheinland-Pfalz und Bayern), haben nach wie vor einen größeren Anteil von Arbeitsamtsbezirken mit unterdurchschnittlicher Weiterbildungsteilnahme und an Arbeitsamtsbezirken mit einem überdurchschnittlichen Anteil von wieder Arbeitslosen nach Teilnahme an Weiterbildungsmaßnahmen. Die Defizite der Weiterbildungsteilnahme werden in der Regel auch nicht durch höhere Inanspruchnahme von AB-Maßnahmen ausgeglichen.

Diese regionale Benachteiligung muß weiter abgebaut werden durch:

- Förderung der individuellen Teilnahme an beruflichen Weiterbildungsmaßnahmen und
- zahlreiche und vielfältige Qualifizierungsangebote als Voraussetzung für eine günstige regionale Entwicklung der Wirtschaft[11]).

Den Wirtschaftsunternehmen, der Arbeitsverwaltung, den regionalen Gebietskörperschaften und den Weiterbildungsträgern kommt bei der Ermittlung des Bedarfs und der Konzeption von Weiterbildungsmaßnahmen sowie der Gewinnung von Weiterbildungsteilnehmern besondere Bedeutung zu. Maßnahmen zur Erhöhung der Weiterbildungsteilnahme in strukturschwachen Räumen werden sicher unterschiedliche Ansatzpunkte haben, z.B.:

- Motivation von Beschäftigten und Arbeitslosen, insbesondere aber auch von wieder ins Erwerbsleben strebenden Frauen zur Teilnahme an zukunftsgerichteten Weiterbildungsmaßnahmen,
- Herabsetzung der Mindestteilnehmerzahlen für Weiterbildungsmaßnahmen in kleineren Orten (z.B. Unterzentren),
- Kooperationen benachbarter Arbeitsamtsbezirke, z.B. um Maßnahmen besser auszulasten oder Qualifikationsmöglichkeiten anzubieten, für die Beschäftigungsmöglichkeiten in den Nachbarbezirken bestehen,
- laufende Beobachtung des Weiterbildungsmarktes, d. h. des Bedarfs von Betrieben und potentiellen Teilnehmern an Weiterbildungsmaßnahmen und regelmäßige Überprüfung der Weiterbildungsergebnisse unter Aspekten des Lernerfolgs, des Wiedereingliederungserfolgs und des Berufs- und Praxiserfolgs der Teilnehmer[12]),
- Weiterentwicklung von Kriterien für den Erfolg von AFG-geförderten Weiterbildungsmaßnahmen unter spezieller Berücksichtigung von Zielgruppen strukturschwacher Regionen, wie z.B. der Erwerbstätigen in Klein- und Mittelbetrieben oder Langzeitarbeitsloser[13]),
- überregionale Entwicklung von Weiterbildungsmaßnahmen zur Hebung der Qualität und Entlastung der personellen und finanziellen Ressourcen in der Region,
- laufende Veränderung des Kursangebotes auch im Hinblick auf möglichen zukünftigen Bedarf,
- bessere quantitative und qualitative Ausstattung der Arbeitsämter mit für diese Aufgaben geschulten Arbeitsberatern und Verstärkung der Weiterbildungsmaßnahmen für diesen Personenkreis.

Konkrete Hilfe bei Koordination und Entwicklung der beruflichen Weiterbildung kann geleistet werden durch:

- Abhaltung regionaler Weiterbildungsbörsen, bei denen Betriebe und Weiterbildungseinrichtungen ihre Angebote vorstellen[14]),
- Bildung von Weiterbildungskooperationen von Betrieben und/oder Weiterbildungsträgern.

Die Arbeitsgruppe "Berufliche Weiterbildung im ländlichen Raum" der Konzertierten Aktion Weiterbildung hat dem Bundesminister für Bildung und Wissenschaft empfohlen[15]), einen Wettbewerb auszuschreiben, in dem besonders erfolgreiche Weiterbildungskonzepte und -praktiken einzelner Betriebe, Bildungsträger oder sonstiger Einrichtungen sowie Beispiele gelungener Kooperationen mit Blick auf die wirtschaftliche Entwicklung strukturschwacher Regionen ausgezeichnet werden sollten. Dabei hat sie auf Maßnahmen hingewiesen, denen bei der Entwicklung der beruflichen Weiterbildung besondere Bedeutung zukommt, z.B.:

- Erhöhung der Transparenz des Weiterbildungsmarktes etwa durch Einrichtung von Weiterbildungsdatenbanken und regionalen Terminals,
- Entwicklung von Weiterbildungsmaßnahmen in regionaler Kooperation der Bildungsträger,
- Ausbau der innerbetrieblichen Personalplanung und Bedarfsplanung für die Weiterbildung und Durchführung von betrieblichen Weiterbildungsmaßnahmen,
- Einrichtung von Weiterbildungsreferaten bei Städten und Gemeinden,
- Evaluierung von Weiterbildungsmaßnahmen einzelner Träger oder von Weiterbildungsmaßnahmen strukturschwacher Regionen, z.B. in Weiterbildungsberichten.

Die Selbstverwaltungsorgane der Bundesanstalt für Arbeit haben Ende 1988 eine Arbeitsgruppe zur Entwicklung eines langfristigen Konzepts beruflicher Bildungsmaßnahmen nach dem Arbeitsförderungsgesetz eingesetzt. Konkrete Maßnahmen zur Erhöhung der Weiterbildungsteilnahme müssen allerdings unter Beachtung der strukturellen Rahmenbedingungen und im Hinblick auf die unterschiedlichen Entwicklungsziele in den betreffenden Regionen selbst entwickelt werden.

Insbesondere Städte und Gemeinden können durch Wahrnehmung ihrer in den Weiterbildungsgesetzen der Länder eröffneten Kompetenzen in Beiräten und Kreiskuratorien für Weiterbildung oder bei der Aufstellung von Weiterbildungsentwicklungsplänen auf ein den aktuellen Erfordernissen entsprechendes, regional möglichst flächendeckendes Angebot an Maßnahmen der beruflichen Weiterbildung hinwirken. Dabei kommt der ständigen und engen Zusammenarbeit mit den Wirtschaftsunternehmen und möglichen Weiterbildungsteilnehmern einerseits sowie mit den Weiterbildungsträgern, insbesondere von Wirtschaftsverbänden und Arbeitnehmerorganisationen sowie Arbeitsämtern und Volkshochschulen, andererseits zunehmende Bedeutung für die Qualifizierung der benötigten Fachkräfte zu.

Anmerkungen

1) Arbeitsförderungsgesetz (AFG) vom 25.6.1989, BGBl. I., S. 582, §§ 41, 41 a, 47, 49.

2) Diese Auswertung kam mit der freundlichen Unterstützung von Kollegen in Bundesressorts und Institutionen zustande. Besonderer Dank für fachliche Gespräche, Auskünfte und Bereitstellung von Material gilt den Herren Dr. Pröbsting, Barnowski, Bundesministerium für Arbeit; Parsch, Weinzierl, Bundesanstalt für Arbeit; Dr.Dr. Blaschke, Institut für Arbeitsmarkt- und Berufsforschung; Koch, Kremer, Bundesministerium für Bildung und Wissenschaft; von Bardeleben, Dr. Sauter, Dr. Walden, Bundesinstitut für Berufsbildung; Hillesheim, Bundesforschungsanstalt für Landeskunde und Raumordnung; Dr. Voigtländer, Bundesministerium für Raumordnung, Bauwesen und Städtebau; Back, Gnahs, Institut für Entwicklungsplanung und Strukturforschung.

3) Vgl. Berufsbildungsbericht 1989; Hrsg.: Der Bundesminister für Bildung und Wissenschaft, Bonn 1989, S. 150ff.

4) Raumordnungsgesetz vom 8.4.1965, BGBl. I., S. 306, i.d.F. vom 19.7.1989, vgl. § 1 Abs. 1: "Die Struktur des Gesamtraumes der Bundesrepublik Deutschland ist unter Berücksichtigung der natürlichen Gegebenheiten, Bevölkerungsentwicklung sowie der wirtschaftlichen, infrastrukturellen, sozialen und kulturellen Erfordernisse und unter Beachtung der folgenden Leitvorstellungen so zu entwickeln, daß sie ... 4. gleichwertige Lebensbedingungen der Menschen in allen Teilräumen bietet oder dazu führt".

5) Vgl. z.B.: Bayer. Landesplanungsgesetz i.d.F. vom 3.8.1982, Art. 2, Nr. 4, sowie Landesgesetz für Raumordnung und Landesplanung Rheinland-Pfalz i.d.F. vom 14.5.1982, § 2, Nr. 3.

6) Regionaler Raumordnungsplan Westpfalz, Kaiserslautern 1989, S. 89.

7) Erstes Gesetz zur Ordnung und Förderung der Weiterbildung im Lande Nordrhein-Westfalen (WbG) i.d.F. der Bekanntmachung vom 7.5.1982, GVNW, S. 275.

8) Landesgesetz zur Neuordnung und Förderung der Weiterbildung in Rheinland-Pfalz (WeitBiG) vom 14.2.1975, GVBl., S. 77, zuletzt geändert durch Landesstatistikgesetz v. 27.3.1987, GVBl., S. 57.

9) Gesetz zur Förderung der Weiterbildung und des Bibliothekswesens vom 20.3.1980, GBl., S. 244, geändert durch VwVfGAnpG v. 4.7.1983, GBl., S. 265, § 14.

10) Vgl. auch: Sauter, A. und Harke, D.: Qualität und Wirtschaftlichkeit beruflicher Weiterbildung. Berichte zur beruflichen Bildung, Heft 99, Bundesinstitut für Berufsbildung (Hrsg.): Berlin und Bonn 1988, S. 52ff.

11) Vgl. Günter Walden, Richard von Bardeleben, Klaus Fraaz, Regionale Weiterbildungsaktivitäten und Arbeitslosigkeit, Materialien und statistische Analysen, H. 87, Bundesinstitut für Berufsbildung, Der Generalsekretär, Bonn/Berlin 1989, S. 15.

12) Vortrag Arbeitsamtdirektor Dr. Genrich in der Arbeitsgruppe "Weiterbildung im ländlichen Raum" der Konzertierten Aktion Weiterbildung am 10.6.1989 im DIHT; Voraussetzungen für die Aufrechterhaltung von Weiterbildungskursen im Arbeitsamtsbezirk Nordhorn: Auslastung der Kurse zu mindestens 50 %; mehr als 50 % der erfolgreichen Teilnehmer finden Arbeit; Auskünfte der Herren Weinzierl, Bundesanstalt für Arbeit, und Dr. Sauter, Bundesinstitut für Berufsbildung, Berlin.

13) Auskunft Dr. Sauter, Bundesinstitut für Berufsbildung Berlin.

14) Vgl. Clemens Geißler: Weiterbildung in den neunziger Jahren - Kontroverses, offene Fragen, Lösungsvorschläge: Berufliche Weiterbildung, Gestaltungsaufgaben für die Zukunft, Nds. Weiterbildungskongreß am 3./4.9.1987; Hrsg.: Der Nds. Kultusminister, Der Nds. Minister für Wissenschaft und Kunst, S. 45ff.

15) I Empfehlungen und II Bericht zur "Verbesserung und Förderung der Weiterbildung im ländlichen Raum" vom 4.5.1990.

Anlage 1: Prozentuale Verteilung der Gebietsgruppen mit über-/unterdurchschnittlicher Leistungsquote[1]) 1988 von zuvor Arbeitslosen nach erfolgreichem Abschluß von Weiterbildungsmaßnahmen[2]) auf Gebietsgruppen mit über-/unterdurchschnittlicher Arbeitslosigkeit[3]) und über-/unterdurchschnittlicherWeiterbildungsquote[4]) zuvor Arbeitsloser

Gebietsgruppe der Arbeitsamtsbezirke	Arbeitsamtsbezirke insgesamt		mit unterdurchschnittlicher Leistungsquote zuvor arbeitsloser Weiterbildungsteilnehmer (2, 3, 6, 8)		mit überdurchschnittlicher Leistungsquote zuvor arbeitsloser Weiterbildungsteilnehmer (1, 3, 5, 7)	
	Anzahl	%	Anzahl	%	Anzahl	%
a) Gebietsgruppen mit überdurchschnittlicher Arbeitslosigkeit (1—4)	85	100	46	54	39	46
davon — mit überdurchschnittlicher Weiterbildungsquote zuvor Arbeitsloser (1 u. 2)	49	58	27	32	22	26
— mit unterdurchschnittlicher Weiterbildungsquote zuvor Arbeitsloser (3 u. 4)	36	42	19	22	17	20
b) Gebietsgruppen mit unterdurchschnittlicher Arbeitslosigkeit (5—8)	57	100	45	79	12	21
davon — mit überdurchschnittlicher Weiterbildungsquote zuvor Arbeitsloser (5 u. 6)	37	65	30	53	7	12
— mit unterdurchschnittlicher Weiterbildungsquote zuvor Arbeitsloser (7 u. 8)	20	35	15	26	5	9
Bundesgebiet insgesamt (1—8)	142	100	91	64	51	36

1) Leistungsquote: zuvor arbeitslose Weiterbildungsteilnehmer 1988, die am Ende des übernächsten Quartals nach erfolgreichem Abschluß der Weiterbildungsmaßnahme (Austritt) wieder Leistungen (Arbeitslosengeld oder Arbeitslosenhilfe) bezogen haben. Erfaßt sind Meldungen der Arbeitsämter bis zum 30.6.1989: Minimum = 13,1%, Durchschnitt = 23,1%, Maximum = 34,4%.
2) Fortbildung, Umschulung und Einarbeitung nach §§ 41, 41a, 47, 49 AFG; Meldungen nach dem Wohnortprinzip.
3) Arbeitslosenquote im Jahresdurchschnitt 1988: Minimum = 3,8%, Durchschnitt = 8,7%, Maximum = 18,0%.
4) Weiterbildungsquote zuvor Arbeitsloser 1988 (Eintritt zuvor Arbeitsloser in Weiterbildungsmaßnahmen in % der Arbeitslosen): Minimum = 5,2%, Durchschnitt = 14,1%, Maximum = 32,0%.

Quelle: Maschinenausdrucke der Bundesanstalt für Arbeit.

Anlage 2: Leistungsquote[1]) zuvor Arbeitsloser nach Weiterbildung[2]) 1988, Weiterbildungsquote zuvor Arbeitsloser und Arbeitslosenquote in den Arbeitsamtsbezirken 1988 - Tabelleninhalt: Zahl der Arbeitsamtsbezirke

Bundesland		Arbeitslosenquote[3]) 1988							
		über Durchschnitt				unter Durchschnitt			
		Weiterbildungsquote zuvor Arbeitsloser[4]) 1988							
		über Durchschnitt		unter Durchschnitt		über Durchschnitt		unter Durchschnitt	
		Leistungsquote 1988 (Bezieher von Arbeitslosengeld oder Arbeitslosenhilfe nach Weiterbildung)							
		über Durchschnitt	unter Durchschnitt	über Durchschnitt	unter Durchschnitt	über Durchschnitt	unter Durchschnitt	über Durchschnitt	unter Durchschnitt
Name	AA-Bez. insges.	Gebietsgruppe							
		1	2	3	4	5	6	7	8
Schleswig-Holstein	7	3	3	–	–	–	1	–	–
Hamburg	1	1	–	–	–	–	–	–	–
Niedersachsen	20	11	5	4	–	–	–	–	–
Bremen	2	2	–	–	–	–	–	–	–
Nordrhein-Westfalen	33	1	7	11	14	4	3	1	2
Hessen	13	2	1	–	–	2	2	1	–
Rheinland-Pfalz	11	1	5	1	1	1	–	–	–
Saarland	3	1	–	1	1	–	–	–	–
Baden-Württemberg	24	–	–	1	–	1	13	1	9
Bayern	27	–	6	1	2	–	11	3	4
Berlin	1	–	–	–	1	–	–	–	–
Bundesgebiet	142	22	27	17	19	7	30	5	15

1) Leistungsquote: zuvor arbeitslose Weiterbildungsteilnehmer 1988, die am Ende des übernächsten Quartals nach erfolgreichem Austritt aus der Weiterbildungsmaßnahme wieder Leistungen (Arbeitslosengeld oder Arbeitslosenhilfe) bezogen haben. Erfaßt sind Meldungen der Arbeitsämter bis zum 30.6.1989: Minimum = 13,1%, Durchschnitt = 23,1%, Maximum = 34,4%. 2) Fortbildung, Umschulung und Einarbeitung nach §§ 41, 41a, 47, 49 AFG; Meldungen nach dem Wohnortprinzip. 3) Arbeitslosenquote im Jahresdurchschnitt 1988: Minimum = 3,8%, Durchschnitt = 8,7%, Maximum = 18,0%. 4) Weiterbildungsquote zuvor Arbeitsloser 1988 (Eintritt zuvor Arbeitsloser in Weiterbildungsmaßnahmen in % der Arbeitslosen): Minimum = 5,2%, Durchschnitt = 14,1%, Maximum = 32,0%.
Quelle: Maschinenausdrucke der Bundesanstalt für Arbeit.

Anlage 3: Prozentuale Verteilung der Gebietsgruppen mit über-/unterdurchschnittlicher Weiterbildungsquote[1]) 1988 auf Gebietsgruppen mit über-/unterdurchschnittlicher Arbeitslosigkeit[2]) und über-/unterdurchschnittlicher ABM-Quote[3])

Gebietsgruppen der Arbeitsamtsbezirke	Arbeitsamtsbezirke insgesamt		mit unterdurchschnittlicher ABM-Quote		mit überdurchschnittlicher ABM-Quote	
	Anzahl	%	Anzahl	%	Anzahl	%
a) Gebietsgruppen mit überdurchschnittlicher Arbeitslosigkeit (1–4)	85	100	36	42	49	58
davon — mit überdurchschnittlicher Weiterbildungsquote zuvor Arbeitsloser (1 u. 2)	49	58	11	13	38	45
— mit unterdurchschnittlicher Weiterbildungsquote zuvor Arbeitsloser (3 u. 4)	36	42	25	29	11	13
b) Gebietsgruppen mit unterdurchschnittlicher Arbeitslosigkeit (5–8)	57	100	48	84	9	16
davon — mit überdurchschnittlicher Weiterbildungsquote zuvor Arbeitsloser (5 u. 6)	37	65	29	51	8	14
— mit unterdurchschnittlicher Weiterbildungsquote zuvor Arbeitsloser (7 u. 8)	20	35	19	33	1	2
Bundesgebiet insgesamt (1–8)	142	100	84	59	58	41

1) Weiterbildungsquote 1988 zuvor Arbeitsloser (Eintritte zuvor Arbeitsloser in Weiterbildungsmaßnahmen in % der Arbeitslosen; Fortbildung, Umschulung und Einarbeitung nach §§ 41, 41a, 47, 49 AFG; Meldungen nach dem Wohnortprinzip): Minimum = 5,2%, Durchschnitt = 14,1%, Maximum = 32,0%.
2) Arbeitslosenquote im Jahresdurchschnitt 1988: Minimum = 3,8%, Durchschnitt = 8,7%, Maximum = 18,0%.
3) Teilnehmer an Arbeitsbeschaffungsmaßnahmen (ABM) im Verhältnis zu den Arbeitslosen insgesamt 1988 (ABM-Quote): Minimum = 3,8%, Durchschnitt = 5,1%, Maximum = 22,1%.

Quelle: Maschinenausdrucke der Bundesanstalt für Arbeit.

Anlage 4: Weiterbildung[1]), Arbeitslosigkeit, Arbeitslosigkeit nach Weiterbildung und ABM-Maßnahme 1988 in den Arbeitsamtsbezirken - Tabelleninhalt: Zahl der Arbeitsamtsbezirke

Bundesland			Arbeitslosenquote[2]) 1988							
			über Durchschnitt		unter Durchschnitt					
					Weiterbildungsquote zuvor Arbeitsloser[3]) 1988					
					über Durchschnitt				unter Durchschnitt	
					über Durchschnitt		unter Durchschnitt		über Durchschnitt	unter Durchschnitt
					Leistungsquote[4]) der zuvor arbeitslosen Weiterbildungsteilnehmer 1988					
					Gebietskategorie					
			über Durchschnitt	unter Durchschnitt	über Durchschnitt	unter Durchschnitt	über Durchschnitt	unter Durchschnitt	über Durchschnitt	unter Durchschnitt
Name	AA-Bez. insges.	Verh. ABM-Teilnehmer zu Arbeitslosen 1988[5]	1	2	3	4	5	6	7	8
Schleswig-Holstein	7	7 über ∅	3 Flensburg Kiel*[6]) Lübeck*	3 Elmshorn Heide* Neumünster*				1 Bad Oldesloe		
Hamburg	1	1 über ∅	1 Hamburg*[7])							
Niedersachsen	20	3 unter ∅	1 Helmstedt		2 Goslar Hildesheim+					
		17 über ∅	10 Emden*+ Hameln+ Nienburg* Nordhorn Oldenburg+ Osnabrück+ Stade Uelzen Verden*	5 Celle Göttingen+ Leer Lüneburg Vechta*	2 Braunschweig+ Hannover+					

Anmerkungen siehe Seite 147.

Name	Verh. ABM-Teilnehmer zu Arbeitslosen 1988[5]	AA-Bez. insges.	Arbeitslosenquote[2] 1988							
			über Durchschnitt				unter Durchschnitt			
			Weiterbildungsquote zuvor Arbeitsloser[3] 1988				Weiterbildungsquote zuvor Arbeitsloser[3] 1988			
			über Durchschnitt		unter Durchschnitt		über Durchschnitt		unter Durchschnitt	
			Leistungsquote[4] der zuvor arbeitslosen Weiterbildungsteilnehmer 1988							
			über Durchschnitt	unter Durchschnitt	über Durchschnitt	unter Durchschnitt	über Durchschnitt	unter Durchschnitt	über Durchschnitt	unter Durchschnitt
			Gebietskategorie							
			1	2	3	4	5	6	7	8
Bremen	über ∅	2	2 Bremen⁺ Bremerhaven⁺							
Nordrhein-Westfalen	unter ∅	33	1 Recklinghsn.⁺	3 Herford*⁺ Meschede*⁺ Münster*	10 Bochum⁺ Detmold*⁺ Dortmund⁺ Düsseldorf*⁺ Essen⁺ Köln⁺ Krefeld⁺ Paderborn*⁺ Solingen* Wuppertal*⁺	13 Berg.Gladb.⁺ Bielefeld⁺ Bonn* Brühl Düren* Duisburg*⁺ Hagen*⁺ Iserlohn*⁺ Mönchen-Gladbach⁺ Oberhausen⁺ Siegen*⁺ Soest*⁺ Wesel*⁺				

Anlage 4 (Forts.)

			Arbeitslosenquote[2]) 1988							
			über Durchschnitt							unter Durchschnitt
			Weiterbildungsquote zuvor Arbeitsloser[3]) 1988							
			über Durchschnitt				unter Durchschnitt			unter Durchschnitt
			Leistungsquote[4]) der zuvor arbeitslosen Weiterbildungsteilnehmer 1988							
			über Durchschnitt	unter Durchschnitt	über Durchschnitt	unter Durchschnitt	über Durchschnitt	unter Durchschnitt	über Durchschnitt	unter Durchschnitt
			Gebietskategorie							
Name	AA-Bez. insges.	Verh. ABM-Teilnehmer zu Arbeitslosen 1988[5])	1	2	3	4	5	6	7	8
Nordrhein-Westfalen	13	6 über ∅		4 Ahlen Coesfeld⁺ Hamm Rheine*⁺	1 Aachen*⁺	1 Gelsenkirchen⁺				
Hessen	13	7 unter ∅		1 Bad Hersfeld*			2 Wetzlar* Wiesbaden*	2 Hanau Offenbach	1 Frankfurt	1 Darmstadt*
		6 über ∅	2 Kassel Marburg				2 Fulda* Korbach	1 Limburg*		1 Gießen*
Rheinland-Pfalz	11	8 unter ∅	1 Koblenz	4 Kaiserslautern Mayen* Neuwied* Pirmasens			2 Ludwigshafen Mainz*	1 Montabaur*		
		3 über ∅		1 Trier*		1 Bad Kreuznach*		1 Landau*		

145

Bundesland			Arbeitslosenquote²) 1988							
			über Durchschnitt				unter Durchschnitt			
			Weiterbildungsquote zuvor Arbeitsloser³) 1988							
			über Durchschnitt		unter Durchschnitt		über Durchschnitt		unter Durchschnitt	
			Leistungsquote⁴) der zuvor arbeitslosen Weiterbildungsteilnehmer 1988							
			über Durchschnitt	unter Durchschnitt	über Durchschnitt	unter Durchschnitt	über Durchschnitt	unter Durchschnitt	über Durchschnitt	unter Durchschnitt
Name	AA-Bez. insges.	Verh. ABM-Teilnehmer zu Arbeitslosen 1988⁵)	Gebietskategorie							
			1	2	3	4	5	6	7	8
Saarland	3	3 über ∅	1 Saarbrücken⁺		1 Saarlouis*⁺	1 Neunkirchen*⁺				
Baden-Württemberg	24	24 unter ∅					1 Ulm*	13 Göppingen* Konstanz* Lörrach Nagold Offenburg* Pforzheim Ravensburg Reutlingen Rottweil* Schwäb.-Hall* Stuttgart.* Tauberbhm.* Villingen-Schwennin-gen*	1 Mannheim*	9 Aalen* Balingen* Freiburg* Heidelberg* Heilbronn Karlsruhe* Ludwigsburg* Rastatt* Waiblingen*

Anlage 4 (Forts.)

			Arbeitslosenquote[2] 1988							
			über Durchschnitt				unter Durchschnitt			
			Weiterbildungsquote zuvor Arbeitsloser[3] 1988							
			über Durchschnitt		unter Durchschnitt		über Durchschnitt		unter Durchschnitt	
			Leistungsquote[4] der zuvor arbeitslosen Weiterbildungsteilnehmer 1988							
			über Durchschnitt	unter Durchschnitt	über Durchschnitt	unter Durchschnitt	über Durchschnitt	unter Durchschnitt	über Durchschnitt	unter Durchschnitt
Name	AA-Bez. insges.	Verh. ABM-Teilnehmer zu Arbeitslosen 1988[5]	Gebietskategorie							
			1	2	3	4	5	6	7	8
Bayern	27	15 unter ∅						8 Aschaffenburg* Bamberg* Weißenburg* Donauwörth Freising* Landshut* Traunstein Weilheim	3 Nürnberg Ingolstadt München*	4 Augsburg Kempten* Memmingen* Rosenheim*
		12 über ∅		6 Bayreuth Hof*⁺ Regensburg Schwandorf⁺ Schweinfurt* Weiden	1 Pfarrkirchen*	2 Deggendorf* Passau*		3 Ansbach Coburg* Würzburg*		
Berlin	1	1 über ∅				1 Berlin				
Bundesgebiet	142		22	27	17	19	7	30	5	15

Anmerkungen zu Anlage 4

1) Fortbildung, Umschulung und Einarbeitung nach §§ 41, 41a, 47, 49 AFG; Meldungen nach dem Wohnortprinzip.

2) Arbeitslosenquote im Jahresdurchschnitt 1988: Minimum = 3,8%, Durchschnitt = 8,7%, Maximum = 18,0%.

3) Weiterbildungsquote zuvor Arbeitsloser (Eintritte zuvor Arbeitsloser in Weiterbildungsmaßnahmen in v.H. der Arbeitslosen): Minimum = 5,2%, Durchschnitt = 14,1% Maximum = 32,0%.

4) Leistungsquote: zuvor arbeitslose Weiterbildungsteilnehmer 1988, die am Ende des übernächsten Quartals nach erfolgreichem Austritt aus der Weiterbildungsmaßnehme wieder Leistungen (Arbeitslosengeld oder Arbeitslosenhilfe) bezogen haben. Erfaßt sind Meldungen. bis zum 30. Juni 1989. Minimum = 13,1%, Durchschnitt = 23,1%, Maximum = 34,4%.

5) Verhältnis von Teilnehmern an Arbeitsbeschaffungsmaßnahmen (ABM) im Jahresdurchschnitt 1988 zu Arbeitslosen im Jahresdurchschnitt 1988: Minimum = 3,8%, Durchschnitt = 5,1%, Maximum = 22,1%.

* Entwicklung der Eintritte: zuvor Arbeitsloser 1987/88 stark negativ, d.h. unter von - 17,6% (Minimum = 48,3%, Maximum = 25,5%).

+ Langzeitarbeitslose (1 Jahr und länger arbeitslos) in v.H. der Arbeitslosen insgesamt jeweils Ende Sept. 1988 überdurchschnittlich (Minimum = 16,0%, Durchschnitt = 32,6%, Maximum = 44,3%).

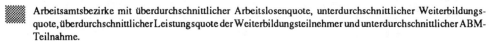 Arbeitsamtsbezirke mit überdurchschnittlicher Arbeitslosenquote, unterdurchschnittlicher Weiterbildungsquote, überdurchschnittlicher Leistungsquote der Weiterbildungsteilnehmer und unterdurchschnittlicher ABM-Teilnahme.

Quelle: Maschinenausdrucke der Bundesanstalt für Arbeit

Anlage 5: Arbeitsamtsbezirke mit unterdurchschnittlicher Weiterbildung und überdurchschnittlicher Arbeitslosigkeit 1988 nach Strukturmerkmalen Leistungsquote, Langzeitarbeitslosenquote und ABM-Quote

Von insgesamt 142 Arbeitsamtsbezirken hatten 85 eine überdurchschnittliche Arbeitslosigkeit. Davon hatten die folgenden 36 Arbeitsamtsbezirke eine unterdurchschnittliche Weiterbildungsquote:

Bundesland Arbeitsamtsbezirke mit unterdurchschnittlicher Weiterbildungsquote	Weitere Merkmale ungünstiger Ausprägung			
	Arbeitslose nach Weiterbildung (Leistungsquote) über-∅	Langzeitarbeitslosenquote über-∅	ABM-Quote unter-∅	AA-Bezirke, in denen alle 3 Merkmale ungünstige Ausprägung haben
	1	2	3	4
Niedersachsen				
Goslar	+		+	
Hildesheim	+	+	+	+
Braunschweig	+	+		
Hannover	+	+		
Nordrhein-Westfalen				
Bochum	+	+	+	+
Detmold	+		+	
Dortmund	+	+	+	+
Düsseldorf	+	+	+	+
Essen	+	+	+	+
Köln	+	+	+	+
Krefeld	+	+	+	+
Paderborn	+	+	+	+
Solingen	+		+	
Wuppertal	+	+	+	+
Berg. Gladbach		+	+	
Bielefeld		+	+	
Bonn			+	
Brühl			+	
Düren			+	
Duisburg		+	+	
Hagen		+	+	
Iserlohn		+	+	
Mönchen-Gladbach		+	+	
Oberhausen		+	+	
Siegen		+	+	
Soest		+	+	
Wesel		+	+	
Aachen	+	+		
Gelsenkirchen		+		
Rheinland-Pfalz				
Bad Kreuznach				
Saarland				
Saarlouis	+	+		
Neunkirchen		+		
Bayern				
Pfarrkirchen	+			
Deggendorf				
Passau				
Berlin				
Summe 36	17	25	25	9

Anlage 6: Beteiligung Arbeitsloser an Weiterbildungs- und ABM-Maßnahmen in Nordrhein-Westfalen 1988 - nach Arbeitsamtsbezirken

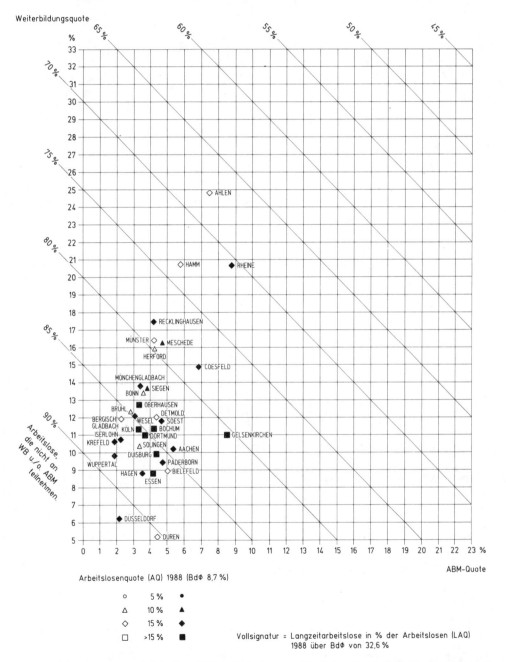

1) Weiterbildungsquote zuvor Arbeitsloser (WQ) 1988 (F, U, E gem. §§ 41, 41a, 47, 49 AFG), Bundesdurchschnitt 14,1%. 2) ABM-Teilnahme in Relation zu Arbeitslosen (ABMQ) 1988, Bundesdurchschnitt 5,1%.

Anlage 7: Beteiligung Arbeitsloser an Weiterbildungs- und ABM-Maßnahmen in Niedersachsen und Bremen 1988 - nach Arbeitsamtsbezirken

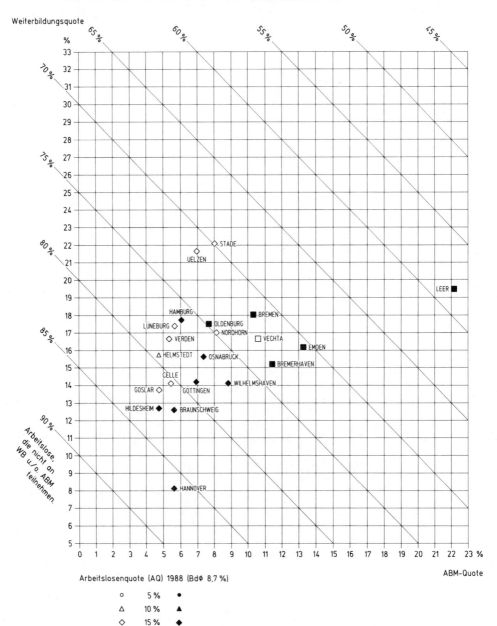

1) Weiterbildungsquote zuvor Arbeitsloser (WQ) 1988 (F, U, E gem. §§ 41, 41a, 47, 49 AFG), Bundesdurchschnitt 14,1%. 2) ABM-Teilnahme in Relation zu Arbeitslosen (ABMQ) 1988, Bundesdurchschnitt 5,1%.

Anlage 8: Beteiligung Arbeitsloser an Weiterbildungs- und ABM-Maßnahmen in Bayern 1988 - nach Arbeitsamtsbezirken

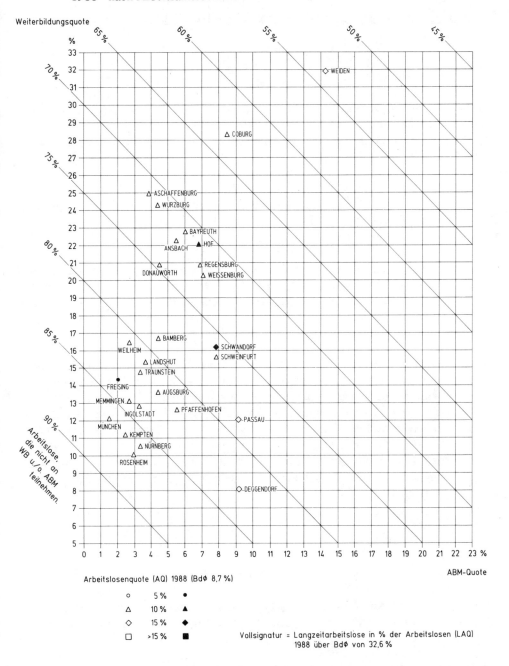

1) Weiterbildungsquote zuvor Arbeitsloser (WQ) 1988 (F, U, E gem. §§ 41, 41a, 47, 49 AFG), Bundesdurchschnitt 14,1%. 2) ABM-Teilnahme in Relation zu Arbeitslosen (ABMQ) 1988, Bundesdurchschnitt 5,1%.

Wolfgang Weber

Weiterbildung als betrieblicher Standortfaktor

1. Fragestellung

Zielsetzung dieses Beitrags ist es, die Bedeutung des Faktors Weiterbildung für Standortentscheidungen von Unternehmen zu analysieren. Letztlich soll eine Antwort auf die Frage gegeben werden: Sind die Weiterbildungsmöglichkeiten in einer Region ein relevanter Standortfaktor?

Die Standortwahl ist stets eine multifaktorielle Entscheidung: Das heißt, zahlreiche Faktoren sind für die Standortwahl relevant. Deshalb bereiten die isolierte Betrachtung eines Faktors und die Zurechnung des Einflusses dieses Faktors auf das Gesamtergebnis der Entscheidung Schwierigkeiten.

Angesichts dieser Ausgangssituation erscheint für die Bearbeitung des oben genannten Themas folgendes Vorgehen zweckmäßig: Zunächst erfolgt eine Bestandsaufnahme der Diskussion des Themas Standort bzw. Standortwahl und Weiterbildung (2.). Dabei werden die Grenzen der traditionellen Behandlung dieses Themas für die hier zu bearbeitende Fragestellung aufgezeigt. Deshalb soll ein entscheidungstheoretischer Bezugsrahmen skizziert werden (3.), der den weiteren Überlegungen zugrunde gelegt wird. In dem hier verwendeten Ansatz werden Entscheider als Problemhandhaber gekennzeichnet, die über eine begrenzte Problembearbeitungskapazität verfügen und die deshalb insbesondere dort reagieren, wo sie nennenswerten Problemdruck feststellen. Vor diesem Hintergrund liegt es nahe, die Relevanz der Weiterbildung für betriebliche Entscheidungen (4.) und für individuelle Entscheidungen, nämlich derjenigen, die an Weiterbildung teilnehmen, darzustellen (5.). Damit ist die Grundlage dafür gelegt, Zusammenhänge zwischen betrieblicher und individueller Weiterbildungsaktivität, Wirtschaftsstruktur und Weiterbildungsinfrastruktur zu analysieren (6.). Eine zumindest vorsichtige Antwort auf die eingangs gestellte Frage scheint vor diesem Hintergrund möglich (7.).

2. Stand der Diskussion

Die Standortwahl bzw. die Standortentscheidung wird in der Betriebswirtschaftslehre als konstitutive Entscheidung eingeordnet (Kappler/Rehkugler 1991; Steiner 1984). Mit dieser Einordnung wird zum Ausdruck gebracht, daß durch diese Entscheidungen ein grundlegender Handlungsrahmen auf längere Sicht vorgegeben wird und dieser Rahmen nur schwer änderbar ist (Raffee 1974, S. 145).

Als Standort wird der geographische Ort bezeichnet, an dem ein Unternehmen tätig ist. Die Aktivitäten können auf mehrere Orte verteilt werden. Als Standortentscheidung wird deshalb auch die Entscheidung über die Aufspaltung und Verteilung der Standorte eines Unternehmens bezeichnet. Insbesondere in wachsenden Unternehmen werden deshalb relativ häufig Standortentscheidungen getroffen.

Auf die Standortwahl wirkt stets eine Vielzahl von Faktoren ein. Die betriebswirtschaftliche Standortlehre hebt auf die Entscheidungssituation des einzelnen Unternehmens bei der Festlegung eines Standorts ab. Dabei wird im Anschluß an den klassischen Beitrag zur Standorttheorie von Alfred Weber die Betrachtung auf die Analyse der Kosten des Standorts eingeengt. Gesucht wird der transportkostenminimale Standort (Weber 1909). Dabei gilt die Bedingung, daß das Unternehmen von zwei verschiedenen Orten Einsatzfaktoren - z.B. Arbeitskräfte und Material - bezieht und die Produkte an einem dritten Ort absetzt. Diese Perspektive bleibt grundsätzlich auch bei verschiedenen Erweiterungen des Weber-Modells erhalten (Steiner 1984, S. 119 ff.; Hummeltenberg 1981; Domschke 1975). Sie ist für Industriebetriebe auch durchaus zweckmäßig. Im Zusammenhang mit der Analyse von Standortentscheidungen des Handels werden allerdings die unterschiedlichen Absatzmöglichkeiten und damit sowohl positive wie negative Gewinnkomponenten in die Betrachtung einbezogen.

Bei dieser Variante der Standortdiskussion werden normative Entscheidungsmodelle entwickelt, die die Standortproblematik auf meist wenige Bestimmungsfaktoren reduzieren. Dies gilt sowohl für die aus gesamtwirtschaftlicher Perspektive als auch für die aus der betriebswirtschaftlichen Entscheidungsperspektive entwickelten Ansätze. Verschiedene Listen von Standortfaktoren werden im Anschluß an diese Modell-Diskussion zusammengestellt, wobei meist ein weitergehender Detaillierungsgrad angestrebt wird. Dabei werden fast durchgängig Einflußgrößen der Beschaffungsmärkte bzw. des Produktionsinputs, Einflußgrößen der Absatzmärkte bzw. des Produktionsoutputs sowie einige weitere Kategorien mit unterschiedlichen Bezeichnungen genannt. Als Beispiel kann die Gliederung der Standortfaktoren von Steiner (1984, S. 117 f.) angeführt werden. Er nennt:

- Einflußfaktoren der Beschaffungsmärkte
  - Grund und Boden, Gebäude (Höhe der Kaufpreise und Mieten, Ausdehnungsmöglichkeiten, Eigenschaften bestehender Gebäude),
  - Anlagegütermarkt (Angebot an Produktionsfaktoren und Serviceleistungen),
  - Markt für Roh-, Hilfs- und Betriebsstoffe bzw. Wareneinsatz,
  - Arbeitsmarkt (Lohnniveau, Tarifverträge, Eignungs- und Ausbildungsstand),
  - Kapitalmarkt (Finanzierungsmöglichkeiten, insbesondere bei internationaler Standortwahl),
  - Energiemarkt,
  - Transport und Verkehr (Beschaffungstransportkosten und -zeit, allgemeine Verkehrsanbindung),
- Einflußgrößen der Absatzmärkte
  - Absatzpotential (Bedarf und Kaufkraft, ermittelt aus Abnehmerdichte, Abnehmerstruktur, Abnehmerverhalten, Konkurrenz),
  - Absatztransportkosten und -zeit,
  - Absatzkontakte (Präsenz von Absatzmittlern),

- Einflußgrößen der staatlichen Rahmenbedingungen
  - Steuern, Gebühren, Zölle,
  - Rechts- und Wirtschaftsordnung (Ausgestaltung der Unternehmensverfassung, Eigentümerrechte und Mitbestimmung),
  - Auflagen und Beschränkungen (Umweltschutzvorschriften, Gewerbeaufsichtsvorschriften, Einschränkungen im Kapitaltransfer und in der Konvertierung von Währungen),
  - staatliche Förderungen (Subventionen),
- naturgegebene Einflußgrößen der Transformation
  - geologische Bedingungen,
  - Umweltbedingungen (Klima, Qualität und Verfügbarkeit von Wasser).

Diese Übersicht, die hier exemplarisch referiert wird, verdeutlicht das zu behandelnde Problem: Die Liste der grundsätzlich relevanten Einflußfaktoren von Standortentscheidungen ist lang, die Isolierung des Einflusses eines Faktors ist kaum zu lösen. Dennoch läßt sich belegen, daß den verschiedenen Einflußfaktoren im Einzelfall unterschiedliche Bedeutung zukommt.

Dies wird z.B. durch eine empirische Studie über die Standortentscheidungen in drei amerikanischen Städten belegt, auf die Bloech (1990, S. 66 f.) verweist und bei der erhebliche Unterschiede in den drei Städten sowie in jeder dieser Städte im Zeitablauf festgestellt wurden. Entscheidungsmodellen und anderen exakten Kalkülen (z.B. dem der Investitionsrechnung) kommt deshalb in der Regel allenfalls unterstützende Funktion zu. Noch größeres Gewicht in der Entscheidungspraxis haben inexakte Methoden der Entscheidungsunterstützung. Als generell verwendbare Methode zur Alternativen-Auswahl werden deshalb die Nutzwertanalyse und ähnliche Methoden empfohlen. Bei Anwendung dieser Methode werden die Zielkriterien und deren Gewichtung fixiert, die Nutzen je Alternative bezüglich aller Kriterien sowie ein Gesamtnutzen für jede Alternative festgestellt. Zentrale Probleme bei Anwendung solcher inexakter Methoden sind die Zielkriteriengewichtung, die Bestimmung der Teilnutzen und deren Aggregation. Diese Methoden enthalten zwar viele subjektive Komponenten, machen diese aber transparent und überprüfbar. Das Hauptproblem der Standortentscheidung besteht darin, die zahlreichen unterschiedlich bedeutsamen Einflußfaktoren gemeinsam zu bewerten, um Vergleiche zwischen der Vorteilhaftigkeit verschiedener Standorte ansteuern zu können. Bei den skizzierten Ansätzen werden die Nutzen bzw. die Kosten und Nutzen der verschiedenen Alternativen auf einen gemeinsamen Nenner gebracht.

Qualifikation und Aus- bzw. Weiterbildung der Arbeitskräfte werden in den Auflistungen von Standortfaktoren zwar nahezu durchweg angeführt. Ihr tatsächliches Gewicht ist damit aber noch nicht bestimmt. Anhaltspunkte liefern verschiedene empirische Untersuchungen, die Steiner (1984, S. 128 f.) referiert. Danach ist neben den Faktorkomplexen Boden und Gebäude, Verkehr und Transport, Absatz sowie öffentliche Förderungen einschließlich Steuern auch der Faktor Arbeitskräfte als einer der bedeutsamen Faktoren einzustufen (Steiner 1983, S. 128). Bei Brede (1971), Kaiser/Hoerner (1976) und weiteren Studien (Bundesminister für Arbeit und Sozialordnung 1966/67 und 1974/75 sowie Kreuter (1974)) stehen die Arbeitskräfte an erster bzw. an zweiter Stelle hinter Boden bzw. Boden und Gebäude.

Ein ähnliches Bild ergab sich bei einer Standortanalyse der 50 größten Städte in Westdeutschland (Der optimale Standort 1989). In dieser Studie wurden 41 Indikatoren zu 8 Indikatorbündeln zusammengefaßt. Qualifikationsbezug haben die Indikatorbündel "lokaler Arbeitsmarkt" sowie "Wissenschaft und Forschung". Für die Beurteilung des lokalen Arbeitsmarktes kommt der Verfügbarkeit qualifizierter Arbeitskräfte die größte Bedeutung zu: 80 % der befragten Unternehmer messen diesem Faktor hohe bis sehr hohe Bedeutung zu (S. 105). Im Hinblick auf die Innovationsfähigkeit der Wirtschaft kommt Forschung und Entwicklung bzw. als Voraussetzung hierfür der Verfügbarkeit von wissenschaftlich qualifiziertem Nachwuchs und von Forschungseinrichtungen entsprechendes Gewicht zu. Diese Studie macht wie viele vergleichbare Beiträge deutlich, daß die verschiedenen Ansätze von Alfred Weber bis zu jüngeren empirischen Studien die jeweils vorherrschende Problemkonstellation mit eher normativem oder mit eher beschreibendem Akzent abbilden. In der zuletzt angeführten empirischen Studie bilden die Wahrnehmung der Standortfaktoren und der von ihnen ausgehende Problemdruck die Grundlage für Konzept und Faktorgewicht.

Hinweise auf den Aspekt Qualifizierung bzw. Qualifizierungsmöglichkeiten oder gar Weiterbildung sind allerdings bisher nur selten zu finden. Dies läßt sich im Anschluß an die obigen Überlegungen relativ gut erklären: Ein von Qualifikationsdefiziten ausgehender Problemdruck ist zwar durchaus gelegentlich vorhanden; er ist aber bisher offenbar nicht groß genug, um eine prominente Position in Vorschlägen zur Entscheidungsstrukturierung einnehmen zu können. In empirischen Studien schlägt sich dieser Aspekt jedoch - wenn auch mit relativ geringem Gewicht - nieder. Es gibt aber Anzeichen dafür, daß der Problemdruck im Bereich der Qualifizierung bzw. der Verfügbarkeit von Qualifikationen zunimmt.

3.   Theoretische Basis für die Analyse

Die Erörterung des Themas Standortentscheidung weist auf unterschiedliche Schwerpunktsetzungen hin, die aber von einem gemeinsamen Prinzip getragen sind: Die Diskussion wird von dem jeweils dominierenden Problem beherrscht: Diese kann im Bereich der Transportkosten liegen (kostenoptimaler Standort), es kann gleichgewichtig positive und negative Gewinnkomponenten umfassen (gewinnoptimaler Standort), und es kann bei sonst gleichen oder ähnlichen Bedingungen durch ein breites Spektrum von Einflußfaktoren geprägt sein, deren Komplexität durch die gemeinsame Bewertung der Nutzen bzw. der Kosten und Nutzen reduziert wird. Wenn - wie in Eisenhütten - die Transportkosten für Erz und Kohle das dominierende Problem für die Kosten- und damit auch für die Gewinnsituation sind, liegt es nahe, der Transportkostenminimierung das Hauptaugenmerk zu schenken; wenn - wie im Handel - die Umsatzerlöse wesentlich von der unterschiedlich teuren Lage des Geschäfts abhängen, liegt die Konzentration auf die Kosten eines Standorts und die an diesem Standort erzielbaren Umsatzerlöse nahe.

Listen von Standortfaktoren wie die oben angeführte Übersicht können dann nur als Orientierungshilfe verstanden werden, deren Elemente in unterschiedlichen Konstellationen unterschiedliches Gewicht haben; die normativen Entscheidungskalküle bilden jeweils nur eine dieser typischen Konstellationen im Hinblick auf die Standortentscheidung ab.

Dieser Zusammenhang kann allgemeiner formuliert werden: Unterschiedliche Rahmenbedingungen lösen bei den Entscheidern in den Unternehmungen Problemdruck aus, der nach Problemdruck reduzierenden Lösungen sucht. Dabei wird wegen der begrenzten Problembearbeitungskapazität der Entscheider jeweils auf den größten Druck reagiert, während vergleichsweise geringe Probleme zunächst unbearbeitet bleiben oder nur nachgeordnet Aufmerksamkeit finden.

Dabei beherrschen früher bewährte Lösungsansätze oft länger, als dies sachlich gerechtfertigt ist, die entscheidungsvorbereitenden Überlegungen. Da die Entscheider über eine begrenzte Problembearbeitungskapazität verfügen, greifen sie jeweils auf die am einfachsten zu realisierenden Problemlösungen zurück. Das sind zunächst die bisher bewährten Routinen. Stehen solche Routineprogramme nicht zur Verfügung, werden anderweitig bewährte Problemlösungen gesucht und übernommen. Es findet Modell-Lernen statt. Und nur, wenn weder eigene Routinen noch geeignete Modelle zur Verfügung stehen, wird ein klassischer Problemlösungsprozeß mit der Chance auf neuartige, innovative Problemlösungen ausgelöst.

Vor diesem Hintergrund läßt sich die Bedeutung von Qualifizierung bzw. von Weiterbildung im Rahmen der bisherigen Standortdiskussion interpretieren und die künftige Bedeutung dieses Faktors abschätzen: Hinweise auf den Aspekt Qualifizierung bzw. Qualifizierungsmöglichkeiten sind bisher nur selten zu finden. Das bedeutet, ein von Qualifikationsdefiziten ausgehender Problemdruck kann zwar in einer beachtlichen Anzahl von Einzelfällen vorhanden sein; er ist aber bisher offenbar nicht groß genug, um eine prominente Stelle in Vorschlägen zur Entscheidungsstrukturierung im Standortkontext einnehmen zu können. Außerdem kann aus dem geringen Gewicht des Aspekts Weiterbildung in der Standortdiskussion keineswegs geschlossen werden, daß dieser Aspekt irrelevant ist. Es kann allerdings sehr wohl geschlossen werden, daß dieser Druck im Regelfall noch nicht das Gewicht eines dominanten Standortfaktors hat.

Überall dort jedoch, wo technische und organisatorische Innovationen und damit die Qualität des Faktors Humanressourcen den Unternehmenserfolg bestimmen, ist schon jetzt mit einem größeren Gewicht dieses Faktors zu rechnen. Dort kann die Gesamtkonstellation der Faktorbedeutung auch relativ kurzfristig umschlagen.

Auflistungen von Standortfaktoren und eine undifferenzierte Nachfrage nach der Relevanz dieser Faktoren für Standortentscheidungen können deshalb von vornherein als ungeeignetes Verfahren erkannt werden, um die Relevanz des Faktors Weiterbildung für Standortentscheidungen zu erfassen. Ein gangbarer Weg ist jedoch, die unterschiedliche Bedeutung der Weiterbildung für die Unternehmen und die Bestimmungsfaktoren dieser unterschiedlichen Bedeutung zu identifizieren. Dieser Weg soll hier eingeschlagen werden. Dabei wird von dem oben skizzierten Konzept zur Erklärung des Problembearbeitungsverhaltens ausgegangen, das weiter verfeinert wird.

4. Relevanz der Weiterbildung: Unternehmensperspektive

Eine empirische Bestandsaufnahme der Weiterbildungsaktivität in 222 westdeutschen Unternehmen ergab Ende der 70er Jahre erhebliche Unterschiede im Ausmaß an betrieblich veranlaßten und geförderten Weiterbildungsmaßnahmen. Die folgenden Ausführungen nehmen Bezug auf zwei empirische Untersuchungen, die der Verfasser (Weber 1985) bzw. die Arbeitsgruppe des Verfassers (Weber/Martin u.a. 1980) durchgeführt haben. Im Leder-, Textil- und Bekleidungsgewerbe waren in einem Jahr 3,1 % der Belegschaftsmitglieder in betrieblich veranlaßten Weiterbildungsmaßnahmen involviert. In der Energiewirtschaft waren 18,2 %, im Bereich Chemie, Pharma und Mineralölerzeugung 25,0 %, in Kreditinstituten und Versicherungen 41,2 % der Beschäftigten in Weiterbildungsmaßnahmen engagiert (Weber 1983, S. 66). Diese Unterschiede sind nicht zufällig. Es zeigte sich vielmehr, daß die Weiterbildungsaktivität in jenen Unternehmen besonders groß ist, die durch ein hohes Maß an technischem und organisatorischem Wandel, hochwertigen und betreuungsintensiven Produkten, großer Mitarbeiterzahl und damit ein hohes Maß an Komplexität sowie durch viele Kundenkontakte gekennzeichnet sind. Besondere Bedeutung als Auslöser von Weiterbildung kommt dem Faktor Änderungsdynamik zu.

Wandel bzw. Änderungen können solche Aspekte wie Technik, Demographie, Kundenwünsche und Nachfragestruktur oder das Wertsystem einer Gesellschaft betreffen. Wichtige Voraussetzung für die Einleitung rechtzeitiger und angemessener Reaktionen hierauf ist die aufmerksame Beobachtung dieser Veränderungen in der Unternehmensumwelt sowie der Reaktionen durch die anderen Marktteilnehmer.

Unternehmen, die sich auf dynamischen Märkten bewegen, müssen schon deshalb dem Weiterbildungsbereich besondere Aufmerksamkeit zuwenden. Weiterbildung erfüllt in diesem Fall eine Aufklärungsfunktion für das Unternehmen. Betroffen sind in erster Linie die Führungskräfte des Unternehmens.

Unternehmen, die sich auf dynamischen Märkten bewegen, sind aber auch durch das Bestreben gekennzeichnet, durch eigene Produktinnovationen einen zumindest vorübergehenden Wettbewerbsvorsprung zu erzielen. Sie verhalten sich im Sinne Schumpeters als Pionierunternehmen (Schumpeter 1964). Ein wichtiges Indiz für diese Strategie ist eine hohe Forschungsintensität. Hohe Forschungsintensität bedeutet, daß das Leistungsprogramm einer planmäßigen Revision unterliegt und eine aktive Rolle im Marktgeschehen angestrebt wird. Forschung löst Wandel aus und fordert eine kontinuierliche Anpassung des Wissens großer Teile der Belegschaft.

Empirische Befunde, die sich auf die Befragung der oben erwähnten Stichprobe von 222 Unternehmen stützen, deuten in diese Richtung. Die Korrelation zwischen dem Anteil der im Forschungsbereich eines Unternehmens beschäftigten Mitarbeiter und dem Anteil der Beschäftigten, die innerhalb eines Jahres an betrieblich veranlaßten Weiterbildungsmaßnahmen beteiligt waren, beträgt $r = 0{,}50$. Das bedeutet, daß ein beträchtlicher Teil der Unterschiede in der Weiterbildungsaktivität der Unternehmungen durch diesen Faktor erklärt werden kann.

Generell gilt, daß Änderungen in der angewandten Technik, neue Apparaturen und Werkzeuge, veränderte Abläufe, neue Werkstoffe oder neue Produkte zunächst die Notwendigkeit der Umstellung für den einzelnen Arbeitnehmer bedeuten. Neues zusätzliches Wissen wird erforderlich, um den veränderten Aufgaben und Anforderungen gerecht zu werden. Neben diesen an den einzelnen Arbeitsplätzen unmittelbar spürbaren Auswirkungen von Änderungen ist von Bedeutung, daß Umstellungsprozesse in besonderem Maße Flexibilität der Mitarbeiter erfordern. Die notwendige Umstellungsbereitschaft und die Umstellungsfähigkeit können durch Trainingsmaßnahmen gefördert werden. Allerdings nannten bei offener Frageformulierung nur 5 von 101 befragten Unternehmen das explizite Weiterbildungsziel Flexibilität der Mitarbeiter. Dennoch erfordert die Durchführung von größeren Änderungsprozessen umfangreiche Weiterbildungsmaßnahmen.

Letztlich schlägt sich der externe Wandel in internem Wandel der Unternehmung nieder. Den engen Zusammenhang zwischen internem Wandel und Weiterbildungsaktivität belegt der folgende Befund: In Unternehmen ohne tiefgreifende organisatorische Änderung waren 8,4 %, in Unternehmen mit einer solchen Veränderung waren 12,4 % und in Unternehmen mit zwei weitreichenden organisatorischen Veränderungen 20,8 % der Belegschaftsmitglieder innerhalb eines Kalenderjahres in Weiterbildungsmaßnahmen involviert.

Externer und interner Wandel kann als der zentrale Bestimmungsfaktor von Weiterbildungsbedarf im Unternehmen festgehalten werden. Einige weitere Faktoren modifizieren diesen Bedarf jedoch.

Ein großer Teil des Weiterbildungs-Grundbedarfs macht Maßnahmen zur Heranbildung eines Stamms von Führungskräften aus. Etwa ein Viertel der betrieblichen Bildungsmaßnahmen der 222 Unternehmen unserer Stichprobe widmet sich diesem Bereich.

In arbeitsteiligen Großunternehmen ist in besonderem Maße integratives Wissen, d.h. Wissen über betriebliche Zusammenhänge, als Voraussetzung für selbständige Koordinationsleistungen erforderlich. Mit zunehmender Komplexität - insbesondere also mit wachsender Größe einer Organisationseinheit - nimmt dieser Bedarf zu. Es wird dann immer schwerer, den Koordinationsbedarf vorausschauend durch organisatorische Normen zu decken.

Die zunehmende Zerlegung einer Gesamtaufgabe in kleine Teileinheiten ist für den einzelnen Aufgabenträger mit dem Verlust der Einsicht in den Gesamtzusammenhang der Arbeitsvorgänge verbunden. Weiterbildung kann den damit verbundenen Gefahren - Desorientierung, Verselbständigung von Teil- und Unterzielen, geringe Identifikation mit der Gesamtaufgabe des Unternehmens - entgegenwirken. Durch den Einsatz nicht-struktureller Koordinationsinstrumente - insbesondere durch Trainingsmaßnahmen - kann der Bedarf an strukturellen Koordinationsinstrumenten (organisatorische Regelungen) reduziert werden. Deshalb ist es nicht überraschend, daß die Weiterbildungsaktivität in Abhängigkeit von der Beschäftigtenzahl zunimmt. Sie steigt von 4,8 % der Beschäftigten bei Unternehmen mit weniger als 500 Beschäftigten über 14,1 % bei einer Beschäftigtenzahl zwischen 1000 und 2000 auf 20,4 % bei Unternehmen mit 5000 und mehr Beschäftigten.

Die Entscheidungskomplexität wächst bei dynamischen Umweltveränderungen, die überdies eher organische Organisations- und Führungsformen nahelegen. Organische Organisations- und Führungsformen, die u.a. durch dezentrale Koordination sowie durch einen hohen Delegations- und Partizipationsgrad gekennzeichnet sind, verlangen von allen Unternehmensmitgliedern, insbesondere aber von Führungskräften in hohem Maße Umweltwissen, das die Voraussetzung dafür schafft, neu auftauchende Probleme des Unternehmens selbständig zu definieren und die Problembearbeitung in Gang zu setzen.

Diese Führungsvariante setzt ein hohes Maß an gemeinsamen Werten und Zielen, die Identifikation der Mitarbeiter mit diesen Werten und Zielen sowie - wegen der relativen Unabhängigkeit der Entscheider - den Einblick in die betrieblichen Zusammenhänge voraus. Weiterbildungsmaßnahmen zur Vermittlung des notwendigen Wissens, aber auch als Element der betrieblichen Sozialisationsstrategie liegen deshalb nahe. Die empirischen Befunde stützen die These, daß die Weiterbildungsaktivität bei starker Ausprägung organischer Organisations- und Führungsformen höher ist als bei weniger starker Ausprägung (Weber 1983, S. 72 f.).

Neben den bisher angesprochenen internen Aspekten der Komplexitätsproblematik ist auch die Umwelt bzw. die spezifische Marktsituation des Unternehmens für die betriebliche Entscheidungskomplexität von Bedeutung. Besonders wichtig erscheint die Marktstellung des Unternehmens. Der Marktmechanismus reduziert die Informationsgewinnungsprozesse auf ein Minimum. Der Idealtyp der polypolistischen Konkurrenz liefert über den Marktpreis die für alle betrieblichen Entscheidungen zentrale Information. Abweichungen von dieser Idealsituation lösen zusätzliche Aktivitäten der Informationsgewinnung und -verarbeitung aus. Hier sind jene Weiterbildungsmaßnahmen einzuordnen, die auf den Umgang mit weniger übersichtlichen Entscheidungssituationen zielen. Die Vermutung der oben skizzierten Zusammenhänge wird durch die empirischen Befunde gestützt: Die Quote der Weiterbildungsbeteiligten liegt in den 41 Unternehmen, die sich "als einer unter vielen Anbietern" einstufen, bei 9,1 %, in den Unternehmen, für die diese Formulierung nicht zutrifft, bei 16,9 % (Weber 1985, S. 81).

Als besonders weiterbildungsaktiv erweisen sich Unternehmen, in denen Verkaufs- und Beratungstätigkeiten dominieren. Der unmittelbare Kontakt mit den Kunden fordert Bildungsmaßnahmen in den Bereichen Kommunikation, des Verhandelns und der sozialen Beziehungen insgesamt. Beratungsleistungen können nur bei hinreichender Kompetenz der Berater erfolgreich erbracht werden. Deshalb sind neben den Weiterbildungsinhalten im Verhaltensbereich auch fachliche Gesichtspunkte von großer Bedeutung. Tatsächlich zeigt sich, daß Betriebe, in denen industrielle Produktionsprozesse dominieren, durch eine deutlich geringere Weiterbildungsaktivität gekennzeichnet sind als die Betriebe, in denen kaufmännisch-administrative Tätigkeiten und Verkaufstätigkeiten dominieren.

Die Häufigkeit und die Intensität der Kundenkontakte hängen nicht allein vom Absatzkonzept ab. Einen wesentlichen Einfluß übt auch das Produkt selbst aus, insbesondere die Betreuungs- und Wartungsintensität. Betreuungs- und Wartungsintensität eines Produkts ist mit der Notwendigkeit spezifischer Qualifizierung der Belegschaft verbunden. Davon ist keineswegs nur das Wartungs- und Betreuungspersonal betroffen. Vor allem im Absatzbereich der Hersteller bestehen besondere Qualifikationserfordernisse: Das für eine effiziente Nutzung hochwertiger und betreuungsintensiver Produkte notwendige Know-how wird häufig vom Hersteller als Trainingsangebot und damit als zusätzliche Absatzleistung bereitgestellt. Aus der Sicht der Produktverwender bedeutet dies den Fremdbezug von Weiterbildung, der allerdings oft erster Schritt zur Vorbereitung eigener Trainingsmaßnahmen ist. Die vorliegenden empirischen Befunde stützen die These, daß ein hohes Maß an Wartungs- und Betreuungsintensität der Produkte ein höheres Ausmaß an Weiterbildungsaktivität auslöst. Hersteller von Produkten, die keine Wartung und Betreuung erfordern, erreichten einen in Weiterbildungsmaßnahmen involvierten Belegschaftsanteil von 6,7 %, bei weniger großer und geringer Wartungs- und Betreuungsintensität steigt der Anteil auf 15,6 % und bei großer Wartungs- und Betreuungsintensität auf 19,4 % der Beschäftigen.

Die oben skizzierten Einflußfaktoren erklären einen beträchtlichen Anteil der ausgeprägten Unterschiede in der Weiterbildungsintensität je Unternehmen. Etwas vereinfacht kann festgestellt werden, daß die drei Haupteinflußfaktoren Wandel bzw. Änderungsdynamik, Komplexität und Kundenkontakte bzw. Betreuungsintensität des Produkts 50 % der Varianz in der Weiterbildungsaktivität erklären.

Die tiefgreifenden Veränderungen in den Bereichen der Informations- und Kommunikationstechnik, der Nachrichtentechnik und der Datenverarbeitung führen zu gravierenden Veränderungen nahezu aller Arbeitsplätze und darüber hinaus zu ebenso weitreichenden Veränderungen der arbeitsorganisatorischen Zusammenhänge. Die weiterbildungsfördernden Impulse, die insbesondere vom technischen Wandel ausgehen, werden sich weiter verstärken. Dies soll am Beispiel der Entwicklung von Datenverarbeitungs-Arbeitsplätzen verdeutlicht werden. 1970 konnten nach Erhebungen des Instituts für Arbeitsmarkt- und Berufsforschung (IAB) der Bundesanstalt für Arbeit 0,5 % der Arbeitsplätze den Datenverarbeitungs-Kernberufen, 1,5 % den DV-Mischberufen und 3 % den DV-Randberufen zugerechnet werden. 1980 war bereits ein knappes Fünftel der Arbeitsplätze mit DV-Elementen durchsetzt. Gegenwärtig liegen die Zahlen in Westdeutschland bei 3 % Kernberufen, 12 bis 13 % Mischberufen und rund 20 % DV-Randberufen. Das bedeutet: Fast zwei Fünftel der Arbeitsplätze enthalten Datenverarbeitungselemente. Für das Jahr 2000 schätzt das IAB einen Anteil von 64 % der Arbeitsplätze mit DV-Elementen. Gleichzeitig nimmt die Vernetzung der computerunterstützten Arbeitsplätze zu. Dadurch und durch die Erweiterung der technischen Nutzungsmöglichkeiten der neuen Kommunikationsmedien tritt ein grundlegender Wandel in der Arbeitswelt ein.

Diese Veränderungen haben weitreichende Konsequenzen. Die Arbeitssysteme werden komplexer. Damit nimmt auch die Störanfälligkeit zu. Sabotage wird leichter. Die Identifikation der Beschäftigten mit dem Unternehmen, seinen Zielen und den Wegen zur Erreichung dieser Ziele wird wichtiger. Die Möglichkeiten zur Dezentralisierung und zur Übertragung verantwortungsbewußter Aufgabenbereiche werden größer. Die Entscheidungsspielräume wachsen. Es eröffnen sich also durchaus Chancen, den sich aufgrund der veränderten Wertemuster ergebenden Wünschen nach Schaffung neuer Arbeits- und Aufgabenstrukturen entgegenzukommen. Die Entwicklung muß so nicht eintreten. In Verbindung mit einem erheblichen Kontrollaufwand könnte auch ein Konzept der Fragmentierung der Tätigkeiten umgesetzt werden. Das scheint jedoch im Vergleich zu der zuerst gekennzeichneten Alternative eher unwahrscheinlich. Diese zu erwartende Entwicklung fordert in großem Umfang Weiterbildung: Hintergrund- und sogenanntes Integrationswissen, Vermittlung extrafunktionaler bzw. überfachlicher Qualifikationen.

Insbesondere die technologische Entwicklung spricht für einen Bedeutungszuwachs von Qualifizierung im allgemeinen und Weiterbildung im besonderen. Deshalb ist es nicht erstaunlich, daß in einer identischen Stichprobe von 75 Unternehmen das Ausmaß an Weiterbildung - gemessen an der Zahl der von Weiterbildung betroffenen Mitarbeiter - in zehn Jahren um zwei Drittel zugenommen hat. 80 % dieser Unternehmen gaben an, daß sich die Weiterbildungsaktivitäten in den letzten zehn Jahren stark intensiviert hätten. Lediglich in 20 % der Unternehmen war dies nicht der Fall.

Bemerkenswert ist die Vorausschau in diesen 75 Unternehmen auf die kommenden fünf Jahre. Auch hier erwarteten 1988 etwa 80 % der Unternehmen, daß die Weiterbildungsaktivität nochmals stark zunimmt. Dies wirft mehrere Probleme auf: Der zu erwartende Umfang an Weiterbildung ist bald nicht mehr ausschließlich betrieblich organisierbar. Das bedeutet, daß neue Weiterbildungskonzepte entstehen müssen. So liegt es zum Beispiel nahe, das Training von Schlüsselqualifikationen, bei dem bisher Simulationsansätze dominieren, stärker in den betrieblichen Sozialisationsprozeß einzubinden und "on-the-job" zu lokalisieren. Größere Bedeutung wird auch die Selbst-Organisation des Lernens erlangen, die durch technische Einrichtungen unterstützt wird. Schließlich wird in den Unternehmen die Steuerung der Weiterbildung, die Aufnahme und das Absetzen von Themen der Weiterbildung ein wichtiges Problemfeld. Wenn Weiterbildung aber an Bedeutung gewinnt, spielt sie auch im Vergleich mit anderen Faktoren der betrieblichen Standortwahl eine größere Rolle als bisher: Der durch Qualifizierungsnotwendigkeiten ausgelöste Problemdruck wächst. Er wächst allerdings nicht in allen Unternehmen in gleicher Weise.

5. Relevanz der Weiterbildung: Individuelle Perspektive

Weiterbildungsangebote zielen nicht nur auf Unternehmen, sondern mehr noch auf Individuen, die sich weiterbilden bzw. weitergebildet werden. Der Nutzung vorhandener Weiterbildungsmöglichkeiten durch die Arbeitnehmer bzw. durch potentielle Arbeitnehmer und damit dem individuellen Weiterbildungsverhalten kommt wesentliche Bedeutung für die Entwicklung des Qualifizierungspotentials zu. Diesem Aspekt widmet sich der folgende Abschnitt. Bei der Analyse des individuellen Weiterbildungsverhaltens wird im folgenden auf das oben skizzierte entscheidungstheoretisch orientierte Konzept zurückgegriffen, das jedoch weiter verfeinert werden muß.

Weiterbildungsverhalten läßt sich bei dieser Sichtweise als Ergebnis individueller Problemhandhabung erklären. Wenn menschliches Handeln als Reaktion auf Problemdruck erklärt wird, muß nach Problemkonstellationen gefragt werden, die durch Weiterbildung zumindest vorübergehend gelöst werden können. Wenn z.B. ein Angestellter Abteilungsleiter werden möchte, sucht er eventuell ein Führungstraining, um diesem Ziel näherzukommen. Dieses Beispiel macht deutlich, daß Problemdruck immer subjektiver Natur ist. Im vorliegenden Fall handelt es sich um eine Person, für die der Wert Aufstieg von großer Bedeutung ist. Die Werte, denen sich Individuen verpflichtet fühlen, sind ein erster wichtiger Einflußfaktor der jeweiligen Probleminterpretation. Der andere wichtige Einflußfaktor ist die Umwelt, in der sich ein Mensch befindet. Das ist in dem hier gewählten Beispiel zunächst das Unternehmen, das Aufstiegsmöglichkeiten bietet, zusätzlich vielleicht noch das persönliche soziale Umfeld, das beruflichen Erfolg fordert.

Die Interpretation und Definition des Problems wird also von der Umwelt einerseits sowie von der Wert- und Wissensbasis andererseits bestimmt. Der Faktor Umwelt ist weitgehend identisch mit der Arbeitsumwelt, mit dem Arbeitsplatz, dem sozialen Kontext im beruflichen Bereich. Ergänzend ist das private Umfeld, von dem ebenfalls Forderungen an das Individuum gestellt werden, zu betrachten.

Über den Faktor Wert- und Wissensbasis werden die Sozialisationserfahrungen - die schichtspezifischen Werte sowie die früheren Bildungserfahrungen - relevant. Wenn sich also Arbeitnehmer in unterschiedlichem Maße an Weiterbildungsmaßnahmen beteiligen, kann das verschiedene Ursachen haben: Die Arbeitswelt trägt unterschiedliche Probleme an die Arbeitnehmer heran. Aber selbst gleichartige Probleme - z.B. die Sicherung des Arbeitsplatzes - können sehr unterschiedlich definiert werden: Es kann z.B. gefragt werden, wie die Arbeitskraft durch zusätzliche Bildungsmaßnahmen wertvoller gemacht werden kann; man kann aber in der gleichen Situation auch danach fragen, wie gewerkschaftliche Interessenvertretung wirkungsvoller gestaltet werden kann.

Die folgende Abbildung veranschaulicht die angesprochenen Zusammenhänge.

Modell zur Analyse individueller Weiterbildungsentscheidungen

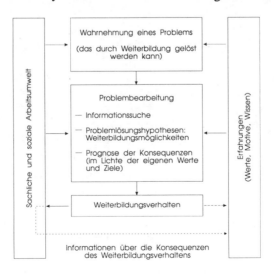

Als Hauptmerkmale dieses Konzepts können die folgenden Punkte genannt werden (ausführlicher Weber 1985, S. 144 ff.): Die Handhabung von Problemen vollzieht sich als Interaktion zwischen Personen und Umwelt. Die Umwelt stellt dem Individuum Probleme, und sie legt Problemlösungshypothesen - z.B. durch beobachtbare Modelle, die spezifische Verhaltensweisen für bestimmte Situationen vorführen - nahe. Das Verhalten ist zum großen Teil auf die Umwelt gerichtet: In der Umwelt werden die tatsächlichen oder vermeintlichen Konsequenzen des Verhaltens beobachtet und als Bestätigung oder Falsifizierung der Problemlösungshypothesen interpretiert. Dieser Prozeß enthält zwei wesentliche Komponenten: das Verhalten bzw. die Ausführung eines Verhaltens sowie den Erwerb von Erfahrungen, die das künftige Verhalten determinieren. Bandura (1970) unterscheidet deshalb konsequenterweise im Rahmen seines Konzepts des sozialen Lernens die Akquisitionsphase und die Ausführungsphase des Verhaltens. Bezugsobjekt des Verhaltens ist außer der Umwelt auch die eigene Person. Es kann also externes, unmittelbar beobachtbares und internes, nicht beobachtbares Verhalten unterschieden werden. Ein Beispiel für internes Verhalten ist das gedankliche Abwägen von Kosten und Nutzen einer Aktivität und das anschließende Verwerfen eines in Erwägung gezogenen Verhaltens. Die Problemhandhabung umfaßt schließlich auch die Anpassung von Werten und von Anspruchsniveaus.

Im Anschluß an dieses Konzept erscheint es im Hinblick auf das Weiterbildungsverhalten zweckmäßig, die folgenden Teilaspekte des individuellen Problemhandhabungsprozesses näher zu betrachten: erstens die Problemwahrnehmung, insbesondere die individuelle Definition von Weiterbildungszielen, zweitens die Problembearbeitung, insbesondere die Informationssuche und Abschätzung der erwarteten Konsequenzen, drittens das Verhalten, hier insbesondere die geäußerte Teilnahmeabsicht und die früher bereits realisierten Weiterbildungsvorhaben. Bei der Analyse dieser drei Aspekte wird auf die Ergebnisse empirischer Untersuchungen des Verfassers Bezug genommen (Weber 1985, 1987).

Problemwahrnehmung: Definition von Weiterbildungszielen

Die Unterschiede in den Problemdefinitionen werden wesentlich von den Werten, dem Wissen, den persönlichen Erfahrungen eines Individuums beeinflußt. Daneben kommt den objektiven Gegebenheiten für die Probleminterpretation entscheidende Bedeutung zu. Empirische Befunde stützen diese These. Die Formulierung von Zielen für die Weiterbildung kann als Interpretation oder Definition eines persönlichen Problems verstanden werden, das immer durch die persönliche Wertbasis und die jeweiligen situativen Gegebenheiten bestimmt wird. Zwei Beispiele seien hier als Beleg angeführt: Als besonders charakteristisch sind die Zielnennungen ausländischer Arbeiter in der Bundesrepublik Deutschland anzusehen. Sie nennen im Vergleich zu Deutschen fast viermal so oft das Ziel "Erwerb von mehr Ansehen" (Weber 1985, S. 167). Die besondere Situation der ausländischen Arbeitnehmer als sogenannte Randgruppe, deren Mitglieder mit wenig Prestige ausgestattet sind, wird durch diesen Befund besonders deutlich. Viele Mitglieder dieser Arbeitnehmergruppe spüren täglich im beruflichen und im privaten Bereich Defizite an Akzeptanz und Ansehen. Ein möglicher Weg zur Beseitigung dieses Problems wird in dem Erwerb einer besseren Bildung gesehen. Damit ist freilich die Frage noch nicht beantwortet, ob Weiterbildung tatsächlich ein adäquates Mittel zur Lösung dieses Problems ist.

Ein zweites Beispiel ist das Streben nach veränderten Arbeitsbedingungen oder gar nach einer anderen beruflichen Tätigkeit, das bei körperlicher Belastung gehäuft auftritt. 64 % der Arbeiter in einer größeren Stichprobe (N = 2.500) nennen als mögliches Weiterbildungsziel angenehmere Arbeit, 15 % das Ziel Berufswechsel. Die Vergleichswerte für Meister in den gleichen Abteilungen sind 22 bzw. 7 % (Weber 1985, S. 167). Es läßt sich die Tendenz erkennen, daß bei "Erwerb von mehr Wissen und Ansehen" weitgehend mit wachsendem Dispositionsspielraum und entsprechenden Vorerfahrungen im beruflichen Bildungsbereich langfristige Weiterbildungsziele an Bedeutung gewinnen und an den komplementären Arbeitsplätzen stärker Unzufriedenheit bzw. der Wunsch nach einem Wechsel des Arbeitsplatzes dominiert. Demgegenüber hat sich bei Beschäftigten mit einer systematischen und langjährigen Berufsausbildung das Ziel Weiterbildung bzw. Qualifikationserwerb weitgehend verselbständigt. Veränderungen im beruflichen Umfeld werden in diesem Fall eher als Bedrohung wahrgenommen, der mit Weiterqualifizierungsmaßnahmen begegnet werden kann.

Problembearbeitung

Es reicht nicht aus, daß ein berufliches oder persönliches Problem als Weiterbildungsproblem definiert wird. Die zweite Bedingung dafür, daß es zur Weiterbildungsteilnahme kommt, ist ein positiver Saldo in der Kosten-Nutzen-Bilanz für diese Aktivität. Der Einschätzung der Konsequenzen, die mit einer Weiterbildungsmaßnahme verbunden sind, kommt deshalb eine herausragende Bedeutung zu. Außerdem ist die Information über die in Frage kommenden Weiterbildungsangebote und eine positive Einschätzung der Realisationsmöglichkeiten der in Aussicht genommenen Weiterbildungsvorhaben ein wesentlicher Bestandteil des Entscheidungskalküls über die Teilnahme oder Nicht-Teilnahme.

Es ist zum Beispiel durchaus denkbar, daß Weiterbildung als möglicher Weg zur Erhöhung des Ansehens betrachtet wird, der zeitliche Aufwand für das Vorhaben - z.B. nachträglicher Erwerb des Facharbeiterbriefs - und damit der Verlust an Freizeit außerordentlich hoch und die Realisationschancen aufgrund der bisherigen Bildungserfahrungen gering eingeschätzt werden. In diesem Fall wird die Entscheidung über eine Weiterbildungsmaßnahme kaum positiv ausfallen.

In die Kalkulation der Kosten und Nutzen einer Weiterbildungsmaßnahme fließen auf der Nutzen-Seite insbesondere die unmittelbar angestrebten Qualifizierungswirkungen ein, daneben aber auch die eventuell positiv eingeschätzten sozialen Kontakte, das möglicherweise attraktive Umfeld der Trainingsmaßnahme, die verbesserten beruflichen Chancen und - im Falle von Entsendungen durch das Unternehmen - die mit der Auswahl verbundene Anerkennung. Der Nutzen kann auch im Vermeiden von negativen Entwicklungen bestehen, die ohne Weiterbildung eintreten können: Schwierigkeiten bei der Ausführung der Arbeitsaufgaben, als Folge evtl. die Gefährdung des Arbeitsplatzes, die Gefährdung einer Aufstiegsmöglichkeit und ähnliches.

Auf der Kostenseite können z.B. der entgangene Nutzen durch die alternative Verwendung des Zeitbudgets, gegebenenfalls die finanziellen Aufwendungen, die Risiken, die mit einem

Scheitern verbunden sind, evtl. auch die körperlichen Belastungen - z.B. bei Schichtarbeitern - in die Bewertung einfließen.

Für die Bewertung dieser Nutzen und Kosten spielen die persönlichen Wertvorstellungen eine wichtige Rolle. Sozialisations-, insbesondere Bildungserfahrungen werden also auch in diesem Zusammenhang wirksam. Wer in einem bildungsfreundlichen Klima aufgewachsen ist und selbst auf umfangreiche Bildungserfahrungen zurückgreifen kann, schätzt wahrscheinlich die mit Bildungsmaßnahmen verbundenen Schwierigkeiten geringer und die positiven Langfristwirkungen von Bildungsinvestitionen höher ein. Die Tendenz zu fast routinemäßigen Entscheidungen zugunsten von Bildungsaktivitäten kann als Existenz eines weitgehend autonomen Weiterbildungsmotivs gedeutet werden.

Weiterbildungsabsichten und Weiterbildungsverhalten

Die Ergebnisse der empirischen Untersuchungen über individuelles Weiterbildungsverhalten stützen die Annahme, daß die Einschätzung der Konsequenzen in Verbindung mit den Weiterbildungszielen nachhaltigen Einfluß auf die Entscheidung über Teilnahme oder Nicht-Teilnahme an der Weiterbildung hat.

Schon die isolierte Betrachtung der vermuteten Weiterbildungskonsequenzen belegt die Relevanz dieses Faktors. Arbeitnehmer, die der Weiterbildung für sich selbst positive Konsequenzen zuordnen, äußern zu über 40 % deutliche Weiterbildungsabsichten. Fehlt die positive Einschätzung der Konsequenzen von Weiterbildung, sinkt die Teilnahmeabsicht auf 18 %. Ein ähnlicher Zusammenhang besteht zwischen der Wahrnehmung des Vermeidens negativer Konsequenzen und der Weiterbildungsabsicht. Dieser Zusammenhang ist allerdings weniger stark ausgeprägt. Das liegt u.a. daran, daß die möglichen negativen Konsequenzen fehlender Weiterbildung zum Teil als nicht so gravierend eingestuft werden.

Als mögliche positive Konsequenzen einer Weiterbildungsbeteiligung werden in dieser Reihenfolge die Verbesserung der Arbeitsbedingungen und der mögliche Wechsel des Arbeitsplatzes, beruflicher Aufstieg, finanzielle Verbesserung, günstige Arbeitsinhalte und eine Erleichterung der Aufgabenbewältigung genannt. Insgesamt 62 % der 1264 befragten Arbeitnehmer aus dem gewerblich-technischen und dem kaufmännisch-administrativen Bereich ordneten der Weiterbildung wenigstens eine derartige positive Konsequenz zu.

Recht deutlich zeigt sich der Einfluß des Wert- und Wissenshintergrunds auf die Einschätzung der Konsequenzen von Weiterbildungsaktivitäten: Je höher das Bildungsniveau ist, um so eher werden negative Konsequenzen bei Unterlassung von Weiterbildungsmaßnahmen gesehen. Die befragten Arbeitnehmer mit Hauptschulabschluß vermuten nur zu 29 %, mit mittlerem Abschluß zu 44 %, mit Abitur zu 49 % und mit Hochschulabschluß zu 61 % negative Konsequenzen für den Fall, daß Weiterbildungsmaßnahmen unterbleiben. Bildungsniveau läßt sich freilich nicht völlig von der Art der ausgeübten Berufstätigkeit loslösen. In diese recht unterschiedlichen Einschätzungen fließen also auch viele Aspekte des jeweiligen Arbeitsumfeldes mit ein: Es zeigt sich auch, daß die körperlichen Belastungen mit höherem Schulbildungsniveau abnehmen.

Es ist bemerkenswert, daß zwar einige wenig realistische Ziele genannt werden, die Einschätzungen der Konsequenzen im Hinblick auf diese Ziele und die daraus gezogenen Schlußfolgerungen aber durchaus realistisch sind:

Arbeitnehmer, die ausschließlich finanzielle Motive als Grund für Weiterbildungsmaßnahmen nennen, nehmen nur zu 17 % positive Weiterbildungkonsequenzen wahr und äußern nur zu 11 % konkrete Weiterbildungsabsichten.

Die Kombination finanzielle und Sicherheitsmotive ist bereits mit einer wesentlich höheren Wahrnehmung von positiven Weiterbildungskonsequenzen (42 %) und ebenfalls deutlich höherer Weiterbildungsabsicht verbunden (20 %).

Finanzielle und Aufstiegsmotive, die in noch höherem Maße kompatibel sind, lassen in Verbindung mit einer nochmals höheren Erwartung positiver Konsequenzen (48 %) auch die Teilnahmeabsicht auf 36 % steigen. Und die Kombination finanzielle, Sicherheits- und Aufstiegsmotive bedeutet gemeinsam mit einer noch deutlicheren Wahrnehmung positiver Konsequenzen von Weiterbildung (55 %) sogar eine Teilnahmeabsicht bei 41 % der Befragten.

Ähnliche Effekte konnten auch bereits bei einer früheren Analyse der Weiterbildungsentscheidungen festgestellt werden. Es zeigte sich insbesondere, daß ältere Arbeitnehmer zu einer pessimistischen Einschätzung der Konsequenzen von Weiterbildungsanstrengungen neigen und hauptsächlich deshalb - nicht weil es an Zielen oder Informationen gemangelt hätte - Weiterbildungsmaßnahmen häufig unterlassen.

Die Antwort auf Fragen nach den erwarteten Konsequenzen von Weiterbildungsmaßnahmen bzw. des Unterlassens von Weiterbildungsmaßnahmen gibt ein sehr realistisches Bild über den Anteil potentieller Weiterbildungsteilnehmer an der Gesamtheit der Arbeitnehmer.

In der Stichprobe von 1264 Arbeitnehmern vermutete etwa ein Drittel der Befragten positive Konsequenzen einer Teilnahme an Weiterbildungsmaßnahmen. Bei der Frage nach den Konsequenzen eines Unterlassens von Weiterbildungsmaßnahmen klingt sogar nur bei einem Viertel der Befragten Weiterbildungsinteresse an.

Es zeigt sich, daß sich die Zahl der potentiellen Weiterbildungsteilnehmer im Vergleich zu dem optimistisch stimmenden Eindruck, den die Zielnennungen vermitteln, erheblich verringert, wenn nach der Einschätzung der Konsequenzen gefragt wird. Insgesamt betrachtet, werden die Konsequenzen nicht sehr optimistisch eingeschätzt.

Insgesamt betrachtet, deuten die theoretischen Überlegungen über den Menschen als Problemhandhaber und die empirischen Befunde darauf hin, daß alle Arbeitnehmergruppen nach gleichartigen Prinzipien auf die Herausforderungen ihrer jeweiligen Umwelt reagieren. Auch die sogenannten Problemgruppen der Weiterbildung verhalten sich vor dem Hintergrund ihrer Lebensgeschichte und ihrer jeweiligen Arbeitssituation im Sinne ihrer Werte und Ziele weitgehend rational. Ausländische Arbeitnehmer, für die der Erwerb von mehr Ansehen ein zentrales Problem darstellt und die - vermutlich sehr realistisch - zu der Einschätzung gelangen, daß Weiterbildungsmaßnahmen dieses Problem nicht befriedigend lösen, entschließen sich in nur geringem Maße zu Weiterbildungsmaßnahmen. Ähnliches gilt für Arbeiter, die - vielleicht gefördert durch das betriebliche Belohnungssystem - vorrangig monetäre Ziele verfolgen und zumindest unmittelbare positive finanzielle Auswirkungen der Weiterbildung nicht erwarten können. Aber auch umgekehrt besteht der Eindruck, daß sich eine Problemkonstellation, die Weiterbildung fordert, die notwendige Bildungsbereitschaft schafft.

Diesen Eindruck vermittelt auch die Betrachtung des Zusammenhangs zwischen der Art der beruflichen Tätigkeit sowie dem bisherigen Weiterbildungsverhalten bzw. den Weiterbildungserfahrungen sowie den Weiterbildungsabsichten. Daten hierzu sind in Tabelle 1 (s. nächste Seite) zusammengefaßt.

Selbstverständlich korreliert das Merkmal Art der beruflichen Tätigkeit stark mit Merkmalen des sozialen Hintergrunds und damit mit Einstellungen und schulischem Ausbildungsniveau. Dennoch ist die hohe Weiterbildungsaktivität in den Bereichen, die in starkem Maße Weiterbildung der Mitarbeiter fordern, bemerkenswert: Dies gilt für die Tätigkeiten in der Verwaltung einschließlich der Textverarbeitung und der Datenverarbeitung, die in besonderem Maße von technologischem und organisatorischem Wandel betroffen sind. Es gilt für die Bereiche Führen und Ausbilden, die zu einem großen Teil durch Vorgänge der Kommunikation und der sozialen Beziehungen gekennzeichnet sind. Und es gilt für die Bereiche Forschen/ Entwickeln sowie Entwerfen/Planen/Organisieren, die mit der Produktion von Neuerungen beschäftigt sind.

Der Besuch von Kursen steht zwar in engem Zusammenhang mit der Verarbeitung von Fachliteratur: Wer schon Kurse besucht hat, liest häufig auch Fachliteratur und umgekehrt (jeweils etwas über 60 %). Aber die Häufungen der Fachlektüre in den Bereichen Forschen, Entwerfen/Planen/Organisieren sowie Führen sind aus den Charakteristika der Arbeitstätigkeiten heraus interpretierbar. Das gleiche gilt für die im Vergleich zur Fachlektüre deutliche Ausprägung des Kurses als Weiterbildungsmittel in den eher technisch-manuell orientierten Bereichen einschließlich Reparieren und Ausführen von Schreibarbeiten.

6. Zusammenhänge zwischen betrieblicher und individueller Weiterbildungsaktivität sowie Weiterbildungsinfrastruktur

Aus den Darlegungen in den beiden vorangegangenen Abschnitten läßt sich folgende Zwischenbilanz ableiten:

Weiterbildung umfaßt aus der Unternehmensperspektive mindestens die Bereiche Management-Weiterbildung, Verkaufstraining einschließlich der Vermittlung von Qualifikationen zur Wartung bzw. Betreuung der Produkte und Weiterbildung, die zur Bewältigung der betrieblichen Änderungsdynamik - vor allem im technisch-organisatorischen Bereich - dient.

Tab. 1: Art der beruflichen Tätigkeit und Weiterbildungsaktivität

Art der beruflichen Tätigkeit	Art der Weiterbildungs-erfahrungen (Anteil der Arbeitnehmer in %)				Weiter-bildungs-absicht (Anteil der Arbeitnehmer in %)	Anzahl der Arbeit-nehmer
	Kurse	Fach-literatur	Fernlehr-gänge	Sonstige		
Fließband-arbeit	6	3	3	0	17	35
Maschinen-bedienung, Herstellen mit Spezial-maschinen	16	11	4	2	25	55
Herstellen mit Werkzeugen oder mit ver-schiedenen Maschinen	17	12			23	69
Fahren, Befördern	22	15	2	9	35	65
Überwachen von Maschinen oder Auto-maten	24	14	5	3	36	72
Reparieren	25	12	5	5	26	72
Packen, Laden	31	17	2	7	27	66
Messen, Prüfen Steuern	37	27	6	6	35	116
Ausführen von Schreibarbeiten	43	17	5	6	38	281
Daten ver-arbeiten	44	36	7	7	41	143
Verwalten	50	42	5	5	45	273
Forschen, Entwickeln	53	69	6	14	46	36
Entwerfen, Planen, Organisieren	60	56	5	9	47	182
Ausbilden	62	52	8	9	52	132
Führen, Anleiten	63	54	6	8	43	211

Management-Weiterbildung umfaßt auch die Nachwuchsförderung und die Vermittlung integrierten Wissens, mit dessen Hilfe Koordinationsleistungen erbracht bzw. der Bedarf an strukturellen Koordinationsinstrumenten reduziert werden kann. Dieser Weiterbildungs-Grundbedarf besteht grundsätzlich in allen Unternehmen; er wächst jedoch mit wachsender Komplexität und damit tendenziell mit wachsenden Beschäftigungszahlen.

Weiterbildung zur Bewältigung der betrieblichen Änderungsdynamik tritt in den Unternehmen hingegen in sehr unterschiedlichem Umfang auf: Betrieblicher Wandel (neue Produkte, veränderte Produktionsverfahren, organisatorische Veränderungen, veränderte Systeme der Bürokommunikation usw.) erklärt die beträchtlichen Unterschiede der Weiterbildungsaktivität in erheblichem Maße. Je größer das Ausmaß an Änderungen ist, um so wichtiger wird diese Zielrichtung der Weiterbildungsmaßnahmen. Ähnliche Überlegungen gelten für die verkaufs- und betreuungsbezogene Weiterbildung, die ebenfalls nur in spezifischen Konstellationen gehäuft auftritt.

Der Qualifikationsbedarf eines Unternehmens läßt sich prinzipiell auf zweierlei Weise decken: durch Personalbeschaffung, d. h. durch Bereitstellung von Personen, die über die gewünschten Qualifikationen verfügen, sowie durch Aus- bzw. Weiterbildung, die selbst produziert oder fremdbezogen werden kann.

Der Deckung des Qualifikationsbedarfs durch Rekrutierung von Personal, das die gewünschten Weiterbildungserfahrungen bereits gesammelt hat, sind Grenzen gesetzt, da ein Hauptmerkmal der Weiterbildung Kontinuität ist. Dennoch bedeuten die Existenz von Weiterbildungsangeboten, eventuell von Selbstlernzentren, ein spezifisches weiterbildungsbezogenes Medienangebot und die Bereitstellung von Weiterbildungsinformationen für Arbeitnehmer die Chance, bestimmte Qualifikationen in Eigenregie zu erwerben. Daß dies geschieht, ist nach den Befunden über individuelles Weiterbildungsverhalten am ehesten im Hinblick auf solche Qualifikationen zu erwarten, die einen Wechsel auf attraktive Arbeitsplätze versprechen. Die Befunde zum individuellen Weiterbildungsverhalten belegen zwar, daß Arbeitnehmer durchaus weiterbildungsbereit sind, wenn ein relativ konkreter Druck Weiterbildung nahelegt, die Konsequenzen der Weiterbildung im Lichte der eigenen Ziele und Werte positiv eingeschätzt werden und entsprechende Angebote bereitstehen. Das bedeutet, daß ein positiver Effekt durch Weiterbildungsangebote in einer Region nur dann zu erwarten ist, wenn die angestrebten Arbeitsplätze auf dem örtlichen bzw. regionalen Arbeitsmarkt bereitstehen und die Möglichkeit eines Wechsels auf diese Arbeitsplätze sichtbar ist. Ist diese Voraussetzung nicht erfüllt, ist für die Region eher ein negativer Effekt zu erwarten: Die Qualifizierung legt eine Abwanderung aus der Region nahe.

Die größere Bedeutung neben der Gewinnung von Personal, das sich in Eigenregie qualifiziert hat, kommt der Gestaltung von Weiterbildung durch die Unternehmen zu. Die relativ engen Zusammenhänge zwischen den im Qualifizierungsbereich Problemdruck erzeugenden Faktoren und der tatsächlichen betrieblichen Weiterbildungsaktivität zeigen, daß die Unternehmen die für sie in einer konkreten Situation notwendige Weiterbildung in der Regel durchführen und gestalten. Dabei bestehen allerdings erhebliche Unterschiede, die durch die Rahmenbedingungen - insbesondere durch die Unternehmensgröße - begründet sind. Großunternehmen tendieren dazu, sowohl die Management-Weiterbildung als auch die

Weiterbildung, die auf die Bewältigung des Wandels gerichtet ist, in Eigenregie als interne Weiterbildung zu realisieren. Bestimmte Bereiche der Management-Weiterbildung, die auf Spitzenkräfte sowie auf Führungsnachwuchskräfte zielen, werden zwar extern durchgeführt; in diesen Fällen spielt der Ort der Weiterbildung jedoch eine untergeordnete Rolle, so daß sie unter Standortaspekten vernachlässigt werden können. Für die Realisierung der internen Weiterbildung ist jedoch die räumliche, ausstattungsmäßige und personelle Infrastruktur durchaus relevant. Damit sind die entsprechend ausgestatteten Räumlichkeiten für die Durchführung von Weiterbildungsmaßnahmen und die Verfügbarkeit von qualifiziertem Weiterbildungspersonal gemeint. Die Existenz von Universitäten, Fachhochschulen, Forschungsinstituten usw. kann deshalb auch im Hinblick auf die Realisierung von Weiterbildung die Attraktivität einer Region verbessern.

Fremdbezug, also externe Weiterbildung, ist vor allem - auch in größeren Unternehmen - dort relevant, wo Weiterbildungsmassenprobleme schnell vor Ort gelöst werden müssen und wo spezifische Weiterbildungsbedarfe auftreten, zu deren Deckung die Selbstorganisation nicht lohnend wäre. Auch von größeren Unternehmen werden vielfach Teile der technischen Qualifizierung in externe Qualifizierungszentren verlagert. Solche Bildungseinrichtungen schaffen sich große Unternehmen mit einem entsprechenden Qualifizierungsbedarf zum Teil auch selbst. Sie bieten den Vorteil, daß die Weiterbildungsleistungen auch Dritten angeboten werden können und damit eine gleichmäßigere Kapazitätsauslastung möglich ist.

Für kleinere und mittlere Unternehmen ist es vielfach nicht lohnend, das Know-how für die Realisierung von Weiterbildungsmaßnahmen aufzubauen. Die naheliegende Alternative, überbetriebliche Bildungseinrichtungen zur Deckung des Weiterbildungsbedarf zu schaffen, setzt jedoch eine größere Anzahl ähnlich strukturierter Unternehmen und einen relativ großen Problemdruck voraus. Diese Voraussetzung ist in wirtschaftlich schwächeren Regionen in der Regel nicht erfüllt. Deshalb kommt in solchen Regionen der Existenz von außerbetrieblichen Weiterbildungseinrichtungen große Bedeutung zu. Sie stellen vor allem für kleinere und mittlere Unternehmen eine attraktive Alternative bei der Lösung der betrieblichen Qualifizierungsprobleme dar.

Die hier skizzierte Konstellation kann sich unter dem Druck des erwarteten weiteren Anwachsens betrieblichen Weiterbildungsbedarfs verändern: Der Problemdruck, der durch die erhebliche quantitative Ausdehnung der betrieblichen Weiterbildung entsteht, schlägt sich insbesondere in Bestrebungen nieder, die Effizienz der Weiterbildung durch den Einsatz technischer Medien, die Entwicklung von Selbstlernkonzepten und den Einsatz neuer, auf Berufstätige und Erwachsene abgestellte Methoden zu steigern. Es ist mit der Verbreitung neuer Modelle der betrieblichen Weiterbildung zu rechnen (Weber 1989). Im Zuge dieser Entwicklungen ist auch zu erwarten, daß die Selbststeuerung des Lernens an Bedeutung gewinnt. Das computergestützte Training, insbesondere interaktive Lernsysteme, stellen wesentliche Voraussetzungen hierfür bereit. Typische Umsetzungen des Prinzips der Selbstqualifikation (Heidack 1989, S. 16-29) sind Projekte, die eine für die selbstgesteuerte Weiterbildung erforderliche Weiterbildungslogistik bereitstellen. Praktiker der betrieblichen Bildungsarbeit sehen auf dem Gebiet des selbstgesteuerten Lernens in der Bundesrepublik Deutschland noch erhebliche Entwicklungsmöglichkeiten.

7.   Fazit

Weiterbildung ist für einen großen Teil der Unternehmen ein wichtiger, den Unternehmenserfolg mitbestimmender Faktor. Sie wird allerdings in beträchtlichem Maß insbesondere von größeren Unternehmen selbst gestaltet. Es konnte gezeigt werden, daß aber auch in diesen Fällen die Existenz von Bildungszentren und anderen Einrichtungen der Weiterbildungsinfrastruktur ein wesentlicher Faktor ist, der die Realisation der erforderlichen Weiterbildungsmaßnahmen erleichtert. Dies gilt in noch viel stärkerem Maße für kleinere und mittlere Unternehmen, die Weiterbildung oft nur mit erheblicher Verzögerung realisieren würden, wenn eine geeignete Qualifizierungsinfrastruktur in einer Region nicht bereitsteht (vgl. auch Bullinger 1983, S. 89).

Wenn zwischen "harten" und "weichen" Faktoren unterschieden wird, die Standortentscheidungen beeinflussen, dann ist die Weiterbildung bzw. die Weiterbildungsinfrastruktur unter den weichen Faktoren einzuordnen. Das bedeutet, daß nicht erwartet werden kann, daß der Problemdruck im Bereich der Weiterbildung ein so großes Maß annimmt, daß Weiterbildung ein Haupteinflußfaktor von Standortentscheidungen wird. Für einen großen und immer noch wachsenden Teil der Unternehmen ist dieser Bereich mittlerweile jedoch so wichtig, daß er im Gesamtspektrum der relevanten Einzelaspekte einen beachtlichen Platz einnimmt.

Literatur

Bandura, A.: Principles of Behavior Modification, London - New York - Sydney - Toronto 1970

Bea, F. X.: Entscheidungen des Unternehmens, in: Bea, F. X./Dichtl, E./Schweitzer, M. (Hrsg.), Allgemeine Betriebswirtschaftslehre, Bd. 1: Grundfragen, 5. Aufl., Stuttgart 1990, S. 301-403

Behrens, K.C.: Allgemeine Standortbestimmungslehre, 2. Aufl., Opladen 1971

Bloech, J.: Industrieller Standort, in: Schweitzer, M. (Hrsg.), Industriebetriebslehre, München 1990, S. 61-145

Brede, H.: Bestimmungsfaktoren industrieller Standorte: Eine empirische Untersuchung, Berlin 1971

Bullinger, D.: Tendenzen betrieblichen Standortwechsels in Ballungsräumen, in: Raumforschung und Raumordnung 1983, S. 82-89

Bundesministerium für Arbeit und Sozialordnung (Hrsg.): Die Standortwahl der Industriebetriebe in der Bundesrepublik Deutschland, Bonn 1966 und 1974

Der optimale Standort, 1989

Domschke, W.: Modelle und Verfahren zur Bestimmung betrieblicher und innerbetrieblicher Standorte, in: Zeitschrift für Operations Research, 19, 1975, S. B13-B41

Gaugler, E./Kadel, P.: Personalpolitische Bedeutung von Betriebsstandorten, Mannheim 1987

Heidack, C. (Hrsg.): Lernen der Zukunft: Kooperative Selbstqualifikation - die effektivste Form der Weiterbildung der Aus- und Weiterbildung im Betrieb, München 1989

Hummeltenberg, W.: Optimierungsmethoden zur betrieblichen Standortwahl. Modelle und ihre Berechnung, Würzburg u.a. 1981

Kaiser, K.H.: Industrielle Standortfaktoren und Betriebstypenbildung. Ein Beitrag zur empirischen Sozialforschung, Berlin 1979

Kaiser, K.-H./Hoerner, L.: Standortbefragung von Industriebetrieben in der Stadtregion Köln, Arbeitsbericht Nr. 9 des Seminars für Allgemeine Betriebswirtschaftslehre und Betriebswirtschaftliche Planung der Universität zu Köln, Köln 1976

Kappler, E./Rehkugler, H.: Konstitutive Entscheidungen, in: E. Heinen (Hrsg.), Industriebetriebslehre: Entscheidungen im Industriebetrieb, 9. Aufl., Wiesbaden 1991, S. 73-240

Kreuter, H.: Industrielle Standortaffinität und regionalpolitische Standortlenkung - dargestellt am Beispiel Baden-Württembergs, Berlin 1974

Steiner, M.: Konstitutive Entscheidungen, in: Vahlens Kompendium der Betriebswirtschaftslehre, Bd. 1, München 1984, S. 111-157

Töpfer, K.: Überlegungen zur Quantifizierung qualitativer Standortfaktoren, in: Zur Theorie der allgemeinen und regionalen Planung, Beiträge zur Raumplanung Bd. 1, Bielefeld 1969, S. 165-193

Weber, A.: Über den Standort der Industrien, 1. Teil: Reine Theorie des Standorts, Tübingen 1909

Weber, W.: Weiterbildungsentscheidungen im Betrieb, in: W. Weber (Hrsg.): Betriebliche Aus- und Weiterbildung - Ergebnisse der betriebswirtschaftlichen Bildungsforschung, Paderborn 1983, S. 65-95

Weber, W.: Betriebliche Weiterbildung. Empirische Analyse betrieblicher und individueller Entscheidungen über Weiterbildung, Stuttgart 1985

Weber, W.: Das Weiterbildungsverhalten von Arbeitnehmern - Motor oder Bremse betrieblicher Anpassungsprozesse?, in: E. Gaugler (Hrsg.): Betriebliche Weiterbildung als Führungsaufgabe, Wiesbaden 1987, S. 119-140

Weber, W.: Modelle der betrieblichen Weiterbildung, in: Mitteilungen aus der Arbeitsmarkt- und Berufsforschung, Heft 3, 1989, S. 419-426

Weber, W./Martin, A. u.a.: Betriebliche Entscheidungen über Aus- und Weiterbildung, unveröffentlichtes Manuskript, Paderborn 1981

WINFRIED SCHLAFFKE / GÜNTER SIEHLMANN

Strukturwandel und wachsender Qualifikationsbedarf

Neue Konzepte betrieblicher Weiterbildung und regionaler Weiterbildungsverbundsysteme

1.   Veränderte Technologien, veränderte Betriebsorganisation, veränderte Qualifikationsanforderungen
     Neue Herausforderungen für die Großbetriebe

1.1   Gestaltungsfreiheit für die betriebliche Weiterbildung

Die neuen Technologien haben die Berufswelt nachhaltig verändert; vorhandene Besitz-stände an Arbeit und Know-how werden gefährdet, neue, erweiterte und veränderte Qualifi-kationen gebraucht. Weiterbildung gilt zu Recht als geeignetes und wichtiges Instrument, die Probleme und den einschneidenden Wandel in unserer Industriegesellschaft bewältigen zu helfen und Veränderungen nicht passiv zu erleiden, sondern selbst aktiv zu gestalten. Weiterbildung muß daher auch wesentlicher Bestandteil einer unternehmerischen Vorwärts-strategie und konzeptionellen Vorausplanung sein.

Der technologische Wandel und der Strukturwandel der Gesellschaft sind nicht abgeschlos-sen. Aufgrund der langdauernden Reaktionszeit des allgemeinbildenden Schulwesens und des Hochschulbereichs auf die ablaufenden Umstrukturierungsprozesse werden sich die notwendigen Anpassungen an die Herausforderungen der neuen Technologien, aber auch an die sozialen und gesellschaftlichen Veränderungen der Zukunft immer stärker auf die Weiterbildung verlagern. Dies muß dazu führen, daß Weiterbildung nicht mehr nur ein Anhängsel des Bildungssystems ist, sondern zu einem integralen und wichtigen Bestandteil des Gesamtsystems wird.

Ein besonderer Stellenwert kommt der betrieblichen Weiterbildung zu. Sie ist ein wichtiges Mittel zur Sicherung der Unternehmensproduktivität und hat sich zugleich an den konkreten Wünschen, Bedürfnissen und Fähigkeiten des Mitarbeiters zu orientieren. Forderungen, die darauf abzielen, einen genau reglementierten gesetzlichen Anspruch auf Weiterbildung zu begründen, schränken die Flexibilität der Betriebe ein und gefährden letztlich die innovative Funktion der Weiterbildung. Aus der Notwendigkeit der Bedarfsorientierung folgt zugleich, daß die Betriebe vorrangig die Kosten der von ihnen veranlaßten Maßnahmen selbst zu tragen haben (Schlaffke, Weiß 1990, S. 9 - 19). Der geradezu sprunghaft gestiegene Weiterbildungs-bedarf macht darüber hinaus jedoch auch verstärkte Anstrengungen des einzelnen erforder-lich. Dies gilt um so mehr, als berufliche Weiterbildung immer zugleich auch seine Chancen auf dem Arbeitsmarkt verbessert.

Kritiker der betrieblichen Weiterbildung beklagen den nicht regulierten Zustand, sie rügen Unübersichtlichkeiten, Ungleichbehandlungen und uneinheitliche Qualitätsstandards. Doch im Interesse der Dynamik, Anpassungsfähigkeit und Elastizität des Weiterbildungsmarktes muß er vor bürokratischer Einengung geschützt werden und von staatlichen Interventionen frei bleiben. Der Staat hat Rahmenbedingungen zu setzen, sollte aber seine Aufsichtspflicht auf das Notwendigste beschränken und die Gestaltungsfreiheit der Träger nicht behindern.

Die unternehmerische Wirtschaft setzt auf Vielfalt und Wettbewerb im Weiterbildungsmarkt, die nicht gegen Chancengerechtigkeit, sondern für sie wirkt. Wettbewerb in der Weiterbildung bedeutet nicht allein Wettbewerb der Anbieter untereinander, auch die Unternehmen führen einen Wettbewerb um die bestmögliche Qualifikation der Mitarbeiter. Dieser wiederum trägt wesentlich zur Sicherung und Fortentwicklung ihrer Berufschancen bei und wirkt zugleich zurück auf die Innovationsfähigkeit der Unternehmen. Damit wird Wettbewerb in der Weiterbildung zu einem unverzichtbaren sozialen Element und zu einem produktiven Faktor zur Verbesserung der Produktqualität, die wiederum die Wettbewerbsposition von Unternehmen auf Dauer sichert.

1.2   Zielgruppenorientierte Konzepte und Methoden

Weiterbildung dient den Betrieben als Mittel zur Leistungserstellung. Betriebliche Weiterbildung hat sich deshalb - wenn auch nicht ausschließlich, so aber doch vorrangig - am betrieblichen Bedarf zu orientieren. Die Bedarfsermittlung bildet deshalb die Zentral- und Ausgangsfrage bei der Planung und Steuerung der betrieblichen Weiterbildung überhaupt.

Gemessen an ihrer Bedeutung erscheint die Praxis der Bedarfsermittlung und der Zielgruppenorientierung in den Betrieben noch keineswegs optimal gelöst. Vielfach erfolgt die Planung von Weiterbildungsmaßnahmen ohne genaue Bedarfsermittlung. Die Weiterbildungsplanung ist oft ungenügend mit der Investitionsplanung verzahnt und berücksichtigt zu wenig zukunftsbezogene Aspekte.

Erfolgreiche Weiterbildungsarbeit verlangt eine vorausschauende längerfristige Planung und unternimmt den Versuch, Produktplanung, technische Planung und Personalentwicklungsarbeit nicht nacheinander, sondern miteinander zu organisieren und in einem integrierten Konzept zu vereinen. Die Abstimmung von Aus- und Weiterbildung zu einem kontinuierlichen Prozeß bleibt eine dauernde und wichtige Aufgabe der Unternehmen (Gaugler, Schlaffke, 1989).

Die Weiterbildung hat in Wirtschaft und Gesellschaft an Stellenwert gewonnen, und zugleich mit ihrer steigenden Bedeutung ist eine Umbruchsituation entstanden (Göbel, Schlaffke, Berichte zur Bildungspolitik, 1987). Nicht nur das Verständnis von Inhalten und Zielen der Weiterentwicklung hat sich im letzten Jahrzehnt verändert, sondern auch die Zielgruppen, Methoden und Lernorte sind Veränderungen unterworfen. Waren betriebliche Bildungsmaßnahmen in den sechziger Jahren noch sehr stark am Modell der Schule und des Unterrichts orientiert, so kristallisierten sich im Laufe der Zeit neue Ansätze heraus. Sie haben allesamt zum Ziel, den spezifischen betrieblichen Anforderungen und Bedingungen sowie den Besonderheiten des Lern- und Arbeitsverhaltens der Mitarbeiter Rechnung zu tragen. Als Beispiel sei auf verhaltens-, team- und projektorientierte Ansätze sowie die Einbettung der Weiterbildung in die Personal- und Organisationsentwicklung verwiesen.

In Anlehnung an den Deutschen Bildungsrat wurde früher unter Weiterbildung zumeist die "Fortsetzung oder Wiederaufnahme organisierten Lernens nach Abschluß einer unterschiedlich ausgedehnten ersten Bildungsphase" (Deutscher Bildungsrat, 1970, S. 250) verstanden. Unter "organisierten Maßnahmen" kann dabei nicht mehr nur eine seminar- oder unterrichtsmäßig gestaltete Maßnahme verstanden werden. Dies würde zu kurz greifen und eine Reihe spezifischer betrieblicher Lernformen, wie die Teilnahme an Informationsveranstaltungen (z.B. Fachvorträge, Fachtagungen, Fachmessen) oder das Lernen am Arbeitsplatz (z.B. Einarbeitungsmaßnahmen, Training-on-the-job, computerunterstütztes Lernen, Qualitätszirkel), ausblenden.

Neue Methoden und Formen der Weiterbildung werden sich auch aus der Nutzung der Kommunikations- und Informationstechnologien entwickeln. Gerade sie eröffnen die Chance, Lernen unabhängig von Ort und Zeit zu gestalten. Von der Bildplatte über die Kabelkommunikation bis zum Großrechner sind neue Bildungsträger und -wege vorhanden, die neue Lehr- und Lernmethoden verlangen.

In der Vergangenheit war es in der betrieblichen Weiterbildung üblich, überwiegend technische und kaufmännische Angestellte und Führungskräfte zu schulen. In der Zukunft muß dafür gesorgt werden, daß die Facharbeiter ebenso wie die an- und ungelernten Mitarbeiter in den Unternehmen den Anschluß an die technische Entwicklung behalten und sich entsprechend den veränderten Anforderungen weiterqualifizieren können. Für diese Gruppe bedarf es spezifischer Schulungsmaßnahmen, d.h. besonders motivierende, psychologische und methodisch-didaktische Konzepte müssen entwickelt werden.

Die Einführung der Datenverarbeitung in eine Vielzahl neuer Büroberufe hat neue Probleme, aber auch neue Chancen für Frauen gebracht. Allgemeinbildung, berufliche Erstausbildung und Weiterbildung müssen zusammenwirken, um Frauen zum Umgang mit neuen Techniken zu motivieren und sozialisationsbedingte Abwehrhaltungen abzubauen. Gerade die Schlüsseltechniken unserer Zeit eröffnen ihnen neue Betätigungsfelder, wenn sie über die entsprechenden Qualifikationen verfügen (Herrmann, 1988).

1.3 Arbeitsbereicherung, Integration, Delegation der Verantwortung

Neue Techniken sind zur entscheidenden Triebfeder des wirtschaftlichen Strukturwandels geworden. Sie haben weitreichende Auswirkungen auf die Arbeitsorganisation und die Arbeitsanforderungen. Ganz allgemein kann ein Anstieg der Qualifikationsanforderungen und eine Flexibilisierung der Arbeitsorganisation erwartet werden.

Entgegen kulturkritischen und industriesoziologischen Prognosen ist die Arbeitswelt durch den Einsatz neuer Techniken nicht zunehmend menschenfeindlicher geworden. Der vielbeschworene und vielbefürchtete rechnergesteuerte Taylorismus ist nicht im Vormarsch; der qualifizierte Mitarbeiter wird nicht dequalifiziert eingesetzt und gar aus den Betrieben gedrängt. Die menschenleere Geisterfabrik ist nicht das Modell der Zukunft. Die Vermassung von Produktion und Menschen schreitet nicht voran, im Gegenteil: Je mehr Anwendungsbereiche die Mikroelektronik erfaßt, desto deutlicher zeichnet sich die Chance ab, mehr Freiräume für die Menschen zu schaffen (Göbel, Schlaffke, Die Zukunftsformel, 1987).

Betriebe setzen DV-gestützte Planungs- und Steuerungssysteme mehr und mehr zur Dezentralisierung ein. Mitarbeiter erhalten überschaubare Arbeitsgebiete; sie reagieren nicht nur auf Anforderungen der Maschinen, sondern agieren, tragen Verantwortung, erkennen und korrigieren Fehler. Maschinen entlasten von Routinearbeit. In dem Maße, in dem manuelle Tätigkeiten von Maschinensteuerungen, von Handhabungssystemen oder von CAD-Systemen übernommen werden, verschiebt sich die menschliche Tätigkeit zunehmend auf das Planen und das Organisieren der Prozesse, das Überwachen und Warten der Anlagen - Aufgaben, bei denen eher die Fähigkeiten des Menschen zur kreativen Problemlösung gefordert sind als die stumpfsinnige Bedienung der Apparate. Ein allgemeiner Trend zur Höherqualifizierung ist unübersehbar.

Mit zunehmenden Flexibilisierungsmöglichkeiten der Maschinensysteme erwachsen den Mitarbeitern neue Gestaltungsfreiräume. Die menschliche Arbeitszeit ist nicht mehr unbedingt an die Laufzeiten der Maschinen gebunden; sie kann daher flexibel genutzt werden. Die technischen Systeme lassen es zu, die Arbeit so zu gestalten, daß auch für Schlechtqualifizierte und Leistungsbeeinträchtigte sinnvolle und menschengerechte Aufgaben geschaffen werden können. Die Fertigung wird so flexibel, daß es zunehmend besser gelingt, individuell gestaltete Produkte in kleinen Stückzahlen zu produzieren, ohne daß horrende Mehrkosten entstehen. Die High-tech-Länder stehen vor dem Ende des Zeitalters der Massenproduktion und der Großserien.

Betriebsorganisation und Hierarchien verändern sich. In dem Maße, in dem sich der Facharbeiter zum hochqualifizierten mitdenkenden und mitplanenden, selbständigen und problemlösenden Leistungsträger entwickelt, wird sich das Verhalten der Führungskräfte verändern. Der Vorgesetzte ist nicht mehr in erster Linie Aufgabenzuweiser und Kontrolleur, sondern Informationsvermittler und Diskussionspartner, der auch von den gesellschaftspolitischen Aspekten neuer Technologien wissen muß. Hierarchisch autoritäre Führung hat in modernen Unternehmen keine Zukunft.

Isolierungen und Spezialisierungen weichen zunehmend der Integration und Verzahnung früher getrennter Aufgabenbereiche. Die Unternehmen greifen zu neuen Formen der Arbeitsstrukturierung. Der Trend der Vergangenheit, Arbeit immer weiter zu zerlegen, verlangsamt sich und wird in vielen Bereichen sogar rückgängig gemacht (Pieper, Strötgen, 1990). Die neue Tendenz der Gegenwart und Zukunft heißt: Arbeitsbereicherung, Delegation von Verantwortung, Dezentralisierung, die Zusammenschau von Einzelvorgängen und Vernetzung. Arbeitsplätze werden geschaffen, mit denen sich die Mitarbeiter eher identifizieren können, weil sie Entscheidungs- und Gestaltungsspielräume bieten. Enges Spezialwissen nutzt sich schneller ab. Gebraucht werden Breitenqualifikation, Übersichtswissen, Vernetzungsfähigkeit, Entscheidungsfähigkeit angesichts komplexer Situationen.

Von der Mikroelektronik - als Werkzeug betrachtet - gehen zunächst klar zu beschreibende, relativ leicht zu bewältigende Weiterbildungsanforderungen aus. Erst durch ihre Einbindung in die betrieblichen Abläufe entstehen mehrstufige und mehrschichtige Anforderungen. Sie beinhalten mehr nicht-technische als technische Komponenten.

Die Weiterbildung muß - bei allen konkreten und notwendigerweise speziellen Qualifizierungsmaßnahmen - dafür Sorge tragen, daß Zusammenhänge erkannt und Verbindungslinien hergestellt werden können. Ein Spezialist ist erfolgreicher, wenn er auch über generalistische Fähigkeiten verfügt.

Mikroelektronische Systeme greifen nicht nur in das Qualifikationsgefüge eines Unternehmens, sondern wirken auch auf das Organisationsgefüge ein. Dies betrifft insbesondere das Verhältnis zwischen Mitarbeitern und Vorgesetzten. Die Fachqualifikationen sind wichtig für sachkompetente Entscheidungen, die personalen Qualifikationen sind entscheidend für die Mitarbeiterführung. Der Stellenwert überfachlicher Qualifikationen steigt.

1.4   Neue Techniken - neue Anforderungen an die Betriebsorganisation

Mit der Mikroelektronik eröffnet sich dem Management die Chance, eine neue Ära betrieblicher Arbeits- und Organisationsstrukturen zu eröffnen. Für die Mitarbeiter können neue und motivierende Aufgaben mit Gestaltungs- und Verantwortungsspielräumen geschaffen werden. Es ist zu hoffen, daß diese neuen Entwicklungsmöglichkeiten zunehmend von den Führungskräften erkannt und ergriffen werden, denn sie sind technisch machbar, ökonomisch effizient und für die Mitarbeiter attraktiver. Doch die Anforderungen an das Management sind hoch.

Die Führungskräfte müssen mit dem Gedanken vertraut gemacht werden, daß es nicht damit getan ist, die vorhandene Organisation zu elektronisieren, sondern daß eine planvolle Organisationsentwicklung das Qualifikationspotential der Mitarbeiter aus starren Zwängen befreien und den Unternehmen nutzbar machen kann. Die betrieblichen Entscheidungsträger müssen besser informiert werden über die organisatorischen Gestaltungsmöglichkeiten der neuen Technologien.

Sie müssen die Notwendigkeit und den Stellenwert qualifizierter menschlicher Arbeit bewußt in ihre Entscheidung mit einbeziehen können und lernen, daß eine geplante Personalentwicklung ein unverzichtbares Pendant zur technischen Planung darstellt. Investitionen in neue Technologien ohne Investition in Weiterbildung bedeuten eine Ressourcenvergeudung. Konzepte langfristiger Produkt-, Personal- und Bildungsplanung gewinnen zunehmend an Bedeutung. Aus- und Weiterbildung werden stärker aufeinander abgestimmt und zunehmend in integrierten Konzepten miteinander verzahnt werden müssen.

Auf die Frage, welche besonderen Schwierigkeiten das mittlere Management heute in den Betrieben hat, ermittelte das Institut der deutschen Wirtschaft die folgenden Probleme (Göbel, Schlaffke, Die Zukunftsformel, 1987):

- die autoritäre Tradition des Betriebes
- das autoritäre Führungsverhalten
- fehlende Motivation
- mangelnde Fähigkeit, die Nebenwirkungen von Entscheidungen vorauszusehen
- die Ablehnung der Technik, aber auch zu hohe Erwartungen an die Technik
- mangelnde Teamfähigkeit
- der Ressortegoismus und die Angst vor Machtverlust.

Für das obere Management ergeben sich Probleme aus:

- dem verbreiteten Desinteresse an organisatorischen Fragen
- der Risikoscheu vor organisatorischen Änderungen
- der zu hohen Erwartungen an die Technik
- einer autoritären Betriebstradition.

Die Betriebsuntersuchung des Instituts der deutschen Wirtschaft hat ergeben, daß ganzheitliches Planen und vernetzte Problemlösungen eine zentrale Managementaufgabe sind. Viele Unternehmen arbeiten jedoch mit punktuellen technischen Einzellösungen oder setzen eine technische Innovation ein, ohne an die notwendigen organisatorischen und personalen Veränderungsaufgaben zu denken.

1.5 Erhöhte Anforderungen an das Management

Wenn aufgrund von Ressortegoismus und mangelndem Problembewußtsein der Technikeinsatz stark an die bestehende Organisation angepaßt wird, können die Gestaltungsspielräume und Leistungsmöglichkeiten der neuen Technologien und der dort tätigen Mitarbeiter nicht voll genutzt werden.

In den Betrieben zeigten sich vor allem drei Problemfelder im Einsatz neuer Technologien:

- technisch-fachliche Probleme, die dadurch entstehen, daß Mitarbeiter nicht genügend qualifiziert sind, um sachgerecht ihre Aufgaben erfüllen zu können;
- organisatorische Probleme, die darin begründet sind, daß organisatorische Veränderungen nicht optimal geplant und durchgeführt werden und
- sozialpsychologische Probleme, dadurch hervorgerufen, daß Einstellungs- und Verhaltensweisen, Motivations- und Akzeptanzschwierigkeiten den Einsatz der Technik behindern.

Die Handlungskompetenz des Managements muß künftig ebenso auf fachlichem wie überfachlichem Wissen beruhen. Im einzelnen ergeben sich folgende Anforderungen:

1. Die Planer von Systemen benötigen genaue Kenntnisse sowohl von der Technik der Systeme als auch von den organisatorischen und den arbeitsstrukturellen Gestaltungsmöglichkeiten ihres Einsatzes. Sie müssen imstande sein, neben der berechenbaren technischen und wirtschaftlichen Effizienz auch die Fragen der Arbeitsstrukturierung und der Qualifizie-

rung in ihr Kalkül einzubeziehen. Da die Planungsarbeit in der Regel von einem Team aus Fachkräften verschiedener Abteilungen geleistet wird, sind Kommunikations-, Kooperations- und Teamfähigkeit Voraussetzungen für erfolgreiches Arbeiten.

2. Für diejenigen unter den Führungskräften, die die strategischen Entscheidungen über den Einsatz der Systeme fällen, reicht im Normalfall ein Grundwissen über die wesentlichen technischen Möglichkeiten und Grenzen der Systeme aus. Wichtig ist jedoch, daß sie ausreichend fundiertes Wissen über die wirtschaftlichen, organisatorischen und betriebssoziologischen Kriterien des Systemeinsatzes haben und in der Lage sind, die möglichen Optionen für die Organisation und die Arbeitsstrukturierung in ihre strategischen Entscheidungen mit einzubeziehen und sie vorausschauend als Planungsziele vorzugeben.

3. Das Management muß sich mit seiner veränderten Führungsrolle auseinandersetzen und wissen und akzeptieren, daß ein Teil seiner Dispositions- und Kontrollfunktionen in Zukunft von den Systemen und den Mitarbeitern selbst übernommen wird. Vernetzung der Bereiche, Informations- und Aufklärungsarbeit, Legitimationsaufgaben, partnerschaftliches Verhalten, Konfliktvermeidungsstrategien und Motivationsarbeit sind zusätzliche zentrale Aufgaben für das Management geworden. Ein Wissen, das sich nur auf ein Fachgebiet beschränkt, das nur die Technik, nur die Organisation oder nur die Menschenführung umfaßt, ist für einen erfolgreichen Manager unzureichend.

Der Strukturwandel der Gesellschaft - mitverursacht durch technischen Wandel - verlangt vom Management aber auch die Fähigkeit, in gesamtgesellschaftlichen Perspektiven zu denken. Diese Forderung wird zwar überall erhoben, aber der Wissensstand, die Fähigkeit und die Bereitschaft der Führungskräfte reichen bei weitem nicht aus, dieser Erwartung zu genügen. Eine neue Qualität gesellschaftspolitischer Handlungskompetenz muß künftighin von Führungskräften gefordert werden.

2. Überbetriebliche Weiterbildung und regionale Weiterbildungssysteme - Chancen für die Kleinbetriebe

2.1 Das Konzept des zwischenbetrieblichen Verbundes

Der technische Fortschritt und der gesellschaftliche Wandel wirken sich natürlich auch auf die Kleinbetriebe aus. Sie stehen vor besonderen Problemen, denn sie müssen ohne große Planungsstäbe und Planungsphasen über Technikauswahl und neuen Technikeinsatz entscheiden, sie haben weder Bildungsabteilungen, noch können sie ihre wichtigen Mitarbeiter für längere Zeiträume für Schulungsmaßnahmen freistellen. Sie stehen oft ratlos vor der Fülle neuer technischer Entwicklungen und sind häufig allein angewiesen auf externe Beratung und Schulung der Hardware- und Software-Hersteller. Die angebotenen Hilfestellungen erscheinen ihnen aber oftmals unangemessen teuer, zu wenig praxisgerecht und ihrem Einfluß entzogen. Vor allem sind diese Angebote bereits an Technikentscheidungen gekoppelt. Information und Qualifizierung müssen aber bereits im Vorfeld dieser Entscheidungen laufen, denn sie sind Voraussetzungen für Qualität und Akzeptanz der Entscheidungen.

Die Abhängigkeit von Herstellerinformationen und die Intransparenz des Weiterbildungs-marktes erfordern spezialisiertes Fachpersonal, um Fehlinvestitionen vorzubeugen. Klein-und Mittelbetriebe, die über dieses Personal nicht verfügen, halten sich bei der Qualifizierung und Einführung neuer Technik häufig zurück.

Als Problemlösung für solche Schwierigkeiten haben sich in den letzten Jahren Koopera-tionsformen bewährt, die als regionales Netzwerk zwischen Betrieben, Kammern, Verbän-den, Bildungswerken der Wirtschaft und Weiterbildungsträgern beschrieben werden können. Durch ein Konzept des zwischenbetrieblichen Verbundes, d.h. durch direkte Kooperation zwischen Klein- und Mittelbetrieben einerseits und durch Einbeziehung von Großbetrieben soll erreicht werden,

- daß vorhandene personelle, materielle und finanzielle Ressourcen besser ausgeschöpft werden,
- daß zielgerichtete Personal- und Organisationsentwicklung auch in solchen Betrieben durchgeführt werden kann, in denen kein speziell hierfür ausgebildetes Personal zur Ver-fügung steht;
- daß die Mitglieder am Verbund frühzeitig auf neue Qualifikationsanforderungen der Mitar-beiter reagieren können;
- daß Weiterbildungsangebote allen Mitgliedern bedarfsgerecht und kostengünstig "am Platz" zur Verfügung stehen;
- daß Hilfestellung bei Auswahl und Ausbildung des Nachwuchses geleistet wird;
- daß Know-how-Transfer zwischen den Mitgliedern unkompliziert durchgeführt werden kann (BMBW 1985 b).

Die Idee des Verbundes ist nicht neu. In der Ausbildung gibt es seit langem zahlreiche Ansätze einer derartigen Kooperation (vgl. BMBW 1985 b; vgl. Meyer/-Schwiedrzik 1987). In der Übertragung auf die Weiterbildung und mit der Erweiterung im Sinne der Personalent-wicklung gibt es allerdings bisher wenige Beispiele (vgl. BMBW 1985 a). Organisatorisch gibt es einmal den Weg des direkten Zusammenschlusses der interessierten Betriebe in einem Verein, zum anderen das offene Modell mit einer außerbetrieblichen Leitstelle. Diese Aufgabe wird dann z.B. von einer Kammer oder einem Bildungswerk der Wirtschaft übernommen. Eben diese Lösung wird in Hessen praktiziert (vgl. Siehlmann 1988).

2.2   Das "hessische Verbundmodell"

Der zwischenbetriebliche Verbund in Hessen ist als Kooperation zwischen Bildungswerk und Betrieben organisiert:

- Leitstelle ist das Bildungswerk der hessischen Wirtschaft, das Koordination und Organisa-tion übernimmt.
- Kern des Systems sind Großbetriebe als Ankerbetriebe, die ihre Ressourcen zur Verfü-gung stellen.
- Beteiligt sind Klein- und Mittelbetriebe, deren Mitarbeiter an den Qualifizierungsangebo-ten teilnehmen.

Die Angebote sind technikbezogen, vor allem als Personal-Computer-Qualifizierung für kaufmännisch-verwaltende Sachbearbeiter und CNC-, SPS-, CAD-Qualifizierung für gewerblich-technische Facharbeiter und Ausbilder.

Der Ablauf folgt jeweils den Stufen vom Bedarf zum Transfer:

- Information der Betriebe
- Ermittlung des Weiterbildungsbedarfs
- Anpassung der Weiterbildung
- Durchführung der Weiterbildung
- Transferunterstützung.

Ein wesentliches Argument für den zwischenbetrieblichen Verbund ist die Nutzung der didaktisch-methodischen Vorteile des Lernorts Betrieb auch für jene Klein- und Mittelbetriebe, die selbst nicht über entsprechende Voraussetzungen für eine interne Weiterbildung verfügen. Die Qualifizierung erfolgt dort, wo die entsprechenden Geräte und Produktionsanlagen aktiv eingesetzt sind, und durch betriebliche Ausbilder mit einschlägigen fachlichen und pädagogischen Qualifikationen. Sie folgt dem Prinzip der Handlungsorientierung, deren Ziel die Integration funktionaler und extrafunktionaler Qualifikationen ist. Die Technologie und im besonderen die Programmierung werden im Gesamtzusammenhang der Fertigungsprozess des jeweiligen Betriebes betrachtet und erlernt.

Für die Mitarbeiter kleinerer und mittlerer Betriebe sind solche Problemstellungen vertraut, da dort der Grad der Arbeitsteilung relativ gering ist. Anfang und Mittelpunkt des Lernens ist der Arbeitsauftrag. Mit der noch unbekannten Technologie ergeben sich Fragestellungen, die in ihrer Erarbeitung und den zunehmend komplexen Arbeitsaufträgen die Struktur des technischen Systems in praktischer Arbeit und konkreter Anwendung erschließen. Die Erfahrungen zeigen, "daß damit keine Verringerung der zu vermittelnden Kenntnisse verbunden ist; gerade vermeintlich schwierige Inhalte, wie z.B. die Winkelfunktion, die man beim CNC-Fräsen und -Drehen häufig benötigt, werden so wesentlich einfacher 'begriffen' als in in einem Kurzlehrgang zu diesem Thema, der keinen Anwendungsbezug herstellt" (Grass/Schmitt 1988, S. 41).

Insbesondere die Transferunterstützung als originäre Aufgabe innerhalb einer überbetrieblichen oder zwischenbetrieblichen Qualifizierung ist bisher allenfalls theoretisch in der Transferforschung, kaum jedoch handlungsrelevant für die praktische Weiterbildungsarbeit aufgearbeitet worden. Die oben beschriebenen Grundzüge des Prinzips der Handlungsorientierung sind bereits implizit transferfördernd. Dies ist aber zu ergänzen um gezielte zusätzliche Maßnahmen. Wenn zum Beispiel Betriebe die Qualifizierung un- und angelernter Mitarbeiter angehen, so steht dies im Zusammenhang mit der Gestaltung von Arbeitsplätzen, die Raum für die Anwendung neuer Qualifikationen geben müssen; darüber hinaus hat die Veränderung der Qualifikationsstruktur Konsequenzen für Vorarbeiter und Meister im Bereich der Personalführung.

Der zwischenbetriebliche Verbund läuft nun bereits einige Jahre. Die positiven Erfahrungen bestätigen das Konzept. Anfängliche Befürchtungen aus dem Verhältnis von Klein- und

Mittelbetrieben gegenüber Großbetrieben, z.B. Abwerbung der Teilnehmer oder Wettbewerbsverzerrungen durch Offenlegen betrieblichen Know-hows, haben sich nicht bestätigt. Andererseits gilt nach wie vor, daß die Realisierung des Konzeptes kein Selbstläufer ist. Die Ansprache der Betriebe zur Nutzung der Verbundangebote, die Erweiterung des Kreises der Ankerbetriebe, die ständige Abstimmung von Bedarf und Angebot in der Gestaltung und die Unterstützung des Transfers auch nach Durchführung der Qualifizierung sind Aufgaben, deren Erfüllung immer wieder neu mit den Intentionen des Konzeptes abgestimmt werden muß.

Vielfach ist die Definition des Weiterbildungsbedarfs selbst für die betrieblich Verantwortlichen noch zu unspezifisch, um direkt mit einer Lösung im zwischenbetrieblichen Verbund beantwortet werden zu können. So kann die Wahrnehmung von Mängeln in der Produkt- oder Arbeitsqualität sehr unterschiedliche Ursachen und damit auch Problemlösungspfade haben: Technik, Motivation, Führung, Unternehmenskultur. Es hat sich deshalb bewährt, die Angebote des zwischenbetrieblichen Verbundes in ein Netz regionaler Qualifizierungsberater einzubetten.

2.3   Qualifizierungsberatung

Jeder Weiterbildungssuchende steht vor einer unüberschaubaren Vielfalt an Kursen, Schulungen, Seminaren, Workshops. Umfangreiche Suchprozesse und nicht sachgerechte Entscheidungen führen dazu, daß Weiterbildung teilweise nicht in der eigentlich erforderlichen Qualität und Quantität realisiert wird. Parallel mit der Entwicklung der betrieblichen Bildungsnachfrage ist auch eine Veränderung der individuellen Nachfrage nach beruflicher Bildung zu beobachten. Betriebe und andere Träger der beruflichen Bildung müssen hier zunehmend die Rolle von Beratern bei der Konkretisierung individueller Bildungswünsche und bei der Auswahl geeigneter Weiterbildungsangebote übernehmen (vgl. Hölterhoff und Becker 1986, S. 94 ff.).

Die absehbare Entwicklung der Nachfrage nach Weiterbildung hat zu einer starken Zunahme der Bildungsträger und zu einer Vielzahl ähnlicher Angebote insbesondere in den neuen Techniken (z.B. EDV, CNC, SPS, CAD, Hydraulik und Pneumatik) geführt. Andererseits bestehen auch weiterhin Marktlücken, in denen der Nachfrage keine entsprechenden Angebote gegenüberstehen. Dies gilt sowohl bei branchenbezogenen Fragestellungen (z.B. Optik, Holzbearbeitung), bei Aufbaulehrgängen z.B. im CNC-Bereich und vor allem bei Angeboten, die neben den fachlichen auch verhaltensorientierte Elemente für eine umfassende Qualifizierung der Mitarbeiter berücksichtigen.

Es liegt deshalb nahe, betriebliche und individuelle Nachfrageentscheidungen durch ein Informationssystem zu unterstützen, das einerseits auf einer breiten Datenbasis aufbaut, andererseits aber eine dem spezifischen Bedarf entsprechende Auswahl aktueller Angebote zur Verfügung stellen kann. Gleichzeitig können bildungsplanerische Vorgaben und Angebotsentscheidungen von Trägern durch differenzierte und zeitnahe Informationen über die Situation auf dem Weiterbildungsmarkt unterstützt werden.

Die Qualifizierungsberatung soll

- Betriebe bei der Ermittlung ihres Weiterbildungsbedarfs unterstützen;
- Betriebe über regionale Weiterbildungsangebote informieren;
- Betriebe bei der Auswahl, Planung und Gestaltung von Weiterbildungsangeboten (für Beschäftigte und Arbeitslose) beraten;
- Verbindung zwischen regionalen Weiterbildungsträgern und Betrieben herstellen;
- "maßgeschneiderte" Weiterbildungsangebote entwickeln und organisieren;
- mit Betrieben den Erfolg der Weiterbildung überprüfen.

Die Qualifizierungsberater (des Bildungswerks) bzw. die Weiterbildungsberater (der Industrie- und Handelskammern) dienen als Vermittler zwischen Weiterbildungsanbietern und Weiterbildungssuchenden. Die bisher primär auf eigene Angebote konzentrierte Beratung wird durch die Vermittlung von Informationen über Angebote anderer Weiterbildungsträger und in anderen Bundesländern erweitert.

2.4 Weiterbildungsinformationssystem

In verschiedenen Bundesländern gibt es Ansätze zum Aufbau regionaler Weiterbildungsdatenbanken. Sie unterscheiden sich vor allem hinsichtlich der Trägerschaft (z.B. private Anbieter, Weiterbildungsträger, Industrie- und Handelskammern), in den Zugriffsmöglichkeiten (z.B. interessierte Bürger, Weiterbildungsberater, Betriebe, Weiterbildungsveranstalter) und in der Auswahl der Daten (ausschließlich berufliche Bildung oder einschließlich allgemeiner und politischer Bildung). Diese Pluralität bietet insbesondere in der Aufbauphase die Chance zu innovativen Lösungen; andererseits sind damit Austausch und Vergleichbarkeit der Daten nicht zu gewährleisten. Innerhalb der Konzertierten Aktion Weiterbildung des Bundesministers für Bildung und Wissenschaft ist deshalb eine Empfehlung zu Weiterbildungsdatenbanken erarbeitet worden. Für den Bereich der beruflichen Weiterbildung sind die Industrie- und Handelskammern auf dem Weg, auf der Basis einheitlicher Standards, die der Weiterbildungsbörse in Bayern folgen, nach und nach in allen Bundesländern entsprechende Datenbanken mit wechselseitigem Zugriff aufzubauen.

Da diese Datenbanken notwendige Voraussetzung für Beratung sind, sie aber nicht ersetzen können, wird in Zusammenarbeit mit dem Bildungswerk der hessischen Wirtschaft ein integriertes Weiterbildungsinformationssystem Hessen (WISH) aufgebaut und erprobt und ein Konzept zur Qualifizierung der Berater entwickelt.

Zielgruppen des Weiterbildungsinformationssystems sind

- Bildungsplaner
- Weiterbildungsträger und Trainer
- Multiplikatoren außerhalb der Betriebe (Ausbildungs-, Weiterbildungs-, Qualifizierungsberater)
- Weiterbildungsverantwortliche in Betrieben
- potentielle Teilnehmer an Weiterbildungsmaßnahmen.

Die Datenstruktur enthält neben den Angaben zu Veranstalter, Thema, Ort, Preis usw. auch Informationen zum didaktischen Konzept.

2.5 Zwischenbetrieblicher Verbund und Weiterbildungsberatung als regionales Netzwerk

Da die Qualifizierungsberatung über umfassende Informationen zu Weiterbildungsangeboten in unterschiedlichsten Feldern der beruflichen Bildung verfügen muß, soll diese Arbeit durch eine Datenbank unterstützt werden.

Innerhalb des WISH werden insbesondere entsendende Klein- und Mittelbetriebe und Ankerbetriebe im Sinne eines regionalen Netzwerkes verknüpft.

Auf den Fäden dieses Netzes laufen Informationen über Bedarf, Konzepte der Weiterbildung, aber auch über die regionale Wirtschaftsstruktur, andere Betriebe mit ihren jeweiligen Produkten, Produktionskonzepte, Organisations- und Personalstrukturen, Führungsstile. Dieses Netz wird gepflegt durch die Qualifizierungsberater des Bildungswerkes.

WISH ist hessenweit angelegt. Durch die Qualifizierungsberater werden regionale Schwerpunkte gebildet. Damit wird auch den jeweiligen Besonderheiten der regionalen Wirtschaftsstruktur Rechnung getragen, z.B. dem Rhein-Main-Gebiet als Ballungszentrum mit Dienstleistungsschwerpunkt und der mittelständischen Struktur Mittelhessens mit hohem technischem Stand, insbesondere auch der Klein- und Mittelbetriebe.

Zur Zeit wird der Transfer des Konzeptes "Verbund mit Qualifizierungsberatung" auf das Gebiet Thüringen vorbereitet. So soll beim Aufbau einer Infrastruktur für berufliche Bildung die Nutzung von geeigneten Betriebsakademien als Anker-Lernorte sichergestellt, die Qualifizierung des Personals durchgeführt und damit letztlich eine Bereitstellung räumlicher und personeller Ressourcen für einen möglichst großen Kreis von Mitarbeitern, insbesondere aus Klein- und Mittelbetrieben, erreicht werden.

2.6 Arbeitswissenschaftliche Beratung

Wenn in betrieblichen Planungsprozessen die Integration von Technik, Organisation und Qualifikation angestrebt wird, dann ist das Verständnis von Weiterbildung als Personalentwicklung eine notwendige Bedingung; darüber hinaus muß aber die integrative Verknüpfung mit der Organisationsentwicklung geleistet werden. Auch hier können regionale Kooperationen insbesondere Klein- und Mittelbetriebe unterstützen.

In dem vom Institut für angewandte Arbeitswissenschaft e.V. gemeinsam mit Arbeitgeberverbänden der Metallindustrie durchgeführten Projekt "Menschengerechte Arbeitsorganisation und -gestaltung bei der Innovation von Arbeitssystemen" (MAI) werden Fragen der Einführung neuer Technik und der Neugestaltung von Arbeitssystemen zu Themen zwischenbetrieblicher Problemlösungszirkel unter Moderation von Verbandsingenieuren und Projekt-mitarbeitern erörtert. So wird mit dem Konzept der Qualitätszirkel zugleich ein bewährtes Instrument der betrieblichen Personal- und Organisationsentwicklung zwischenbetrieblich genutzt und damit das geforderte Zusammenspiel inner- und überbetrieblicher Maßnahmen noch zusätzlich unterstrichen.

Literatur

BMBW (Hrsg.): Der Ausbildungsverbund, Bonn 1985 a

BMBW (Hrsg.): Der zwischenbetriebliche Verbund. Ein neues Instrument, Bonn 1985 b

Bundesvereinigung der Deutschen Arbeitgeberverbände (Hrsg.): Möglichkeiten zur Ermittlung des Weiterbildungsbedarfs im Betrieb, Köln 1988

Faix, Werner G. u.a.: Der Mitarbeiter in der Fabrik der Zukunft. Qualifikation und Weiterbildung, Deutscher Instituts-Verlag, Köln 1989

Gaugler, Eduard; Winfried Schlaffke: Weiterbildung als Produktionsfaktor, Deutscher Instituts-Verlag, Köln 1989

Göbel, Uwe; Winfried Schlaffke (Hrsg.): Die Zukunftsformel. Technik - Qualifikation - Kreativität, Deutscher Instituts-Verlag, Köln 1987

Göbel, Uwe; Winfried Schlaffke (Hrsg.): Kongreß: Beruf und Weiterbildung, Deutscher Instituts-Verlag, Köln 1987

Göbel, Uwe; Winfried Schlaffke (Hrsg.): Berichte zur Bildungspolitik 1987/88 des Instituts der deutschen Wirtschaft, Deutscher Instituts-Verlag, Köln 1987

Grass, G.; G. Schmitt: Weiterbildung für Facharbeiter im zwischenbetrieblichen Verbund, in: Siehlmann (Hrsg.), Weiterbildung im zwischenbetrieblichen Verbund, Köln 1988

Herrmann, Helga: Frauen im Aufbruch, Deutscher Instituts-Verlag, Köln 1988

Hölterhoff, H.; M. Becker: Aufgaben und Organisation der betrieblichen Weiterbildung, München und Wien 1982 (Handbuch der Weiterbildung für die Praxis in Wirtschaft und Verwaltung, hrsg. v. W. Jeserich u.a., Bd. 3)

Krebsbach-Gnath, Camilla u.a.: Frauenbeschäftigung und neue Technologien (= Sozialwissenschaft-liche Reihe des Battelle-Instituts e.V., Bd. 8), R. Oldenbourg, München/Wien 1983

Lenske, Werner (Hrsg.): Qualified in Germany. Ein Standortvorteil für die Bundesrepublik Deutsch-land, Deutscher Instituts-Verlag, Köln 1988

Meyer, K.; B. Schwiedrzik: Der betriebliche Ausbildungsverbund - Praxis und Rechtsfragen, Berlin und Bonn 1985 (Berichte zur beruflichen Bildung, hrsg. v. Bundesinstitut für Berufsbildung, Heft 88)

186

Pieper, Ansgar; Josef Strötgen: Produktive Arbeitsorganisation - Handbuch für die Betriebspraxis, Köln 1990

Sadowski, Dieter: Berufliche Bildung und betriebliches Bildungsbudget, Stuttgart 1980

Schlaffke, Winfried; Otto Vogel (Hrsg.): Industriegesellschaft und technologische Herausforderung, Deutscher Instituts-Verlag, Köln 1981

Schlaffke, Winfried; Reinhold Weiß (Hrsg.): Tendenzen betrieblicher Weiterbildung, Köln 1990
Siehlmann, G. (Hrsg.): Weiterbildung im zwischenbetrieblichen Verbund, Köln 1988 (Beiträge zur Gesellschafts- und Bildungspolitik, hrsg. v. Institut der deutschen Wirtschaft, Bd. 140)

Stiefel, R.T.: Zur Ermittlung des Weiterbildungsbedarfs - Ein Erklärungsversuch für das Dilemma in der Praxis und ein neuer Lösungsansatz, Z. Arb. wiss. 1/1982, S. 54-58

Weber, Wolfgang (Hrsg.): Betriebliche Aus- und Weiterbildung, Ferdinand Schöningh, Paderborn, München/Zürich 1985

Zentralverband Elektrotechnik- und Elektronikindustrie (Hrsg.): Leitfaden zur Ermittlung des Qualifikations- und Qualifizierungsbedarfs, Frankfurt/Main 1989

MARTIN DECKER / WALTER WEIS

Der Beitrag der berufsbildenden Schule im ländlichen Raum zur Regionalisierung beruflicher Weiterbildung

1. Ausgangslage

1.1 Raumordnungspolitische Gesichtspunkte

1.1.1 Rheinland-Pfalz

"Das Land Rheinland-Pfalz, im Jahre 1946 entstanden und am 18. Mai 1947 mit der Annahme der Verfassung durch Volksentscheid konstituiert"[1]), wurde gebildet aus ehemaligen Teilgebieten Preußens, Hessens und Bayerns. Als Hypothek der Geschichte muß gesehen werden, daß "der Südteil der preußischen Rheinprovinz und die bayerische Pfalz ... über Generationen hinweg Grenzland"[2]) waren und daß "strategische Rücksichten, die bereits vor 1914 zu einer primär an den Forderungen der Militärs orientierten Verkehrserschließung der linksrheinischen Gebiete geführt hatten, sich ... nachteilig auf den Ausbau des Verkehrsnetzes und die Investitionen im gewerbewirtschaftlichen Bereich auswirkten"[3]).

Ein Blick auf die Karte von Rheinland-Pfalz zeigt entlang des Rheins Ballungs- bzw. Verdichtungsräume mit stärkerer Wohn- und Beschäftigungsdichte vor allem um die Großstädte Ludwigshafen, Mainz und Koblenz. Demgegenüber sind die restlichen Landesteile weitgehend ländlich strukturiert und weisen - abgesehen von den Oberzentren Trier und Kaiserslautern - eine insgesamt geringe Bevölkerungs- und Beschäftigungsdichte auf.

Vor diesem Hintergrund kommt der Raumordnung und Landesplanung eine besondere Bedeutung zu.

Im "Landesgesetz zur Änderung des Regionengesetzes und des Landesplanungsgesetzes" vom 18. Nov. 1976 wurde die Zahl der Planungsregionen von ehemals neun auf nunmehr fünf festgelegt (vgl. Abb. 1: Planungsregionen in Rheinland-Pfalz), wobei vor allem die Ausstrahlungsbereiche der fünf Oberzentren für diese Änderung mit ausschlaggebend waren. Dabei entspricht allein die Regionaleinteilung für Trier dem gesamten Gebiet des Regierungsbezirks.

Eine Besonderheit stellt Worms dar. Worms gehört sowohl zur Region Rheinhessen-Nahe (Landkreis Alzey-Worms) als auch zur Region Rheinpfalz.

Abb. 1: Planungsregionen in Rheinland-Pfalz

1.1.2 Die Planungsregion Trier

"Im Regierungsbezirk Trier leben rund 470 000 Menschen. Mit 95 Einwohner pro km² ist die Region Trier eines der am dünnsten besiedelten Gebiete in der Bundesrepublik Deutschland und gehört vom siedlungsstrukturellen Typ gesehen zu den ländlich geprägten Regionen mit ungünstiger Struktur"⁴).

"Ein weiteres räumliches Charakteristikum der Region Trier ist deren periphere Lage. Hiermit verbunden ist nach bisherigen Erfahrungen ein entwicklungshemmendes Klima im Vergleich zu Verdichtungsräumen"⁵).

In der Region waren im 2. Quartal 1986 126 403 Personen sozialversicherungspflichtig beschäftigt. Das sind ca. 70 % der Beschäftigten insgesamt. 42,8 % trägt das verarbeitende Gewerbe, 19,2 % entfallen auf Handel und Verkehr, 35,4 % auf die sonstigen Dienstleistungen und 2,7 % auf die Landwirtschaft"⁶) (vgl. Tab. 1).

Tab. 1: Anteilige sozialversicherungspflichtige Beschäftigte nach Branchen

Branchen	Anteilige Beschäftigte in %		
	Region Trier	Rheinl.-Pfalz	Bund
Verarbeitendes Gewerbe	42,8	48,6	48,5
Handel und Verkehr	19,2	18,0	16,3
Dienstleistungen	35,4	32,3	33,5
Landwirtschaft	2,7	1,1	1,6

Quelle: Planungsgemeinschaft Trier, Hrsg.: Region Trier, Materialien und Informationen, Dez. 1987, S. 9

"Die Arbeitsplatzsituation hat bislang noch keinen befriedigenden Stand erreicht"⁷). Wie aus Tab. 2 hervorgeht, wurde von 1978 bis 1986 der Abstand zum Bund von vormals 103 auf nunmehr 93 abgebaut, doch sind "die Beschäftigungsmöglichkeiten beim Bund (485) und beim Land (433) wesentlich besser" als in der Region Trier.

Tab. 2: Entwicklung des Arbeitsplatzangebotes von 1978 bis 1986

Jahr	Soz.-pfl. Besch./1000 EW 15–64 J.			Abstand	
	Region Trier	Land	Bund	Land	Bund
1978	399	442	502	43	103
1979	413	451	511	38	98
1980	426	456	517	30	91
1981	421	447	507	26	86
1982	407	438	490	31	83
1983	390	426	475	36	85
1984	391	426	470	35	79
1985	388	428	477	40	89
1986	392	433	485	41	93

Quelle: Planungsgemeinschaft Region Trier, Materialien und Informationen, Dez. 1987, S. 16

Demzufolge ist die Arbeitslosenquote in der Region Trier unverhältnismäßig hoch und liegt im Juni 1985 mit 12,1 % im Arbeitsamtsbezirk Trier weit über der des Landes (7,8 %) oder der des Bundes (8,7 %).

"Die Stadt Trier leistet sowohl absolut als auch auf die Einwohner bezogen den größten Beitrag zur Bruttowertschöpfung und liegt 50 % über dem Durchschnittswert des Bundes. Die restlichen Gebiete des Regierungsbezirks dagegen liegen deutlich unterhalb des Bundesdurchschnitts (vgl. Abb. 2 und Tab. 3)"[8]).

Abb. 2: Bruttowertschöpfung je Einwohner (Bund = 100)

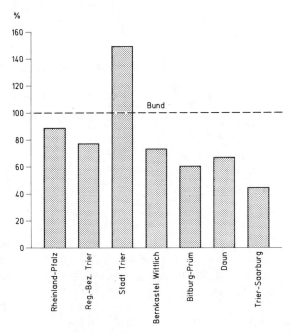

Quelle: Planungsgemeinschaft Region Trier, Materialien und Informationen, Dez. 1987, S. 20

"Größere Unterschiede als bei der branchenmäßigen Betrachtung der Wirtschaft ergeben sich bei der Betriebsgrößenstruktur. Das verarbeitende Gewerbe ist im Vergleich zum Bund und zum Land wesentlich mittelstandsorientierter. ... Bisherige Untersuchungen, die in der Bundesrepublik durchgeführt worden sind, bestätigen bislang die These von der besonderen Bedeutung des Mittelstandes für die Beschäftigtenentwicklung"[9]).

Im Schuljahr 1988/89 wurden an den sieben Standorten Berufsbildender Schulen im Regierungsbezirk Trier (vgl. Abb. 3) 16 954 Schüler gezählt. "Die wesentlichen Anteile hatten mit 73,8 % die Berufsschulen und mit 11,5 % die Berufsfachschulen"[10]).

Tab. 3: Anteil der Beschäftigten nach Betriebsgröße

Betriebsgröße	Anteil der Beschäftigten in %		
	RegBez. Trier	Land Rhl.-Pfalz	Bund
bis 49 Beschäftigte	20	15	9
50—199 Beschäftigte	35	21	22
mehr als 200 Beschäftigte	45	64	69

Quelle: Planungsgemeinschaft Region Trier, Materialien und Informationen, Dez. 1987, S. 38

"Träger der beruflichen Weiterbildung sind vorwiegend die Kammern, die VHS, Hochschulen und Akademien, Fachschulen, Fachverbände, der TÜV, kirchliche Organisationen sowie private Anbieter"[11]). (vgl. Tab. 5)

Abb. 3: Landkreise und Standorte berufsbildender Schulen im Regierungsbezirk Trier

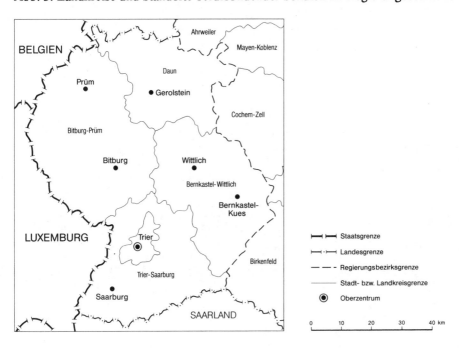

Tab. 4: Schüler- und Klassenzahlen an den Standorten berufsbildender Schulen im Regierungsbezirk Trier, Schuljahr 1988/89

Schulstandort	Berufs-schule		Berufs-fach-schule		Berufs-fach-schule		Berufs-aufbau-schule		Fach-ober-schule		Fach-schule		Gym-nasium	
	Sch.	Kl.	Sch.	Kl.	Sch.	Kl.	Sch.	Kl.	Sch.	Kl.	Sch.	Kl.	Sch.	Kl.
Bernkastel-Kues	1011	52	169	8	26	2			71	3				
Bitburg	117	58	164	6			16	1	50	2				
Gerolstein +	1109	59	102	4	112	6	37	2	52	2	12	1		
Daun	102	6	133	6	13	1			25	1				
Summe	1211	65	235	10	125	7			77	3				
Prüm	687	33	141	8	14	2			12	1	149	8		
Saarburg	556	29	68	4					62	3	20	2		
Wittlich	1426	69	158	6	53	2	150	8	135	5				
Trier:														
Gewerbe/Technik	3370	155	80	4			46	2	116	4				
Wirtschaft	2797	110	139	6	146	6			50	2			175	8
Ern./HW/Soz.	1014	50	144	6	84	4	36	2	88	3	8	1		
Balth. Neum.	93	6	119	5							199	8		
+ Hermeskeil	122	7	54	2	62	3								
Summe	215	13	173	7	62	3					199	8		
Gesamtsumme TR	7396	328	536	23	292	13	82	4	254	9	207	9	175	8
Summe Reg.-Bez. Trier	13464	634	1471	65	510	26	285	15	661	26	388	20	175	8

Quelle: Gliederungspläne

Tab. 5: Weiterbildungsträger

Träger	Veran-staltungen	Stunden			Anteil	
		ins-gesamt	davon mittl. Qual.	%	Stunden insges.	davon mittl. Qual.
Kammern	78	25 697	22 274 =	86,7	33,1	38,6
VHS	44	4 107	2 200 =	53,6	5,3	3,8
Hochschulen, Akademien	16	785	460 =	58,6	1,0	0,8
Fachschulen	16	23 728	23 562 =	99,3	30,6	40,8
Fachverbände	10	928	—		1,2	—
TÜV	33	14 478	8 506 =	58,7	18,7	14,8
Kirchl. Organisationen	13	2 338	700 =	29,9	3,0	1,2
DGB	6	2 986	—		3,9	—
Private	63	2 490	—		3,2	—
	279	77 537	57 702 =	74,4	100,0	100,0

Quelle: Planungsgemeinschaft Region Trier, Materialien und Informationen, Dez. 1987, S. 56

"Die sektorale Angebotsstruktur wird geprägt von den Berufsfeldern Metalltechnik, Wirtschaft und Verwaltung, Bautechnik und Elektrotechnik. ... Aus der räumlichen Verteilung wird ersichtlich, daß 80 % aller Veranstaltungsstunden in Trier angeboten werden, bei Unterrichtsstunden in Kursen mit Abschluß mittlerer Qualifikation fast 100 %. Wird als zumutbare Erreichbarkeit eine halbe Stunde Wegzeit angenommen, so ist die übermäßig hohe Angebotsdichte in der Stadt Trier der regionalpolitisch notwendigen Erschließung weiterer Teilnehmerpotentiale eher hinderlich"[12]) (vgl. auch Tab. 9).

1.2   Fort- und Weiterbildung

1.2.1   Grundsätzliches

Maßnahmen der Fort- und Weiterbildung werden allgemein gesehen "im Hinblick auf

- die Förderung von Übergängen von und in den Beruf,
- die Aufstiegsmöglichkeiten im erlernten Beruf,
- die Fortbildung und Beschäftigung in anderen Berufen,
- die Rückkehr ins Beschäftigungssystem nach einer Familienphase"[13]).

Dazu die Arbeitsgruppe "Berufliche Fort- und Weiterbildung" der Bezirksregierung Trier: "Als Maßnahmen der beruflichen Fortbildung wurden alle Maßnahmen verstanden, die der Vertiefung, Ergänzung oder Erweiterung vorhandener beruflicher Kenntnisse, Fähigkeiten und Fertigkeiten dienen bzw. zum Erwerb neuer beruflicher Kenntnisse, Fähigkeiten und Fertigkeiten führen unter der Voraussetzung, daß die Teilnehmer an der Maßnahme einen Beruf erlernt haben, ihn ausüben bzw. ausgeübt haben"[14]).

1.2.2   Bedeutung der Weiterbildung

"Die Weiterbildung wird zum Motor der wirtschaftlichen Entwicklung", so die damalige Bundesministerin Dr. Dorothee Wilms anläßlich der Fachausstellung "Beruf und Weiterbildung" 1986 in Stuttgart. Frau Dr. Wilms weiter: "Die enorme Dynamik der wissenschaftlichtechnischen Entwicklung läßt die Qualifikation der Mitarbeiter zum entscheidenden Produktionsfaktor werden"[15]).

"Als Fazit der Stuttgarter Fachkongresse zum Thema Weiterbildung kann gesagt werden, daß Wissen das Zukunftskapital für die rohstoffarme Bundesrepublik darstellt"[16]). Das heißt, die Bundesrepublik Deutschland wird künftig mehr denn je "vom Geist ihrer Bewohner leben", wie in einer Fachzeitschrift zum Thema Weiterbildung zu lesen war. Investitionen in die Bildung, in das Humankapital der Betriebe, werden damit von existentieller Bedeutung für die Zukunft der Bundesrepublik Deutschland - werden vor allem aber auch zum "Motor" der Förderung strukturschwacher Gebiete wie z. B. die Planungsregion Trier.

1.3.3 Betriebsgröße und Weiterbildungsintensität

Neuere Untersuchungen des BIBB kommen hinsichtlich der Weiterbildungsbereitschaft von Klein- und Mittelbetrieben zu dem Ergebnis, daß "keine deutliche Abhängigkeit der Weiterbildungsintensität von der Betriebsgröße"[17]) besteht. Allerdings: "Während sich über die betrieblichen Weiterbildungsintensitäten hinsichtlich der Betriebsgröße keine signifikanten Unterschiede festellen lassen, bestehen ... betriebsgrößenspezifische Unterschiede der Weiterbildungsstruktur in bezug auf die Nutzung interner und externer Weiterbildungsmaßnahmen (vgl. Abb. 4)"[18]).

Abb. 4: Struktur Weiterbildungsvolumen nach interner und externer Weiterbildung in Prozent

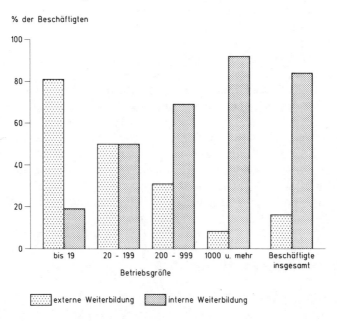

Quelle: BWP, Heft 6, Nov. 1989, S. 7

"In kleinen Betrieben erschweren zum einen die fehlenden personellen, sächlichen und räumlichen Kapazitäten sowie die betriebsbedingt kleine potentielle Teilnehmerzahl die Durchführung von internen Weiterbildungsmaßnahmen"[19]). Demzufolge ist der Klein- und Mittelbetrieb, der in den strukturschwachen Regionen vorwiegend ansässig ist, nahezu ausschließlich auf die "externe Weiterbildung", auf außerbetriebliche Angebote angewiesen. Die Schaffung bzw. Verbesserung von Angeboten zur Fort- und Weiterbildung tragen demzufolge ganz entscheidend zur Verbesserung der Wirtschaftsstruktur in diesen Regionen bei.

2. Konzeption zur Stärkung des regionalspezifischen Bildungsangebotes der berufsbildenden Schulen im Regierungsbezirk Trier

2.1 Allgemeine Entwicklung

Gemäß einer Untersuchung der Arbeitsstelle für berufs- und arbeitspädagogisches Lernen (ABAL) in Pirmasens aus dem Jahre 1983/84 wird das Schüleraufkommen der Berufsschulen in Rheinland-Pfalz zu Beginn der 90er Jahre - bezogen auf 1980 - um durchschnittlich rund 40 % zurückgehen. Dieser zu erwartende Schülerrückgang, so die ABAL weiter, wird sich aufgrund des veränderten Berufswahlverhaltens der Schüler, aufgrund ihrer veränderten Altersstruktur, ihrer größeren Mobilität sowie aufgrund des unterschiedlichen Ausbildungsplatzangebotes in den einzelnen Schulbezirken auf das Schüleraufkommen der Berufsschulen unterschiedlich auswirken (vgl. Tab. 6).

Tab. 6: Entwicklung der Klassen- und Schülerzahlen in den Berufsschulen des Regierungsbezirks Trier

Verwaltungs-bezirk[1])					Differenz: 79/80 → 88/89			Zum Vergleich:	
	Sch. 79/80	Kl.[1])	Sch. 88/89	Kl.[1])	Sch. abs.	Kl. abs.	Sch. in % b. auf 79/80	Sch. in % bez. auf 1979/80 87/88	86/87
Kreisfreie Stadt Trier	9 210	367	7 932	358	− 1 278	− 9	−13,9	− 8,78	− 3,8
Landkreise Bernkastel-Wittlich	3 379	141	2 778	146	− 601	5	−17,8	−14,03	− 6,9
Bitburg-Prüm	2 710	106	1 987	100	− 723	− 6	−26,7	−21,62	−14,5
Daun	1 885	77	1 310	72	− 575	− 5	−30,5	−24,24	−15,4
Trier-Saarburg	1 041	51	708	40	− 333	− 11	−32,0	−24,50	−15,3
RB Trier	18 225	742	14 715	716	− 3 510	− 26	−19,3	−14,16	− 7,9
RB Koblenz	46 443		38 129		− 8 314		−17,9	−11,76	− 5,0
RB Rheinhessen-Pf.	61 121	2 788	50 137	2 488	−10 984	−300	−18,0	−12,04	− 5,8
Rheinland-Pfalz	125 789	5 490	102 981	5 004	−22 808	−486	−18,1	−12,25	− 5,8

[1]) Quelle: Statistische Berichte des Statistischen Landesamtes Rheinland-Pfalz

Bezogen auf die einzelnen Berufsfelder gab es im Regierungsbezirk Trier überproportionale Einbrüche in den Berufsfeldern Ernährung und Hauswirtschaft, Textiltechnik und Bekleidung sowie Bautechnik. Eine steigende Nachfrage ist im Bereich der "Fachoberschulen und den kaufmännisch wie technisch orientierten Fachschulen festzustellen"[20]).

2.2 Neuordnung des berufsbildenden Schulwesens im Regierungsbezirk Trier

Aufgrund der quantitativen Entwicklung im Bereich der Berufsschulen sind Maßnahmen einzuleiten, die eine geregelte Anpassung der bestehenden Angebotsstrukturen im Bereich beruflicher Bildung an veränderte Rahmenbedingungen ermöglichen. Ziel dieser Maßnahmen ist es, ein regional ausgewogenes Bildungsangebot auch bei rückläufiger Schülerzahl sicherzustellen, d. h. die derzeitigen Schulstandorte zu erhalten und zugleich deren Bildungsangebote den neuen Rahmenbedingungen anzupassen.

Zur Neuordnung des berufsbildenden Schulwesens im Regierungsbezirk Trier wurden folgende Planungsregionen gebildet:

Region 1:   Bitburg - Prüm - Gerolstein (Daun)
Region 2:   Bernkastel - Wittlich
Region 3:   Stadt Trier - Balthasar-Neumann-Schule
            (Hermeskeil) - Saarburg.

Die so definierten Planungsregionen sind "räumlich abgegrenzte Gebiete", d. h. "Schüler, die innerhalb einer Region beschäftigt sind, sollen grundsätzlich an einer berufsbildenden Schule, die sich in dieser Region befindet, beschult werden. Erst wenn innerhalb einer Region die Schülerzahlen nicht (mehr) ausreichen, um an mehr als einer Schule eine Fachklasse für denselben Ausbildungsberuf führen zu können, müssen die Einzugsbereiche zwischen den betroffenen Schulen abgestimmt werden. Kann auch innerhalb einer Planungsregion keine Klassenbildung erfolgen, so sind geeignete Standorte für die Einrichtung von sog. Bezirksfachklassen festzulegen"[21]).

2.3 Entwicklung und Ergänzungen im Bereich der Fachschule

Die Fachschule bietet Praktikern gute Aufstiegsmöglichkeiten. Sie baut auf einer abgeschlossenen beruflichen Erstausbildung auf und führt z. B. zum Staatlich geprüften Techniker.

Die Fachschule vermittelt somit Qualifikationen mit entsprechenden Zertifikaten, die ansonsten in der Regel nur durch Maßnahmen der Aufstiegsfortbildung zu erlangen sind. Insofern bietet sich der Berufsbildenden Schule durch die Fachschule derzeit die einzige Möglichkeit, einem interessierten Teilnehmerkreis Fort- und Weiterbildung anbieten zu können.

Der Bildungsgang selbst dauert, je nach Fachrichtung, in Vollzeitform 2 Jahre (z. B. für Bautechnik, Elektrotechnik, Maschinentechnik, Wirtschaft ...), in Teilzeitform 4 Jahre. Der Unterricht in Teilzeitform wird abends und samstags vormittags angeboten.

Die Nachfrage nach Fachschulplätzen ist trotz des allgemeinen Schülerrückgangs noch immer steigend (vgl. Tab. 7).

Tab. 7: Entwicklung der Schüler- und Klassenzahlen in den Fachschulen von Rheinland-Pfalz

Schuljahr	79/80	80/81	81/82	82/83	83/84	84/85	85/86	86/87	87/88	88/89
Zahl der Schüler	6 413	6 775	7 120	7 090	7 082	6 978	7 015	6 943	7 080	7 458
Zahl der Klassen	285	294	305	304	299	308	316	318	325	340

Quelle: Statistische Berichte des Statistischen Landesamtes Rheinland-Pfalz

Dies ist ein Zeichen für die nach wie vor große Attraktivität der Fachschule, was nicht zuletzt auch auf die guten bis sehr guten Chancen der Absolventen dieser Bildungsgänge auf dem Arbeitsmarkt zurückzuführen ist.

Im Zuge der "Neuordnung des berufsbildenden Schulwesens im Regierungsbezirk Trier" hat man der steigenden Nachfrage Rechnung getragen und neue, attraktive, zukunftsträchtige Bildungsgänge eingerichtet:

I) an der Berufsbildenden Schule Maschinen-, Elektro- und Bautechnik in Trier (Fachschule für Maschinen-, Elektro- und Bautechnik): Umwelttechnik, Automatisierungstechnik, Staatlich geprüfter Betriebswirt/Schwerpunkt Datenverarbeitung

II) an der Berufsbildenden Schule Saarburg: Bürokommunikation

III) an der Berufsbildenden Schule Gerolstein: Touristik

IV) an der Berufsbildenden Schule Bernkastel-Kues: Hotel- und Gaststättenwesen.

Bei Zuordnung der neuen Bildungsgänge an die einzelnen Schulen wurden sowohl die an diesen Standorten vorhandenen Bildungsgänge beruflicher Erstausbildung als auch die Bedürfnisse bzw. Erfordernisse der jeweiligen Region berücksichtigt. Damit ist aber auch der vielfach geforderte "didaktische Verbund" von beruflicher Erstausbildung und beruflicher Weiterbildung ansatzweise realisiert worden.

3.   Beitrag der berufsbildenden Schulen zur Verbesserung des regionalen Angebots in der beruflichen Weiterbildung

3.1   Allgemeine Betrachtung

Nach einer Ifo-Befragung von Industrieunternehmen zum "Standort Bundesrepublik" sehen die befragten Unternehmen mit "+57 % in der Ausbildung der Arbeitskräfte"[22]) mit Abstand den größten Standortvorteil. Dazu der Präsident des BDI: "Die Bundesrepublik Deutschland ist ein Land mit beachtlichen Standortvorteilen. ... Dazu gehören nicht zuletzt die hohe Qualifikation der Arbeitskräfte und ihre positive Einstellung zu Leistung und Qualität"[23]). Die Ursache dafür sieht Prof. Dr. Schlaffke darin, "daß 'die differenzierten Bildungsprofile in der Tendenz der Nachfrage des vielgestaltigen Beschäftigungssystems entsprechen.' Als Vorteil sieht er ... eine grundlegende Allgemeinbildung und eine praxisgerechte, berufliche Qualifizierung"[24]).

Berufliche Bildung in der Bundesrepublik ist - abgesehen von einzelnen Sondermaßnahmen - vorwiegend angebotsorientiert, auf ökonomische Zwecke ausgerichtet. Diese "Orientierung am Markt" hat sich im großen und ganzen bewährt, weshalb die Abkoppelung des Bildungs- vom Beschäftigungssystem unrealistisch wäre.

Die strenge Ausrichtung auf den Bedarf beschert dem Bildungspolitiker wie auch dem Bildungsplaner allerdings einige Probleme, auf die die Berufsschule didaktisch-methodisch und konzeptionell reagieren muß.

I   Eine verläßliche Prognose des quantitativen Bedarfs an Facharbeitern auf Berufsfeld- bzw. Berufsebene ist nicht möglich. Kaum zu prognostizieren sind die Einflußgrößen:
    - konjunkturelle Entwicklung
    - Strukturwandel
    - politische Entscheidungen.

II Das Vordringen der Mikroelektronik hat die Arbeitswelt grundsätzlich verändert. Als deren Folge sind am Arbeitsmarkt grundsätzlich drei Einzelwirkungen erkennbar: Modderne Technik
    - schafft Arbeitsplätze,
    - verändert Arbeitsplätze,
    - setzt Arbeitsplätze frei.

An dieser Problematik hat sich seit der Industrialisierung zwar grundsätzlich nichts geändert, doch sind die Innovationszyklen der technischen Entwicklung und deren Umsetzung wesentlich kürzer geworden. Arbeitsmarktpolitisch sind daraus folgende Effekte zu erwarten:

- Für die neu geschaffenen und veränderten Arbeitsplätze ist eine Höherqualifizierung bzw. Andersqualifizierung der Mitarbeiter erforderlich;
- die Freisetzung von Arbeitsplätzen betrifft derzeit vornehmlich Arbeitnehmer der unteren Lohngruppen, zumeist ungelernte bzw. geringer qualifizierte Arbeitnehmer.

Auf die einzelnen Berufe wiederum sind von den strukturellen Veränderungen am Arbeitsplatz folgende Auswirkungen zu erwarten:

- Die Wirtschaft braucht immer weniger, auf bestimmte Geräte oder bestimmte Tätigkeiten gegetrimmte Spezialisten, sondern mehr und mehr breit ausgebildete, flexible, entscheidungsfreudige, aktive Mitarbeiter, die sich technischen Innovationen rasch anpassen können;

- Berufsbilder werden sich in immer kürzeren Zeitabständen ändern;
- einmal erworbenes Wissen veraltet in immer kürzeren Intervallen.

Daraus erwachsen an den Berufstätigen folgende Forderungen:

- Bereitschaft zu lebenslanger Weiterbildung, d. h. "an Maßnahmen der Weiterbildung, Fortbildung und Umschulung teilnehmen zu können, um berufliche Qualifikationen und Beweglichkeit zu sichern"[25]);
- Mobilität und Flexibilität gegenüber technischen und gesellschaftlichen Veränderungen;
- Befähigung, "in unterschiedlichen Betrieben und Branchen den erlernten Beruf ... ausüben zu können"[26]).

III Berufliche Bildung vermittelt Qualifikationen, die

- dem späteren Facharbeiter ein Bestehen im Berufs- bzw. Erwerbsleben sichern sollen,
- die andererseits aber auch für die Wirtschaft Voraussetzungen schaffen, im internationalen Wettbewerb zu bestehen.

Die mittlere Dauer des Erwerbslebens eines Facharbeiters beträgt ca. 35 bis 40 Jahre. In solchen Zeiträumen veralten "Berufsqualifikationen" mehrmals. Die "Halbwertzeit", in der berufliches Wissen veraltet, z. B. im Bereich der Elektro-, Metall- oder Kommunikationstechnik, liegt bereits bei 5 Jahren.

Den "Facharbeiter mit abgeschlossener Berufsausbildung wird es künftig immer weniger geben. Gefordert ist die permanente berufliche Weiterbildung, der didaktische Verbund von beruflicher Erstausbildung und Weiterbildung"[27]).

Aber noch ein weiterer Aspekt ist zu sehen. Der technische Wandel hat zunächst das Beschäftigungssystem verändert und erst in einem zweiten Schritt, als Reaktion darauf, das Bildungssystem. Infolge dieser Entwicklung haben "Anpassungsmaßnahmen" im Rahmen der Fort- und Weiterbildung eine Art Vorreiterfunktion, bevor die neuen Inhalte, gewonnenen Erfahrungen, Möglichkeiten, Erkenntnisse usw. schrittweise in die berufliche Erstausbildung einfließen. Die Beteiligung der Berufsbildenden Schulen an Maßnahmen der Fort- und Weiterbildung - personell und sächlich - sichert darum auch deren ständige Orientierung an der technischen Entwicklung und trägt damit ganz entscheidend zur Steigerung der Qualität beruflicher Erstausbildung bei.

3.2 Nutzung vorhandener Ressourcen für die Weiterbildung

"Berufsausbildung verlangt heute immer anspruchsvollere und umfassendere Kenntnisse und Fertigkeiten. Die Folge dürfe nicht sein, die Erstausbildung immer mehr zu verlängern. Weitere Lernphasen im späteren Arbeitsleben müßten darauf aufbauen. Die konzeptionelle Verknüpfung von Aus- und Weiterbildung werde hierbei immer wichtiger. Dabei komme es darauf an, neue Formen dualer Weiterbildung zu entwickeln. Dies gelte insbesondere für die

Zusammenarbeit von Betrieben und beruflichen Schulen. Die Entwicklung von Bausteinsystemen sei ein Weg in der Weiterbildung"[28]).

Gefordert ist demzufolge, wie an anderer Stelle bereits betont, ein in sich geschlossenes Konzept - ein "didaktischer Verbund" von Aus- und Weiterbildung.

Die Berufsbildenden Schulen verfügen über gut ausgestattete Fachräume, können in der Regel Computer der neuesten Generation vorweisen, unterweisen bereits an produktionsfähigen CNC-Maschinen und haben entsprechend qualifizierte Lehrer. Der allgemeine Vorwurf, daß die Lehrer aufgrund vorhandener Qualifikations- und Modernitätsdefizite für den Unterricht in der Weiterbildung nicht geeignet seien, geht an der Realität vorbei. Seit Jahren sind es gerade Lehrer berufsbildender Schulen, die mit Erfolg an beruflichen Fachschulen unterrichten, vor allem aber auch in zahlreichen Maßnahmen der Fort- und Weiterbildung tätig sind.

Hinzu kommt, daß in den letzten Jahren von den Schulträgern landesweit große Anstrengungen unternommen wurden, die Schulen mit neuesten Geräten und Maschinen auszustatten (vgl. Tab. 8); mit Geräten und Maschinen, deren Nutzungsgrad gerade an den kleineren Schulen im ländlichen Raum aufgrund des dort allgemein niedrigeren Schüleraufkommens in den einzelnen Berufen geringer ist als an den großen Schulen der Ballungsgebiete.

Tab. 8: Ausstattung der öffentlichen Berufsbildenden Schulen im Regierungsbezirk Trier am Beispiel SPS- und CNC-Technik

Ausstattungsmodell	SPS					1D = ZM/4Ü = IM,KM,AM		
	8Ü für IM/WM/Ü für Elektro							
Geräte/ Progr.-Syst.		Modulare/ Kompatible			Prog.Ger. SU.Softwa.	Funktions-mod.		Robo.
Schulen Trier	SU	KE TE	IM	WM		SU	KM	
Bitburg	11		×		10.	6		
Gerolstein	16			×	28. Step5	4		1IBM
Prüm				×	1.			
Saarburg	6		×		6.		×	
Trier BNS			×					
G/T	10	×	×	×	13. Step		×	1Fisc
FST	6				6.	6		
Wittlich	15				12.	3		

Quelle: Erhebung des Kultusministeriums von Rheinland-Pfalz, Stichtag 1.3.1988

Ist es volkswirtschaftlich vertretbar, Fachräume am Abend und vielfach auch am Wochenende freistehen zu lassen und an anderer Stelle Millionen für die gleiche Einrichtung zu investieren? Können und sollen wir uns solche Doppelinvestitionen auch in Zukunft noch leisten, wenn man bedenkt, daß die "technische Lebensdauer" der zur Aus- und Weiterbildung erforderlichen Geräte und Maschinen immer kürzer wird? Bildungsqualität vorbehaltlos ja, aber auch Bildungsökonomie, damit die für Maßnahmen der Fort- und Weiterbildung aufgebrachten und aufzubringenden Mittel nicht nur einer bereits hochqualifizierten kleinen Gruppe, sondern möglichst vielen zugute kommen.

3.3 Dezentralisierung der Berufsbildungsangebote durch Verlagerung in die Mittelzentren, die Standorte der BBS

Eine Umfrage der "Arbeitsgruppe Fort- und Weiterbildung" der Bezirksregierung Trier hat ergeben, daß 1985 "über 80 % aller angebotenen Stunden in der Stadt Trier konzentriert waren. ... Weiter wurde die zeitliche und physische Belastung durch lange Wege als Weiterbildungsbarriere bemängelt und die mangelnde Transparenz des Angebotes bezüglich Inhalte und Veranstaltungsorte beklagt"[29]) (vgl. Tab. 9).

Tab. 8 (Forts.)

	CNC außer AutM				CAD	
Ausstattungsmodell	1D		8Ü		Außer AM/AutM	
Geräte/ Progr.-Syst. Schulen Trier	Produkt. maschin.	Modelle	Programmiersysteme SU	Softwa.	Arbeitsplätze SU	Softwa.
Bitburg	DeckelDF		7Kell.D			
Gerolstein	5Ma/Kunz	7	12Simu		22	AutoCAD
Prüm	Deckel		4CNC		6	3Campus
Saarburg						
Trier BNS						
G/T	5Union	1	14			
FST					10	PCDraft
Wittlich			Keller			AutoCAD

Tab. 9: Berufliches Weiterbildungs-Angebot: Stunden in % nach Standorten

Standort / Berufsfeld	OZ Trier	MZ Wittlich	HZ Bernk.-Kues	sonst. Gem. (8)	IK Wittlich	HZ Bitburg	HZ Prüm	sonst. Gem. (6)	IK Bitburg	HZ Daun	MZ Gerolstein	sonst. Gem. (3)	LK Daun	HZ Hermeskeil	HZ Saarburg	HZT Konz	sonst. Gem. (17)	IK Trier Saarb.	Region
Wirtschaft, Verwaltung	82,0	3,1	0,4	1,2	4,5	0,5		5,2	5,7	0,4		0,5	0,9	0,4		2,5	3,9	6,8	100
Metalltechnik	87,5			2,8	2,8		5,3		5,3		0,1		0,1		4,3			4,3	100
Elektrotechnik	95,3					4,0	0,7		4,7										100
Holztechnik	100																		100
Bautechnik	75,9									13,1			13,1				11,0	11,0	100
Textil, Bekleidung				100	100														100
Leder																			
Chemie, Physik, Biologie						100			100										100
Drucktechnik																			
Edelsteine, Schmuck, Instrumentenbau																			
Glas																			
Farbtechnik, Raumgestaltung	100																		100
Gesundheit	100																		100
Körperpflege	100																		100
Nahrung	100																		100
Hauswirtschaft	100																		100
Agrarwirtschaft	95,8																4,2	4,2	100
EDV/Informatik	60,5	3,1	0,6		3,7	0,5	1,8		2,3	27,0	3,4		30,4	1,6		1,5		3,1	100
Sprachen		17,9			17,9							23,8	23,8			40,4	17,9	58,3	100
Sonstige	89,3	9,7		0,7	10,4			0,3	0,3										100
Insgesamt	80,6	1,2	0,1	0,8	2,2	4,2	1,2	0,8	6,2	3,4	0,2	0,1	3,7	0,2	0,8	0,6	2,1	3,7	100

Quelle: Abschlußbericht der Arbeitsgruppe "Berufliche Fort- und Weiterbildung" des Regierungsbezirks Trier

Dieses Ergebnis von 1985 mag aufgrund der "Qualifizierungsoffensive" heute nicht mehr in allen Punkten zutreffen. Allerdings wird das Oberzentrum - vorwiegend Standort größerer Industriebetriebe, Sitz der Kammern sowie anderer Verbände oder Vereinigungen - auch heute noch die Fort- und Weiterbildung dominieren. "Die starke Bedeutung des überregionalen Angebots benachteiligt die kleineren Betriebe, die häufig nicht in der Lage sind, zeitlich und finanziell die Belastungen aus der überregionalen Weiterbildung zu tragen. Zudem haben sie im Regelfall keinen direkten Kontakt zum Weiterbildungsanbieter, um z. B. auf die Angebotsgestaltung Einfluß zu nehmen"[30]).

Das bedeutet für die strukturschwache Region, in der größere Industriebetriebe kaum ansässig sind und die Angebote der Kammern bestenfalls im u. U. weit entfernten Oberzentrum wahrgenommen werden können, daß hier die von der Wirtschaft bzw. von den Wirtschaftsverbänden organisierte Weiterbildung nicht im erforderlichen Umfang zum Tragen kommt. Wenn aber die Weiterbildung zum Motor der wirtschaftlichen Entwicklung geworden ist, wird die derzeitige Situation, in der z. B. das Handwerk fordert, "die Weiterbildung muß doch Sache der Wirtschaft bleiben"[31]), kaum zur Stärkung der strukturschwachen Regionen beitragen.

Der Notwendigkeit nach Dezentralisierung des Weiterbildungsangebots hat die "Arbeitsgruppe Fort- und Weiterbildung" der Bezirksregierung Trier insofern entsprochen, als sie verstärkt Kurse in die Mittelzentren - in der Regel Standorte berufsbildender Schulen - verlagerte. Damit wurde ein wesentlicher Beitrag geleistet zur

- Entlastung durch kürzere Wege,
- Transparenz,
- direkten Ausrichtung des Angebots auf den Bedarf,
- größeren Akzeptanz.

3.4 Verbesserung der Kooperation der Angebotspartner mit dem Ziel, Angebot und Qualität der beruflichen Weiterbildung zu steigern

Im Berufsbildungsbericht der Bundesregierung von 1987 wird auf den engen Zusammenhang zwischen beruflicher Erstqualifikation und anschließender beruflicher Weiterbildung hingewiesen. Die Konsequenz aus dieser Entwicklung kann für die Berufsbildenden Schulen nur lauten, die regionale Versorgungslage im Bereich beruflicher Qualifikation mit außerschulischen Trägern und Verantwortlichen der Berufsbildung gemeinsam sichern zu helfen. Dafür müssen, im Sinne einer beruflichen Weiterbildung im dualen System, drei Kooperationsebenen geschaffen werden:

1. Vereinbarungen mit einer möglichst großen Zahl von Unternehmen, die Einrichtungen und Personal zur Durchführung der praxisnahen Aufbaustufe bereitstellen können.
2. Die im Grunde veränderte, jedoch um die Möglichkeit gemeinsamer Sachinvestitionen erweiterte Zusammenarbeit mit den ... Schulträgern der Berufsbildungszentren.
3. Eine Vereinbarung mit dem Kultusminister als dem Dienstherrn der in den Bildungszentren tätigen Lehrkräfte"[32]).

Ein solches Kooperationsmodell bündelt die Interessen und Kräfte vor Ort, bindet sie in ein gemeinsames Konzept ein. Es bietet somit beste Voraussetzungen für eine optimale Aus-schöpfung der vorhandenen Möglichkeiten und Erwartungen hinsichtlich Angebot und Nachfrage im Bereich der beruflichen Weiterbildung.

3.5 Kostenreduzierung bei Anbietern und Nachfragern

"In Form von Berufsschulen droht dieser Staat zum Konkurrenten der Standesorganisation auf dem Gebiet der Aus- und Weiterbildung zu werden. ... Lehrer bieten - nach Feierabend - ihre Dienste an, Schulen stellen Räume, Maschinen und Geräte zur Verfügung und das zu Preisen, die unter den Lehrgangskosten liegen (werden), die Träger überbetrieblicher Weiterbildungsstätten fordern"[33]). In gleicher Weise äußerte sich der Präsident der Hand-werkskammer der Pfalz: "Sollten die Berufsbildenden Schulen Weiterbildung kostenlos anbieten, so wäre dies eine Wettbewerbsverzerrung gegenüber privaten Trägern"[34]). Diese Auffassung läßt eine entscheidende Tatsache außer acht, daß nämlich "dieser Staat" in Form von erheblichen Zuschüssen die Ausstattung der Kammern mitfinanziert. Im Grunde sind es Steuergelder, mit denen - an welchem Lernort auch immer - die Einrichtungen bezahlt werden. Das verpflichtet zum sorgfältigen Haushalten. Deshalb sind durch ein kooperatives Zusammenwirken aller neue Organisationsformen zu entwickeln, die ein Höchstmaß an Qualität bei günstigen Kosten für Anbieter und Nachfrager ermöglichen. Der Streit um Zuständigkeiten, das Festhalten an überkommenen Strukturen, ist dafür keine gute Basis.

Vielmehr sind Voraussetzungen zu schaffen, damit

- Doppelfinanzierungen vermieden werden,
- Kurse in räumlicher Nähe zum Teilnehmerkreis angeboten werden können,
- der Lernort belegt wird, der dafür insgesamt die besten Voraussetzungen bietet,
- Lehrer nach Möglichkeit auch im Rahmen ihres normalen Stundendeputats eingesetzt wer-den können.

Die Verminderung der entstehenden Kosten - für Anbieter und Nachfrager - setzt neben anderen im Grunde zwei entscheidende Faktoren voraus: Dezentralisierung und Kooperation. Eine Dualisierung der Fort- und Weiterbildung würde dafür günstigste Voraussetzungen bieten.

"Berufliche Weiterbildung im dualen System läßt sich somit auch beschreiben als die volkswirtschaftlich gebotene Art der Arbeitsteilung zwischen betrieblichernund außerbe-trieblichen Einrichtungen bzw. Fachleuten aus Betrieb und Schule, allerdings - und das ist wesentlich - nach einheitlichen inhaltlichen Vorgaben, die sich unmittelbar an dem in der Region geäußerten Qualifikationsbedarf orientieren"[35]).

3.6 Akzeptanzverbesserung beruflicher Weiterbildung

Die Qualität beruflicher Fort- und Weiterbildung wird immer gemessen an deren Akzeptanz durch den betroffenen Adressatenkreis. Das sind einmal die Teilnehmer an den verschiedenen Maßnahmen selbst und zum zweiten die im "Einzugsbereich" der angebotenen Maßnahmen liegenden Betriebe.

I. Geht man vom Teilnehmer aus, sind Faktoren wie:Nähe des Wohnorts zum Standort der Maßnahme, Zeitdauer, Organisationsform (Vollzeit/Teilzeit), Qualität, inhaltliche Ausgestaltung, finanzieller Aufwand und vor allem Transparenz des Angebots für eine Teilnahme daran entscheidend. Hinzu kommt ein weiteres: Maßnahmen der Fort- und Weiterbildung bauen in der Regel auf einer beruflichen Erstausbildung auf. Die Teilnehmer an solchen Maßnahmen haben somit eine "Lehre" abgeschlossen, kennen die Berufsschule, wohnen und arbeiten größtenteils in ihrem Einzugsbereich. Bei einer Konzentration des Angebots auf das für viele anonyme, u. U. weit entfernte Oberzentrum werden künstlich Hemmschwellen aufgebaut, die bei einer dezentralen Verlagerung in die Berufsbildenden Schulen der Mittelzentren nicht vorhanden wären.

Dezentralisierung, die Verlagerung von Maßnahmen zur Fort- und Weiterbildung in die Berufsbildenden Schulen, ist daher auch ein entscheidender Beitrag zur größeren Akzeptanz des Angebots durch mögliche Bewerber.

II. Die Bereitschaft der Betriebe, Mitarbeiter für Maßnahmen der Fort- und Weiterbildung zu interessieren oder gar freizustellen, ist davon abhängig, inwieweit der betriebsspezifische Qualifikationsbedarf dadurch abgedeckt werden kann. Entscheidend für eine breitere Akzeptanz durch die Betriebe - vor allem in der Fläche - wird daher sein, inwieweit Angebot und Nachfrage auf regionaler Ebene übereinstimmen. Dies spricht wiederum für eine Dezentralisierung und für eine stärkere Berücksichtigung regionaler Belange bei der Gestaltung des Angebots zur Fort- und Weiterbildung.

3.7 Weiterentwicklung von Formen der beruflichen Weiterbildung im Rahmen der Fachschulen

Für schwachstrukturierte Räume ist die Gefahr, daß sich die Ausbildungschancen für weniger hochqualifizierte Absolventen schneller verschlechtern, größer als in Verdichtungsräumen.

Die bildungspolitische Strategie wird deshalb zu prüfen haben, wie auf dem Sockel vorhandener beruflicher Erstqualifikationen in der Region Anschlußqualifikationen entwickelt und angeboten werden können. Unter diesem Aspekt gewinnen Überlegungen zur konzeptionellen Weiterentwicklung der Fachschulen besondere Bedeutung.

Die Nachfrage im Bereich der Fachschulen ist hoch und hat selbst bei allgemein stark rückläufigen Schülerzahlen noch immer steigende Tendenz. Trotzdem wird der Teilnehmerkreis insgesamt auch in Zukunft auf eine bestimmte Bewerbergruppe begrenzt sein. Für viele Verheiratete, Familienväter mit Kindern, Facharbeiter in guten Positionen usw. dauern die einzelnen Bildungsgänge zu lang. Außerdem sind im Rahmen einer erforderlichen Anpassungsfortbildung für die meisten ohnehin nur Teile des Gesamtangebots relevant, weshalb sie kaum dazu bereit sein werden, den Arbeitsplatz für eine gewisse Zeit aufzugeben mit der Gefahr, am Ende mit leeren Händen dazustehen oder neu beginnen zu müssen.

Deshalb stellt sich für die Fachschule die Aufgabe, über die bestehenden Organisationsformen hinaus ergänzend neue Bildungsformen zu entwickeln. Erforderlich sind kürzere Unterrichtseinheiten, z. B. aufbauende, in sich geschlossene, modulare Kurse - vorwiegend in Teilzeitform - zur Vermittlung von Teilqualifikationen. Diese Kurse könnten ebenfalls mit Zertifikaten ausgezeichnet sein und, in vorgeschriebener Zahl absolviert, auch zum Staatlich geprüften Techniker führen.

Voraussetzung für die Neustrukturierung der Fachschule ist die Novellierung des Schulgesetzes.

Für die Lehrer hätte die Weiterentwicklung der Fachschule - vor allem ihr Ausbau in Teilzeitform - zur Folge, sich abweichend von den normalen Unterrichtszeiten auf Unterricht an Abenden und am Samstagvormittag einzustellen.

4.   "Trierer Weiterbildungskonferenz"

"Auf Einladung des Regierungspräsidenten des Regierungsbezirks Trier befaßte sich am 7. Januar 1986 eine Konferenz von Repräsentanten interessierter Gruppen und Institutionen (Universität Trier, HWK Trier, BBS Bitburg, Arbeitsamt Trier, Planungsgemeinschaft Region Trier, FH Trier, DGB Trier, IHK Trier; eig. Anm.) mit der Frage beruflicher Weiterbildung"[36]). Diese Konferenz beauftragte ihrerseits eine Arbeitsgruppe, "eine Bestandsaufnahme des Weiterbildungsangebotes und seiner regionalen Streuung zu erstellen, Defizite aufzuzeigen und Lösungsvorschläge zu unterbreiten. Dabei sollte den besonderen Gegebenheiten des Regierungsbezirks Rechnung getragen werden, die in einer dünn besiedelten Flächenregion und einer vorwiegend kleinbetrieblichen Struktur, die kaum innerbetriebliche Fortbildung zuläßt, bestehen"[37]).

4.1   Ergebnisse

Die "Bestandsaufnahme" der Arbeitsgruppe brachte folgendes Ergebnis:

Tab. 10: Berufliches Weiterbildungs-Angebot: Stunden absolut

Standort / Berufsfeld	OZ Trier	MZ Witt-lich	HZ Bernk.-Kues	sonst. Gem. (8)	IK Witt-lich	HZ Bit-burg	HZ Prüm	sonst. Gem. (6)	IK Bit-burg	HZ Daun	MZ Gerol-stein	sonst. Gem. (3)	LK Daun	HZ Hermes-keil	HZ Saar-burg	HZT Konz	sonst. Gem. (17)	IK Trier Saarb.	Re-gion
Wirtschaft, Verwaltung	12 679	480	56	178	714	80		784	864	60		76	136	56		390	610	1 056	15 449
Metalltechnik	16 630			528	528		1 020		1 020		10		10		808			808	18 996
Elektrotechnik	12 260					520	80		600										12 860
Holztechnik	1 096																		1 096
Bautechnik	9 930									1 712			1 712				1 440	1 440	13 082
Textil, Bekleidung				20	20														20
Leder																			
Chemie, Physik, Biologie						3 500			3 500										3 500
Drucktechnik																			
Edelsteine, Schmuck, Instrumentenbau																			
Glas																			
Farbtechnik, Raumgestaltung	24																		24
Gesundheit	572																		572
Körperpflege	1 140																		1 140
Nahrung	1 620																		1 620
Hauswirtschaft	700																		700
Agrarwirtschaft	362																16	16	378
EDV/Informatik	3 398	172	32		204	32	99		131	1 520	190		1 710	92		84		176	5 619
Sprachen		30			30							40	40			68	30	98	168
Sonstige	2 065	224		16	240			8	8										2 313
Insgesamt	62 476	906	88	742	1 736	4 132	1 199	792	6 123	3 292	200	116	3 608	148	808	542	2 096	3 594	77 537

Quelle: Abschlußbericht der Arbeitsgruppe "Berufliche Fort- und Weiterbildung" des Regierungsbezirks Trier

Damit wird die bereits aufgezeigte Konzentration des Weiterbildungsangebotes im Regierungsbezirk Trier auf das Oberzentrum Trier bestätigt.

Vorgegebenes Ziel der Arbeitsgruppe war aber ein "bedarfsgerechtes Angebot in zumutbarer Entfernung"[38]). Dieses Ziel sollte durch eine genügende Dezentralisierung in Verbindung mit einer größeren Transparenz des Weiterbildungsangebotes erreicht werden. "Zur Erfüllung dieser Voraussetzung könnten z. B. die Landräte die Bildung einer freiwilligen Arbeitsgemeinschaft von Trägern der beruflichen Weiterbildung auf Kreisebene initiieren. Diese Arbeitsgemeinschaften sollen dem Erfahrungs- und Informationsaustausch dienen. Sie sind aber auch der geeignete Ort, um weitere Dezentralisierungsmöglichkeiten zu prüfen und Kooperationen zu verwirklichen, z. B. durch eine gegenseitige Abstimmung von Programmen oder die gemeinsame Durchführung von Veranstaltungen, das Finden geeigneter Orte und Einrichtungen bzw. geeigneter Referenten. An den Arbeitsgemeinschaften sollen auf freiwilliger Basis alle beteiligten und interessierten Träger beruflicher Fortbildung teilnehmen"[39]).

Von solchen "dezentralisierten Kooperationen" erwartete man

- eine Ausweitung des regionalisierten Weiterbildungsangebotes,
- die Verbesserung der Angebotsinhalte,
- verstärkt die Berücksichtigung örtlicher Erfordernisse, Gegebenheiten und auch Besonderheiten,

insgesamt also eine Steigerung der Attraktivität und damit auch eine Steigerung der Akzeptanz des beruflichen Weiterbildungsangebots.

4.2   Maßnahmen im Regierungsbezirk Trier

Der Auftrag an die Landräte, "die Bildung einer freiwilligen Arbeitsgemeinschaft von Trägern der beruflichen Weiterbildung auf Kreisebene zu initiieren", wurde aufgrund der strukturellen Verhältnisse im Regierungsbezirk Trier unterschiedlich umgesetzt.

4.2.1   Landkreis Trier - Saarburg

Der Landkreis Trier - Saarburg, mit dem Oberzentrum Trier in der Mitte, stellt eine eigene Problematik dar. Dieser Kreis ist aufgrund des großen Weiterbildungsangebotes in der Stadt Trier im großen und ganzen versorgt, so daß "dezentrale Maßnahmen" hier weniger erforderlich waren und sind.

4.2.2 Landkreise Bitburg - Prüm und Bernkastel - Wittlich

In den beiden großen Landkreisen Bitburg - Prüm und Bernkastel - Wittlich folgte man dem Vorschlag der Arbeitsgruppe und bildete - mit wesentlicher Unterstützung der Landkreise - durch Kooperationen zwischen

- Kammern,
- Berufsbildenden Schulen,
- sonstigen, örtlich vorhandenen Trägern von Maßnahmen der Fort- und Weiterbildung wie Volkshochschule, Volksbildungswerk usw.

sogenannte Arbeitsgemeinschaften. Sie "haben bei der inhaltlichen Ausweitung des Angebotes, der Dezentralisierung und der Anbahnung von Kooperationen wertvolle Hilfestellung geleistet"[40]. Dabei läuft die Kooperation im wesentlichen über die jeweilige Berufsschule, die ihrerseits die vorhandene Einrichtung wie auch die erforderlichen Dozenten zur Verfügung stellt.

Die größere Transparenz des Weiterbildungsangebotes wird dadurch erreicht, daß derzeit im Landkreis Bitburg - Prüm eine eigene "Kreis-Weiterbildungsdatenbank" angelegt wird. Ergänzend dazu versucht man durch ausführliche Presseinformationen, durch Flugblattaktionen, Gespräche bei Ausbildertreffen und durch eigene Informationsveranstaltungen die Weiterbildungsangebote einem größeren Interessentenkreis nahezubringen. Dadurch soll insgesamt ein Motivationsschub hin zur größeren Akzeptanz der Maßnahmen zur Fort- und Weiterbildung erzielt und darüber hinaus ein wesentlicher Beitrag zur Förderung der Wirtschaftsstruktur in diesen benachteiligten Regionen geleistet werden.

Einen weiteren Motivationsschub erwartet man von dem bei der Bezirksregierung neu installierten "Regionalberater der Planungsgemeinschaft Fort- und Weiterbildung". Seine Aufgabe ist es, durch Gespräche mit den Beteiligten "vor Ort" deren Wünsche und Anregungen entgegenzunehmen und gezielt in die laufenden Maßnahmen einfließen zu lassen.

4.2.3 Landkreis Daun

"Eigene Wege", so der Hauptgeschäftsführer der HWK Trier, geht man hinsichtlich der Fort- und Weiterbildung im Landkreis Daun. Ohne das Handwerk wurde ein Kooperationsmodell eingeführt, dessen Träger die "Wirtschaftsförderungsgesellschaft Daun Vulkaneifel mbH", kurz WFG, ist. Aufsichtsratsvorsitzender ist der Landrat des Kreises Daun. Mitglieder im Aufsichtsrat sind Vertreter politischer Parteien, Vertreter der Wirtschaft sowie verschiedener Institutionen. Nicht vertreten sind die Kammern.

Aus der Erkenntnis, "daß die Unternehmen in Zukunft nur noch dann konkurrenzfähig bleiben, wenn sie neue Technologien einsetzen und die Mitarbeiter sie beherrschen"[41], hat man den Auftrag der WFG um einen weiteren Aufgabenschwerpunkt ergänzt. Ihr Ziel ist, vergleichbar mit den Zielen der Kooperationen in den Landkreisen Bitburg - Prüm und

Bernkastel - Wittlich, "die Schaffung bedarfsgerechter und wohnortnaher Weiterbildungsangebote". Die WFG ermittelt den Bedarf, plant und organisiert die erforderlichen Kurse oder Lehrgänge, legt die Regularien fest und schreibt die entsprechenden Kurse aus. Über sie laufen somit sämtliche Maßnahmen beruflicher Fort- und Weiterbildung.

Der Leiter der Berufsbildenden Schule Gerolstein ist pädagogischer Berater der WFG. Er entscheidet über die inhaltliche Gestaltung der Kurse und deren personelle Besetzung, d. h. er benennt die erforderlichen Referenten. Diese zentrale Funktion des Schulleiters ist deshalb wichtig, weil die WFG zur Umsetzung der erforderlichen Maßnahmen seit Jahren weitgehend auf die "personellen und apparativen Kapazitäten" der Berufsbildenden Schule Gerolstein und deren Außenstelle Daun zurückgreift und der Leiter dieser Schule aus Kenntnis der vorhandenen Möglichkeiten am ehesten in der Lage ist, ein optimales Angebot zu entwickeln.

5. Probleme und Perspektiven

5.1 Regionale Datenbanken

Der fortschreitende technische Wandel hat dazu geführt, daß "auch bei Klein- und Mittelbetrieben ein wachsender Bedarf an Informationen über vorhandene Weiterbildungsangebote und -träger besteht, ..."[42]). Klein- und Mittelbetriebe brauchen "einen einfachen und schnellen Zugriff auf das regional vorhandene Angebot an beruflicher Weiterbildung"[43]). Erforderlich ist daher insgesamt ein Höchstmaß an Transparenz und Übersichtlichkeit, wobei in erster Linie "regionale und berufsspezifische Lösungen"[44]) anzustreben sind. Der Aufbau von "regionalen Datenbanken", wie ansatzweise im Kreis Bitburg - Prüm entwickelt (vgl. Punkt 4.2.2), käme dieser Forderung entgegen. In ihnen müßten die in der Region vorhandenen Aktivitäten erfaßt und durch ein wirkungsvolles Informationssystem einem breiten Interessentenkreis nahegebracht werden. Eine solche Datenbank bietet aber über die reine Informationsfunktion hinaus einen weiteren Vorteil. Sie kann auch "für Planungszwecke genutzt werden, die Auskunft über die Versorgung einzelner Regionen mit Bildungsmaßnahmen geben. Sie bietet damit Möglichkeiten für die Angebotsplanung und -steuerung von Bildungsveranstaltungen - beispielsweise für unterversorgte Bezirke und Gemeinden"[45]).

5.2 Regionale Verbundsysteme

Bisher durchgeführte Maßnahmen beruflicher Fort- und Weiterbildung sind nahezu ausnahmslos auf einen Lernort konzentriert, z. B. auf die überbetriebliche Lehrwerkstatt der Kammer, auf den Betrieb, auf die Berufsschule, auf die Volkshochschule usw., um nur einige Lernorte zu nennen. Jeder dieser Lernorte hat Vorteile, die in ein Gesamtsystem eingebracht, zur Effizienzsteigerung beitragen würden. So bietet z. B. die Schule den unbestreitbaren Vorteil systematischer, didaktisch-methodisch fundierter Unterweisung, während der Betrieb die größere Nähe zur Praxis vorweisen kann. Hinzu kommen rein wirtschaftliche Überlegungen wie z. B. die am einzelnen Lernort vorhandene Ausstattung oder dessen größere räumliche Nähe zum jeweiligen Adressatenkreis.

Regionale Verbundsysteme, die Einbindung von mehreren Lernorten in die gleiche Maßnahme zur Fort- und Weiterbildung, würden die vorgenannten Spezifika bündeln und zu einer in jeder Hinsicht größeren Effizienz des Gesamtsystems beitragen. Voraussetzung dafür wäre:

1. ein klar strukturiertes inhaltliches Konzept, orientiert am Qualifikationsbedarf der Region, organisiert in einem aufbauenden Kurssystem;
2. die Bildung regionaler Gremien (z. B. regionale Arbeitsgemeinschaften) unter breiter Beteiligung möglichst aller an der Weiterbildung interessierten Gruppen. Ihre Aufgabe wäre die Erfassung sämtlicher für Maßnahmen der Fort- und Weiterbildung in Frage kommender Lernorte und deren Möglichkeiten (Lehrer, Ausstattung, Standort ...) und die Zuweisung der Vermittlung bestimmter Lerninhalte an den Lernort, der dafür die besten Voraussetzungen bietet.

6. Schlußbetrachtung

Maßnahmen zur Fort- und Weiterbildung werden mehr und mehr zum "Motor" der wirtschaftlichen Entwicklung in der Bundesrepublik Deutschland, wie auch - regional gesehen - zum "Motor" der wirtschaftlichen Entwicklung in der Fläche.

Die Frage, ob ausschließlich die Wirtschaft, allein oder in Zusammenarbeit mit Verbänden und Institutionen, Fort- und Weiterbildung betreiben darf, während dem Staat nach dem Subsidiaritätsprinzip eine lediglich ergänzende Funktion zukommt, muß neu überdacht werden. Die unter volkswirtschaftlich-ökonomischen Gesichtspunkten zwingend erforderliche Nutzung aller vorhandenen Ressourcen wie auch die Gestaltung von regional spezifisch abgestimmten Angeboten sind dafür Gründe genug.

Die nachgewiesenermaßen berechtigte Forderung nach Dezentralisierung der Fort- und Weiterbildung zur Stärkung der Wirtschaftsstruktur in den einzelnen Regionen nimmt den Staat stärker in die Verantwortung als Mitorganisator und Moderator. Eine in ihrer Struktur und Organisation weiterentwickelte Fachschule ergänzt sinnvoll vorhandene Angebote und hilft Defizite im Angebot zur Fort- und Weiterbildung auszugleichen.

Darüber hinaus fällt den Berufsschulen in zunehmendem Maße die Aufgabe zu, Kristallisationspunkt für die verschiedenen Interessen in der Region zu sein, die hier vorhandenen Forderungen, Wünsche und Bedürfnisse wie auch die vorhandenen personellen und sächlichen Möglichkeiten zu erfassen und daraus ein effizientes, am Bedarf orientiertes Angebot mitzugestalten. Ob in Kooperation mit der Wirtschaft, mit Verbänden und Institutionen oder in Verbindung mit Wirtschaftsförderungsgesellschaften wie im Landkreis Daun, hängt von den jeweiligen Verhältnissen vor Ort ab. Beide Modelle haben ihre Vorzüge, beide können bei sinnvoller Umsetzung ganz entscheidend zur Förderung der wirtschaftlichen Entwicklung in der Region beitragen.

Anmerkungen

1) Dülz, Sigurd; Weis, Heinz, in: Rheinland-Pfalz, HEUTE UND MORGEN, Mainz 1974, S. 253

2) Ebenda

3) Ebenda

4) REGION TRIER, Materialien und Informationen, Hrsg.: Planungsgemeinschaft Region Trier, Dez. 1987, S. 4

5) Ebenda, S. 7

6) Ebenda, S. 8

7) Ebenda, S. 15

8) Ebenda, S. 20

9) Ebenda, S. 38

10) Ebenda, S. 53 ff.

11) Ebenda, S. 54 ff.

12) Ebenda, S. 55

13) Bundesverband der Lehrer an beruflichen Schulen: Stellungnahme zu den Fragen der Enquete-Kommission zum Arbeitsschwerpunkt "Weiterbildung...", Bonn, 1989

14) Bezirksregierung Trier: Abschlußbericht der Arbeitsgruppe Berufliche Fort- und Weiterbildung, 1986, S. 1

15) Vgl. "Weiterbildung - Motor der wirtschaftlichen Entwicklung, ein Beitrag in: VDI-Nachrichten, Nr. 10, vom 7. März 1986

16) Ebenda

17) Bardeleben, Böll, Uppenkamp, Walden: Weiterbildungsaktivitäten von Klein- und Mittelbetrieben im Vergleich zu Großbetrieben, in: Berufsbildung in Wissenschaft und Praxis (BWP), Heft 6, Nov. 1989, S. 6

18) Ebenda, S. 7
19) Ebenda

20) Bezirksregierung Trier: "Neuordnung des berufsbildenden Schulwesens im Regierungsbezirk Trier", Stand: 20. Okt. 1989, S. 2

21) Ebenda, S. 3 ff.

22) Veröffentlicht in: "Die Rheinpfalz" vom 22.2.1989

23) Nachzulesen in: VDI-Nachrichten, Nr. 40, vom 7. Okt. 1988

24) Ebenda

25) BIBB: Berufsbildung in Wissenschaft und Praxis, Heft 1, 13. Jahrgang, Februar 1984, S. 1/4

26) Ebenda

27) Albers, Prof. Dr.: Referat während einer Ausbildertagung in der Universität Stuttgart am 6.5.1988

28) Wilms, Dorothee, Dr.: "Thesen zur Zukunft der Berufsbildung", in: "Die berufsbildende Schule", Heft 10, 1986, S. 624

29) Cornelius, Hansjürgen: "Probleme beruflicher Fort- und Weiterbildung in Flächenregionen am Beispiel des Regierungsbezirks Trier", ein Beitrag in "Die Wirtschaftsschule", 7-8/87, S. 27

30) Driding, Guahs, Sensing: Weiterbildung in Klein- und Mittelbetrieben ..., in: Berufsbildung in Wissenschaft und Praxis (BWP), Heft 6, Nov. 1989, S. 11

31) Tartter, Günther: "Die Weiterbildung muß doch Sache der Wirtschaft bleiben", in: HZ (Handwerkskammer-Zeitung) Nr. 13, vom 9. Juli 1987

32) Müller, Hermann-Reinhard: Neu in der Diskussion: ein duales System beruflicher Weiterbildung; ein Beitrag in Wue, 4/87, S. 120

33) Tartter, Günther: "Die Weiterbildung muß doch Sache der Wirtschaft bleiben"; ein Beitrag in HZ Nr. 13, vom 9. Juli 1987

34) Aus dem Beitrag "Handwerk gegen verfehlte Weiterbildung", in: "Die Rheinpfalz" vom 26.11.1986

35) Müller, Hermann-Reinhard: Neu in der Diskussion: ein duales System beruflicher Weiterbildung; ein Beitrag in: wue 4/87, S. 121

36) Bezirksregierung Trier: "Abschlußbericht der Arbeitsgruppe Berufliche Fort- und Weiterbildung", Dez. 1986, S. 1

37) Ebenda

38) Ebenda, S. 15

39) Ebenda

40) Vgl. "Zwischenbericht über den Stand der beruflichen Fort- und Weiterbildung im Regierungsbezirk Trier, Stand: Dezember 1988

41) Aus dem Vorwort des Aufsichtsratvorsitzenden der Wirtschaftsförderungsgesellschaft Daun Vulkaneifel mbH in einem Prospekt über die angebotenen Kurse zur Fort- und Weiterbildung

42) Kramer, Horst: Weiterbildungsinformationssysteme, ein Beitrag in: Berufsbildung in Wissenschaft und Praxis (BWP), Heft 3, Mai 1989, S. 19

43) Drieling, Gnahs, Seusing: Weiterbildung in Klein- und Mittelbetrieben ..., ein Beitrag in: Berufsbildung in Wissenschaft und Praxis (BWP), Heft 6, Nov. 1989, S. 12

44) Kramer, Horst: Weiterbildungsinformationssysteme, ein Beitrag in: Berufsbildung in Wissenschaft und Praxis (BWP), Heft 3, Mai 1989, S. 19

45) Ebenda, S. 21

Horst Ruprecht

Weiterbildungsberatung und institutionelle Kooperation als zentrale Aufgaben regionaler Wirtschaftsförderung durch Weiterbildung

Dargestellt am Beispiel von Maßnahmen des Bildungswerks Niedersächsischer Volkshochschulen und der Stadt Salzgitter

1. Ausgangsüberlegungen

Multikulturalität, Wertepluralismus, institutionelle Vielgestaltigkeit und Vielfalt der Konzeptionen in der Weiterbildung stellen nur einige der Problemzonen dar, die für unser Thema Relevanz besitzen.

Im Gegensatz zur schulischen Bildung (auch im beruflichen Bereich), wo innerhalb der einzelnen Bundesländer zwar geringfügige Abweichungen untereinander zu verzeichnen sind, im allgemeinen aber lehrplanartige oder curriculare Festlegungen die Szene beherrschen, wird die Weiterbildung für Erwachsene durch ein hohes Maß an regionalen und institutionellen Besonderheiten gekennzeichnet. Das entspricht durchaus der offenen Grundstruktur des Wirtschaftssystems und kann bei dessen Dominanz für die gesellschaftliche Entwicklung grundsätzlich als strukturanalog betrachtet werden. Es erschwert indessen die Vergleichbarkeit der Bildungsmaßnahmen, vor allem in zweifacher Hinsicht: einmal bezogen auf die Abschlußleistung am Ende der Maßnahme und zum anderen auf Dauerhaftigkeit und Produktivität der erworbenen Qualifikationen im beruflichen und privaten Alltag.

Insbesondere letzteres gilt natürlich ohne jede Einschränkung auch für die schulische Bildung, ja diese zeichnet sich bedauerlicherweise geradezu aus durch ein geringes Maß an Transferierbarkeit und wenig Stabilität in der Bewährung im Alltag.

In der Literatur der Weiterbildung wird in diesem Zusammenhang geradezu von Pseudolernen gesprochen. Es zeigt sich vor allem bei Alphabetisierungsmaßnahmen und bei der Vermittlung beruflicher Basisqualifikationen, wie E. Fuchs-Brüninghoff aufweist. Manche Kursteilnehmer legten zwar befriedigende bis gute Prüfungsleistungen vor, versagten aber später in der Praxis. Ihre Leistungsfähigkeit war nur erworben für das System, innerhalb dessen sich der Lernprozeß vollzog. Stellten sich ähnliche Probleme außerhalb dieses Systems, so traten die alten Schwächen wieder auf.

Wenn dagegen bei den Bildungsmaßnahmen von vornherein der Alltagsbezug hergestellt war und Transferfähigkeit methodisch einbezogen wurde, gab es diese Probleme nicht oder nur in geringem Maße. Ansätze zu einer höheren Effektivität beim Lernen von Erwachsenen in der berufsbezogenen Weiterbildung finden sich bereits bei Beate Kramer in ihrem Beitrag "Behalten und Behaltensförderung bei Erwachsenen in der beruflichen Weiterbildung". So scheint auch der Lernort einen erheblichen Einfluß auf die Lernwirklichkeit auszuüben. (Vergleiche dazu den Beitrag von W. Schlaffke in diesem Band.)

Leider sind entsprechende Fehlentwicklungen in der schulischen Bildung nur unzulänglich empirisch untersucht, aber die Erfahrung belegt, daß sie wohl auch dort eines der Hauptprobleme für deren geringe Wirksamkeit ausmachen dürften. Die Aussage, daß man nicht für die Schule, sondern für das Leben lernen soll, gewinnt unter diesem Aspekt eine vertiefte Bedeutung. Ohne Lebens- und Anwendungsbezug ist offenbar bei der weit überwiegenden Mehrzahl der Lerner weder ein stabiles noch ein transferfähiges Wissen/Können zu erreichen. Beide Intentionen bilden aber zentral bedeutsame Zielvorgaben für berufsorientierende Maßnahmen in der Weiterbildung, und diese stellt einen wichtigen Faktor der regionalen Entwicklung dar. In diesem Zusammenhang verweise ich auf die Bedeutung der neuerdings stark betonten Lernortdiskussion.

Meiner Meinung nach sollten wir verhindern, in der Bundesrepublik japanische Verhältnisse zu schaffen. Dort nämlich läßt sich ein erstaunlicher Optimierungsprozeß zugunsten von Ballungsgebieten feststellen. In diesen laufen die Entwicklungslinien von Wirtschafts- und Bildungssystem, Wohnungsbaupolitik, Wissenschaftsentwicklung und technologischem Fortschritt sich wechselseitig fördernd und verstärkend voran, während die offenen Siedlungsräume stagnieren oder sogar dezimiert werden. Dies führt zu bereits heute erkennbaren erschreckenden Disparitäten. Da die Trendsetterfunktion der USA für den Rest der Welt zwar in zahlreichen Sektoren heute noch gilt, aber im Bereich der Finanz-, Wirtschafts- und Technologieentwicklung schon jetzt von Japan übernommen worden ist, besteht durchaus die Gefahr, daß auch bei uns ähnliche Entwicklungen stattfinden könnten, zumal Ansätze dazu bereits erkennbar sind. Als eine von vielen gegensteuernden Maßnahmen kann hier die Weiterbildungspolitik fungieren, deren Aufgabe es ist, vor allem Klein- und Mittelbetriebe im beruflichen Felde der Weiterbildung zu unterstützen und durch institutionelle Vielfalt bei gleichzeitiger Kooperation der Bildungsträger die äußeren Bedingungen für eine Qualitätssteigerung der Bildungsmaßnahmen zu verbessern. Dabei ist es unerläßlich, daß bei Planung und Durchführung der Maßnahmen der Bildungsprozeß in mehrfacher Intention ausgelegt wird. Er soll so betriebsnah wie irgend möglich erfolgen und zugleich der gesellschaftlichen Integration sowie der individuellen Entwicklung förderlich sein. Dies ist in der Regel ohne Kooperation verschiedener Institutionen kaum zu erreichen.

Da aber die Bildungsträger häufig gegeneinander konkurrieren, gibt es beträchtliche Schwierigkeiten, diesen einfachen und vernünftigen Gedanken zu verwirklichen. Gelegentlich gelingen aber Kooperationsbemühungen und führen dann häufig zu preiswerten und qualitativ anspruchsvollen Bildungsangeboten. Dies gilt vor allem dann, wenn bei der Kooperation jeder der zusammenarbeitenden Träger den Teil der Inhaltspalette einbringt, in dem er besondere Erfahrung besitzt und erfolgreich arbeitet.

Eine derartige Konzeption kann auf verschiedenen Ebenen praktiziert werden. Das läßt sich an dem Beispiel des Bildungswerks der Niedersächsischen Volkshochschule gut zeigen. Sie ist nämlich von vornherein auf Kooperation angelegt; zunächst und in erster Linie mit der jeweiligen Volkshochschule, mit der sie einen Kooperationsvertrag schließt. Häufig werden in diese Kooperation aber auch Kommunen, Betriebe, Berufsschulen, Bildungswerke der Gewerkschaften oder der Arbeitgeber sowie der Kammern und auch private Bildungsträger einbezogen.

Angesichts häufiger Finanzierungsprobleme staatlicher, kommunaler oder privater Bildungsträger bietet die Kooperation verschiedener Institutionen vor allem eine Möglichkeit, teure Geräte ausreichend zu nutzen, ein vielseitiges und praxisnahes Bildungsangebot für die Region zu planen und vorzuhalten und eine flächendeckende Bildungsberatung zu entwikkeln. Aus kommunaler Sicht sind ja ohnehin Ausgaben im Weiterbildungssektor zu leisten - für die Berufsschulen ebenso wie für die Volkshochschulen. Die Kommune als politische Einheit auf der unteren Ebene hat bestimmte Aufgaben der Daseinsvorsorge zu erbringen. Mit dem raschen Veralten erworbenen Wissens und Könnens in unserer schnellebigen Zeit spielen Möglichkeiten für Qualifikationserwerb und Weiterqualifikation eine immer wichtigere Rolle bei der Standortentscheidung von Betrieben. Dies gilt nicht nur für größere Werke, sondern weit stärker noch für Klein- und Mittelbetriebe. Eine Optimierungsstrategie für ein umfassendes Weiterbildungsangebot in der Region ist - von Ballungszentren abgesehen - nur durch Kooperation verschiedener Träger zu erreichen.

Außer finanziellen, curricularen und gerätenutzungstechnischen Überlegungen kommt noch ein weiterer Grund hinzu, der eine Kooperation verschiedener Träger von Weiterbildungsangeboten notwendig erscheinen läß:, die nur begrenzt vorhandene Anzahl qualifizierter Kursleiter. Sie sind aber sowohl für die Planung als auch für die spätere Durchsetzung von außerordentlich hohem Wert. Gerade in diesem Bereich erhöht sich bei ruinösem Wettbewerb die Gefahr einer Minderung der Qualität des Angebots für die gleichmäßige Versorgung der Region ganz erheblich. Zugleich liegen hier aber auch besondere Schwierigkeiten, kooperative Muster in der Bildungsarbeit zu entwickeln.

2. Der Modellversuch "Qualifizierungsberatung" als Beispiel einer Kooperation auf Bundesebene

Das Bildungswerk Niedersächsischer Volkshochschulen kooperiert auf Bundesebene mit anderen Einrichtungen mit dem Ziel, Konzepte der Qualifizierungsberatung zu planen und nach Abstimmung auch zu entwickeln, die insbesondere für Klein- und Mittelbetriebe den gegenwärtigen und in naher Zukunft zu erwartenden Weiterbildungsbedarf feststellen. Bereits vorhandene Konzepte sollen mit neu zu entwickelnden zu einem bedarfsgerechten Weiterbildungsangebot zusammengefaßt und in der Region für Interessenten angeboten werden. Die Kooperation bezieht sich insbesondere auf den Schwerpunkt neue Technologien und wird finanziell aus Mitteln des Bundesministers für Bildung und Wissenschaft gefördert. Das Bundesinstitut für Berufsbildung in Berlin hat bestimmte Aufgaben der Koordination und Organisation übernommen. Die Evaluation wird zum Teil durch das Friedrichsdorfer Büro für Bildungsplanung vorgenommen. An sieben Standorten werden die Versuche geplant und durchgeführt. Es handelt sich um:

- das überbetriebliche Ausbildungszentrum, Elmshorn
- die Handwerkskammer der Pfalz, Kaiserslautern
- die Berufsbildungsstätte Westmünsterland G.m.b.H. für Handwerk und Industrie, Münster
- die Kontaktstelle für wissenschaftliche Weiterbildung der Gesamthochschule Kassel, Universität
- die beruflichen Fortbildungszentren der Bayerischen Arbeitgeberverbände e.V., Berufsbildungszentrum Regensburg
- das Informationstechnik-Zentrum, Köln
- das Bildungswerk Niedersächsischer Volkshochschulen, Zweigstelle Salzgitter.

Die Grundüberlegungen für diesen großangelegten Kooperationsversuch auf Bundesebene gehen aus von der These, daß die Wirksamkeit der neuen Technologien zwar auch von der Höhe der Investitionen abhängt, andererseits jedoch die Qualifikation der die neuen Geräte bedienenden Mitarbeiter von vergleichbar großer Bedeutung ist. Um sie zu vermitteln, ist eine entsprechende Weiterbildung notwendig. Diese setzt eine sorgfältige und detaillierte Planung voraus.

Großbetriebe können oft infolge ihrer Finanzkraft die passenden Ausbildungen und Programme bereitstellen, Klein- und Mittelbetriebe sehen sich hier häufig vor kaum zu lösende Aufgaben gestellt. Entweder müssen sie das, was der Weiterbildungsmarkt zufällig anbietet, übernehmen oder unverhältnismäßig hohe Investitionen tätigen. Die inhaltliche Beschaffenheit derartiger Programme entspricht häufig nicht dem anstehenden betrieblichen Bedarf. Für eine maßgeschneiderte Konzeption fehlen die Mittel allein schon für die aufwendige Planung, aber noch weit mehr für die Durchführung.

Genau an dieser Stelle setzt die Programmatik des Kooperationsprojektes an. Dabei geht es darum, mehrere Institutionen in der Region zur Kooperation zu bringen. Das ist zunächst der Betrieb. Er muß den speziellen Bedarf an Qualifikationen analysieren, die bei ihm benötigt werden. Außerdem soll er seinen Mitarbeitern Beratungshilfen anbieten für die weitere Qualifikation. Des weiteren muß der Betrieb die Träger der Weiterbildung informieren über den bei ihm anstehenden Qualifikationsbedarf. Der Weiterbildungsträger sammelt die Bedarfserwartungen, plant ein Angebot allein oder in Kooperation mit anderen Einrichtungen zusammen, stimmt den Entwurf mit den Betrieben ab und verbessert ihn im Sinne einer rollenden Reform. Außerdem beteiligt er sich bei der Beratungsarbeit, indem er den Qualifikationsberater entweder selbst stellt oder den von anderen Einrichtungen unterstützt und informiert.

Alle diese Aufgaben lassen sich nur durch Kooperation zu günstigen finanziellen Bedingungen verwirklichen. Die wichtigsten Aufgaben des Qualifizierungsberaters lassen sich so zusammenfassen:

- Unterstützung der Betriebe bei der Analyse des Weiterbildungsbedarfs
- Beratung und Information der Weiterbildungsträger über den betrieblichen Weiterbildungsbedarf
- Beratung und Mitwirkung zur Verbesserung des Weiterbildungsangebotes
- Beratung und Information der Betriebe über das Weiterbildungsangebot.

Ohne Einrichtung einer ständig auf dem neuesten Stande befindlichen Datenbank läßt sich dieses Konzept heute nicht mehr verwirklichen. Daher gehört die Einrichtung und Aktualisierung einer Datenbank zu den wichtigsten und vordringlichsten Aufgaben der Qualifizierungsberatung. Beim Aufbau der Weiterbildungsdatenbank werden alle Angebote der Bildungsträger einbezogen, die in der Region Salzgitter tätig sind. Die Abstimmung wird ständig verbessert, so daß verschiedene Teilqualifikationen auch zu unterschiedlichen Zeiten und bei verschiedenen Trägern grundsätzlich erworben werden können. Die Regel ist dies allerdings nicht. Dennoch wurde die Qualität der Weiterbildungsangebote seit diesen Kooperationsbemühungen verbessert, nicht zuletzt, weil auf diese Weise so etwas wie eine stille Konkurrenz bezüglich der Qualität der Angebote wirksam wird. Zum generellen Stand von Funktion und Entwicklung von Datenbanken im Kontext der Weiterbildung verweise ich auf den Beitrag von Friedrich Edding und Horst Kramer in diesem Band.

Bei dem hier beschriebenen Projekt werden drei Intentionen durch sieben Träger erprobt. Dabei geht es darum,

- Qualifizierungsberatung als Managementinstrument zur Verbesserung des Weiterbildungsangebotes zu verstehen (z.B. in Köln)
- Qualifizierungsberatung anzuwenden mit dem Ziel der regionalen Wirtschaftsförderung (z.B. in Salzgitter)
- Qualifizierungsberatung zu erproben als integralen Bestandteil umfassender Dienstleistungen im regionalen Bereich (z.B. in Regensburg).

Damit werden drei verschiedene Teilbereiche von Qualifizierungsberatung zum jeweiligen Schwerpunkt bei den unterschiedlichen Teilprojekten bestimmend. Zugleich aber werden auch andere Zielvorstellungen ganz flexibel aufgegriffen, wenn sich dies aus der praktischen Arbeit ergibt. So entstanden Überlagerungen, die eine differenzierte Behandlung des Themas erlauben. Es wird erwartet, daß auf diese Weise Anregungen anfallen werden, die zu unterschiedlich strukturierten Verbundsystemen führen. Diese können als spätere Träger von Qualifizierungsberatung in der Region geplant und entwickelt werden. Denkbar sind schon heute Verbundsysteme von regionalen Weiterbildungsträgern zur Koordinierung des Gesamtangebotes und zur Nutzung aufwendiger Geräte und Anlagen durch die kooperierenden Träger. Ebenso können aber auch Betriebe unter sich in der Frage der Weiterbildung kooperieren, gemeinsame Angebote entwickeln oder vermitteln und ihre Erfahrungen austauschen. Eine Ausweitung wäre die Zusammenarbeit zwischen Betrieben und Weiterbildungsträgern im Verbund. In Salzgitter wird darüber hinaus der Versuch unternommen, diese Form noch auszubauen durch Einbeziehung der Kommune und der Berufsschule.

Ob die Qualifizierungsberatung schließlich in einem Weiterbildungsverbund erfolgt oder bei einem starken Bildungsträger oder bei anderen Institutionen wie beispielsweise der Kommune, scheint mir nicht von vorrangigem Interesse zu sein. Höchstwahrscheinlich wird sich hier eine große Mannigfaltigkeit entwickeln je nach den besonderen Bedingungen in der Region. Aber daß diese Aufgabe aus Gründen der wirtschaftlichen Entwicklung auch in schwächeren Regionen gelöst werden muß, ist gewiß, wenn wir den Klein- und Mittelbetrieben helfen und Disparitäten im Bildungs- sowie im Wirtschaftssystem und damit in der Gesamtstruktur der Region vermeiden wollen.

Ich halte es für notwendig, in diesem Zusammenhang auf den großen Nachholbedarf im Gebiet der ehemaligen DDR zu verweisen, wo weit umfangreichere Vorarbeiten und Planungsbemühungen erforderlich sind, um die dort erkennbaren Qualifizierungsdefizite abzubauen. Gerade für dieses Gebiet müßten die verschiedenen Planungsmodelle besonders hilfreich, zum mindesten aber anregend sein. Aus diesem Grund hat das Bildungswerk der niedersächsischen Volkshochschulen seine Aktivitäten auch auf das Gebiet der ehemaligen DDR ausgedehnt.

3. Kooperation in der Region Salzgitter

Neben der im Modellversuch vorgenommenen Kooperation auf Bundesebene gibt es auch eine solche in den jeweiligen Bundesländern. Auch hier kann das Bildungswerk Niedersächsischer Volkshochschulen als Beispiel dienen. Derzeit arbeitet es in verschiedenen Kommunen eng mit den jeweiligen Volkshochschulen zusammen; so mit den Kreisvolkshochschulen in Hameln-Pyrmont, Holzminden, Verden, Diepholz und Goslar sowie den Volkshochschulen in Buxtehude, Stade, Delmenhorst, Cuxhaven, Salzgitter, Langenhagen, Wolfsburg, Hameln und Isernhagen. Innerhalb der jeweiligen Regionen erfolgt die Arbeit häufig in Kooperation mit anderen Trägern. Aus Gründen der beispielhaften Vereinfachung sei wieder Salzgitter angeführt. Hier ist die Kooperation besonders eng mit der Stadt, der Volkshochschule und dem Großbetrieb Peine und Salzgitter AG. Aber auch die Berufsschule und das Berufsfortbildungswerk des Deutschen Gewerkschaftsbundes sind in das Kooperationssystem einbezogen. Eine ähnliche Situation zeigt sich in der Region Peine. Dort waren jedoch der Landkreis und der DGB federführend bezüglich der Initiative zur Schaffung eines Weiterbildungs- und Qualifizierungsverbundes. In Salzgitter gingen die Initiativen hauptsächlich von der Stadt, der Peine und Salzgitter AG sowie dem Bildungswerk Niedersächsischer Volkshochschulen aus. Der Grund hierfür lag vor allem in der hohen Arbeitslosenquote (Ende 1987 über 16 %), eine für Regionen mit ausgeprägter Montanindustrie durchaus typische Situation. Die Kommune zeigte großes Interesse und starkes Engagement, Maßnahmen zur Wirtschaftsförderung durchzuführen, benötigte aber hierzu kompetente Hilfe im Bereich der Weiterbildung, um die vorhandenen Förderprogramme der Europäischen Gemeinschaft, des Bundes und des Landes sinnvoll nutzen zu können.

Da bei der Peine und Salzgitter AG über 1 000 Mitarbeiter/Innen freizusetzen waren, mußten neben vorzeitigen Ruhestandsregelungen Umschulungs- und Weiterqualifizierungsmaßnahmen entwickelt werden, um den Betroffenen eine Chance für eine anderweitige Beschäftigung zu vermitteln. Zunächst wurde im Planungsstadium versucht, die in Salzgitter arbeitenden Bildungseinrichtungen zu einem Arbeitskreis zusammenzuführen mit dem Ziel, Möglichkeiten der Kooperation zu erkunden und praktisch zu erproben. Hierbei verstanden es die Mitarbeiter des Arbeitsamtes Braunschweig sehr gut, ihre engen Kontakte zu den verschiedenen Bildungsträgern in der Region dahingehend auszuwerten, daß ein ruinöser Wettbewerb zwar unterblieb, aber dennoch eine gesunde Konkurrenzsituation entstand, in der gute Bildungsangebote preiswert zu haben waren. Ohne Kooperation, gemeinsame Nutzung von teuren Einrichtungen und Maschinen, wäre dieses Ziel sicher nicht erreicht worden.

Ausdrücklich erwähnt werden muß in diesem Zusammenhang aber auch die rühmliche Rolle der Vertreter der Stadt Salzgitter, die als sächlicher Schulträger und Mitfinanzierer der Volkshochschule ihren Einfluß immer dann geltend machten, wenn es bei den Kooperationsversuchen Schwierigkeiten gab. Gelegentlich war eine stärkere Intervention erforderlich, meist aber genügte das klare Aufzeigen der eigenen Intentionen. Mir erscheint es wichtig, daß politisch und finanziell einflußreiche Institutionen bei derartigen Versuchen beteiligt sind, weil sonst erfahrungsgemäß die Interessenkonkurrenz oft nicht aufgebrochen werden kann. Diese Rolle übernahmen in Salzgitter die Stadt und das Arbeitsamt Braunschweig.

Ein weiterer Sachverhalt erleichterte die Kooperation, die ab 1987 vorgesehen war. Die Volkshochschule Salzgitter, die Peine und Salzgitter AG und das Bildungswerk Niedersächsischer Volkshochschulen arbeiteten bereits seit 1983 zusammen und hatten die Anlaufschwierigkeiten bei der Planung und bei der Durchführung einer derartigen Kooperation bereits hinter sich. Nun konnten in einem zweiten Schritt die Berufsschule, der DGB und weitere Einrichtungen hinzukommen.

Es entstanden um die Wende 1987/88 verschiedene Papiere, in denen Qualifikations- und Beschäftigungskonzepte für die Region Salzgitter entwickelt wurden. Das wichtigste hierfür dürfte das Gutachten von Bernd Wolf "Überlegungen und Vorschläge zur Weiterbildung und Qualifizierung in Salzgitter" vom Mai 1988 sein. In ihm wurden recht umfangreiche und sachlich begründete Vorstellungen entwickelt, die zu einer qualifizierten und im Angebot überschaubaren Palette von Weiterbildungsmaßnahmen führen sollten. Schon am 4.11.1987 lag ein erster Entwurf der Initiativgruppe vor, der folgendermaßen aussah und als Planungsraster diente:

Abb. 1: Qualifikations- und Beschäftigungskonzeption - Region Peine-Salzgitter

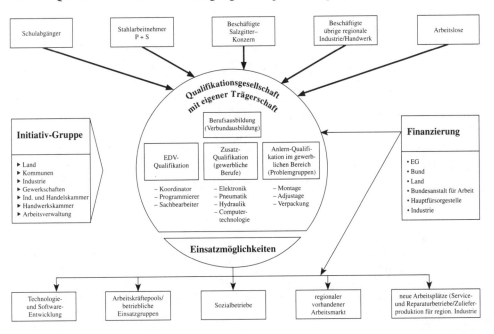

Eine Alternative, die sich ausdrücklich auf den ersten Entwurf bezog und ihn stärker unter dem Aspekt der Arbeitnehmerorientierung gestaltete, brachte die IG Metall Salzgitter wenig später ein (Abb. 2).

Beide Konzepte forderten einen verbundartig strukturierten eigenständigen Träger, der von verschiedenen Institutionen ausgebaut werden sollte mit der Zielvorgabe, die Beschäftigungssituation in der Region durch Weiterbildungsangebote zu verbessern. Auch hier wurde die Arbeitslosigkeit als gleichermaßen aktuelles und strukturelles Problem verstanden, das durch gezielte Planung sowie Entwicklung von Bildungs- und Qualifizierungsmaßnahmen positiv verändert werden könne, sei es durch eine Erweiterung der Produktionspalette vorhandener Betriebe, sei es durch Ansiedlung neuer Klein- und Mittelbetriebe aufgrund der marktgerecht qualifizierten potentiellen Mitarbeiter. Beides wurde dann auch im Verlauf der

Abb. 2: IG-Metall-Salzgitter - Änderungsvorschläge auf der Basis des P+S-Papiers vom 4.11.1987

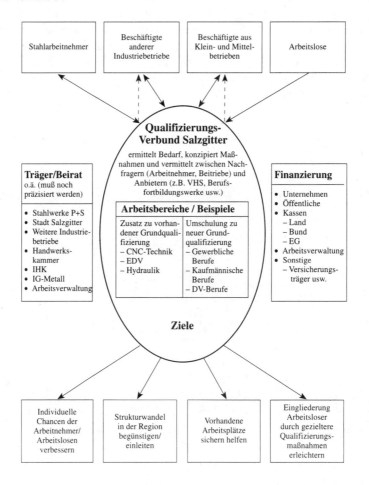

folgenden zwei Jahre tatsächlich erreicht. Das Ausmaß läßt zwar noch Wünsche offen, aber der Zusammenhang von Qualifikation und Wirtschaftsentwicklung ist offenkundig. Freilich muß sich diese Aussage, die für den relativ kurzen Zeitraum von gut zwei Jahren gilt, erst noch auf Dauer bewähren.

Die Ausgangssituation Ende 1987 zeigte sich in der Region Salzgitter so: Etwa 67 Prozent aller Beschäftigten arbeiteten im großindustriell produzierenden Gewerbe. Mit einer Arbeitslosenquote von knapp 16 Prozent lag die Region hierbei weit über dem Bundesdurchschnitt. Infolge der Krise der Stahlindustrie waren zunächst alternative Berufsmöglichkeiten nur in recht geringem Maße vorhanden. Vor allem fehlten Wachstumsbranchen. Da außerdem in den benachbarten Regionen Goslar und Peine sehr ähnliche Bedingungen herrschten, war eine Entlastung von ihnen nicht zu erwarten.

Erforderlich ist es, die wichtigsten Faktoren der Beschäftigungsentwicklung zu analysieren, um die wesentlichen Voraussetzungen für Qualifizierungsangebote zu erhalten. Dazu zählen:

- die genaue quantitative Erfassung der Beschäftigten und ihre Zugehörigkeit zu den verschiedenen Branchen
- die demographischen Entwicklungen in der Region
- die Bildungsvoraussetzungen der Absolventen der Schulen
- die beruflichen Qualifikationen der Beschäftigten
- der Zusammenhang zwischen mangelnden Qualifikationen und Arbeitslosigkeit
- die quantitativen Veränderungen in der Arbeitsplatzstruktur
- die qualitativen Veränderungen in der Arbeitsplatzstruktur
- Veränderungen innerhalb einzelner Betriebe wie Expansion, Abbau, Verlagerung
- Wechselwirkungen und Einflüsse durch die Nachbarregionen
- Entwicklungstendenzen in der Region und ganz allgemein (weltweit).

Die einzelnen Faktoren wurden untersucht und ihre Bedeutung für die Qualifizierungskonzepte herausgearbeitet. Schließlich wurde ein idealtypisches Strukturschema (Abb. 3) entwickelt, das den besonderen Bedingungen der Fort- und Weiterbildung in beruflicher, arbeitsmarktspezifischer, technologischer und gesellschaftlich-sozialer Hinsicht entsprechen und als Raster für die gesamte Planung dienen sollte.

Diese breite und gleichermaßen vom Qualifikations- und Bildungsanspruch bestimmte Planungskonzeption versucht also eine Integration von Teilnehmer- und Bedarfsorientierung. Im Unterschied zu vielen betrieblichen Ansätzen, wo das reine Qualifizierungsmoment vorherrscht und im Sinne eines on-the-Job-Trainings praktiziert wird, handelt es sich hier um den Versuch, Theorie und Praxis miteinander zu verknüpfen bei ganzheitlichem und arbeitsorientiertem Vorgehen mit dem Ziel, ein hohes Maß an Flexibilität und Transferfähigkeit zu erreichen. (Zur planerischen Bedeutung der beruflichen Weiterbildung verweise ich auf den Beitrag von Burkhard Lange in diesem Band.) Zu diesem Zweck wurde von einem Team unter der Leitung von Burkhard Fandrich ein Block-Modul-System (Abb. 4) geplant und entwickelt mit einer modularen Grundstruktur, wobei die einzelnen Module sich aus einer

224

Reihe von Lerneinheiten/Lernfeldern zusammensetzen. Die jeweiligen Lernfelder werden charakterisiert durch tätigkeitsbestimmte Merkmale und Anforderungen, qualifikationsbestimmte Merkmale und Anforderungen, technische Voraussetzungen sowie Bedingungen und umfassen die beabsichtigten Qualifikationen, Kenntnisse, Fertigkeiten und Einstellungen. Die Lernfelder/-einheiten werden in einer Datenbank erfaßt und können je nach Bedarf zu unterschiedlich strukturierten Modulen kombiniert werden, je nach Anforderungsbedarf und situativen Besonderheiten. Das Planungsschema für ein Curriculum zum Maschinensteuerungsfachmann sieht etwa folgendermaßen aus (Abb. 4).

Betrachten wir die Planung als ganzes, so hat das Konzept für Elektronik, Metalltechnik und Datenverarbeitung die folgende Struktur (Abb. 5).

Abb. 3:
Praxisorientierte
Fort- und
Weiterbildung

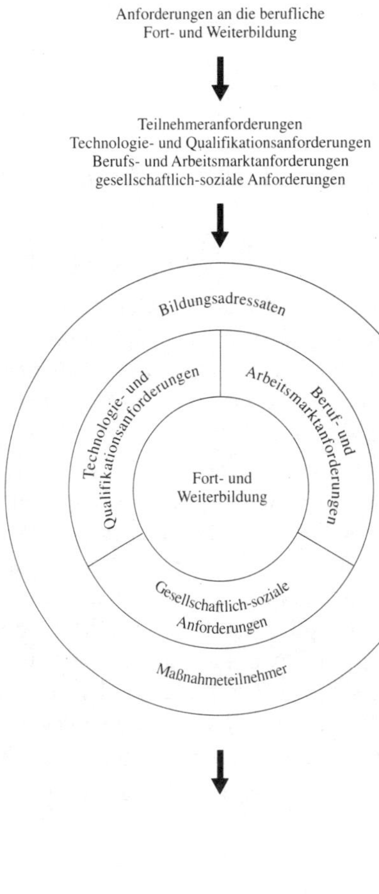

Abb. 4:
Planungsschema für ein
Curriculum zum Maschinen-
steuerungsfachmann

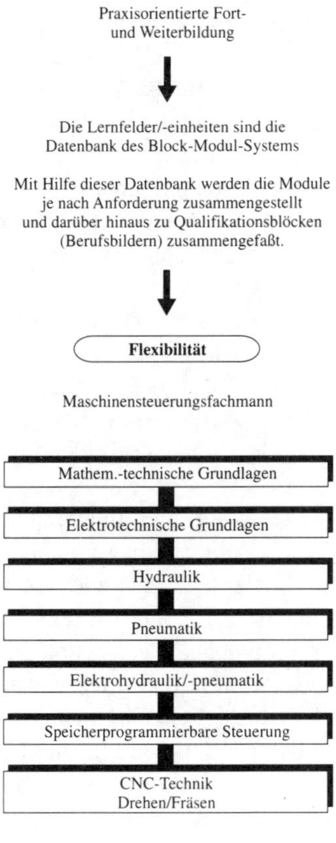

Abb. 5: Block-Modul-Sytem

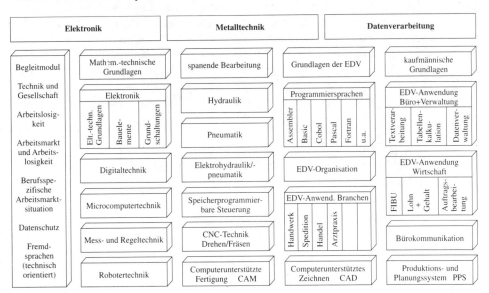

| Elektronik | Metalltechnik | Datenverarbeitung |

4. Die Kontaktstelle Qualifizierungsverbund Salzgitter

Unter I wurde die Entwicklung der Qualifizierungsberatung auf überregionaler (Bundes-)Ebene erörtert und der Beitrag der Region Salzgitter angedeutet. Im folgenden Abschnitt soll die Betonung hierbei auf den regionalen Faktoren liegen. Auch hier geht es um eine vielgestaltige Kooperation von Bildungsträgern mit teilweise umfangreichen und verschiedene Regionen umfassenden Angeboten der Weiterbildung und großer Erfahrung in diesem Felde. Das gilt für die Volkshochschule und das Bildungswerk Niedersächsischer Volkshochschulen ebenso wie für das Berufsfortbildungswerk des DGB, die Teutloff-Schule sowie die Oskar-Kämmer-Schule und für die Berufsschule.

Der Arbeitsplatzstruktur von Salzgitter entsprechend konzentrierten sich die Weiterbildungsangebote vor allem auf die Bereiche Metall, Elektrotechnik, Elektronik und Datenverarbeitung. Auch Lehrgänge zur Berufsvorbereitung und Erstausbildung - oft im Zusammenhang mit Benachteiligten-Programmen - gehören zum Angebot. Je exakter und durchschaubarer die curriculare Planung in diesen Feldern erfolgte, desto wahrscheinlicher wurde ihre Annahme und Effektivität. Allerdings darf sich die Planung in der Region mit der Ist-Lage nicht zufriedengeben. Im Raum Salzgitter ist es deshalb erforderlich, weitere Angebote zu entwickeln, um vor allem im tertiären Bereich zukunftsstabile Arbeitsplätze zu schaffen.

Weitere Bildungsträger bieten ebenfalls relevante Lehrgänge an. Zu ihnen gehören das in der Berufsweiterbildung besonders erfahrene Bildungswerk der Deutschen-Angestellten-Gewerkschaft oder das Bildungswerk der Niedersächsischen Wirtschaft.

Soweit zeichnet sich die Situation in der Region Salzgitter dadurch aus, daß fachlich kompetente Bildungsträger mit großer Erfahrung im gesamten Land und teilweise sogar in der Bundesrepublik in bestimmten Bereichen kooperieren. Dabei wird die notwendige Zielorientierung durch die Stadt Salzgitter und das Arbeitsamt Braunschweig im Dialog mit den Bildungsträgern erarbeitet. Zugleich werden Betriebe und Kammern an diesem Verfahren beteiligt, so daß die Notwendigkeit der Einbeziehungspraxis stets mitbedacht wird.

Das Schema zeigt die Angebote der vier wichtigsten Träger im Weiterbildungssektor in Salzgitter.

Es ist offenkundig, daß sich einige Angebote überschneiden. Die Kooperation zwischen den Trägern soll sichern, daß alle Angebote bedarfsorientiert erfolgen und daß durch Abstimmung im curricularen Bereich eine anspruchsvolle Qualität erreicht wird.

Angebot der Bildungsträger in Salzgitter

Bildungsträger Art des Bildungsange- botes	Berufsbildungswerk des DGB	Oskar-Kämmer- Schule	Teutloff Schule	Nieders. VHS in Kooperation mit VHS Salzgitter
Ausbildung/ Umschulung	Industriemechaniker/ -in (Betriebstechnik) Zerspanungsmecha- niker/-in Kommunikations- elektroniker/-in (Informationstechnik und Funktechnik) Koch/Köchin Restaurantfachmann/- frau	Industriemechaniker/ -in (Betriebstechnik) DV-Kaufmann/-frau	Industriemechaniker/ -in Betriebsschlosser/-in Tischler/-in	Betriebsschlosser/ -in Zerspanungsmecha- niker/-in (CNC) Landschaftsgärtner/ -in; Fachgehilfe/-in im Gastgewerbe Maler/Lackierer/-in
Fortbildungen/ Anpassungen (Vollzeit)	Steuerungsfachmann (Wartung/Elektronik) Automatisierungs- technik	Betriebswirt (Informatik) PC-Fachkraft Systemberater Neue Technologien	Übungswerkstatt - Metall - Holz CNC-Anlagen- techniker Kunststofftechniker	Übungswerkstatt Bau Steuerungsfachmann CNC CNC-Facharbeiter PC-Anwendung
Fortbildungen/ Anpassungen (Berufsbe- gleitend)	Elektronik-Pässe nach Heinz Piest (I - III) Mikroprozessor- technik; SPS Schweißen (E, G, SG, MAG)	Industriemechaniker CIM-Fachkraft PC-Fachkraft	CNC-Anlagen- techniker Kunststofftechniker	div. Anwenderpässe in kaufmännischen und technischen Be- reichen (EDV; CNC) s. a. VHS-Programm Berufliche Bildung

Einige Angebote werden bei allen Trägern überregional ergänzt (z. B. in Einrichtungen in Braunschweig).

Die Kontaktstelle des Qualifizierungsverbundes Salzgitter trägt dazu bei, indem in enger Abstimmung mit Bildungsträgern Betrieben, Kammern, Kommune, Gewerkschaften und Arbeitsverwaltung die regional nachgefragten Qualifikationsanforderungen zusammengestellt und mit den vorhandenen Profilen verglichen werden. Wenn auch gegenwärtig die gewerblichen Aspekte dominieren, so zeigt die Entwicklung der letzten beiden Jahre doch schon eine erkennbare Veränderung in Richtung auf Ausweitung der Angebote für den Dienstleistungssektor. Dies ist ein bedeutsamer Aspekt, weil sich damit der Beginn einer strukturellen Änderung abzuzeichnen beginnt: die Modernisierung der regionalen Wirtschaftsstruktur durch Ausbau des bisher eher vernachlässigten tertiären Sektors. Die Einseitigkeit der Vergangenheit erfährt so eine gewisse Korrektur, die freilich nur dann zum Erfolg führt, wenn neben dem politischen Willen eine genaue Planung der Kooperation bei der Entwicklung der Bildungsangebote und der Bildungsberatung erfolgt und die jeweiligen Kompetenzen funktionsgerecht und praktikabel verteilt werden.

Insofern hat die Kontaktstelle Qualifizierungsverbund Salzgitter eine umfassende und die Gesamtregion betreffende Aufgabe, die über die Optimierung der Weiterbildungsangebote ganz sicher hinausgeht. Neben der Feststellung des Qualifikationsbedarfs, der Koordination der Bildungsmaßnahmen, der Förderung der Kooperation zwischen Betrieben, Bildungsträgern, Kommune, Kammern und Arbeitsverwaltung gehört auch die Innovation zu ihren Aufgaben. Letztlich soll sie erreichen, daß die Weiterbildungsträger die Wirtschaftskraft der Region erhöhen, indem sie den Faktor Arbeitskraft durch Qualifizierungsmaßnahmen verbessern und dies auch bezogen auf die soziale und kommunikative Kompetenz des Bildungsnachfragers leisten. Dieser letzte Aspekt wird allerdings noch immer unterschiedlich gewertet und bei einzelnen Weiterbildungsträgern als weniger wichtig eingestuft.

In der Zeit der praktischen Arbeit werden vor allem folgende Schwerpunkte gesetzt: Arbeitsmarktanalyse; Sammlung, Systematisierung und Verfügbarmachen aller relevanten Daten im curricularen Kontext der Bildungsmaßnahmen; Vermittlung der Informationen an alle beteiligten Institutionen und Beratung von Anbietern, Abnehmern und Weiterbildungsinteressierten.

5. Zusammenfassung

Weiterbildungsberatung und institutionelle Kooperation sind zwei wichtige Teilaspekte zur Optimierung der Qualifikationsvoraussetzungen in den einzelnen Regionen und zur Verbesserung der Chancen für die Gewinnung neuer Betriebe und die Modernisierung der vorhandenen im Bereich der Mitarbeiter und damit in dem des Humankapitals. Gerade weil die Bundesrepublik Deutschland ein rohstoffarmes Land ist, erscheint die bestmögliche Förderung der Ressource Mensch auf allen Ebenen - und nicht nur auf der des Top-Managements - dringend erforderlich. Dadurch wird nicht nur die Konkurrenzsituation für deutsche Produkte verbessert, sondern auch ein wichtiger Beitrag geleistet zu einer besseren strukturellen Ausgewogenheit zwischen Ballungs- und offenen Siedlungsräumen einerseits sowie einer größeren sozialen Gerechtigkeit. Letzteres läßt sich allerdings am Beispiel der Region Salzgitter nur in bezug auf einen geringfügigen Rückgang der Arbeitslosigkeit feststellen. Sie fiel von 16,2 % im Jahre 1987 auf 11,1 % in 1990. Durch die arbeitsmarkto-rientierten Planungen im Weiterbildungsbereich war es möglich, ein Zweigwerk eines Großbetriebes nach Salzgitter zu holen und durch Ausbau des tertiären Sektors eine bessere Arbeitsplatzstruktur zu erreichen. Dennoch schlägt die günstige wirtschaftliche Gesamtent-wicklung in der Bundesrepublik mit einem geschätzte Anteil von etwa 3 % der regionalen Verbesserung der Arbeitslosensituation in der Region stärker durch als der vorwiegend durch Weiterbildungsmaßnahmen erzielte Abbau um etwa 2 %.

Literatur

Bildungswerk Nds. Volkshochschulen: Das Block-Modul-System (BMS), Hannover 1990

Braun, J./Fischer, L.: Bedarfsorientierte Beratung in der Weiterbildung, München 1984

Bundesinstitut für Berufsbildung (Hrsg.): BIBB Workshop, Weiterbildungsinformationssysteme, Berlin 1988

Bundesministerium für Bildung und Wissenschaft (Hrsg.): Der Ausbildungsverbund, Bonn 1985

Deutscher Volkshochschulverband (PAS): Kooperationsfelder und Kooperationsprobleme der VHS, Frankfurt/M. 1989

Fandrich, B.: Das Block-Modul-System der Niedersächsischen Volkshochschule e.V., in: Projekt Kursleiterfortbildung, Handreichung für Kursleiter, Bd. 3, Landesverband der Volkshochschulen Niedersachsen e.V., Hannover 1988

Fuchs-Brüninghoff, E. (Hrsg.): Elementarbildung-Beratung-Fortbildung, Frankfurt/M. 1989

Göbel, U./Schlaffke, W. (Hrsg.): Weiterbildung als Produktionsfaktor, Köln 1987

Görs, D./Voigt, W.: Neue Technologien, Lernen und berufliche Weiterbildung, Bremen 1989

Kejcz, J.: Weiterbildungsberatung, Heidelberg 1988

Kramer, B.: Behalten und Behaltensförderung bei Erwachsenen in der beruflichen Weiterbildung, Köln/Wien 1982

Koch, J./Kraak, P./Schneider, J.: Weiterbildungsdatenbank schafft Grundlagen zur Qualifizierungsbe-ratung, in: Technische Innovation und Berufliche Bildung 2/89

Koch, P.H.: Qualifizierte Helferkurse im gewerblich-technischen Bereich für lese- und schreibschwa-che Langzeitarbeitslose, Hannover 1989 (Hrsg. Nds. Volkshochschule)

Kramer, H.: Weiterbildungsinformationssysteme, ein Beitrag, in: Berufsbildung in Wissenschaft und Praxis 3/1989

Schlaffke, W./Vogel, O. (Hrsg.): Industriegesellschaft und technologische Herausforderung, Köln 1981

Schlaffke, W./Weiß, R. (Hrsg.): Tendenzen betrieblicher Weiterbildung, Köln 1990

Weber, W. (Hrsg.): Betriebliche Aus- und Weiterbildung, München/Zürich 1985

Wolf, B.: Überlegungen und Vorschläge zur Weiterbildung und Qualifizierung in Salzgitter, Salzgitter 1988

Zentralverband Elektrotechnik und Elektronikindustrie (Hrsg.): Leitfaden zur Ermittlung des Qualifikations- und Qualifizierungsbedarfs, Frankfurt/M. 1989

CHRISTIANE SCHIERSMANN / HEINZ-ULRICH THIEL

Weiterbildungsberatung als Beitrag zur Regionalentwicklung

Im folgenden wird zunächst erläutert, daß Weiterbildungsberatung gegenwärtig aus verschiedenen, sich einander ergänzenden Gründen nachhaltig an Bedeutung gewinnt. Hervorgehoben werden aus diesem Faktorenbündel der immer rascher werdende technologisch-arbeitsorganisatorische Wandel, die Veränderung von Berufsbiographien sowie die Ausdifferenzierung des Weiterbildungssektors selbst. Im Kontrast zu der daraus resultierenden Notwendigkeit von Weiterbildungsberatung steht der bislang verschwindend geringe Ausbaugrad entsprechender Einrichtungen. Vor diesem Hintergrund wird das Konzept regionalbezogener Weiterbildungsberatungsstellen einschließlich der erforderlichen Rahmenbedingungen skizziert. Diesem Vorschlag liegt die Überlegung zugrunde, daß erst eine auf die jeweilige Regionalstruktur bezogene Weiterbildungsberatung in der Lage sein kann, Weiterbildungsinteressen und Weiterbildungsangebote optimal zu koordinieren und sowohl bestehende Defizite als auch Potentiale im Hinblick auf Weiterbildung zu erschließen. Eine Weiterbildungsberatungsstelle, die zur Vernetzung der Interessen und Belange unterschiedlicher Zielgruppen bzw. Institutionen einer Region in der Lage ist, leistet damit einen Beitrag zur Förderung des Entwicklungspotentials eines abgegrenzten Wirtschafts- und Sozialraumes.

1. Wachsende Bedeutung von Weiterbildungsberatung

U.E. lassen sich zumindest drei zentrale Begründungen für einen nachhaltigen Ausbau des bislang sehr spärlich entwickelten Weiterbildungsberatungsangebots anführen:

a) Technologisch-arbeitsorganisatorischer Wandel

Eine wesentliche Ursache für die zunehmende Relevanz sowie die gestiegene Wertschätzung beruflicher Weiterbildung ist im raschen arbeitsorganisatorisch-technischen Wandel der Arbeitswelt zu suchen. Die Veränderungsprozesse, die in erster Linie durch den verstärkten Einsatz neuer Technologien ausgelöst worden sind, erfordern eine Aktualisierung bzw. Erweiterung der Qualifikationen. Dabei geht es allerdings nur zum Teil um die Aneignung von Bedienungswissen für den Umgang mit neuen Geräten. Insbesondere in den Bereichen, in denen der Einsatz neuer Technologien eher arbeitsunterstützenden als arbeitssubstituierenden Charakter hat, behalten berufsfachliche Kompetenzen einen zentralen Stellenwert. Außerdem gewinnen berufsfeldübergreifende, in letzter Zeit häufig als "Schlüsselqualifikationen" etikettierte Fähigkeiten wie Kommunikation und Kooperation, analytisches und systemisches Denken, Kreativität und Flexibilität an Bedeutung.

In diesem Kontext setzt sich in den Betrieben allmählich die Einsicht durch, daß die konkrete Ermittlung des Weiterbildungsbedarfs und eine mittelfristige Planung der Weiterbildung eine notwendige Voraussetzung für den produktiven Einsatz neuer Technologien sowie für erfolgversprechende Veränderungen der Arbeitsorganisation und der Interaktions-strukturen in den Betrieben darstellen. Großbetriebe sind aufgrund der dort in der Regel bereits vorhandenen Weiterbildungsabteilungen zumindest im Prinzip in der Lage, die notwendigen Analysen selbst durchzuführen und den ermittelten Bedarf teilweise durch betriebsinterne Weiterbildungsangebote zu decken. Klein- und Mittelbetriebe verfügen in der Regel über keine personellen Ressourcen, um den Weiterbildungsbedarf zu erheben und eine differenzierte Weiterbildungsplanung zu betreiben (vgl. v. Bardeleben/Gnahs 1988). Sie sind zudem in stärkerem Maße als Großbetriebe auf die Nutzung über- bzw. außerbetrieblicher Weiterbildungsangebote angewiesen.

Auch aus Sicht der betroffenen Individuen wird deutlich, daß Weiterbildung für die Absicherung beruflicher Perspektiven bzw. für einen beruflichen Aufstieg immer stärkere Bedeutung gewinnt, ohne daß dabei ein hohes Allgemeinbildungsniveau oder die Erstausbil-dung in den Hintergrund träten: Letztere sind inzwischen immer notwendigere, aber keineswegs mehr hinreichende Voraussetzungen für eine erfolgreiche, d. h. sozial abgesicher-te Berufsbiographie. Die geeigneten Weiterbildungsangebote aufzuspüren setzt aber bereits eine differenzierte Kenntnis der Bildungslandschaft voraus, die nicht immer gegeben ist.

Die technologisch-arbeitsorganisatorischen Veränderungen erzeugen nicht nur einen er-höhten Qualifikationsbedarf auf der einen Seite, sondern setzen auf der anderen Seite in erhöhtem Umfang auch Arbeitskräfte frei. Gerade Arbeitslose bzw. von Arbeitslosigkeit Bedrohte, bei denen es sich zum großen Teil um gering qualifizierte Gruppen handelt, sind auf die kompensatorische und präventive Funktion von Weiterbildung angewiesen.

b) Veränderte Berufsbiographien und Lebensplanungen

Auch die Veränderung der Lebensplanungen führt zu einem erhöhten Stellenwert von Weiterbildung und darauf bezogener Beratung. Dies läßt sich besonders gut am Beispiel der Entwicklung der Berufsbiographien von Frauen illustrieren: Die Lebenssituation von Frauen ist gegenwärtig durch den Widerspruch gekennzeichnet, daß auf der einen Seite das Bild der erwerbstätigen, unabhängigen Frau an Bedeutung gewinnt, auf der anderen Seite jedoch die gesellschaftliche Zuweisung der Familienaufgaben an Frauen sowie die individuelle Über-nahme der Verantwortung für diesen Bereich durch die Frauen nahezu ungebrochen ist. Angesichts dieser Situation sowie der unzureichenden öffentlichen Angebote zur Kinderbe-treuung unterbricht trotz steigender Erwerbsorientierung nahezu die Hälfte aller erwerbstä-tigen Frauen ihre Berufstätigkeit. Nach einer familienbedingten Erwerbsunterbrechung möchten jedoch immer mehr Frauen ins Berufsleben zurückkehren. Außerdem verkürzen sich die Unterbrechungszeiten. In diesem Kontext kann eine Beratung hilfreich sein, die sich sowohl auf die Auswahl geeigneter Weiterbildungsmaßnahmen bezieht, als auch eine umfassendere Bildungs- und Sozialberatung anbietet, da die betroffenen Frauen häufig ihren gesamten Lebensalltag neu gestalten müssen, in bezug auf ihre Lernfähigkeit verunsichert sind und oft nicht wissen, welche finanziellen und materiellen Förderungen sie in Anspruch nehmen können.

c) Differenzierung des Weiterbildungsbereichs

Der Weiterbildungsbereich ist in den letzten Jahren nicht nur quantitativ weiter ausgebaut worden, es hat sich im Zuge dieser Entwicklung die traditionell plurale Struktur der Weiterbildungseinrichtungen und -träger weiter ausdifferenziert. Insbesondere durch den Ausbau kommerzieller Einrichtungen hat sich der Marktcharakter von Weiterbildung verstärkt. Damit ist die Transparenz für die Nachfrager/-innen zusätzlich erschwert. Es ist nicht nur äußerst schwierig, das für die individuelle Situation maßgeschneiderte Angebot im regionalen Umfeld ausfindig zu machen. Vielmehr müssen auch die Seriosität und Qualität eines Angebots geprüft, Kosten-Nutzen-Erwägungen angestellt und die konkrete Verwertbarkeit beurteilt werden. Dies wird ohne eine professionell gestaltete Bildungsberatung in Zukunft immer schwieriger.

2. Zum Entwicklungsstand von Weiterbildungsberatung

Die Forderung nach Institutionalisierung von Informations- und Beratungsangeboten als zentrale Voraussetzung für die Realisierung lebenslanger Lernprozesse wird seit Jahrzehnten im nationalen sowie internationalen Raum erhoben (vgl. UNESCO-Kommission 1973, S. 32). Dennoch wird gleichermaßen bis heute ein gravierendes Defizit an Beratungspraxis sowie an reflexiver Beschäftigung mit dieser Thematik beklagt. Aurin hat schon 1966 (S. 139) die Erwachsenenbildung in der Bundesrepublik als Beratungsnotstandsgebiet "par excellence" charakterisiert. Diese Einschätzung besitzt heute nahezu die gleiche Gültigkeit.

Beratung zählt bislang kaum zum zentralen Aufgabenverständnis von Mitarbeitern bzw. Mitarbeiterinnen der Erwachsenenbildung. Findet sie statt, so beschränkt sie sich zumeist auf das Angebot der eigenen Institution. Auch Arbeitsämter beraten über Möglichkeiten der beruflichen Weiterbildung, insbesondere in bezug auf das Arbeitsförderungsgesetz. Da Weiterbildungsberatung jedoch nur einen Teilbereich innerhalb der Aufgabenvielfalt des Arbeitsamtes darstellt und da die personellen Ressourcen begrenzt sind, wird die vom Arbeitsamt geleistete Beratung jedoch vielfach als unzureichend beurteilt (vgl. Bujok 1988). Schließlich beraten auch Kammern, Wirtschaftsverbände oder ähnliche Einrichtungen im Rahmen ihrer jeweiligen Aufgabenstellung. Das gravierende Defizit bezieht sich in erster Linie auf eine offen zugängliche, trägerunabhängige Beratung.

Eine erste Phase gesteigerten Interesses für Weiterbildungsberatung zeichnete sich in den 70er Jahren ab. Dieses stand in engem Zusammenhang mit der Bildungsreformdiskussion und den Initiativen zur Verbesserung der Chancengleichheit. Zwei bildungspolitisch zentrale Gutachten der 70er Jahre, der Strukturplan Weiterbildung (vgl. Arbeitskreis Strukturplan 1975, S. 62) und das Gutachten der Kommunalen Gemeinschaftsstelle für Verwaltungvereinfachung (1973, S.35 ff.), forderten die Einrichtung von Beratungsstellen als konstitutives Element lebenslangen Lernens, denen neben der Information und Beratung von Interessenten auch eine systemstabilisierende Funktion zugeschrieben wurde (vgl. Keim u. a. 1973). Sie sollten die Kooperation von Bildungsforschung, -planung und -politik fördern. Dieser systembezogene Aspekt hat sich bislang jedoch nicht durchgesetzt.

Eine gewisse Initialzündung kann der vom Bundesministerium für Bildung und Wissenschaft initiierten Modellversuchsreihe zur Einrichtung von Beratungsstellen (vgl. Braun/Fischer 1984) zugesprochen werden, die sich vorrangig an Arbeitslose wandte. Sie wurden jedoch erst zu dem Zeitpunkt initiiert, zu dem die wachsende Arbeitslosigkeit sich als gravierendes gesellschaftspolitisches Problem erwies. Die Erfolge der Modellmaßnahmen führten zur Absicherung bzw. Neu-Errichtung einzelner Beratungsstellen.

Kejcz (1988) hat in ihrer Analyse vorhandener Beratungseinrichtungen drei unterschiedliche Typen herausgearbeitet, die sich weniger in ihrem Selbstverständnis als vielmehr im Hinblick auf ihren Institutionalisierungsgrad unterscheiden. Alle drei Typen erheben den Anspruch, über eine 'en passant' erfolgende Beratung hinauszugehen.

Der erste Typ, der sich durch den geringsten Institutionalisierungsgrad auszeichnet, nimmt Beratung als Teilaufgabe innerhalb einer Institution wahr (vgl. Kejcz 1988, S. 52 ff.). Diese Beratungsstellen zeichnen sich dadurch aus, daß sie die Bildungsinteressierten bei der Suche nach einem geeigneten Angebot oder der Entscheidung für einen bestimmten Bildungsweg unterstützen. Da es sich um Teilaufgaben hauptberuflicher Mitarbeiter/-innen handelt, ist intensive Öffentlichkeitsarbeit im Interesse der Erschließung zusätzlicher Zielgruppen kaum möglich. Dies hat zur Folge, daß nur diejenigen beraten werden können, die selbst den Zugang zu diesen Stellen finden, d. h. überwiegend bildungserfahrene Bevölkerungsgruppen.

Ein zweiter Typ von Beratungsstellen versteht sich als Teil des kommunalen Angebots im Sinne der allgemeinen Daseinsvorsorge. Der Aufgabenschwerpunkt liegt auch hier bei der Individualberatung (vgl. Kejcz 1988, S. 74 ff.). Allerdings zeichnen sich diese Beratungsstellen, die in der Regel mit zwei Beratern bzw. Beraterinnen und einer (häufig teilzeitbeschäftigten) Verwaltungskraft arbeiten, dadurch aus, daß sie neben der Weiterbildungsberatung häufig auch andere Tätigkeiten wie allgemeine Sozialberatung, Arbeitslosenberatung etc. übernehmen. Eine Kooperation mit anderen Weiterbildungseinrichtungen zur Informationsbeschaffung sowie mit anderen Beratungsdiensten gehört zum Arbeitsalltag und verläuft - von Ausnahmen abgesehen - in der Regel unproblematisch. Auch diese Beratungsstellen werden in der Regel überwiegend von Personen mit höherem Bildungsniveau in Anspruch genommen.

Das Selbstverständnis eines dritten Typs geht über das der beiden anderen insofern hinaus, als das Ziel nicht nur darin gesehen wird, Ratsuchende bei der Entscheidung für ein bestimmtes Weiterbildungsangebot zu unterstützen, sondern außerdem eine entwickelnde Funktion im gesamten Weiterbildungssektor auszuüben (vgl. Kejz 1988, S.105 ff.). Da diese Beratungstellen es sich explizit zum Ziel gesetzt haben, die Bildungsbeteiligung zu erhöhen, betreiben sie intensive Zielgruppenwerbung. Die kontinuierliche Ermittlung des Weiterbildungsbedarfs im Kontext der ebenfalls gut ausgebauten Kooperation mit anderen Weiterbildungseinrichtungen und Beratungsdiensten gehört zu den zentralen Aufgaben dieser Stellen. Als Voraussetzung für die positiven Erfahrungen mit diesen Stellen hat sich die institutionelle Unabhängigkeit der Beratungsstellen erwiesen.

Nachdem im Anschluß an die erwähnte Modellversuchsreihe das breite öffentliche Engagement für Weiterbildungsberatung wieder versickerte - was sich auch in der Nichtbeachtung dieser Thematik durch die Wissenschaft niederschlug -, zeigt sich gegenwärtig ein erneut auflebendes Interesse, das aus den weiter oben erläuterten Begründungszusammenhängen zu erklären ist. Auffällig ist, daß bei der gegenwärtigen Diskussion die bildungsreformerische Zielsetzung in den Hintergrund tritt und der Aspekt der Orientierungshilfe für einen komplizierter werdenden Markt betont wird. Zugleich werden stärker als früher Betriebe angesprochen.

Ein zentrales Beispiel dieser neu akzentuierten Weiterbildungsberatung, die bei Kejcz (1988) noch keine Erwähnung findet, aber wohl als vierter Typ zu charakterisieren wäre, stellt eine wiederum vom Bundesministerium für Bildung und Wissenschaft initiierte Modellversuchsreihe dar, die Qualifizierungsberatung von Klein- und Mittelbetrieben zum Ziel hat (vgl. Kraak 1989, S. 26). Ausgangspunkt für diese Modellversuchsreihe war die Tatsache, daß Klein- und Mittelbetriebe angesichts der dafür nicht vorhandenen personellen Ressourcen nicht in der Lage sind, ihren Qualifizierungsbedarf systematisch und kontinuierlich zu ermitteln. Kann der Bedarf nicht präzise formuliert werden - so die weitere Überlegung -, ist angesichts der Marktmechanismen auch das erforderliche Angebot unterentwickelt (vgl. Koch/Kraak 1989, S. 6). Die Aufgabe der Qualifizierungsberatung besteht darin, Betriebe bei der Behebung von Qualifikationsdefiziten durch Weiterbildung zu unterstützen. Sie geht dabei zum Teil über in eine allgemeine Technologie- und Unternehmensberatung.

3.   Zur Konzeption regionalbezogener trägerunabhängiger Beratungsstellen[1])

Faßt man die - wenigen - vorliegenden Erfahrungen mit Beratungseinrichtungen zusammen und fragt, wie derartige Angebote gestaltet sein müssen, um einen optimalen Beitrag zur Regionalentwicklung zu leisten, so wird deutlich, daß dabei folgende Zielgruppen bzw. Institutionen angesprochen und miteinander vernetzt werden müssen (s. Abb. 1):

- ratsuchende Bürger/-innen bzw. spezifische Zielgruppen,
- Weiterbildungseinrichtungen,
- andere Beratungsdienste,
- die Wirtschaft einschließlich Arbeitgeber/-innen und Arbeitnehmer/-innenvertretungen und berufsbezogene Verbände im sozial-räumlichen Umfeld.

Eine diese unterschiedlichen Einrichtungen bzw. Adressatengruppen miteinander verknüpfende Einrichtung dürfte das wesentliche bildungsrelevante Einfluß- und Aktionsnetz einer Region erfassen. Die Aufgabe derartiger Beratungsstellen bestünde darin, den Weiterbildungsbedarf zu ermitteln und endogene Weiterbildungsbedürfnisse und -potentiale zu wecken, das Angebot transparent zu machen, unter Strukturgesichtspunkten zu analysieren und aufzubereiten, im Hinblick auf artikulierbaren Bedarf weiterzuentwickeln und insbesondere die unterschiedlichen Aktivitäten und Institutionen miteinander zu verzahnen. Die im folgenden näher erläuterten Aspekte stellen zentrale Aufgabenbereiche und Zielperspektiven einer regionalen Weiterbildungsberatungsstelle dar.

---

1) Vgl. hierzu auch die Beiträge von Edding/Kramer und Ruprecht in diesem Band.

3.1 Weiterbildungsberatung als Unterstützung ratsuchender Individuen

Beratung kann im Sinne der Orientierungs- und Entscheidungshilfe durch das Aufzeigen geeigneter Weiterbildungsangebote persönliche und berufliche Entwicklungsmöglichkeiten unterstützen. Zu den Zielen bzw. Inhalten einer individuellen bzw. in Kleingruppen durchgeführten Beratung zählen

- die Herstellung von Transparenz angesichts des undurchsichtigen Angebots durch differenzierte Informationen über allgemeine, schulabschlußbezogene und berufliche Weiterbildungsangebote der in der Region vertretenen Weiterbildungseinrichtungen unter Einbezug der regionalen Arbeitsmarktsituation,

Kooperationspartner der regionalen Weiterbildungsberatung

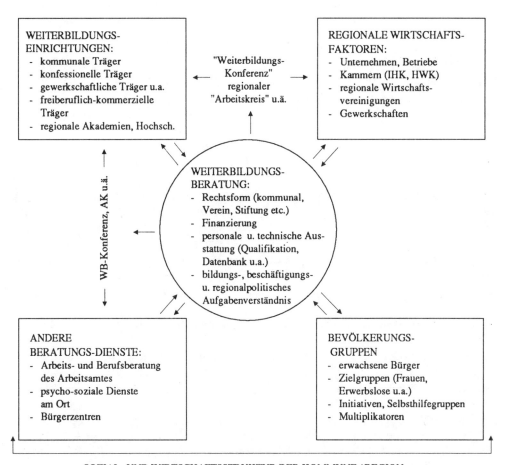

SOZIAL- UND WIRTSCHAFTSSTRUKTUR DER KOMMUNE / REGION

- die Klärung der Motive für die Beteiligung an Weiterbildung und die Einbeziehung der persönlichen Lebenssituation der Ratsuchenden (z. B. spezifische Auswirkungen von Arbeitslosigkeit oder der phasenweisen Konzentration auf Familienaufgaben),
- Informationen über organisatorische und finanzielle Rahmenbedingungen zur Realisierung von Weiterbildungsinteressen (z. B. Teilnahmevoraussetzungen und -bedingungen, finanzielle Fördermöglichkeiten).

Neben der Orientierungs- und Entscheidungshilfe zählt die Lernberatung im engeren Sinne zum Aufgabenfeld einer individuumsbezogenen Beratung. Vorliegenden Erfahrungen zufolge beziehen sich individuelle Lernschwierigkeiten zum einen auf lernmethodische Probleme, die z. B. aus der inhaltlichen Aufgabenstellung oder dem persönlichen Arbeitsverhalten (z. B. Konzentrationsschwierigkeiten) resultieren. Zum anderen können affektiv-dynamische Verhaltensprobleme, z. B. Lernangst, sowie gruppendynamische Problemlagen den Lernerfolg nachhaltig beeinträchtigen (vgl. Krüger 1984, S. 267). Da Art und Ursachen von persönlichen Lernproblemen sehr unterschiedlich sein können, muß auch eine darauf bezogene Lernberatung methodisch sehr differenziert gestaltet werden, um in den unterschiedlichen Fällen sowohl problembewältigend als auch präventiv-diagnostisch arbeiten zu können.

Eine wissenschaftlich fundierte und ausgearbeitete Konzeption liegt bislang weder für die Orientierungs- noch für die Lernberatung vor. Wenngleich sich gegenwärtig fast alle Bevölkerungsgruppen mit der verstärkten Notwendigkeit zur Teilnahme an beruflicher Weiterbildung konfrontiert sehen, so ist doch die Gefahr zu betonen, daß die Weiterbildungsberatung für den Fall, daß es ihr lediglich gelingt, bereits interessierte Bürger/-innen anzusprechen, soziale Selektivität der Weiterbildungsbeteiligung eher zementiert als aufbricht.

Um einen möglichst breiten Kreis von Zielgruppen ansprechen zu können, muß eine regionalbezogene Beratungsstelle der Bildungswerbung, der Öffentlichkeitsarbeit und der Zielgruppenansprache breiten Raum gewähren. Eher bildungsungewohnte Zielgruppen lassen sich am ehesten mit Handzetteln, Plakaten, Rundschreiben, Artikeln in Tageszeitungen, Ausstellungen auf Messen, Radiosendungen oder durch die persönliche Ansprache von Multiplikatoren erreichen (vgl. Pressel 1989, S. 75 f.).

3.2 Kooperation mit anderen Weiterbildungseinrichtungen

Im Unterschied zu anderen psycho-sozialen Beratungseinrichtungen müssen sich Weiterbildungsberatungsstellen ihre Informationen, die sie an die Ratsuchenden weitergeben wollen, erst selbst beschaffen und vor allem ständig aktualisieren. Angesichts der Heterogenität des Weiterbildungsbereiches setzt dies eine intensive Zusammenarbeit mit den regionalen Weiterbildungsinstitutionen voraus. Zur Erleichterung der Datenbeschaffung dürften die in letzter Zeit in zunehmendem Maße entstehenden Datenbanken beitragen (Näheres dazu im Beitrag von Edding/Kramer). Einschränkend ist allerdings anzumerken, daß sich die im Aufbau begriffenen Datenbanken vermutlich in den seltensten Fällen an einem solchen

Kriterium der Region orientieren dürften, wie es für die hier konzipierten Beratungsstellen zugrunde gelegt wird.

Die auch unabhängig von bereits bestehenden Datenbanken notwendige Kooperation mit den regionalen Weiterbildungseinrichtungen fördert zugleich den Erfahrungsaustausch und ermöglicht eine verbesserte Übersicht und Vergleichbarkeit des vorliegenden Angebots auch für die kooperierenden Institutionen. Da den vorliegenden Erfahrungen zufolge von Ratsuchenden immer wieder Weiterbildungsinteressen artikuliert werden, die durch das vorhandene Angebot nicht abgedeckt werden können, kann durch die Zusammenarbeit zwischen Beratungsstelle und Weiterbildungseinrichtungen auch eine verbesserte empirische Ermittlung von regionalen Defiziten auf der Angebotsseite erreicht werden. Dies betrifft sowohl inhaltlich-thematische, didaktisch-methodische als auch zeitlich-organisatorische Aspekte der Gestaltung des Weiterbildungsangebots.

Die enge Zusammenarbeit zwischen unterschiedlichen Weiterbildungseinrichtungen gehört bislang keineswegs zur Selbstverständlichkeit im Weiterbildungsalltag. Um diese zu erreichen und Vorbehalte der Weiterbildungsinstitutionen gegenüber dem Nutzen und der Effektivität der Beratungsstellen gering zu halten bzw. abzubauen, ist es notwendig, daß die Mitarbeiter/-innen von Beratungsstellen nicht nur Erwartungen bei den Weiterbildungseinrichtungen erzeugen, sondern ihrerseits für die Einrichtungen weiterführende und produktive Anregungen geben können. Es hat sich gezeigt, daß Weiterbildungseinrichtungen gerade bei der Vorbereitung und Gestaltung innovativer, durch die Kooperation angeregter Weiterbildungsangebote ein hohes Engagement seitens der Beratungsstellen erwarten, was diese angesichts einer hohen Arbeitsbelastung nicht immer im gewünschten Umfang realisieren können (vgl. Kejcz 1988, S. 95 ff.).

Werden allerdings durch die Weiterbildungsberatungsstellen neue Zielgruppen angesprochen und damit auch potentielle Teilnehmer/-innen für die Weiterbildungseinrichtungen gewonnen, so können die Beratungsstellen im positiven Fall auch einen geeigneten Werbeträger für das Angebot der Weiterbildungsinstitutionen darstellen.

Eine weiterführende Aufgabe in der Zusammenarbeit zwischen Beratungsstelle und Weiterbildungseinrichtungen bestände darin, trägerübergreifende Qualitätsstandards zu entwickeln, die auch in den Beratungsprozeß einfließen.

Insgesamt kann die gezielte Zusammenarbeit einen innovativen Beitrag zur regionalen Bildungsplanung leisten. Dies betrifft z. B. Versuche, durch Absprachen und Abstimmungsprozesse zwischen den Einrichtungen zu einer verbesserten Ausnutzung vorhandener Kapazitäten und Angebote beizutragen, ohne allerdings das spezifische Profil und die Autonomie der einzelnen Einrichtungen zu tangieren. Als bereits erfolgreich haben sich derartige Abstimmungsprozesse insbesondere bei Angeboten zur Vermittlung von Kenntnissen über neue Technologien erwiesen. Die Zusammenarbeit wurde hier u. a. durch die Tatsache gefördert, daß die hohen Anschaffungskosten von kleineren Einrichtungen nicht getragen werden konnten und dadurch ein sehr praktisches Interesse an der Kooperation entstand (vgl. Kejcz 1988, S. 130 f.).

3.3   Beratung des Wirtschaftsbereichs

Angesichts des raschen technologisch-arbeitsorganisatorischen Wandels als einem wesentlichen Grund für die steigende Bedeutung von Weiterbildung und Weiterbildungsberatung liegt es nahe, daß die Wirtschaft einen zentralen Adressaten der Aktivitäten von Weiterbildungsberatungsstellen darstellt. Die Zusammenarbeit mit dem Wirtschaftsbereich kann insbesondere insofern als relevanter Beitrag zur Verbesserung der Regionalstruktur interpretiert werden, als gegenwärtig die Aufgabe von Wirtschaftsförderung nicht mehr so sehr in expansiven Industrieansiedlungen, sondern vielmehr in der qualitativen Verbesserung der Strukturbedingungen gesehen wird. Die Zielperspektive der Beratung von Betrieben bzw. Arbeitgeber- und Arbeitnehmervertretungen besteht darin, zu verdeutlichen, daß Qualifikationsprobleme nicht nur als Investitions- und Rationalisierungsmaßnahmen nachgelagerte Probleme anzusehen sind, sondern mit Hilfe rechtzeitiger und umfassender Qualifizierung ein effektiver Einsatz neuer Technologien erreicht werden kann.

In Anlehnung an die vom Bundesministerium für Bildung und Wissenschaft initiierte Modellversuchsreihe und deren vorläufige Erfahrungen lassen sich folgende Aufgabenstellungen in der Zusammenarbeit mit Betrieben hervorheben (vgl. Koch/Kraak 1989, S. 6):

- Unterstützung bei der Ermittlung des Qualifikationsbedarfs,
- Vermittlung konkreter Weiterbildungsangebote,
- Unterstützung der Betriebe bei der Entwicklung und Planung von (neuartigen) Weiterbildungsangeboten,
- Beratung im Hinblick auf den Einsatz geeigneter Weiterbildungsmethoden.

Eine solche Aufgabenstellung impliziert zugleich eine aufklärende Funktion - insbesondere gegenüber Klein- und Mittelbetrieben - im Hinblick auf das noch recht unterentwickelte Bewußtsein über die Notwendigkeit kontinuierlicher und systematischer Weiterbildung.

Für die Ermittlung des betrieblichen Weiterbildungsbedarfs und die Entwicklung und Planung von Weiterbildung stellt die Beteiligung der davon betroffenen Mitarbeiter/-innen eine zentrale Voraussetzung dar. Ihre Wahrnehmung vorhandener Qualifikationsdefizite bzw. Kompetenzen und ihre Vorstellung über Ansatzpunkte zur Verbesserung von Arbeitsorganisation und Arbeitsbedingungen sowie die u. a. daraus resultierende Weiterbildungsmotivation sind im Rahmen der zu erstellenden Planungen grundlegend zu berücksichtigen.

Die Zusammenarbeit mit Betrieben erweist sich als personal- und zeitintensiv, da hier in noch höherem Maße als gegenüber Weiterbildungseinrichtungen Überzeugungsarbeit geleistet werden muß. Sehr konkrete Hilfestellungen, die einen unmittelbaren praktischen Nutzen signalisieren sowie eine hohe - auch betriebswirtschaftliche - Kompetenz, erweisen sich als unabdingbar für eine produktive Zusammenarbeit.

3.4 Kooperation mit Arbeitsämtern, Behörden und anderen Beratungsdiensten

Für eine erfolgreiche Arbeit der Weiterbildungsberatungsstellen in der Region stellt neben der Zusammenarbeit mit den regionalen Weiterbildungseinrichtungen die Kooperation mit anderen Ämtern und Behörden sowie psycho-sozialen Beratungsdiensten einen wichtigen Ansatzpunkt dar.

Hervorzuheben ist in diesem Kontext das Arbeitsamt, dem im Rahmen des Arbeitsförderungsgesetzes neben der Arbeitsvermittlung auch die Aufgabe der Information über Fortbildungs- und Umschulungsangebote und die Beratung über Teilnahmevoraussetzungen und Finanzierungsmöglichkeiten obliegt. In der Anfangsphase der vom Bundesministerium für Bildung und Wissenschaft initiierten Modellversuche ergaben sich zunächst teilweise Kooperationsprobleme mit den örtlichen Arbeitsverwaltungen. Allerdings konnten diese Abgrenzungsprobleme im Zuge einer produktiven Zusammenarbeit weitgehend aufgehoben werden. Insgesamt ist zu beobachten, daß Arbeitsämter inzwischen ihrerseits häufig auf vorhandene Weiterbildungsberatungsstellen verweisen, insbesondere in den Fällen, in denen der Qualifizierungswunsch der Ratsuchenden noch sehr vage ist und daher eine umfassendere Beratung angezeigt erscheint (vgl. Kejcz 1988, S. 100 ff.).

Interesse an Weiterbildung entsteht häufig in Lebenssituationen, die mit Umorientierungsprozessen oder besonderen Problemlagen verbunden sind. Dies gilt beispielsweise für die Situation einer länger andauernden Arbeitslosigkeit oder den beabsichtigten Wiedereinstieg in das Erwerbsleben nach einer längeren familienbedingten Berufsunterbrechung. Es versteht sich von selbst, daß Bildungsprozesse und auch Weiterbildungsberatung in derartigen Situationen in vielen Fällen nicht hinreichend sind, um die anstehenden Problemlagen zu bewältigen. Daher gehört in den gut ausgebauten Weiterbildungsberatungsstellen die Kooperation mit anderen psycho-sozialen Beratungsdiensten zum Arbeitsalltag. Dies schließt auch den umgekehrten Weg ein, d. h., daß psycho-soziale Beratungsdienste Weiterbildung als einen Beitrag zur Lösung der Problemlage herausarbeiten und ihrerseits Informationen über die vorhandenen Weiterbildungsangebote benötigen bzw. gegebenenfalls ihr Klientel an Weiterbildungsberatungsstellen verweisen können.

Am reibungslosesten klappt die Zusammenarbeit zwischen den unterschiedlichsten Beratungseinrichtungen in den Fällen, in denen diese dem gleichen Träger unterstehen. Klare Kompetenzzuweisungen haben sich als zentrale Voraussetzung der Kooperation dieser unterschiedlichen Dienste erwiesen (vgl. Kejcz 1988, S. 99 f.).

3.5 Institutionenübergreifende Aktivitäten

Ein besonders effektiver Beitrag zur Regionalentwicklung kann dann erreicht werden, wenn es den Beratungsstellen gelingt, über die Kooperation mit den bereits genannten Institutionen hinaus eine Vernetzung dieser unterschiedlichen Einrichtungen zu initiieren. Dies kann beispielsweise zur Veröffentlichung gemeinsamer Broschüren oder institutionsübergreifender Werbemaßnahmen führen. Weiter können die Beratungsstellen Weiterbildungsangebote für die Mitarbeiter/-innen der genannten Institutionen anbieten. Auch die Einrichtung von themenspezifischen Arbeitsgruppen oder die gemeinsame Einflußnahme auf politische Entscheidungsträger im Interesse der Verbesserung der bildungsbezogenen und sozialen Infrastruktur wären denkbar. Eine regionale Weiterbildungskonferenz ist beispielsweise bereits in Köln erprobt worden. Dort gibt es ebenfalls einen Ansatz zur Zusammenarbeit aller Beratungsdienste, die sich regelmäßig zu einem Arbeitskreis der sozialen Bürgerdienste treffen.

4.   Arbeits- und Rahmenbedingungen regionalbezogener Beratungsstellen

Es dürfte wohl keinen grundsätzlichen Dissens über die wachsende Notwendigkeit von Weiterbildungsberatungsstellen geben. Darüber hinaus hoffen wir deutlich gemacht zu haben, daß von Beratungsstellen, die in ihrer Zielgruppenansprache und mit der Auswahl der Kooperationspartner auf eine bestimmte Region ausgerichtet sind, ein nennenswerter Beitrag zur Weiterentwicklung eines sozial-räumlichen Bereichs zu erwarten sein dürfte. Das entscheidende Problem in bezug auf die Realisierung eines derartigen Konzepts dürfte folglich die Frage der Finanzierung darstellen.

Die Mehrzahl der bestehenden Weiterbildungsberatungsstellen wird von den Kommunen finanziert. Angesichts des knappen Geldes in den kommunalen Etats steht eine schnelle Lösung des Finanzierungsproblems von Weiterbildungsberatungsstellen nicht in Aussicht: Eine Umfrage des Deutschen Instituts für Urbanistik (vgl. Braun/Fischer 1984, S. 54) ergab, daß die meisten Städte die Einrichtung einer Weiterbildungsberatungsstelle zwar für sinnvoll halten, sich aber nicht in der Lage sehen, die damit einhergehenden Kosten zu übernehmen. Einige Beratungsstellen werden von Vereinen oder Stiftungen getragen, die sich aus verschiedenen Quellen finanzieren (Stiftungsgelder, Europäischer Sozialfonds, projektbezogene Zuschüsse, Arbeitsbeschaffungsmaßnahmen (vgl. Kejzc 1988, S. 170)). Angesichts der schwachen Finanzkraft der Kommunen wäre zu prüfen, ob Mischfinanzierungen die Realisierungschancen von Beratungsstellen erhöhen könnten, an denen sich z. B. die Landkreise, Bundesländer oder auch der Bund beteiligten, analog zur Praxis bei den schulpsychologischen Beratungsdiensten. Andere Vorschläge gehen dahin, daß die anbietenden Weiterbildungseinrichtungen zur Finanzierung von Beratung beitragen. Bei solchen Modellen wäre jedoch sicherzustellen, daß die Trägerunabhängigkeit der Beratung dadurch nicht gefährdet wird.

Eine nennenswerte finanzielle Eigenleistung der ratsuchenden Personen erscheint im Hinblick auf das angestrebte Ziel problematisch, neue, insbesondere bildungsungewohnte Zielgruppen zu erschließen. Da auch die Betriebe zumindest zu Beginn der Arbeit erst von der Existenzberechtigung und Effektivität von Beratungsstellen überzeugt werden müssen, ist ein finanzieller Beitrag von dieser Seite zunächst ebenfalls in Frage zu stellen. Auf Dauer wäre deren Eigenbeteiligung jedoch sicherlich erstrebenswert.

Ein besonderes Problem stellt die Versorgung ländlicher Regionen mit Weiterbildungsberatungsstellen dar. Bislang sind die Bewohner/-innen ländlicher Gebiete daher mit einer doppelten Benachteiligung konfrontiert, nämlich zum einen mit dem schlechten Arbeitsplatzangebot und zum anderen mit besonders unzureichenden Orientierungshilfen bei der Suche nach geeigneten Weiterbildungsmöglichkeiten. So hat auch das Modellprogramm des Bundesministeriums für Bildung und Wissenschaft gezeigt, daß sich die Beratungsstellen in ländlichen Gebieten (z. B. in Aurich) nach Abschluß der Modellversuchsphase nicht halten konnten (vgl. Kejcz 1988, S. 170). Daher wird in Zukunft verstärkt nach flexiblen Modellen Ausschau zu halten sein, z. B. nach mobilen Formen mit rotierenden Sprechstunden in Bussen. Mit derartigen Modellen konnten von Arbeitsämtern und Bibliotheken bereits gute Erfahrungen gewonnen werden.

Als nicht sehr leicht zu lösendes Problem stellt sich auch die Frage der erforderlichen Qualifikation der Mitarbeiter/-innen von Weiterbildungsberatungsstellen dar. Nur wenn sich die Mitarbeiter/-innen gegenüber den unterschiedlichen Zielgruppen, mit denen sie zusammenarbeiten (individuelle Ratsuchende, Weiterbildungseinrichtungen, Betriebe, Behörden und Arbeitsämter, psychosoziale Dienste), als äußerst kompetente Experten/-innen erweisen, werden sie als Kooperationspartner ernst genommen und können innovatives Potential für die Region erschließen. Angesichts der Vielfalt der Aufgabenstellungen benötigen die Mitarbeiter/-innen ein sehr breites Qualifikationsprofil, das bislang zusammenhängend in keinem Ausbildungs- oder Studiengang erworben werden kann und daher auch kaum von einer Person abzudecken ist. Hervorzuheben sind die folgenden Qualifikationserfordernisse:

- In bezug auf den Beratungsprozeß im engeren Sinne stehen psychosoziale Dimensionen im Vordergrund, die sich auf den Interaktionsprozeß zwischen Berater/-in und Ratsuchendem/r beziehen. Erschwerend kommt dabei hinzu, daß die spezifische Situation in der Weiterbildungsberatung bislang kaum erforscht ist und daher entweder Beratungsmodelle aus der Psychologie übernommen werden oder aber die psychosoziale Komponente zugunsten der Informationsvermittlung in den Hintergrund tritt, was aber im Interesse eines ganzheitlichen Beratungsprozesses nicht wünschenswert ist.

- Zur Erschließung der im Hinblick auf die Auswahl von Weiterbildungsangeboten notwendigen Informationen sind Kenntnisse über die Struktur des Angebots, über Teilnahmevoraussetzungen, rechtliche Rahmenbedingungen, finanzielle Fördermöglichkeiten etc. erforderlich.

- Für die Unterstützung von Weiterbildungseinrichtungen und Betrieben bei der Entwicklung und Planung von Weiterbildungsangeboten sind erwachsenenpädagogische, didaktisch-methodische Qualifikationen unverzichtbar.

- Insbesondere die Beratung von Betrieben setzt einschlägige betriebswirtschaftliche, technologiebezogene, ingenieurwissenschaftliche sowie arbeitswissenschaftliche Kenntnisse voraus.

- Bei dem hier vorgestellten regionalbezogenen Beratungskonzept sind zusätzlich Komponenten erforderlich, die sich auf die Zusammenarbeit mit unterschiedlichen Institutionen in einem Verbundsystem beziehen (Institutionenberatung).

- Wenn es um das Erschließen von Entwicklungsperspektiven und -potentialen in einem geographisch abgegrenzten Raum geht, ist zudem die Fähigkeit unabdingbar, in sozial-räumlichen und wirtschaftlichen Zusammenhängen denken zu können. Grundkenntnisse der Regionalplanung wären von Vorteil für eine Arbeit, die weniger auf die traditionell klare Abgrenzung von Aufgaben als auf die Vernetzung unterschiedlicher Ansatzpunkte zur Regionalförderung zielt.

In der Regel behelfen sich die Weiterbildungsberatungsstellen (sofern sie über mehr als eine Stelle verfügen) angesichts der skizzierten Qualifikationsproblematik dadurch, daß sie ihre Mitarbeiter/-innen aus unterschiedlichen Berufsfeldern rekrutieren. Nicht nur aus diesem Grund, sondern auch angesichts der vielfältigen Aufgaben und der internen Kommunikationserfordernisse scheint es nahezu zwingend, Beratungsstellen mit mindestens zwei wissenschaftlichen Mitarbeitern/-innen auszustatten.

Unabhängig von der Ausgangsqualifikation der einzelnen Mitarbeiter/-innen regionalbezogener Weiterbildungsberatungsstellen ist angesichts der vielfältigen Aufgabenstellungen, der sich ändernden Voraussetzungen der Beratungsarbeit (neue Weiterbildungsangebote, rechtliche Novellierung von Gesetzen etc.) sowie aufgrund der aus den interaktiven Prozessen im Beratungsprozeß selber resultierenden Problemlagen kontinuierliche Weiterbildung nötig. Die Weiterbildung der Mitarbeiter/-innen sollte auch Supervision sowie auf die Weiterentwicklung der eigenen Institution bezogene Dimensionen enthalten. Neue fächerübergreifende Anforderungen an Arbeitskräfte wie Kreativität, planerisches und analytisches Denken, Kommunikations- und Teamfähigkeit werden auch an Bildungsträger und Beratungseinrichtungen gestellt. Auch sie müssen bereit sein, Strukturen zu verändern und neue Kooperationsformen zu finden.

5. Zusammenfassung

Vor dem Hintergrund eines wachsenden Bedarfs an Weiterbildungsberatung, der aus dem raschen technologisch-arbeitsorganisatorischen Wandel, den sich verändernden Berufsbiographien und dem sich ausdifferenzierenden Weiterbildungsmarkt resultiert, ist ein kompetenz- und trägerübergreifendes Konzept für regionalbezogene Weiterbildungsberatungsstellen skizziert worden. Zu den zentralen Zielperspektiven derartiger Einrichtungen zählt es, Orientierungs- und Entscheidungshilfen sowie Lernberatung für Weiterbildungsinteressierte anzubieten, in Zusammenarbeit mit den Weiterbildungseinrichtungen deren Programm transparent zu machen und weiterzuentwickeln, Betriebsvertreter davon zu überzeugen, daß Weiterbildung im zunehmenden Maße zum Investitionsfaktor wird und insbesondere Klein- und Mittelbetriebe bei der konkreten Realisierung von Weiterbildungsangeboten im Interesse der Ausschöpfung des Qualifizierungspotentials und der Effektivierung betrieblicher Umstellungsprozesse zu unterstützen. Außer den genannten Einrichtungen und Institutionen wären Arbeitsämter, Industrie- und Handels- sowie Handwerkskammern und andere soziale Beratungsdienste in das zu knüpfende Netzwerk einzubinden. Unter diesen Voraussetzungen könnte Weiterbildungsberatung einen effektiven Beitrag zur Regionalförderung leisten.

Literatur

Arbeitskreis Strukturplan Weiterbildung: Strukturplan für den Aufbau des öffentlichen Weiterbildungssystems in der Bundesrepublik Deutschland. Köln 1975

Aurin, K: Ermittlung und Erschließung von Begabungen im ländlichen Raum. Villingen 1966

Bardeleben, R. von/Gnahs, D.: Analyse des beruflichen Weiterbildungsangebotes und -bedarfs in ausgewählten Regionen. In: W. Brückers/N. Meyer, Zukunftsinvestition berufliche Bildung, Bd. 1: Neue Technologien, Bildung und Arbeitsmarkt für das Jahr 2000, Köln 1988, S. 188 - 205

Braun, J./Fischer, L.: Bedarfsorientierte Beratung in der Weiterbildung. München 1984

Braun, J./Fischer, L. (Hrsg.): Beratungsstellen für Weiterbildung. Fallstudien über Aufgaben und Leistungen in fünf Städten. Berlin 1983

Greunke, H.: Qualifizierungsberatung als integriertes Instrument kommunaler Wirtschaftsförderung. Salzgitter 1989

Keim, H. u. a.: Strukturprobleme der Weiterbildung. Düsseldorf 1973

Kejcz, Y.: Weiterbildungsberatung. Heidelberg 1988

Koch, J./Kraak, R.: Qualifizierungsberatung - eine Dienstleistung für die regionale Wirtschaft. Salzgitter 1989

Kraak, R.: Welche Qualifikation braucht der Qualifizierungsberater? Salzgitter 1989

Krüger, W.: Beratung als Aufgabe der Erwachsenenbildung. In: Schmitz, E./Tietgens, H. (Hrsg.): Enzyklopädie Erziehungswissenschaft, Bd. 11: Erwachsenenbildung. Stuttgart 1984, S. 254 - 271

Kommunale Verwaltungsstelle für Verwaltungsvereinfachung: Gutachten: Volkshochschule. München 1973

Pressel, G.: Weiterbildungsberatung für Frauen - Bedürfnisse der Ratsuchenden und das Konzept der Beratungsstellen in Hamburg. In: Frauenforschung, 1989, H. 1/2, S. 73 - 83

Unesco-Konferenzbericht 1: 3. Weltkonferenz über Erwachsenenbildung in Tokio 1972. Pullach/München 1973

244

FRIEDRICH EDDING / HORST KRAMER

Zur Entwicklung und Arbeitsweise von Weiterbildungsdatenbanken

1.   Einleitung

Daß es gute Gründe gibt, Weiterbildung zu betreiben und zu fördern, wird in der öffentlichen Diskussion zunehmend anerkannt. Die intensive Teilnahme an Weiterbildung in allen sozialen Schichten und an allen Orten zu ermöglichen, ist eines der großen Ziele für die Gesellschaft der Zukunft. Bisher verhält sich jedoch eine große Mehrheit auf diesem Gebiet abstinent. In Kursen, Lehrgängen, systematischer Eigenarbeit zum Zweck der Weiterbildung ist nur eine Minderheit tätig. Der Beteiligungsgrad variiert nach den vorliegenden Untersuchungen mit der Vorbildung, der Berufstätigkeit und dem Alter. Wahrscheinlich haben auch die Entfernung des Wohnsitzes von den kulturellen Zentren und die regionale Wirtschaftsintensität erheblichen Einfluß. Mit Sicherheit ist davon auszugehen, daß die Art des Angebots und die Information darüber das Weiterbildungsverhalten stark bestimmen. Individuelle Hemmschwellen werden erhöht, wenn das Angebot an Weiterbildung unübersichtlich und in seinem Nutzen für den jeweiligen Bedarf schwer zu beurteilen ist.

Seit Mitte der 80er Jahre wurden regionale und überregionale Datenbanken sowie Verbundsysteme aufgebaut, deren Hauptzweck es ist, Informationen über das Weiterbildungsangebot zu sammeln, aufzubereiten und sie für individuelle Interessenten, Firmen, Behörden und andere Organisationen verfügbar zu machen. Beratung über die Nutzung dieser Informationen war damit zunächst oft nur beiläufig und nur selten intensiv verbunden. Für die weitere Entwicklung ist es wichtig, zu erkennen, daß die regionale Bedeutung dieser Datenbanken vor allem durch ihre Verbindung mit Beratungsdiensten gegeben ist.

Informationen über das Angebot von Weiterbildung zu speichern und sie für Nachfrager verfügbar zu machen, ist eine nicht raumgebundene Technik. Sie kann, so wie etwa die technischen Systeme der Post, des Geldverkehrs und des Fernsehens, in sehr weiten Räumen eingesetzt werden. Infolgedessen gibt es einschlägige Informationssysteme, die bundesweit organisiert sind, und es gibt Ansätze einer übernationalen Anwendung.

Es ist nicht diese Technik, die einen regionalen Bezug verlangt. Diese Forderung geht vielmehr von der relativen Ortsgebundenheit der Menschen aus. Der einzelne Nachfrager nach Weiterbildung sucht vor allem örtlich für ihn erreichbare Veranstaltungen. Er erwartet zugleich Beratung darüber, welche dieser Veranstaltungen für seinen jeweiligen Bedarf geeignet sind. Darum konzentrieren sich die meisten an dieser Nachfrage orientierten Datenbanken auf die Vermittlung von Informationen in ihrem räumlichen Umkreis.

Allerdings umfaßt diese Vermittlung auch Angebote des Fernunterrichts, denn sie sind örtlich verfügbar. Die Technik erlaubt es den regionalen Banken, auch über Veranstaltungen jenseits der regionalen Grenzen zu informieren und so dem Interesse für Kurse Genüge zu tun, die in der eigenen Region des Nachfragers nicht angeboten werden. Viele spezielle Angebote sind nicht in jeder Region zu finden, weil sie in regionaler Beschränkung nicht wirtschaftlich wären. Von der Technik her ist dies nicht problematisch. Es gibt einige einschlägige Informationssysteme, die bundesweit operieren, zum Teil auch in fachlicher Spezialisierung. Zugang zu diesen Datenbanken findet man an regional verteilten Standorten. Aber eine Beratung, die als Ergänzung der Daten notwendig ist, kann in der Regel nur örtlich stattfinden. Individuelle Beratung ist zwar auch schriftlich und telefonisch möglich, aber in vielen Fällen, vermutlich in der Mehrzahl der Fälle, ist nur eine am Standort des Nachfragers angebotene, unmittelbar zwischen Personen stattfindende Beratung voll befriedigend, die sich der Technik der Datenbanken bedient und die Möglichkeiten sowie die Grenzen der Technik kennt. Für die regionale Entwicklung ist also die örtliche Weiterbildungsberatung, gestützt auf die bei den Datenbanken disponible Information, von großer Bedeutung. Im folgenden wird in angemessener Vereinfachung dargestellt, was über die Funktionsweise dieser Datenbanken, ihre Entwicklungsvorhaben und ihre Probleme bekannt ist.

Dieser Bericht stützt sich auf Ergebnisse eines Forschungsprojekts des Bundesinstituts für Berufsbildung (siehe Kramer 1989a) sowie auf Informationen, die von den Verfassern für den Zweck dieses Forschungsvorhabens der Akademie für Raumforschung und Landesplanung gesammelt wurden.

2.   Zur Begründung und Entstehung von Datenbanken

Die Entstehung besonderer Informationssysteme für Weiterbildung ist in der Eigenart von Nachfrage und Angebot auf diesem Gebiet begründet. Im Unterschied zur Schul- und Hochschulbildung und zur Dualen Ausbildung gemäß dem Berufsbildungsgesetz ist die Weiterbildung weniger durch langfristige Curricula bestimmt, deren formale Abschlüsse für die Eingänge in berufliche Laufbahnen und Lernlaufbahnen entscheidend sind. Mögliche Abschlüsse dieser Art sind in der Zahl beschränkt und an bestimmte Institutionen gebunden, so daß es relativ einfach ist, sich einen Überblick über das Angebot und die Wahlmöglichkeiten zu verschaffen. Auch die durch solche Ausbildungsgänge entstehenden Kosten sind verhältnismäßig leicht zu erkennen.

Weiterbildung dient jedoch in der Breite einem Bedarf, der in einer sehr viel größeren Vielfalt von individuellen Situationen begründet ist, in Bedürfnissen, die aus den Anforderungen in vielen tausend verschiedenen Berufstätigkeiten, aus den Rollen der Erwachsenen im politischen und gesellschaftlichen Leben sowie aus den jeweiligen Bedürfnissen nach geistiger Nahrung hervorgehen. Das dieser Nachfrage entsprechende Angebot ist auf eine große Zahl von privaten und öffentlichen Einrichtungen verteilt. Die Inhalte, die Zeitansprüche und die Kosten dieser Angebote sind nur dann übersehbar, wenn eine darauf spezialisierte Organisation zwischen Nachfrage und Angebot tätig wird. Unter Bezeichnungen wie Datenbank, Informationsverbund, Weiterbildungsbörse sind seit einigen Jahren in mehreren Regionen der Bundesrepublik Deutschland und auch bundesweit Einrichtungen entstanden, die diese Funktion wahrnehmen. Sie werden im folgenden Datenbanken genannt. Die

Initiative für die Gründung ging teils von Trägern der Weiterbildungsangebote aus, überwiegend aber von staatlichen Stellen und von Organisationen der Arbeitgeber. Die Qualifizierungsaktion, die von Bund, Ländern und Wirtschaftsorganisationen seit 1986 betrieben wurde, hatte für diese Gründungswelle große Bedeutung. Aus den öffentlichen Haushalten wurden Mittel bereitgestellt, um einschlägig sachkundige Firmen mit den Arbeiten einer Datenbank zu beauftragen oder eigens für diesen Zweck tätige Organisationen ins Leben zu rufen und zu finanzieren.

3. Arbeitsschritte beim Aufbau der Datenbanken

Wo eine bereits einschlägig arbeitende Organisation für den hier behandelten Zweck tätig wurde, konnte das dort vorhandene Hardware-System eingesetzt werden; bei Neugründung mußte oftmals entsprechende Software entwickelt werden. Das Personal wurde zum Teil ergänzt und/oder für den vorliegenden Zweck geschult. Gute Kenntnisse in Fragen der Weiterbildungscurricula, der Berufsqualifizierung und des Arbeitsmarktes wurden insbesondere dann vom Personal verlangt, wenn es das Ziel der Datenbank war, nicht nur Information, sondern auch Beratung anzubieten.

Ein Teil der Anbieter von Weiterbildungsveranstaltungen (Kurzbezeichnung: Träger) war bei den zuständigen Behörden und Organisationen bekannt. Zusätzlich wurden Branchentelefonbücher ausgewertet. Im Verkehr mit interessierten Firmen und Organisationen wurde das Verzeichnis der Träger laufend ergänzt und erneuert. Aufgrund von Beurteilungen durch Informationsnutzer wurden zum Teil auch Überprüfungen von Trägern vorgenommen. Damit wird angestrebt, als ungeeignet erscheinende Träger aus dem Informationssystem auszuscheiden.

Im nächsten Arbeitsschritt wurde allen Trägern die Absicht und Arbeitsweise der Datenbank bekannt gemacht. Damit wurde die Bitte verbunden, Verzeichnisse aller Veranstaltungen zur Verfügung zu stellen und diese laufend zu erneuern. Als Merkmale erfaßt wurden in der Regel

- Titel der Veranstaltung
- Orte der Verwaltung
- Termine (Dauer)
- Preise
- Verkehrsverbindungen zu den Lehrorten;

zum Teil wurde auch nach der Zielgruppe der Veranstaltung gefragt.

Die Verschlagwortung der Veranstaltungen verlangte eine Arbeit ähnlich der bei Katalogen der Bibliotheken, Dokumentationszentren und Thesaurus-Editionen. Für diesen Arbeitsschritt war professionelle Beratung des Datenbankpersonals erforderlich. Viele Rückfragen zur präziseren Definition der Inhalte von Veranstaltungen waren nötig, um die Merkmale entsprechend den Interessen der Nachfrager kombinieren zu können.

Die Zuordnung der Veranstaltungen zu Berufstätigkeiten wurde bei der Mehrheit der Nachfrager als zentrales Interesse vorausgesetzt. Um diesem Bedarf zu genügen, wurde wiederum professionelle Beratung benötigt. In der Regel wurde das Berufsverzeichnis der Bundesanstalt für Arbeit zugrunde gelegt, das über 1200 Berufe umfaßt und laufend erneuert wird. Die Wünsche der Nachfrager waren jedoch oft auf speziellere Qualifizierung gerichtet. Die den Nutzern zur Verfügung gestellte Standardinformation mußte dann durch individuelle Beratung ergänzt werden, entweder durch die Datenbank oder durch andere Einrichtungen, die mit den Banken kooperierten.

Die gesamte Standardinformation wurde zum Teil durch geschriebene Verzeichnisse, zum Teil durch Verzeichnisse auf Disketten zugänglich gemacht. Einige Datenbanken ermöglichten den Besitzern von Computern den direkten Zugriff auf die von ihnen gespeicherten Daten, ein Verfahren, das insbesondere von größeren Firmen genutzt wurde. Die Daten über Angebote bedürfen ständiger Aktualisierung. Nicht alle Träger kooperieren willig bei dieser Daueraufgabe.

Um die Verbindung mit möglichen Interessenten für ihre Dienste herzustellen, haben die Datenbanken in großem Umfang Werbung betrieben und Werbung in ihr ständiges Arbeitsprogramm aufgenommen. Die Werbung richtet sich zum Teil an alle, zum Teil an besondere Zielgruppen. Die Werbung fordert dazu auf, den Datenbanken mitzuteilen, welche Information gewünscht wird. In der Regel wird dem Informationswunsch durch Übersendung eines Computerausdruckes entsprochen. Daraufhin eingehende Rückfragen werden individuell beantwortet. Sie führen oft auch zu einer mündlichen Beratung. Doch nicht alle Datenbanken sind personell hinreichend ausgestattet, um eine sachkundige Beratung durchführen zu können. Sie verweisen dann an geeignete Einrichtungen oder an die Träger selbst.

4. Typische Organisationsformen

4.1 Einsatzbereich der Systeme

Bei der Festlegung und Organisation des Datenbestandes müssen die Betreiber von Datenbanken zu einigen Kernfragen Entscheidungen treffen. Zum einen ist der Erhebungs- und Distributionsbereich der Systeme festzulegen, zum anderen muß der Inhalt der Datenbank abgegrenzt werden. Die Ansprache von Zielgruppen hängt von den technischen und personalen Voraussetzungen der Datenbank ab. Der Einsatzbereich der Systeme reicht vom ausschließlichen Gebrauch für Beratungszwecke bis zur Selbstinformation einzelner Weiterbildungsinteressenten (Kramer 1989b).

Die Grenzen des Erhebungsbereichs, in dem die Weiterbildungsangebote erfaßt werden, sind oftmals weiter als die des Verteilungsbereichs, in dem die Angebote der Datenbank zur Verfügung gestellt werden. Bei der Festlegung der Grenzen orientiert sich der Betreiber an sogenannten Bildungs- oder Wirtschaftsräumen bzw. Arbeitsamts- oder Kammerbezirken. Wenn der Systembetreiber eine kommunale Einrichtung ist, müssen die Zuständigkeiten kommunaler Gebietskörperschaften beachtet werden.

Die regionalen Grenzen überlappen sich im kommunalen Bereich (z.B. Stadt/Landkreis), aber auch über Ländergrenzen hinweg (z.B. Hamburg/Niedersachsen/Schleswig-Holstein). Die Vereinigung mit der DDR verursachte hier besondere Probleme, weil die Weiterbildung dort wenig entwickelt war und weil es dort auch keine einschlägigen Informationssysteme gab. Bei der Abgrenzung der Angebote behelfen sich die regionalen Systembetreiber durch Kompromisse, indem sie wichtige Angebote aus der Nachbarregion einbeziehen, fehlende Angebote im eigenen Zuständigkeitsbereich ergänzen oder indem sie den Erhebungsbereich überregional ausweiten. Die Reichweite der Datenbank wird somit durch die Erfassungsgrenzen für Angebote und das Zielgebiet festgelegt. Auf diese Weise wird eine Vorentscheidung über Umfang und Nachfragepotential der Datenbank getroffen.

Neben den regionalen müssen auch die sektoralen Grenzen festgelegt werden. Eine fachliche Abgrenzung bereitet dem Systembetreiber nicht minder große Schwierigkeiten wie die Abgrenzung der regionalen Zuständigkeit. Mit der sektoralen Abgrenzung des Datenbestandes wird der Inhalt des Systems entscheidend bestimmt. Insgesamt dominieren die Veranstaltungen zur beruflichen Weiterbildung das Angebot. Da es eine allgemeinverbindliche Definition von allgemeiner, beruflicher, politischer, kultureller und wissenschaftlicher Weiterbildung nicht gibt, wird die thematische Abgrenzung durch die Systembetreiber sehr

Weiterbildungsdatenbanken

			Region	Eingabe	Verfahren	Umfang	Ausgabe
Weiterbildungsdatenbanken (WB-DB)	Regionale	Berliner WB-DB	Berlin und Bundesgebiet	Berufl./Allgem. Weiterbildung	Erfassungsbögen	10.000 Kurse 350 Träger	tel./schriftl. Anfragen/Katalog
		Hamburg WISY	Hamburg und Nachbarregion	Berufl./Allgem. Weiterbildung	Erfassungsbögen/Disketten	7.500 Kurse 274 Träger	Selbstinfo Beratung/Katalog
		Osnabrück WB-DB	Osnabrück und Nachbarregion	Berufl./Allgem. Weiterbildung	Kataloge	3.500 Kurse 122 Träger	tel./schriftl. Anfragen, Katalog
		Zweckverband Großraum Hannover	Hannover und Nachbarregion	Berufliche Weiterbildung	Kataloge	3.500 Kurse 120 Träger	Selbstinfo, Anfragen, Beratung, Mailbox
	Berat.	Hessen W-I-S-H	Hessen	Berufliche Weiterbildung	Disketten	5.000 Kurse 180 Träger	Beratung
	Überregionale	DIHT/ZDH W-I-S	Bundesgebiet	Berufliche Weiterbildung	Disketten	5.000 Kurse 180 Träger	Selbstinfo Beratung
		Bundesanstalt für Arbeit EBB BAWIS	Bundesgebiet	Berufliche Aus- und Weiterbildung	Erfassungsbögen	über 200.000 Kurse	Beratung, Dokumentation
	Sektorale	POLIS Bielefeld	regional und bundesweit	Wissenschaftl. Weiterbildung	Recherchen	Kurse, Experten Institutionen	tel./schriftl. Anfragen, Beratung
		FernUni Hagen	Bundesgebiet	Wissenschaftl. Weiterbildung	Erfassungsbögen	1.500 Kurse	Selbstinfo, Anfragen, Beratung

weit ausgelegt und pragmatisch gehandhabt. Spezialisierung findet oft für neue Technologien und Managementwissenschaften statt. Datenbanken mit einer thematischen Begrenzung nach allgemeiner, politischer oder kultureller Weiterbildung sind nicht bekannt. Eine Ausnahme bildet der Bereich der wissenschaftlichen Weiterbildung. In diesem Sektor entstehen Datenbanken mit überregionalem Angebot (Hagen, Bielefeld).

Die Übersicht (s. vorstehende Seite) Weiterbildungsdatenbanken zeigt verschiedene Beispiele, die regionale, überregionale, sektorale und beratungsorientierte Systeme repräsentieren (weitere Systeme siehe in BIBB-WORKSHOP 1989 und 1990).

4.2 Beispiele regionaler Systeme

Regionale Datenbanken sind u.a. im Rahmen von Strukturförderungs- oder Qualifizierungsprogrammen der Kommunen oder Länder und somit aus Mitteln der öffentlichen Hand gefördert und eingerichtet worden. Solche "kommunalen" Systeme haben sich zur Zeit in Berlin, Hamburg, Osnabrück und Hannover etabliert. Darüber hinaus gibt es in Schleswig-Holstein, Bremen, Niedersachsen, Nordrhein-Westfalen und Baden-Württemberg weitere Initiativen zum Aufbau solcher kommunalen Datenbanken. Beispielhaft wird hier die Funktionsweise der regionalen Datenbanken von Berlin, Hamburg, Osnabrück und Hannover dargestellt.

Der Erhebungsbereich regionaler Datenbanken ist großenteils mit dem Verteilungsbereich identisch. Abweichungen ergeben sich z.B. bei der Berliner Datenbank, die zum Teil die Angebote bundesweit erhebt, aber bisher überwiegend nur regional vermittelt (Berlin und Brandenburg). Die Hamburger Datenbank WISY beschränkt ihren Erhebungsbereich auf Träger mit Sitz in Hamburg. Im Raum Hamburg werden fehlende Weiterbildungsangebote dagegen überregional ergänzt, was zusätzlichen Rechercheaufwand bedeutet. Die Datenbank in Osnabrück nimmt neben den regionalen Angeboten auch wichtige Veranstaltungen aus den Nachbarregionen mit auf. Die Datenbank in Hannover strebt einen Verbund mit anderen Datenbanken in Niedersachsen an, um u.a. den Erhebungs- und Distributionsbereich zu vergrößern. Der Umfang einer Datenbank wird insgesamt durch die Anzahl der Weiterbildungsträger im Erhebungsbereich bestimmt.

4.2.1 Berliner Weiterbildungsdatenbank

Im Auftrag des Berliner Senats hat die Firma Data Print die Berliner Weiterbildungsdatenbank entwickelt und aufgebaut. Diese Firma organisiert den Betrieb der Datenbank sowie die Datenerfassung, Dateneingabe und die Beantwortung der Anfragen von Interessenten. Diese Datenbank wurde im Rahmen der Qualifizierungsoffensive des Senats eingerichtet und Ende 1986 in Betrieb genommen. Die vorrangigen Zielgruppen der Berliner Weiterbildungsdatenbank sind potentielle Teilnehmer an Weiterbildungsveranstaltungen und Weiterbildungsverantwortliche in den Betrieben.

Mit der Datenbank wurde erstmals eine zentrale Anlaufstelle bei der Suche nach Informationen zur Weiterbildung auf dem regionalen Weiterbildungsmarkt in Berlin geschaffen. Damit erfüllt die Bank eine Funktion, die es bisher nicht gab. Sie dehnte ihre Aktivität 1990 auf Ostberlin und Brandenburg aus. In der Datenbank werden Angebote zur beruflichen und zum Teil auch allgemeinen Weiterbildung erfaßt. Dies geschieht durch Anfragen bei bzw. Meldungen von Weiterbildungsträgern, Auswertung von Fachzeitschriften oder Katalogen. Ende 1989 waren etwa 10.000 Kurse von 350 Trägern erfaßt.

Der Benutzer kann über schriftliche und telefonische Anfrage, persönliche Vorsprache sowie mehrmals im Jahr über ein der Werbung auf den Straßen dienendes Info-Mobil die Leistungen der Datenbank abrufen. Über Btx ist es möglich, die Anfragekarte der Datenbank anzufordern. Über Prospektauslage in öffentlichen Einrichtungen bzw. Verteilung an Haushalte, Plakat- und Anzeigenwerbung, Info-Boards in Betrieben, durch das Info-Mobil sowie in Beratungsstellen und Arbeitsämtern wird auf die Leistungen der Weiterbildungsdatenbank hingewiesen.

Die Bank strebt an, ihre Kosten zunehmend durch Gebühren zu finanzieren. Zunächst wurden nur Träger an den Kosten beteiligt.

4.2.2   Weiterbildungsinfo WISY Hamburg

Über 150 Träger und Institutionen sind im e.V. "Weiterbildungsinformation Hamburg" als Mitglieder vertreten. Ziel dieses Vereins ist der Betrieb eines Weiterbildungs-Informations-Systems (WISY) in Hamburg. Eine für diesen Zweck eingerichtete Datenbank hat im Sommer 1988 ihren Betrieb aufgenommen.

Im Hamburger System WISY waren Anfang 1990 über 7500 Kurse von 274 Trägern gespeichert. Die angesprochenen Zielgruppen sind potentielle Teilnehmer an Weiterbildungsmaßnahmen und Multiplikatoren in Beratungsstellen für berufliche Bildung. Dabei kann auf ein Netz von staatlich finanzierten Weiterbildungsberatungsstellen zurückgegriffen werden.

Die Datenbank umfaßt verschiedene Funktionen, so z.B. ein Datenerfassungssystem, das zentral eine einheitliche, kontrollierte Eingabe der Kursdaten sicherstellt; ein Auskunftsystem zur dialogorientierten Recherche; eine Druckausgabe für alle Kurse nach Themenbereichen und eine statistische Auswertungsfunktion über Nachfrager und Anbieter. Die technische Basis des Systems sind dezentral installierte PC, die in öffentlichen Einrichtungen, Kaufhäusern und Beratungsstellen aufgestellt sind. Der Datenbestand ist in jeder Auskunftsstelle über Selbstinformation, durch postalische Anfrage an den Betreiber oder eine Beratungsstelle abrufbar. Diese dezentralen Einheiten sind über Telefonnetz, Modems oder Disketten an die Zentrale angeschlossen. Der Informationsaustausch mit den Bildungsträgern erfolgt über Erfassungsbögen oder über Disketten.

Das System WISY wird potentiellen Nutzern durch Prospektmaterial, Selbstinformationsstände auf Messen sowie über Stadtteilzeitungen bekanntgemacht. Die Inanspruchnahme des Leistungsangebots ist an keine Voraussetzungen gebunden; Gebühren werden nicht erhoben.

Um die Weiterbildungsinformation möglichst breit zu streuen und eine Vielzahl potentieller Nutzer anzusprechen, sind für das System verschiedene Standorte in Hamburg vorgesehen. In der Endausbaustufe werden an verschiedenen Orten, wie in dem Berufsinformationszentrum des Arbeitsamtes, in der City und an weiteren vier Standorten in den Außenbezirken von Hamburg, feste Plätze für WISY eingerichtet. Neben dieser stationären "Grundversorgung" wird die Datenbank aber auch mobil eingesetzt. In abgelegenen Stadtteilen werden an verschiedenen Plätzen Einrichtungen der Datenbank aufgestellt. Sie steht dort den Nutzern einen Monat für eigene Recherchen zur Verfügung.

Darüber hinaus wird die Hamburger Datenbank eng mit den kommunalen Weiterbildungsberatungsstellen verbunden. Neun Beratungsstellen haben einen unmittelbaren Anschluß an die Datenbank. Davon sind sechs Beratungsstellen für die allgemeine Weiterbildungsberatung zuständig, zwei für spezielle Problemgruppen wie z.B. für ABM-Kräfte und Langzeitarbeitslose und eine dritte für Frauen. Die Beratungsstellen haben einen Direktanschluß und können damit in der Datenbank für spezielle Nutzergruppen nach spezifischen Suchkriterien recherchieren. Für die Datenbank ist auch ein besonderer Telefonservice eingerichtet worden. Im Rahmen dieses Dienstes werden erweiterte Informationen (keine Beratung) zu den Kursen gegeben. Dieser Service wird zweimal wöchentlich angeboten.

Für Einrichtungen, die Informationen selbst weitergeben, ist ein Sonderservice eingerichtet worden. Über ein Datenbankabonnement können diese Institutionen ein Update der Datenbank beziehen. Die neueste Version wird zum Selbstkostenpreis abgegeben. Im Rahmen dieses Dienstes werden auch spezielle Recherchen erstellt oder Broschüren herausgegeben wie z.B. eine Angebotszusammenstellung für Neue Technologien oder eine Trägerübersicht mit einem differenzierten Trägerprofil.

4.2.3 Weiterbildungsdatenbank Osnabrück

Träger dieser Datenbank, die seit Anfang 1989 in Betrieb gegangen ist, sind der Landkreis und die Stadt Osnabrück, mit Unterstützung des Arbeitsamtes. Die Weiterbildungsdatenbank umfaßte Anfang 1990 3500 Kurse von 122 Trägern. Sie benutzt das Programm des Hamburger Systems WISY.

Weiterbildungsinteressierte Bürger können sich auf ihre Bedürfnisse zugeschnittene Kursinformationen zur beruflichen und allgemeinen Weiterbildung zusenden lassen. Die Anfragen erfolgen schriftlich oder mündlich an die Datenbankbetreiber. Darüber hinaus werden Kataloge bzw. Broschüren, z.B. über AFG-geförderte Maßnahmen, Übersichten zu Weiterbildungsangeboten für Aussiedler und Kursen zur beruflichen Qualifikation für Frauen und für neue Technologien erstellt. Durch eine ständige Rückkoppelung werden Weiterbildungswünsche, die in der Region nicht befriedigt werden können, an die Träger weitergegeben. Gebühren werden nicht erhoben.

4.2.4 Weiterbildungsdatenbank Hannover

Der Zweckverband Großraum Hannover hat in Kooperation mit dem Institut für Entwicklungsplanung und Strukturforschung (IES) im Rahmen eines umfassenden Projekts (Initiierung von zukunftsbezogener Weiterbildung im Großraum Hannover) eine Datenbank entwickelt und beim Zweckverband eingerichtet.

In diese Datenbank werden berufsbezogene Weiterbildungsveranstaltungen aufgenommen, die für alle Interessenten offen und gebührenfrei zugänglich sind. Eine Beschränkung der Zugriffsmöglichkeiten für potentielle Nutzer ist nicht vorgesehen. Durch persönliche, schriftliche oder telefonische Anfrage beim Zweckverband können die gespeicherten Weiterbildungsangebote abgerufen werden. Darüber hinaus wird durch die Lieferung von Disketten, über Beratungsstellen und über einen Mailbox-Anschluß der Zugang zur Datenbank ermöglicht. Mitte 1990 konnten die Interessenten auf 3500 Angebote von 120 Trägern zugreifen. Im Rahmen einer regionalen Vernetzung liegen weitere Entwicklungsperspektiven dieser Datenbank. So wird ein Verbund mit den Datenbanken in Osnabrück, Salzgitter und Buxtehude angestrebt.

Die Datenbanksoftware ist modular aufgebaut, so daß Erweiterungen und Anpassungen an veränderte Angebote leicht und schnell durchführbar sind. Interessenten, die die Datenbank auf ihrem Rechner betreiben wollen, können vom Zweckverband das notwendige Abfrageprogramm und die jeweils aktualisierten Weiterbildungsdateien beziehen.

Zunehmend wird auch hier eine eher indirekte Weiterbildungsberatung in Anspruch genommen, wenn z.B. bei persönlicher Anfrage beim Zweckverband auch Qualifizierungsprobleme des Interessenten zur Sprache kommen. Die Personalkapazität reicht hier allerdings für eine weitergehende Beratung nicht aus.

Die Abfrage bei der Datenbank ist gebührenfrei, lediglich für die Versendung von Disketten werden die Selbstkosten verlangt.

4.3 Überregionale Systeme

Als Datenbanken mit bundesweitem Wirkungskreis arbeiten zwei große Systeme, nämlich die Datenbank für "Einrichtungen zur beruflichen Bildung" (EBB) der Bundesanstalt für Arbeit; sie ist in das System coBer (computerunterstützte Beratung) bzw. BAWIS der Bundesanstalt integriert. Das Weiterbildungs-Informations-System (WIS) wird vom Deutschen Industrie- und Handelstag (DIHT) zusammen mit dem Zentralverband des Deutschen Handwerks (ZDH) koordiniert.

4.3.1 Das Weiterbildungs-Informations-System der Kammern

Die Weiterbildungsbörse, die durch die Industrie- und Handelskammern und die Handwerkskammern in München und Augsburg betrieben wird, wird zur Zeit als Weiterbildungs-Informations-System bundesweit ausgebaut (Herpich/Krüger 1989). Diese Datenbank des

DIHT/ZDH soll die Beratungstätigkeit der Kammern und anderer Organisationen unterstützen. Sie bietet einen bundesweiten Überblick über Angebote der beruflichen Bildung für Unternehmen und Bildungsinteressierte. Weiterhin ist beabsichtigt, das Angebot durch Veranstaltungen aus dem EG-Raum zu ergänzen.

Die Angebotsstruktur wird durch organisatorische Rahmenbedingungen bestimmt. In die Datenbank sind zur Zeit 5000 Angebote zur beruflichen Weiterbildung sowie berufsbezogene Sprachkurse von 180 Trägern aufgenommen, insbesondere für die Zielgruppe der Berufstätigen. Nicht aufgenommen werden dagegen Umschulungs- und Ausbildungsmaßnahmen und Veranstaltungen zur allgemeinen und politischen Weiterbildung. Über die Aufnahme in die Datenbank entscheidet die zuständige Bezirkskammer. 44 von 69 Kammern sind bereits an das System angeschlossen.

Gegen einen Kostenbeitrag ist das System für alle Anbieter von beruflicher Weiterbildung, wie z.B. Kammern, Unternehmen, Bildungsträger, Verbände, Hochschulen, Gewerkschaften und Trainer, geöffnet. Diese Anbieter sind zugleich Nutzer des Systems, aber auch andere Interessenten, wie z.B. Arbeitsämter, Gebietskörperschaften und Kommunen, können in der Datenbank selbständig recherchieren.

Die Dateneingabe und -pflege obliegt dem jeweiligen Anbieter. Er bringt sein Angebot auf eine Diskette, die dann über die Kammer an das zentrale Rechenzentrum weitergeleitet wird. Für die Aktualisierung der Daten ist der Anbieter ebenso zuständig. Sie erfolgt automatisch - über die jeweiligen Termine der Veranstaltung. Die Eingabe internationaler Veranstaltungen erfolgt dagegen durch den DIHT.

4.3.2   Das Informationssystem der Bundesanstalt für Arbeit

Die Bundesanstalt für Arbeit stellt aufgrund ihrer gesetzlichen Verpflichtung (Arbeitsförderungsgesetz, Sozialgesetz) berufs- und bildungsbezogene Informationen für Interessenten und speziell für die Beratungsdienste bereit. Seit über 20 Jahren gibt die Bundesanstalt das Nachschlagwerk "Einrichtungen zur beruflichen Bildung" (EBB) heraus. In dieser zentralen Dokumentation werden z.Z. über 60.000 Bildungsmöglichkeiten in 15 Bänden dokumentiert. Durch Mehrfachangebote der Träger werden auf diese Weise über 200.000 Angebote aufbereitet und zusammengestellt. Die EBB ist eine Arbeitsgrundlage insbesondere für die Berufsberater, Arbeitsvermittler und Arbeitsberater der Arbeitsämter. Sie wird aber auch in Betrieben und Bildungsinstitutionen genutzt. Eine regionale und sektorale Differenzierung dieses Nachschlagwerkes ist in der Schriftenreihe "Bildung und Beruf" der Bundesanstalt vorgenommen worden. In diesem Printmedium werden Qualifizierungsmaßnahmen und Trägereinrichtungen aufgelistet, getrennt nach unterschiedlichen Bildungsbereichen und verschiedenen Regionen/Bildungsräumen (TIBB 1989).

Die technische Entwicklung und der Aufbau regionaler Datenbanken im Bildungsbereich haben die Bundesanstalt für Arbeit veranlaßt, DV-gestützte Informationen u.a. auf der Grundlage der EBB zu vermitteln. Im Projekt "coBer" (computerunterstützte Beratung) wird ein überregionales (bundesweites) Informationssystem bei der Bundesanstalt entwickelt. Ziel dieses Unternehmens ist es, die DV-gestützte Berufs- und Umschulungsberatung der regionalen Arbeitsämter zu erleichtern. Das System kann auf verschiedene Funktionsbereiche zurückgreifen: Berufe und Tätigkeiten; Einrichtungen zur beruflichen Bildung (EBB); Einrichtungen zur beruflichen Bildung Behinderter; Berufsübersichten; Betriebe/Institutionen; berufskundliche Meldungen. Für diese Bereiche stehen dem System spezielle Datenbanken zur Verfügung. Der zentral verwaltete Datenbestand steht den Berufsberatern der einzelnen Arbeitsämter ab Mitte 1990 zur dezentralen Abfrage zur Verfügung.

Eine Weiterentwicklung der EBB beabsichtigt die Bundesanstalt durch das System BAWIS (Berufliches Aus- und Weiterbildungs-Informations-System). Die Konzeptentwicklung hat das Institut der deutschen Wirtschaft übernommen. Es ist vorgesehen, daß diese Weiterbildungsdatenbank vornehmlich durch Unternehmen (insbesondere Klein- und Mittelbetriebe) sowie Organisationen der Wirtschaft genutzt wird. Durch eine Online-Verbindung sollen Betriebe, Institutionen, aber auch einzelne Weiterbildungsinteressierte die Informationen der EBB über das Datex-P-Netz der Bundespost abrufen können (Pieper 1990).

Darüber hinaus hat sich die Bundesanstalt für Arbeit im Rahmen einer Initiative des Bildungsministeriums bereiterklärt, allen regionalen Weiterbildungsdatenbanken einen Zugriff auf die "Einrichtungen zur beruflichen Bildung" zu ermöglichen (siehe Punkt 4.).

4.4 Sektorale Systeme

Bei der Abgrenzung der Angebote im Bereich der wissenschaftlichen Weiterbildung treten ähnliche Probleme wie bei der beruflichen Weiterbildung auf. Vor allem mußte ein konkreter Arbeitsbegriff von "wissenschaftlicher Weiterbildung" gefunden werden. Bestimmend für die Abgrenzung von Angeboten der wissenschaftlichen Weiterbildung sind die Trägerschaft der Veranstaltungen und die angesprochenen Zielgruppen.

4.4.1 Informationssystem wissenschaftliche Weiterbildung

Das an der Fernuniversität Hagen angesiedelte Projekt "Fortschreibungsfähige Dokumentation wissenschaftliche Weiterbildung" (Zentrales Institut für Fernstudienforschung) hat das Ziel, die Transparenz für Nutzer und Anbieter von wissenschaftlicher Weiterbildung zu erhöhen. Dazu wird eine überregionale Datenbank für den Bereich der wissenschaftlichen Weiterbildung erprobt. Es wird eine lauffähige Version auf einem Hostrechner der Fernuniversität eingerichtet. Seit April 1990 sind die größeren Studienzentren der Fernuniversität mit dieser Datenbank ausgerüstet. Bisher sind 1500 Angebote aufgenommen, die ständig aktualisiert werden.

In die Dokumentation werden Angebote des wissenschaftlichen Studiums in der Trägerschaft der Hochschulen aufgenommen, die sich inhaltlich und organisatorisch an berufstätige Erwachsene richten. Diese Angebote sollen neben einem konzeptionellen Bezug zur Berufspraxis einen berufsbegleitenden Charakter haben. Des weiteren werden Angebote der wissenschaftlichen Weiterbildung in anderer Trägerschaft (als Hochschulen) aufgenommen, die sich in erster Linie an Berufstätige in akademischen Berufen und in Führungspositionen richten. Außerdem werden Tagungen, Kongresse und Symposien, die sich an die genannten Zielgruppen richten, in der Datenbank abgespeichert.

Die Datenbank der Fernuniversität Hagen ist so angelegt, daß die Nutzung der Datenbank über ein Auswahlmenü gesteuert wird. Dabei kann der einzelne Interessent selbst bestimmen, ob er nach Schlagworten, Fachgebieten, Ort, Bundesland und Terminen suchen will. Diese Kriterien kann er miteinander verknüpfen, wobei er jeweils durch Hilfsmenüs unterstützt wird. Nach einem Suchvorgang werden dann entsprechende Angebote am Bildschirm aufgelistet. Über diese Veranstaltungen kann er sich eine Kurzinformation holen (über Titel, Fachgebiet, Veranstaltungsort, Referent und Termin) oder eine Vollinformation ausgeben lassen. Diese umfaßt alle Variablen einschließlich der Inhaltsangabe der Veranstaltung (d.h. neben den Kriterien der Kurzinformation noch Schlagwort, Adressaten, Teilnahmevoraussetzungen, Veranstaltungsart, Studienorganisation, Abschluß, Kosten, Anmeldung und ergänzende Bemerkungen).

4.4.2   Datenbank POLIS (Universität Bielefeld)

Eine weitere Initiative im Bereich der wissenschaftlichen Weiterbildung ist das System POLIS, das von der Universität Bielefeld zusammen mit dem Arbeitskreis Universitäre Erwachsenenbildung (AUE) aufgebaut wird. Dieses System soll zunächst regional und dann in einer weiteren Ausbaustufe landes-, bundes- und europaweit Informationen zur wissenschaftlichen Weiterbildung sammeln, aufbereiten und vermitteln. Es sollen Dateien über Experten, Seminare, Literatur, Institutionen und Forschungsergebnisse aus dem Bereich der wissenschaftlichen Weiterbildung angelegt werden. Aufgrund der zentralen Erfassung in Bielefeld soll dieses System eine individuelle und differenzierte Beratung ermöglichen.

4.5   Beratungsorientierte Systeme[1])

Die Daten des Weiterbildungsangebots werden dem Bildungsinteressenten durch die Datenbanken bekannt gemacht. Außerdem übernehmen dies verschiedene Einrichtungen, die die Nachfrager individuell hinsichtlich gesellschaftlicher und beruflicher Bildungschancen beraten (Kramer 1990). Sie üben auf diese Weise eine Steuerungsfunktion bezüglich der Weiterbildungsbeteiligung aus, die der Präzisierung der individuellen Bildungswünsche und der Förderung der Motivation dient sowie bei der Auswahl der Angebote hilft (in diesem Zusammenhang siehe auch Koch/Kraak/Schneider 1989 und Grühn/Heering/Schroeder 1990).

---

1) Vgl. auch den Beitrag Schiersmann/Thiel in in diesem Band.

Inwieweit eine Datenbank ein Instrument zur Unterstützung und Fortentwicklung bereits existierender Beratungsaktivitäten sein kann, wird in einem Modellversuch des Bundesinstituts für Berufsbildung untersucht. Ziel dieses Modellversuchs ist es, die Auswirkungen der Verflechtung von Dokumentation, Information und Beratung im Rahmen eines DV-gestützten Informationssystems auf die Qualifizierungsberatung zu untersuchen und zu ermitteln, inwieweit mit dieser Form der Informationsaufbereitung und -distribution neue Wege im Bereich der beruflichen Weiterbildungsinformation und -beratung beschritten werden können.

Im Rahmen dieses Modellversuchs werden die Qualifikationsberater des Bildungswerks der Hessischen Wirtschaft und die Weiterbildungsberater der Arbeitsgemeinschaft hessischer Industrie- und Handelskammern vor Ort mit der Nutzung der Datenbank vertraut gemacht. Als Basis für diese Datenbank wird das System WIS der Kammern genutzt.

Durch Seminare und Supervision soll die Kompetenz der Berater erweitert werden (Lau-Villinger 1990). Unterschiede und Gemeinsamkeiten in entsprechenden Beratungsstrukturen sollen aufbereitet und als exemplarische Beratungsergebnisse in der Datenbank gespeichert werden. Durch diese standardisierten Informationen soll die Arbeit der Weiterbildungs- und Qualifizierungsberater erleichtert und die Zusammenarbeit im Bereich der didaktisch-methodischen Gestaltung der Beratungsarbeit institutionsübergreifend gefördert werden.

Um die Datenbank besser zu nutzen, ist ein Marketingkonzept entwickelt worden. Es soll insbesondere den Informations- und Beratungstransfer in regionale Einrichtungen fördern.

5.   Konzertierte Aktion Weiterbildung

Der Bundesminister für Bildung und Wissenschaft hat Ende 1987 die "Konzertierte Aktion Weiterbildung" (KAW) ins Leben gerufen mit dem Ziel, die Weiterbildung zu einem gleichwertigen Teil des Bildungswesens auszubauen. Eingeladen zu diesem Forum waren Vertreter des Bundes, der Länder und der Gemeinden sowie der Spitzenverbände der Wirtschaft, der Gewerkschaften, der Kirchen, der Hochschulen, der Volkshochschulen und der Kulturarbeit.

Anfang 1988 haben sich sechs Arbeitskreise in der KAW gebildet, um Perspektiven und gemeinsame Konzepte zu unterschiedlichen Themen der Weiterbildung zu entwickeln. Ein Arbeitskreis "Weiterbildung und Öffentlichkeitsarbeit" hat sich mit den bildungspolitischen Voraussetzungen und konzeptionellen Vorstellungen von Datenbanken sowie der Beratung befaßt. Eine Arbeitsgruppe hat Empfehlungen zu Weiterbildungsdatenbanken und zur Weiterbildungsberatung vorgelegt, die im Juli 1989 in diesem Arbeitskreis verabschiedet wurden. Die Empfehlungen zu Weiterbildungsdatenbanken zielen darauf hin, die Kompatibilität von Leistungen der Datenbanken zu ermöglichen und Kooperationen in Form von Vernetzungen in diesem Bereich anzubahnen.

Sie sehen vor, Datenbanken mit unterschiedlicher Organisationsstruktur für regionale Besonderheiten aufzubauen, die über eine zentrale Stelle koordiniert werden. Dabei sollen insbesondere die Datenpflege und die Festlegung des Schlagwortverzeichnisses abgestimmt werden. Die aufzubauenden Systeme, überwiegend in kommunaler oder Länderverantwortung, sollen offen für unterschiedlich strukturierte Weiterbildungsangebote sein.

Die Bundesanstalt für Arbeit in Nürnberg hat sich bereit erklärt, allen regionalen und überregionalen Datenbanken das Datenmaterial der "Einrichtungen zur beruflichen Bildung" (EBB) zugänglich zu machen. Voraussetzung für diese Kooperation ist, daß die regionalen Datenbanken die Informationsmerkmale des EBB benutzen, um die Kompatibilität der Systeme zu gewährleisten.

Mit den Angeboten der regionalen Weiterbildungsdatenbanken sollen zielgruppengerechte Informationsmöglichkeiten für interessierte Bürger, Berater, Betriebe und Träger zur Verfügung gestellt werden. In diesen Datenbanken sollen Auswertungsmöglichkeiten vorgesehen sein, die eine Planungsgrundlage für das regionale Bildungsangebot bieten. Dabei sollen die Träger der regionalen Datenbanken selbst entscheiden, welche Angebote aufgenommen und mit der Bundesanstalt ausgetauscht werden.

Die Empfehlungen der KAW zur Weiterbildungsberatung gehen davon aus, daß die zunehmende Komplexität und Unübersichtlichkeit des Bildungswesens ein erweitertes Beratungsangebot verlangt. Weiterbildungsdatenbanken können die Arbeit der Weiterbildungsberatung unterstützen, die Datenbanken können die Beratungsleistungen aber nicht ersetzen. Eine reine Informationsvermittlung reicht nicht aus. Es sollte ein flächendeckendes, nutzernahes, inhaltlich umfassendes, flexibles, aktuelles und trägerübergreifendes Beratungssystem angestrebt werden. Dieses Beratungssystem sollte auf der Kooperation aller Beratungsdienste aufbauen. Es sollte dem Informations- und Beratungsbedarf des einzelnen, bestimmter Zielgruppen, der Betriebe und dem Arbeitsmarkt gerecht werden. Ein noch zu schaffendes Netz von Weiterbildungsdatenbanken soll eine Grundlage der Zusammenarbeit von Weiterbildungsträgern, Beratungsdiensten und Entscheidungsträgern sein und deren Arbeit verbessern helfen.

Bestehende Beratungsdienste sollen intensiviert und weitere Bildungsberatungsangebote entsprechend dem regionalen Bedarf aufgebaut werden. Es ist insbesondere die Aufgabe von Kommunen und Kammern, Initiativen zur Einrichtung trägerübergreifender Weiterbildungsberatungen zu ergreifen. Solche Beratungsstellen sollten eng mit bestehenden Beratungsdiensten zusammenarbeiten (siehe hierzu auch Helle 1990).

6. Kosten und Finanzierung

Die Sach- und Personalkosten der Datenbanken sind bisher nicht zentral erhoben und vergleichbar gemacht worden. Sie sind zum Teil in öffentlichen Haushaltsrechnungen enthalten, zum Teil in Haushalten von Kammern, kommunalen Zweckverbänden und anderen Organisationen. Gemessen am gesamten Volumen dieser Haushalte haben die Ausgaben für Datenbanken nur ein geringes Gewicht. Einige Banken benötigen für ein kleines Büro mit einfacher Ausstattung und 2 bis 3 Beschäftigten Beträge in der Größenordnung von einigen hunderttausend Mark, in anderen Fällen erreicht der Finanzbedarf ein Mehrfaches dieser Größe. Die im folgenden beispielhaft genannten Zahlen sind als Hinweise auf Größenordnungen zu verstehen, nicht als Ergebnis einer fundierten Faktensuche und Analyse. Dabei wird soweit möglich unterschieden zwischen System- bzw. Betriebskosten, die für die Betreiber der Datenbanken entstehen (z.B. für Kommunen), und Kosten, die auf der Nachfrageseite entstehen (z.B. für Nutzer oder Anbieter).

Die Berliner Datenbank z.B. stand 1989 im Haushalt des Senats mit DM 560.000 zu Buche und im Voranschlag für 1990 mit DM 900.000. Die Erweiterung der Aufgabe in Richtung Ostberlin und Brandenburg verlangte zusätzliche Mittel. Der Berliner Senat finanziert außerdem Beratungsstellen, auf die von der Datenbank verwiesen werden kann. Die Hamburger Datenbank hatte 1990 ein Ausgabevolumen von DM 250.000. Dazu kommen aber noch 1,1 Mio. DM für die Beratungsdienste.

Die Kostenunterschiede sind zum Teil im Umfang der zu bedienenden Bevölkerung und Wirtschaft begründet, vor allem aber in der Art der Leistung und in der Arbeitsteilung. Gehört zu der Leistung eine intensive persönliche Beratung, so steigert dies den Aufwand weit über das hinaus, was der "technische" Betrieb und die einfache Datenvermittlung kosten. Die Kostenzurechnung verändert sich, wenn die Beratungsfunktion weitgehend ausgelagert ist, d.h. von den Arbeitsämtern, Kammern und anderen Organisationen zweckgemäß angeboten wird. Regionale und lokale Kooperation bei klarer Arbeitsteilung erscheint als vorteilhafter.

Die damit gegebene Verteilung der Finanzlast läßt sich fortführen, indem ein Teil der Nutzer, insbesondere private Firmen, an den Kosten beteiligt werden.

Bislang hat der DIHT/ZDH für potentielle Nutzer eine differenzierte Kostenaufstellung vorgelegt. Zum Beispiel wurden Betrieben, die das System WIS 1990 nutzten, folgende Kosten in Rechnung gestellt: Soweit sie über einen direkten Anschluß an das System verfügen, wird eine Gebühr von DM 50,- pro Monat in Rechnung gestellt. Dieser Grundpreis ist abrecherchierbar, wobei sich ein Recherchepreis von je DM 0,20 pro Suchanfrage und Langtextausdruck ergibt. Zu diesen Kosten würden noch monatliche Betriebskosten für den Anschluß an das Datex-P-Netz der Bundespost von 180,- DM kommen und die Übertragungsgebühr je nach der Menge der Daten.

Einem Weiterbildungsanbieter werden vom DIHT/ZDH ein Grundpreis von DM 30,- pro Monat und ein Speicherpreis von DM 0,30 pro Veranstaltung berechnet. Der Preis für das Erfassungsprogramm beläuft sich einmalig auf DM 100,-. Auch bei diesem Direktanschluß eines Trägers an WIS kommen noch die Kosten für den Datex-P-Anschluß hinzu.

Für beide Beispiele wird eine entsprechende technische Ausstattung vorausgesetzt. Sonst müßten zu den aufgeführten Betriebskosten noch die Anschaffungskosten z.B. für Personalcomputer, Drucker, Emulation, Modem und Software von ca. DM 10.000,- hinzugerechnet werden (alle Preisangaben ohne Mehrwertsteuer).

Für die Beteiligung der Nutzer an den Kosten gibt es sehr unterschiedliche Ansätze. Die Hamburger Datenbank hat zum Beispiel einen Sonderservice eingerichtet, in dessen Rahmen oftmals für Institutionen spezielle Recherchen erstellt oder Broschüren angefertigt werden. Ein Datenbankabonnement kostet für WISY DM 30,-; dafür wird ein Update, d.h. die neueste Version der Daten, zum Selbstkostenpreis für einen Interessenten erstellt.

Hervorzuheben ist, daß die Höhe der laufenden Kosten entscheidend durch die Intensität der Beratung bestimmt ist, die sich mit der Information verbindet oder in besonderen Organisationen komplementär angeboten wird.

7.   Probleme im Ausblick

Den Markt der Weiterbildung für alle Beteiligten transparenter zu machen ist das erklärte Ziel zahlreicher Informationssysteme, die seit Beginn der 80er Jahre unter verschiedenen Namen in allen Teilen der Bundesrepublik entstanden sind. Ob sich die vereinfachende Bezeichnung dieser Aktivitäten als "Datenbanken" durchsetzen wird, bleibt abzuwarten. Eine Ausdehnung auf die Gebiete der früheren DDR ist beabsichtigt.

Aus den Berichten dieser Banken ist auf eine starke Nachfrage nach ihren Diensten zu schließen. Diese Nachfrage war allerdings auch durch sehr intensive und kostspielige Werbung gefördert worden, meist verbunden mit dem Hinweis auf die Gebührenfreiheit der angebotenen Informationsdienste. Dies war möglich, weil die Banken in der Regel aus öffentlichen Mitteln finanziert wurden. Die Geldgeber haben dabei oft von einer Anlaufphase gesprochen. Nach deren Ablauf werde es nötig sein, von den Nutzern ganz oder teilweise kostendeckende Gebühren zu verlangen und so den marktwirtschaftlichen Prinzipien Genüge zu tun.

Die Frage, ob das gelingen wird, ist schwer zu beantworten. Der Weiterbildungsmarkt ist von ganz anderer Art als etwa der Touristikmarkt oder die Märkte handwerklicher Dienste. Ein großer Teil der Weiterbildung sind geschlossene Veranstaltungen für Mitarbeiter von Betrieben und Einrichtungen des öffentlichen Dienstes. Ein anderer großer Teil wird durch die Arbeitsämter gesteuert, die sozusagen in Vertretung der zu den Kosten nichts beitragenden individuellen Nutzer von Weiterbildung als Vertragspartner der Anbieter handeln und Programme ebenso wie Preise stark bestimmen. Die Volkshochschulen und die Hochschulen können ihre Dienste dank öffentlicher Subvention zu Preisen anbieten, die keine Kostenpreise sind. Die kommerziellen Anbieter von Weiterbildung gedeihen nur deswegen in großer Zahl, weil die Preise, die sie von den Kursteilnehmern erhalten, entweder von deren Firmen oder von der Arbeitsverwaltung erstattet werden oder bei der individuellen Steuererklärung partiell vom Einkommen absetzbar sind.

Diese Beispiele für die Fragwürdigkeit der Bezeichnung Markt im Bereich der Weiterbildungsaktivität sollen darauf hinweisen, daß es bisher offen ist, ob die weitere Arbeit der Datenbanken eher privatwirtschaftlich oder staatlich geordnet werden wird. Die Diskussion darüber hat begonnen, aber ihr Resultat ist nicht abzusehen. Es gibt starke Argumente, die Effizienz der Banken durch marktwirtschaftliche Anreize zu sichern, aber auch gute Gründe, unter anderen regionalpolitische Gründe, die Banken eher der Infrastruktur zuzurechnen, die nach Prinzipien des öffentlichen Dienstes zu behandeln ist. Das Erheben kostendeckender Gebühren für die Leistungen der Banken würde vermutlich die Bildungsbarrieren für einen Teil der potentiellen Nutzer mit unerwünschter Wirkung erhöhen.

Außer vom Finanzierungsmodus ist die künftige Entwicklung der Datenbanken von der Nützlichkeit und Attraktivität ihrer Leistungen abhängig. Es wird oft unterstellt, daß sich die den Nachfragern gegebenen Informationen unmittelbar in die Belegung von Kursen und in das Abschließen von Kursen umsetzen. Wieweit diese Annahme zutrifft, ist aber völlig offen, weil es diesbezügliche Rückmeldungen und Evaluierungen nicht gibt. Bemühungen, den regelmäßigen Dialog zwischen Banken und Nutzern zu ermöglichen, stehen in den ersten Anfängen.

Es ist sehr wahrscheinlich, daß mit dem Sammeln, Klassifizieren und Ausgeben von Daten über die Weiterbildungsangebote ein Nutzen verbunden ist. Die bisherige Erfahrung spricht dafür, daß dieser Nutzen für Endverbraucher, Anbieter und zwischengeschaltete Institutionen, wie Arbeitsämter oder Unternehmen der Wirtschaft, künftig mehr belegbar gemacht werden kann und auch steigerbar ist. Einen Computerausdruck über Angebote zu erhalten ist wahrscheinlich in vielen Fällen nützlich. Ist aber eine persönliche Beratung über dies Angebot möglich, dann dürfte sich der Nutzen sehr erhöhen. Dabei kann auch die Funktion des Verbraucherschutzes Bedeutung gewinnen. Beurteilungen der Qualität der von ihnen vermittelten Angebote zu geben ist bisher von den Banken nur zögernd angestrebt worden. Rückmeldung der Nutzer zu organisieren erscheint als eine Aufgabe der Zukunft.

Die zunehmende Verfügbarkeit von Personalcomputern in privaten Haushalten, Firmen und Dienststellen könnte dazu führen, daß weit mehr als bisher der direkte Zugriff der Nutzer auf die Bestände der Datenbanken ermöglicht wird. Es wird angestrebt, diese Möglichkeit des Dialogs mittels Computer auszubauen.

Die viel erörterte Frage der Zentralität oder Dezentralität der Weiterbildungsinformation wird übereinstimmend so beantwortet, daß eine Mischung und eine Kooperation von überregionalen und regionalen Diensten als anerkannter Weg in die Zukunft gelten kann. Da das regionale Angebot von Weiterbildung kaum irgendwo alle Themenbereiche hinreichend abdeckt, ist der überregionale Verbund der Systeme eine notwendige Ergänzung. Für die regionale Entwicklung der Weiterbildung erscheint der Ausbau von dezentralen Beratungsdiensten, die sich auf Daten aller einschlägigen Informationssysteme stützen, als wichtigste Aufgabe.

Literatur

BIBB-WORKSHOP 1989: Weiterbildungs-Informationssysteme Berlin 1989. Bundesinstitut für Berufsbildung (Hrsg.), Berlin/Bonn 1989. Fachinformation zur beruflichen Bildung, Heft 2.

BIBB-Workshop 1990: Information und Beratung Berlin 1990. Horst Kramer (Hrsg.), Berlin/Bonn 1990. Fachinformation zur beruflichen Bildung, Heft 4.

Grühn, D./Heering, W./Schroeder, K.: Plädoyer für ein integriertes Konzept von Weiterbildungsdatenbanken und Beratung. In: BIBB-Workshop 1990, a.a.O.

Helle, R.: Empfehlungen zu Weiterbildungsdatenbanken und zur Weiterbildungsberatung. In: BIBB-WORKSHOP 1990, a.a.O.

Herpich, M./Krüger, D.: Forschungsbericht zum Projekt: Informationssystem berufliche Weiterbildung 1989. In: BIBB-WORKSHOP 1989, a.a.O.

Koch, J./Kraak, R./Schneider, P.-J.: Weiterbildungsdatenbank schafft Grundlagen zur Qualifizierungsberatung. In: TIBB - Technische Innovation und Berufliche Bildung, 2/89, S. 36-38.

Kramer, H.: Weiterbildungsinformationssysteme - Analysen und bildungspolitische Empfehlungen 1989a. In: Berufsbildung in Wissenschaft und Praxis, Heft 3, 1989, S. 18-22.
Ders.: Zur Konzeption von Weiterbildungsdatenbanken 1989b. In: BIBB-WORKSHOP 1989, a.a.O.

Ders.: Information und Beratung. In: Grundlagen der Weiterbildung. Praxishilfen. Neuwied 1990.

Lau-Villinger, D.: Qualifizierungs- und Weiterbildungsberatung - Aufgaben, Qualifikation und Qualifizierung. In: BIBB-WORKSHOP 1990, a.a.O.

Pieper, A.: Datenbankkonzept für die Einrichtungen zur beruflichen Bildung (EBB). In: BIBB-WORKSHOP 1990, a.a.O.

TIBB 1989: EBB - Nachschlagewerk und Datenbank der Aus- und Weiterbildungsmöglichkeiten. In: TIBB - Technische Innovation und berufliche Bildung, 3/89, S. 62-69.

Antonius Lipsmeier

Individuelle Strategien in der beruflichen Weiterbildung als Beitrag zur Kompensation regionaler Disparitäten

1. Begründungen von individuellen Strategien

Die regionalen Disparitäten in der beruflichen Weiterbildung, Angebot und Teilnahme betreffend, sind eine allseits konstatierte und mehrfach untersuchte Erscheinung in der beruflichen Weiterbildung (vgl. Dobischat/Wassmann 1984, Beitrag Dobischat in diesem Band). Die Bereitstellung eines flächendeckenden, die regionalen Besonderheiten (Bevölkerungs-, Wirtschaftsstrukturen) berücksichtigenden Grundangebotes (vgl. Bocklet 1975, S. 139ff.) stößt auf Schwierigkeiten, vor allem organisatorischer und finanzieller Art; darüber hinaus gibt es aber auch Informationslücken über die jeweiligen regionalen und damit auch individuellen Bedarfslagen, und zwar sowohl aus gesellschaftlicher als auch aus individueller Sicht, die den Zugang zu Weiterbildung in regional unterschiedlicher Weise beeinflussen dürften. Über institutionalisierte Weiterbildung allein ist der Lösung dieser Probleme nicht beizukommen. In dieser Situation gewinnen Überlegungen zur Individualisierung der Versorgung mit Bildung, in diesem Falle also mit beruflicher Weiterbildung in ihren unterschiedlichen Ausformungen (vgl. Lipsmeier 1989), hohe Bedeutung, was auch schon bei der Entwicklung der Idee des flächendeckenden Grundangebots mitgedacht worden war (vgl. Bocklet 1975, S. 141f.). Diese Überlegungen gehen von der Annahme aus, daß auf diese Weise eine Kompensation oder Harmonisierung regionaler Disparitäten gelingen könne.

Die hier zu behandelnden Strategien lassen sich zweifach unterscheiden: Zum einen kann die Aktivität zur Teilnahme an beruflicher Weiterbildung vom einzelnen ausgehen, und auch die Verantwortung für die Durchführung (einschließlich Finanzierung etc.) liegt überwiegend beim einzelnen Arbeitnehmer (bzw. Arbeitsuchenden); in diesem Fall kann man von individuellen Strategien sprechen. Zum anderen können Anstoß und Anreiz von anderer Seite (im Falle beruflicher Weiterbildung überwiegend vom Betrieb) kommen, während die Organisation (einschl. Finanzierung) überwiegend dem Individuum zugeschoben wird; diese Variante kann als Individualisierungsstrategie bezeichnet werden. Da in der Praxis die Grenzen häufig nicht scharf zu ziehen sind bzw. da Überlappungen vorkommen, werden sie hier gleichgesetzt und synonym behandelt, obwohl es sicherlich zwischen diesen beiden Formen, z.B. unter lernpsychologischen und motivationalen Aspekten, erhebliche Unterschiede gibt.

Die genuin pädagogische Begründung für individuelle Strategien des Lernens im allgemeinen, aber auch in der beruflichen Weiterbildung, liegt darin, daß letztlich jede Erziehung eine Selbsterziehung darstellt, eine bei Pädagogen wie auch bei Psychologen nahezu unumstrittene Erkenntnis, die aber trotz ihrer Plausibilität im Bereich der beruflichen Weiterbildung nicht ohne gesellschaftliche Folgen ist. Harney faßt dieses Spannungsverhältnis von Eingebundensein in das berufliche Weiterbildungssystem mit seinen segmentierenden Zugangsmöglichkeiten einerseits und privatisierter Zugänglichkeit andererseits in Anlehnung an die Systemtheorie unter der Begrifflichkeit von Inclusion und Deinclusion (Harney 1990, S. 32f.) zusammen, wobei er der Individualisierung gerade im Bereich der beruflichen Weiterbildung eine große Bedeutung zumißt.

Die gesellschaftliche Begründung für mehr Eigeninitiative und Eigenverantwortung auch in Lernprozessen der beruflichen Aus- und Weiterbildung (vgl. BMBW 1982, S. 53) liegt in der Demokratisierungsdiskussion und der Verstärkung von Demokratisierungsprozessen seit den späten 60er Jahren, von denen auch das Bildungswesen nicht "verschont" blieb. Erinnert sei beispielsweise an die KMK-Erklärung vom 25.5.1973 "Zur Stellung des Schülers in der Schule", wo festgelegt wird: "Der Schüler soll seiner persönlichen Reife, seinem Kenntnisstand und seinen Interessen entsprechend Gelegenheit erhalten, sich im Rahmen der Unterrichtsplanung an der Auswahl des Lehrstoffes, an der Bildung von Schwerpunkten und an der Festlegung der Reihenfolge durch Aussprachen, Anregungen und Vorschläge zu beteiligen. Diese Mitwirkung des Schülers an der Gestaltung des Unterrichts soll auch bestimmte Methodenfragen einschließlich der Erprobung neuer Unterrichtsformen umfassen" (KMK 1975, S. 304). Wenn das schon für die Schule gelten soll: wieviel mehr dann für Hochschule und Weiterbildung! Erinnert sei aber auch an die Empfehlung der Bildungskommission des Deutschen Bildungsrates von 1973: Zur Reform von Organisation und Verwaltung im Bildungswesen, Teil I: Verstärkte Selbständigkeit der Schule und Partizipation der Lehrer, Schüler und Eltern, Stuttgart 1973.

In diesen Kontext gehört natürlich auch die Diskussion der Bildungsexpansion (vgl. Körnig 1979), da Untersuchungen in den 60er Jahren regionale Benachteiligungen ("Landbewohner") ergeben hatten; darauf kann hier nicht näher eingegangen werden.

All diese Überlegungen und Maßnahmen sollten der Begünstigung und Förderung von individuellen Strategien dienen. Daß darüber hinaus auch der Expansion der institutionalisierten Bildung, auch im Bereich der Weiterbildung, eine große Bedeutung - sogar die vorrangige - zugemessen wurde, soll hier lediglich erwähnt, aber nicht weiter thematisiert werden.

In jüngerer Zeit mehren sich, sieht man einmal von den weitgehend unerfüllt gebliebenen Hoffnungen ab, die mit der programmierten Unterweisung in der betrieblichen Aus- und Weiterbildung verbunden waren (vgl. Beelitz 1977), die Anzeichen dafür, daß aus unterschiedlichen Gründen Individualisierungsstrategien in unterschiedlichen Lernkontexten (Lernort-Arrangements) für diesen Bildungsbereich verstärkt propagiert und implementiert werden. Die Gründe für diese Strategien sind im wesentlichen die folgenden:

- selbstorganisiertes Lernen stärkt über die Eigenverantwortlichkeit die Lerneffizienz;
- selbstorganisiertes Lernen ist weitgehend unabhängig vom Standort der Bildungseinrichtung und damit regionsneutral;
- selbstorganisiertes Lernen schafft Freiräume für Lerninhalte (Auswahl und Kombinierbarkeit in der Regel größer als in organisierter/trägergebundener Weiterbildung), Lernzeit (auch abends, samstags usw.) und Lerngeschwindigkeit;

- selbstorganisiertes Lernen begünstigt Anonymität und Diskretion und befreit vom Gruppenzwang/-druck und von der Gruppenkontrolle (privat und gesellschaftlich);
- selbstorganisiertes Lernen erlaubt vielfältige, nahezu unbegrenzte Wiederholungsmöglichkeiten;
- selbstorganisiertes Lernen ist, weil weitgehend als privates Lernen (auch außerhalb der Arbeitszeit) konzipierbar, aus der Sicht von Betrieben ein kostengünstiges Lernen (Privatisierung von Gemein- bzw. Betriebskosten);
- selbstorganisiertes Lernen bedarf keiner bestimmten Gruppengröße einer Lerngruppe.

Diesen scheinbaren oder auch tatsächlichen Vorteilen stehen aber auch erhebliche Bedenken oder Nachteile gegenüber:

- Individuelle Lernerfahrungen und Lernstrategien können zumeist durch das wenig flexible, fremdentwickelte Lehrmaterial/Lehrmedium nicht berücksichtigt werden;
- individualisiertes Lernen ist häufig isoliertes, kontaktarmes Lernen; es kann zur Vereinsamung und zur Resignation führen;
- individualisiertes Lernen gestattet in aller Regel nicht, und zwar wegen der Inflexibilität der Materialien/Medien, die Berücksichtigung oder die Einbringung aller Lernzielbereiche (vor allem nicht oder nur marginal des psychomotorischen, ebenfalls nur sehr schwer des affektiven Lernbereichs) und aller Lernzielstufen aus den Lernzielhierarchien, vor allem nicht die der höherwertigen;
- individualisiertes Lernen ist häufig wenig unmittelbar, anschaulich, situations- oder praxisbezogen (Ausnahme: interaktiver computerunterstützter Unterricht, kombiniert mit Video oder Bildplatte);
- individualisiertes Lernen verlagert Probleme des Lernens und auch die Risiken des Scheiterns in die Privatheit und individualisiert damit möglicherweise kollektive Probleme (Reprivatisierung des Weiterbildungsrisikos);
- individualisiertes Lernen vergrößert die Risiken der Verwertbarkeit von Qualifikationen, da diese Form des Lernens häufig weniger abschlußbezogen und daher auch weniger zertifizierbar ist.

Im folgenden kann auf dieses umfangreiche Bündel der Vor- und Nachteile von Individualisierungsstrategien nicht im Detail eingegangen werden. Es soll lediglich untersucht werden, ob die in Frage kommenden Strategien geeignet sind, regionale Disparitäten in der beruflichen Weiterbildungsteilnahme zu mildern.

Folgende Individualisierungsstrategien sind im Zusammenhang mit der Weiterbildung relevant und auch anzutreffen:

a) Fernunterricht,
b) computerunterstütztes Training (CUU/CBT),
c) Bildungsfernsehen (wird hier nicht behandelt),
d) mobile Weiterbildungseinrichtungen (werden hier nicht behandelt),
e) Leittext-Methoden/Arbeitskarten (lernortgebunden),
f) kooperative Selbstqualifikation (lernortgebunden).

Auf die ersten beiden Strategien wird deswegen vertieft eingegangen, weil sie im Bereich der beruflichen Weiterbildung eine besondere Rolle spielen; das ist für die beiden letztgenannten (noch) nicht der Fall, die deswegen nur kursorisch behandelt werden.

2. Fernunterricht/Fernstudium

Fernunterricht und Fernstudium gelten als klassische individuelle Strategien (vgl. Rebel 1969; Haagmann 1974). Der berufliche Fernunterricht blickt auf eine etwa einhundertjährige Geschichte zurück. Gegenwärtig bieten etwa 100 Institutionen berufsbezogenen Fernunterricht an; darüber hinaus haben in den letzten Jahren zunehmend Großfirmen die Vorteile dieses Lernsystems erkannt und Eigenentwicklungen betrieben. Auch in der Umschulung bedient man sich zunehmend dieses Bildungsmediums (vgl. Baron/Feldmann 1989, S. 27ff.), hier als "open learning" bezeichnet.

Ein genauer Überblick über den Verbreitungsgrad des beruflichen Fernunterrichts, vor allem im Zusammenhang mit betrieblicher Weiterbildung, ist nicht vorhanden. So fehlen auch Informationen über Adressaten/Nutzer, curriculare und weiterbildungsorganisatorische Einbindungen, über Probleme und Erfolge sowie über seine Effizienz.

Daß diese individuelle Strategie besonders bei unteren Qualifikationsgruppen auf Schwierigkeiten stößt, ist angesichts der Dominanz der Schriftform trotz ergänzenden Nah-/ Direktunterrichts naheliegend. Das macht auch eine BMBW-Broschüre deutlich (BMBW 1986, S. 153f.):

- Teilnehmer, die wenig Erfahrungen mit organisierten Lernprozessen gemacht haben, deren Ausbildung längere Zeit zurückliegt und die im Arbeiten mit Texten ungeübt sind, sehen die schriftliche Anleitung für das Lernen mit Lehrtexten als wenig hilfreich an. Gemessen an ihren Vorerfahrungen im eigenständigen Erarbeiten eines Gegenstandes sind diese Empfehlungen und Informationen zu allgemein gehalten und/oder können die angeleitete Einübung von Lehrmethoden nicht ersetzen. Lernungewohnte Teilnehmer müßten motiviert werden, an einführenden Seminaren über "selbständiges Lernen" teilzunehmen.

- Die Weiterentwicklung von Lernmethoden findet im Verlauf des Fernlernens an Problemen statt, die ein Vorankommen im Lehrgang behindern oder in Frage stellen. Ein für Teilnehmer mit wenig Übung im Lernen mit Texten zentrales Problem besteht im Erarbeiten eines von der Darstellungsweise und der Formulierung des Lehrtextes abgelösten Sinnverständnisses.

Zunehmend wird der berufliche Fernunterricht in die betriebliche Weiterbildung eingebunden (vgl. Maasen 1987, S. 128; Schönherr 1990, S. 214ff.). Aus der Sicht der betrieblichen Weiterbildung sprechen vor allem Kostengesichtspunkte für eine verstärkte Einbeziehung von Fernunterricht: "Da durch die Reduktion der Wochenstundenzahlen, die Vermehrung der Urlaubstage und die Möglichkeit der Arbeitszeitnutzung für Weiterbildung die Kosten für die Präsenz des Mitarbeiters im Betrieb steigen, wird es immer mehr zur Notwendigkeit, bestimmte Maßnahmen der Weiterbildung in die Sphäre außerhalb der Betriebsstätte zu verlagern" (Schönherr 1990, S. 231). Diese aus pädagogischer und gesellschaftlicher Sicht bedenkliche Privatisierung betrieblicher Weiterbildung eröffnet aber auch, was unter den hier zu verhandelnden Aspekten wichtig ist, Mitarbeitern außerhalb der zentralen Betriebsstätten, die oft in Ballungsräumen angesiedelt sind und in denen das Weiterbildungsangebot in der Regel umfassend ist, also Mitarbeitern in Zweigwerken und Außenstellen, die häufiger in dünner besiedelten Regionen ansässig sind, Weiterbildungsmöglichkeiten (vgl. Schönherr 1990, S. 220). Ein möglicherweise dort nicht angebotener Nah-/Direktunterricht wird offensichtlich von Interessenten nicht so sehr als Nachteil von Fernunterricht angesehen (vgl. Kammerer 1988, S. 61 und S. 75), ein eigentlich recht erstaunlicher Befund.

Da der Fernunterricht seit der Verabschiedung des Gesetzes zum Schutz der Teilnehmer am Fernunterricht (Fernunterrichtsschutzgesetz) vom 24.08.1976 als Weiterbildung mit "geprüfter Qualität" (Ehmann 1986, S. 17f.) angesehen werden kann, kommt ihm eine besondere Bedeutung zu, da er in aller Regel (bei mehr als 80% der Teilnehmer) neben einer beruflichen Tätigkeit absolviert wird (Kammerer 1988, S. 18), also als dual oder als eine spezifische Form eines Theorie-Praxis-Verhältnisses eingestuft werden kann, auch wenn die curriculare und die didaktisch-methodische Verzahnung von Theorie und Praxis auf Grund der besonderen Gegebenheiten noch zu wünschen läßt.

In ihrem Bericht "Berufliche Weiterbildung" vom 08.06.1988 hat die BLK zum beruflichen Fernunterricht folgendes ausgeführt:

- "Bedeutung bei der Vermittlung beruflicher Qualifikationen kommt auch dem Fernunterricht zu. Die Lernangebote des Fernunterrichts können unabhängig von Raum und Zeit individuell genutzt werden. Die flexiblen Einsatzmöglichkeiten von Fernunterricht sind insbesondere für solche Personen von Bedeutung, die z.B. im Hinblick auf die Arbeitsplatzsituation keine Gelegenheit sehen, sich in anderen Maßnahmen beruflich fortzubilden. In letzter Zeit ist zwar ein Anstieg des Interesses an beruflicher Fortbildung durch Fernunterricht zu beobachten, jedoch sind die Möglichkeiten, durch Teilnahme an Fernunterrichtslehrgängen den Arbeitsplatz zu sichern oder Aufstiegschancen zu verbessern, durchaus nicht ausgeschöpft.
- Fernunterricht kann auch dazu beitragen, die berufliche Weiterbildung von Mitarbeitern in kleineren und mittleren Betrieben zu intensivieren und das Angebot in Regionen mit einer schwächeren Weiterbildungsinfrastruktur zu verstärken.
- Fernunterrichtslehrgänge sollten insbesondere auch für die berufliche Weiterbildung von Mitarbeitern in kleineren und mittleren Betrieben und zur Verbesserung des Weiterbildungsangebots in Regionen mit einer schwächeren Weiterbildungsinfrastruktur stärker genutzt werden."

Eine ähnlich positive Bedeutung messen auch das BMBW bzw. der Hauptausschuß des Bundesinstituts für Berufsbildung dem beruflichen Fernunterricht bei, besonders dann, wenn zukünftig stärker dialogfähige Medien einbezogen würden (BMBW: Berufsbildungsbericht 1989, S. 148) und wenn das Angebot im beruflichen Fernunterricht, das gegenwärtig schon recht umfangreich und reichhaltig ist (vgl. BiBB/Staatliche Zentralstelle 1989), weiter ausgebaut wird.

Auch im Teilnehmerverhalten schlagen sich offensichtlich vorhandener Qualitätsbedarf sowie Angebotsvielfalt nieder; möglicherweise ist aber die relativ hohe Teilnehmerdichte in einigen Thematiken, so etwa im kaufmännisch-verwaltenden Sektor, auch Ausdruck für die vergleichsweise gute Umsetzbarkeit solcher Wissensbestände in Fernlehrangebote unter curricularen und didaktisch-methodischen Aspekten. So machten von den gut 90.000 Teilnehmern (1987) an Fernunterrichtslehrgängen insgesamt (also unter Einschluß des allgemeinen Fernunterrichts) die Teilnehmer an Thematiken zu "Wirtschaft und kaufmännische Praxis" mehr als ein Drittel aus (BMBW, Grund- und Strukturdaten 1988, S. 237). Der Trend zu abschlußbezogenen bzw. längerlaufenden berufsbildenden Fernlehrgängen hält an.

Bezüglich des hier im Vordergrund stehenden Aspekts "regionale Disparitäten" wird in der Studie von Karow hervorgehoben, daß die Fernunterrichtsteilnehmer vor allem in Ballungszentren wohnen, was durch viele Untersuchungen, auch in anderen Ländern, bestätigt wurde (Karow 1980, S. 40). Gleichwohl sind Fernunterrichtsteilnehmer in dünnbesiedelten oder infrastrukturell benachteiligten Gebieten unter Weiterbildungsteilnehmern überrepräsentiert, ein Befund, der dem Fernunterricht in diesen Regionen eine "Brückenfunktion" zukommen läßt (ebenda, S. 41). Beim Fernstudium kommt diese Brückenfunktion offensichtlich dadurch zum Tragen, "weil sich Studienwünsche mangels in der Nähe liegender Hochschulen in ländlichen Gebieten oft noch schlechter realisieren lassen als die Befriedigung weniger ambitiöser Weiterbildungswünsche" (ebenda, S. 41f., vgl. auch Körnig 1979). Hejl u.a. bestätigen in ihrer Untersuchung, in die auch kritische Würdigungen anderer Untersuchungen eingegangen sind (so u.a. als wichtige Arbeiten die von Storm und von Kustermann), die Befunde von Karow: "Nur schwach überrepräsentiert sind aber Interessenten (= Teilnehmer am Fernunterricht; Ergänzung von A.L.) aus Wohnorten mit geringer Einwohnerzahl und auch Großstädten. ... Gegenüber anderen Untersuchungsergebnissen (zeigt sich eine) ... geringere Bedeutung urbaner Ballungsräume" (Hejl u.a. 1981, S. 227). Trotz dieser Befunde und der Plausibilität einer entsprechenden Hypothese kann Ehmann in seiner empirischen Untersuchung das nicht bestätigen (ähnliche Ergebnisse auch in: BMBW 1986, S. 53); er kann es aber auch nicht widerlegen, weil die Datenlage zu komplex ist, um eindeutige Abhängigkeiten des Teilnahmeverhaltens am Fernunterricht von der regionalen Situation herausfiltern zu können. Er kommt zu folgenden Befunden (in: Albrecht/Ehmann 1983, S. 28):

- "Von den Standorten der Fernlehreinrichtungen bzw. der Direktunterweisungseinrichtungen geht eine teilnahmefördernde Wirkung in die Region hinein aus.
- Fernunterrichtsteilnehmer leben in Orten mit expandierenden Wirtschaftszweigen, so daß sie erwarten können, die investierten Mittel durch entsprechende Sicherung oder Verbesserung des Arbeitsplatzes wieder hereinzubekommen."

Dieses Ergebnis der Untersuchungen von Ehmann, daß außer einer günstigen Wirtschaftssituation auch die Versorgungs- und Bedienungssituation der Fernlehrinstitution auf die Teilnahme am Fernunterricht unter lokalen/regionalen Aspekten durchschlägt, wird ebenfalls - wenn auch nicht durchgängig (vgl. Albrecht/Ehmann 1983, S. 19ff.) - durch Untersuchungen zum Fernstudium der Fernuniversität in Hagen bestätigt, wo den Studienzentren u.a. die Funktion zugedacht worden ist, in mit Studienangeboten unterversorgten Gebieten stimulierend auf Interessenten am Studium zu wirken und das Fernstudium insgesamt zu optimieren:

"Die regionale Verteilung von Studienzentren ist in Abhängigkeit von bildungspolitischen Maßnahmen zur Beseitigung regionaler Disparitäten ... zu sehen" (Institut für Regionale Bildungsplanung 1976, S. 210); ähnliche Aufgaben (und Wirkungen) haben auch die Studienbegleitzirkel im Funkkolleg (vgl. Weinberg 1970). Dieses Planungsprinzip sollte natürlich nicht eine Unterversorgung von Ballungsgebieten zur Folge haben (vgl. Institut für Regionale Bildungsplanung 1975, S. 113). Inzwischen ist die Funktion von Studienzentren auf regionale Impulsgebung im allgemeinen ausgedehnt worden (vgl. Groten 1988), eine Erwartung, die ja auch mit Hochschulneugründungen besonders in den 60er Jahren verbunden war.

Auch wenn für Fernunterricht und Fernstudium nicht stringent, sondern allenfalls ansatzweise und partiell, regional-kompensatorische Effekte, das Teilnahmeverhalten an Weiterbildung betreffend, nachweisbar sind, so dürfte doch zweifelsfrei feststehen, daß für regional nur unzureichend mit Weiterbildungsangeboten versorgte Regionen diese Form der Weiterbildung eine Alternative darstellt, oft die einzige, jedenfalls bislang, auch und vor allem unter finanziellen Aspekten. Zwar sind die Teilnahme-/Kursgebühren im privaten beruflichen Fernunterricht oft recht hoch; doch die Alternative des flächendeckenden Angebots an institutionalisierter Weiterbildung ist angesichts der Teilnehmerdichte in strukturschwachen und dünnbesiedelten Räumen mit Sicherheit teurer, jedenfalls gesamtgesellschaftlich gesehen. Hinzuweisen bleibt aber darauf, daß diese Überlegungen zur kompensatorischen Funktion von Fernunterricht im wesentlichen für den "traditionellen" Fernunterricht gelten; für die - verstärkt zu beobachtende - Einbeziehung des Fernunterrichts in die betriebliche Weiterbildung gelten zumindest teilweise andere Parameter (z.B. bezüglich Finanzierung, Lernortkombination, Region).

3.   Computerunterstütztes Training

In der beruflichen und insbesondere in der betrieblichen Aus- und Weiterbildung nimmt CBT/CUU (Computer based training; Computerunterstützter Unterricht) in den letzten Jahren einen zunehmenden Stellenwert ein. Triebfeder des Einsatzes von CBT als Lernsystem/Lernmethode ist die Implementation der Informations- und Kommunikationstechnologien in Produktion und Dienstleistung. Mit der Schrittmacherrolle, die die Betriebe für die Einsatzkonzepte von CBT übernommen haben, werden folgende Zielebenen verknüpft:

- ökonomische Kosten- und Nutzeneffekte im Vergleich zu eher traditionellen Lehr- und Lernformen;
- Erhöhung der Lerneffekte und der Lerneffizienz/Lernkontrolle durch verstärkte Individualisierung des Lernens, auch lernort- bzw. betriebsunabhängig;
- Integration des Lernsystems CUU in unmittelbare Arbeitsvollzüge/Einbindung in den Arbeitsplatz als Ansatz der Verbindung von Arbeiten und Lernen; Flexibilisierung der Arbeits- und Lernorganisation;
- Ausschöpfung und Nutzung von Handlungs- und Gestaltungsspielräumen durch Initiierung selbststeuernder, interaktiver Lernprozesse;

- Identifikation mit den neuen Techniken und Herstellung von Technikakzeptanz;
- Kompatibilität des Lernsystems zu anderen Medien/Unterricht;
- potentielle Möglichkeiten des Adressaten-, Fach- und Problembezugs; Bildung von Lernsequenzen und Lernmodulen.

Für die Renaissance des CBT/CUU - als Fortführung der Diskussion um den programmierten Unterricht - sind zwei Begründungszusammenhänge zu nennen, zum einen das Kostenargument und zum anderen die starke Affinität des gegenwärtig vorliegenden Lehr-/Lernmaterials zu der behaviouristischen Lerntheorie, die nicht für den Erwerb aller zu vermittelnden Kompetenzen als adäquates Modell betrachtet werden kann (vgl. Seidel/Lipsmeier 1989). In neueren Entwicklungen wird aber auch die Realisierung komplexerer Lehr-/Lernstrategien angegangen, so daß die Vorteile des CBT/CUU weit umfassender genutzt werden könnten. Als CBT/CUU-spezifische Qualitäten werden in der Literatur vor allem Aspekte wie Interaktivität, unmittelbare Rückmeldung für Lernende, Möglichkeiten der Simulation, raumüberwindende (aber regionsungebundene) Verfügbarkeiten und individualisierende Möglichkeiten aufgeführt (vgl. Bussmann, 1988, S. 58-60). Diese Funktion kommt vor allem dann dem CUU zu, wenn der Computer als Tutor genutzt bzw. eingesetzt wird (vgl. Dreyfus/ Dreyfus 1987, S.169ff.)

Ein Blick in die wissenschaftliche Literatur und auf die Veranstaltungsthemen wissenschaftlicher Kongresse, Fachausstellungen und Messen zeigt, daß das Thema CBT/CUU im Zusammenhang mit Fragen der Ausgestaltung und Organisation betrieblicher Aus- und Weiterbildungsprozesse mittlerweile einen festen Platz erobert hat. Wenngleich der Stellenwert von CBT/CUU als ergänzendes Lernsystem im Spektrum der Palette von Bildungs- und Lernangeboten dabei kaum noch in Frage gestellt wird, zumal CBT/CUU - so könnte man pointiert meinen - zuweilen zu einem Hoffnungsträger bei der Bewältigung von wachsenden Lernanforderungen hochstilisiert wird, so fällt aus wissenschaftlicher Perspektive auf, daß mit der mittlerweile herrschenden Unübersichtlichkeit des Marktes für Lernsoftware (einschließlich angebotener Autorensysteme; vgl. Zimmer 1990) und der Verbreiterung des potentiellen betrieblichen Anwendungsbereichs auch die Forschungslage zunehmend defizitärer geworden ist. Die Gründe hierfür sind vielfältig:

- Zunächst einmal und vor allem ist auf die weitgehend negativen und bis heute noch wirkenden Erfahrungen mit dem programmierten Unterricht hinzuweisen, der unter anderem wegen unzureichender und auch nur schwer verbesserbarer Unterrichtstechnologie die in ihn gesetzten Erwartungen nicht erfüllen konnte, weil eben für dieses Konzept der konstitutive Rückbezug auf eine bestimmte lernpsychologische Schule, nämlich den Behaviourismus, von vornherein sehr enge Grenzen markiert und sich auch CBT/CUU nicht von diesen Grenzlinien befreien kann, zumindest in der Einführungsphase nicht befreien konnte, was vielfach übersehen oder verschwiegen wird.

- Dann spielt sicherlich auch die Skepsis sozialwissenschaftlicher Forschung gegenüber dem Forschungsstand CBT/CUU (Stichworte: "Technikfeindlichkeit" und "Sozialverträglichkeit") eine Rolle, die zur Enthaltsamkeit bei möglichen Forschungsfragestellungen führt: So bewirkt z.B. die "naive" Herangehensweise der Informatik (fast ausschließlich

Hardware-Handling, Bedienung, Zugang usw.) an das Forschungsfeld eine kritische Distanz bei den Sozialwissenschaften.

- Weiterhin ist auf eine weitgehend technokratische Handhabung von CBT/CUU aufmerksam zu machen, die einer vermeintlich oder auch möglicherweise tatsächlich effizienten Unterrichtstechnologie zu einem breiten Einsatz verhilft, dabei aber in aller Regel curriculare (also auf das gesamte Ausbildungsprogramm bezogene) und didaktisch-methodische Kontexte (also Bezüge und Wirkungszusammenhänge mit anderen Unterrichts- bzw. Ausbildungsstrategien und -methoden) ausblendet.

Aus berufs- und arbeitspädagogischer Sicht scheint es dringend erforderlich, die begrenzten Forschungsansätze mikroanalytischer, kybernetischer, informationstechnischer, pädagogisch-psychologischer Herangehensweise an den Gegenstandsbereich CBT/CUU durch einen makroanalytischen Zugang zu ergänzen.

Diesem Zugang entsprechend beziehen sich vordringliche Fragestellungen auf potentielle Rahmenbedingungen und Rahmenfelder, die die Einsatzeffekte von CBT/CUU mitreflektieren und somit über das unmittelbare Bedingungs- und Wirkungsfeld des Lernens mit CBT/CUU und die dabei meßbaren Effekte im Binnenverhältnis des Lernvorgangs einschließlich der dabei intervenierenden Variablen hinausgehen müssen. Originär berufs- und arbeitspädagogische Forschungsfragestellungen erschließen sich dabei in folgenden Zusammenhängen:

- in den potentiellen Möglichkeiten einer curricularen, organisatorischen und didaktisch-methodischen "Neubestimmung" bzw. "Neuformierung" von Arbeiten und Lernen durch die Integration von CBT/CUU am Arbeitsplatz,
- in der Beurteilung arbeitsorganisatorischer und arbeitsstrukturierender Auswirkungen des CBT/CUU-Einsatzes im jeweiligen Arbeitszusammenhang,
- in der Bewertung qualifikatorischer Effekte im Hinblick auf den Erwerb von fachlicher Handlungskompetenz und sozialem und kommunikativem Verhalten im Sinne einer Erweiterung von Handlungs- und Gestaltungsspielräumen,
- in der curricularen und didaktisch-methodischen Analyse von fachlichen Lernsequenzen, Lernbereichen und Lernfeldern, die aus einem Curriculum oder Lehrgang herausgelöst und nunmehr über die Vermittlungsform des CBT/CUU-Lernsystems angeboten werden,
- in der Einschätzung von Akzeptanz und Sozialverträglichkeit des CBT/CUU, wobei Akzeptanz nicht generell nur Technik- und Systemakzeptanz bedeuten kann, sondern auch soziale und arbeitsorganisatorische Dimensionen einschließen muß,
- in der Analyse des spezifischen Adressatenbezugs von Lernsoftware im Kontext berufsbiographischer Karriereverläufe einerseits und im Rückbezug auf curriculare und didaktisch-methodische Strukturaspekte andererseits,
- in der Herausarbeitung/Aufbereitung der Chancen, die diese Lernform grundsätzlich bietet: regionale Disparitäten im Zugang zur Weiterbildung zu mildern und ähnlich wie der Fernunterricht eine Brückenfunktion zu übernehmen. Ob diese Individualisierungsstrategie (vgl. auch Zimmer 1990, S. 16f.) diesen Effekt evozieren wird, ist gegenwärtig wohl noch offen. Hier dürften Lernortverbünde (Einbeziehung/Einbeziehbarkeit in die betriebliche und überbetriebliche Weiterbildung; Kooperation mit Volkshochschulen etwa wie

beim Funkkolleg) sowie die Verstärkung der Dialogfähigkeit dieses Mediums unter regionalen Aspekten positive Effekte, nämlich die Verstärkung von Weiterbildungsteilnahme, zur Folge haben.

4. Leittext-Methoden/Arbeitskarten

Etwa seit 1975 wurden und werden in Betrieben, zunächst gefördert durch Modellversuche (Hoesch, Stahlwerke Peine-Salzgitter, Deutsche Bundesbahn, Ford-Werke), Leittexte entwickelt, eingesetzt und erprobt. Leittexte sind schriftliche Materialien, die Lernprozesse gezielt und planmäßig strukturieren und die es Aus- und Weiterbildern in den Betrieben erleichtern, die Zielgruppe individuell zu fördern. Dabei geht es sowohl um die Entwicklung und Verbesserung der "Selbststeuerung von Lernprozessen" des Individuums als auch von Lernteams/Gruppen (vgl. Schmidt-Hackenberg u.a. 1989, S. 38ff.; Dulisch 1988).

Für die meisten Leittexte gilt:

- Sie benennen und beschreiben den Arbeitsauftrag und die Teilaufgaben;
- sie geben an, welche Qualifikationen zu erwerben sind;
- sie unterstützen die Planung der Lern- und Arbeitsschritte und bereiten so die Durchführung der praktischen Arbeit vor;
- sie strukturieren die Informationsverarbeitung bei den Adressaten;
- sie ermöglichen und fördern die Selbstkontrolle bei den Lernenden.

Den Leittexten kommen in der betrieblichen Aus- und Weiterbildung darüber hinaus folgende übergreifende Funktionen zu:

- Beitrag zur Organisationsentwicklung; das BiBB postuliert: "Die Einführung des Leittextsystems ist somit ein klassischer Fall von Organisationsentwicklung" (Bundesinstitut 1987, S.6);
- Förderung von Selbständigkeit in Planung, Durchführung und Kontrolle der eigenen Arbeit; hier ist der Bezug zu dem Qualifikationsbegriff in den neugeordneten Metall- und Elektroberufen erkennbar;
- Vermittlung von Schlüsselqualifikationen (vgl. Pampus 1987; Reetz 1989), in neueren Varianten der Leittextmethode auch im Zusammenhang mit Fachqualifikationen: IFAS = Integrierte Vermittlung von Fach- und Schlüsselqualifikationen (BBC).

An dieser Methode ist unschwer einiges erkennbar, das traditionellem berufspädagogischem Gedankengut entspringt und bereits, wenn auch vielleicht nicht so systematisch, in betriebliche Aus- und Weiterbildung eingeflossen war:

- das Prinzip der Planmäßigkeit und der Systematik beruflicher Lernprozesse;
- das Prinzip des Realitäts-/Arbeitsplatz-/Betriebs-/Wirklichkeitsbezuges, in die Leittextmethode besonders durch den Entstehungsprozeß über die Projektmethode bei Daimler-Benz in Gaggenau eingeflossen (vgl. Rottluff, in: Friede 1988, S.159);

- das Prinzip der Verschriftlichung von Arbeitsabläufen für Aus-und Weiterbildungsprozesse in Arbeitsanweisungen, Betriebsanleitungen usw., ohnedies schon immer verwirklicht
und auch über die "Grundlehrgänge" von DATSCH und DINTA, die nicht nur für Lehrlinge,
sondern auch für Facharbeiter Verwendung fanden (vgl. Pohlmann 1966, S. 63ff.), in die
betriebliche Aus- und Weiterbildung eingeflossen;
- das Prinzip der Selbstverantwortlichkeit und Selbständigkeit für Planung, Durchführung
und Kontrolle des Lernprozesses.

Während bislang die Leittextmethode fast ausschließlich nur in großbetrieblicher Ausbildung entwickelt und eingesetzt worden ist, mehren sich neuerdings die Anzeichen dafür, daß
diese Methode auch im Bereich des Handwerks (vgl. Meerten 1989), in der Berufsschule und
in der betrieblichen Weiterbildung Verwendung findet.

Den zunehmenden Einsatz in der Weiterbildung belegt eine Variante der Leittextmethode,
das PPK-Trainings-Paket: Programmgesteuerte Projekt-Kreise. In dieser von Decker entwik-
kelten Methode werden sogenannte Arbeitskarten als zentrales Medium eingesetzt (vgl.
Decker 1985, S. 264 ff.), speziell in der Verkäufer-Fortbildung, aber auch bei Selbst-Lern-
Briefen (ebenda, S. 271 ff.).

Auch wenn die inzwischen recht verbreitete Leittextmethode, auch in unterschiedlichen
Varianten (z.B. PETRA; vgl. Boretty u.a. 1988), sehr stark selbständiges Lernen fördert,
sowohl als individuelle als auch als Individualisierungsstrategie, so ist sie doch an eine
Organisation, in der Regel den Betrieb, gebunden; regional kompensatorische Effekte sind
bislang noch nicht erkennbar. Um diesen Effekt zu erzielen, müßte die Leittext-Methode
zunächst einmal für Klein- und Mittelbetriebe nutz- und handhabbar gemacht sowie in
Lernortverbünde (überbetriebliche Bildungszentren, zwischenbetriebliche Verbünde, Volkshochschulen etc.) eingebunden werden (vgl. auch den Beitrag von Schlaffke/Siehlmann in
diesem Band).

5.   Kooperative Selbstqualifikation

Das Konzept der "kooperativen Selbstqualifikation" (KSQ) versteht sich als strategischer
Ansatz zur Gestaltung und Systematisierung betrieblicher Aus- und Weiterbildungsprozesse.
Die konzeptionellen Überlegungen zur KSQ sind in übergreifende Prozesse der betrieblichen
Organisations- und Personalentwicklung im Sinne der Ausprägung neuerer Ansätze der
Unternehmenskultur eingebunden. Das gleiche gilt für das Konzept des "Self Development"
(SD), und zwar für das "Developing the self" (Persönlichkeitsentwicklung) als auch für das
"Developing by self" (vgl. Kailer 1989).

Kerngedanke des KSQ ist die effektivere Verbindung von Qualifikationserwerb und
Qualifikationsnutzung im Systemumfeld des Betriebes. Besonderes Merkmal des KSQ "ist
das partnerschaftliche Verhalten von Personen mit unterschiedlichen Fachkenntnissen und
Berufserfahrungen, die an neuen Aufgabenstellungen gemeinsam in der Gruppe voneinander
und miteinander lernen und sich gegenseitig helfen, die dabei bestehenden und entstehenden
Konflikte zu bewältigen" (Heidack 1989, S. 25).

Das KSQ versteht sich als "ganzheitliche" Methode, die eine Einheit von Lehren und Lernen in Arbeits- und Lernvollzügen (z.B. Lernstatt, Qualitätszirkel) herstellt und aus den sich dabei entwickelnden Synergieeffekten ihre Effizienz für die Mitarbeiter (Zufriedenheit, Lernerlebnis, Humanisierung) und zugleich für die betrieblichen Ziele bezieht. Die Forderungen nach neuen Qualitäten in den Verbindungen von betrieblichen Lehr- und Lernprozessen begründen sich weitgehend auf Diskussionen um die Konstituierung mitarbeiterorientierter kooperativer Verhaltensbildung im Sinne der Neukultivierung eines spezifisch betrieblichen Aufgaben- und Führungsverständnisses. Als wesentliche Elemente des KSQ können angesehen werden:

- Die KSQ bildet im Kern das methodische Vehikel der Sicherung des "permanenten Lernens" im Zuschnitt auf das Systemfeld Betrieb.
- Die KSQ hebt in ihrem Zielkatalog auf die Beförderung korporatistischer Regelungsmechanismen im betrieblichen Alltag ab.
- Die KSQ betont insbesondere das Element der individuellen Lernaktivitäten zum Kompetenzerwerb, bindet diese Lernleistungen jedoch an systematische betriebliche (personalwirtschaftliche) Funktionszusammenhänge.
- Die KSQ betont die Pluralität der Lernorte, will jedoch die verschiedenen betrieblichen Lern-/Lehrorte und die damit zusammenhängenden Organisationsformen und Aufgabenfelder systematischer, rationeller und effektiver nutzen, wobei unterschiedliche Segmente potentieller Lernfelder, in denen Lehr-/Lernprozesse stattfinden sollen, identifiziert werden. In den Lernfeldern sind folgende Segmente, die auch traditionelle Muster der betrieblichen Weiterbildungsorganisation enthalten bzw. auf betriebliche Lernprozesse abheben, genannt (vgl. Heidack 1989, S. 23):
  - individuelles, selbstgesteuertes Lernen außerhalb des Tätigkeitsbereichs, das mit Lernorten außerhalb des Arbeitsplatzes verbunden ist (z.B. CAD-Arbeitsplatz, Simulatoren, Übungsplätze, Prüfstände, Messestände usw.),
  - individuelles, selbstgesteuertes Lernen im Gruppenverband mit den Lernorten Unterricht, Lehrwerkstatt usw.,
  - kooperatives Lernen in der Anwendungssituation in der Arbeitsgruppe mit den Lernorten Qualitätszirkel, Lernstatt, Konferenzräume, Projekt- und Planungsbüros usw.

In Anlehnung an Lewins Verhaltensformel, der menschliches Verhalten in einem interdependenten Prozeß von Person und Umwelt erklärt, wird das Konzept der kooperativen Selbstqualifikation im Zusammenhang mit Prozessen der betrieblichen Weiterbildung in der Schnittmenge zwischen Lernfeld, Funktionsfeld (berufliche Tätigkeit) und Interaktionsfeld (sozial-kommunikative Beziehungsstrukturen) wirksam, wobei dieses System-Konzept in der Schnittmenge aller drei Felder in die Strategie der Organisationsentwicklung einbezogen ist. Mit dem Konzept der "kooperativen Selbstqualifikation" wird im Rahmen eines neuen Aufgaben- und Führungsverständnisses sowie eines neuen Organisations- und Qualifikationsverständnisses ein "Menschbild" des Mitarbeiters definiert, das die Indienstnahme des Menschen in einen Kontext betrieblicher, auf Kooperativen ausgerichteter Organisationsstrukturen einbindet.

Das Konzept, das im begrifflichen Gewande so positiv besetzt ist, ist letztlich - von modernistischem Beiwerk (Organisationsentwicklung) einmal abgesehen - pädagogisch hausbacken und althergebracht (vgl. Kap. 1 dieses Beitrages): die diesem Konzept zugrundeliegende Forderung nach einem mitarbeiterorientierten und kooperativen Verhalten im Betrieb stellt sich als eine neue Spielart einer allseitigen (Aus-)Nutzung menschlicher Arbeitskraft für die betrieblichen Belange dar, wobei die konzeptionellen Ansprüche an neue Lern-/Lehrformen und die "Ganzheitlichkeit" von Lernen und Arbeiten (vgl. Lipsmeier 1989) bzw. deren stärkeres Zusammenwachsen zwar einerseits sowohl pädagogisch als auch arbeitsorganisatorisch begründbar, aber andererseits durchaus ideologieträchtig sind, da die Entfaltungspotentiale häufig dem Diktat betriebswirtschaftlicher/personalwirtschaftlicher Ziele folgen. Auf diese Individualisierungsstrategie trifft eine Fülle negativer Merkmale zu, einige positive sind freilich auch vorhanden. Regionale Effekte, die denkbar wären, sind gegenwärtig nicht erkennbar.

Bevor abschließend eine Gesamteinschätzung des potentiellen Beitrages von Individualisierungsstrategien zur Lösung oder Milderung des Problems der regionalen Disparitäten erfolgt, soll gefragt werden, ob dem Bildungsurlaub dabei eine unterstützende Funktion zukommen kann.

6.   Bildungsurlaub - Unterstützung von individuellen Strategien?

Die Position des Deutschen Bildungsrates zu dieser Thematik kann auch nach fast zwanzig Jahren noch für sich in Anspruch nehmen, das Problem auf den Punkt gebracht zu haben (Deutscher Bildungsrat 1970, S. 207):

"Ständige Weiterbildung für die Erwerbstätigen kann erst dann zur Selbstverständlichkeit werden, wenn Weiterbildung als Teil der Berufsausübung verstanden wird. Ein Anspruch auf Freistellung von anderer Arbeit muß die Teilnahme an Weiterbildung gewährleisten; dieser ist durch gesetzliche Regelung oder tarifvertragliche Vereinbarung zu sichern. Ein ausschließlich tarifvertraglich verankerter Anspruch auf Freistellung von anderer Arbeit könnte der Entstehung neuer Bildungsprivilegien Vorschub leisten. Es bestünde die Gefahr, daß zwischen den Arbeitnehmern von Wirtschaftszweigen unterschiedlicher Ertragslage neue Bildungsgefälle geschaffen würden."

Bevor auf das Problem der Freistellung über tarifvertragliche (oder betriebliche) Vereinbarungen eingegangen wird, soll zunächst darauf hingewiesen werden, daß auch die BLK im Bildungsgesamtplan für eine gesetzliche Verankerung von Freistellungsregelungen über Bildungsurlaubsgesetze eintrat (BLK 1973, S. 59 und bes. S. 65). In der Folgezeit, in den 70er Jahren, wurden dann auch in fünf Bundesländern Bildungsurlaubsgesetze verabschiedet, und zwar in Berlin (1970), Hamburg (1974), Hessen (1975), Bremen (1975) und Niedersachsen (1975), bevor im Jahre 1984 Nordrhein-Westfalen mit seinem "Arbeitnehmerweiterbildungsgesetz" (Gesetz zur Freistellung von Arbeitnehmern zum Zwecke der beruflichen und politischen Weiterbildung), das Saarland mit dem "Saarländischen Weiterbildungs- und Bildungsurlaubsgesetz" (SWBG) vom 17.01.1990 und Schleswig-Holstein mit dem "Bildungsfreistellungs- und Qualifizierungsgesetz" vom Mai 1990 die Reihe zunächst zum Abschluß brachten. Denn obwohl der Deutsche Bundestag 1976 das "Gesetz zu dem

Übereinkommen Nr. 140 der Internationalen Arbeitsorganisation vom 24. Juni 1974 über den bezahlten Bildungsurlaub" verabschiedete, das von den Gewerkschaften schon zehn Jahre gefordert worden war (vgl. Jostarndt 1984, S. 252), gibt es bis heute lediglich die vorstehend erwähnten Regelungen.

Das liegt ganz wesentlich daran, daß die Bundesregierung und die CDU-regierten Länder in dieser Frage keinen Handlungsbedarf sehen. Das BMBW hatte 1985 festgestellt (BMBW 1985, S. 10): "Die Tarifparteien machen bereits von der Möglichkeit Gebrauch, die Teilnahme an Weiterbildung tarifvertraglich zu regeln. Derartige Vereinbarungen sind flexibler und situationsnäher als generelle Bestimmungen in Bildungsurlaubsgesetzen. Die Bundesregierung sieht gegenwärtig keine Veranlassung, von ihrer Kompetenz für eine einheitliche Regelung des Bildungsurlaubs Gebrauch zu machen."

Die Position ist noch vor dem Urteil des Bundesverfassungsgerichts vom 15.12.1987 artikuliert worden, so daß man meinen könnte, es sei eine Chance zu ihrer Aufweichung gegeben. Denn in diesem Urteil ist höchstrichterlich festgestellt worden, daß Arbeitnehmer-weiterbildung auf der Rechtsbasis der Bildungsurlaubsgesetze in Hessen und in Nordrhein-Westfalen zum Zwecke der "Persönlichkeitsentwicklung" des Arbeitnehmers und zum "Erlernen konkret berufsbezogener Fertigkeiten und Kenntnisse" verfassungskonform ist. Bis zu diesem Zeitpunkt hatte nämlich der Streit um die Inhalte von Arbeitnehmerweiterbil-dung über Freistellungsregelungen die Diskussion arg belastet, also der Streit darüber, ob neben beruflicher auch politische oder gar allgemeine Weiterbildung betrieben werden dürfe. Doch die Aufweichung der Positionen hin zu Maßnahmen, d.h. weiteren Gesetzen oder gar einem Bundesgesetz, ist nicht erkennbar. Lediglich das SPD-(mit)-regierte Land Berlin wird vermutlich in absehbarer Zeit ein entsprechendes Gesetz verabschieden.

Zwar ist unverkennbar, daß in den letzten Jahren viele tarifvertragliche Regelungen zustande gekommen sind, die Freistellungsbestimmungen enthalten (vgl. Sutter 1989, BMBW 1989c, S. 131f.). Das vom Deutschen Bildungsrat angesprochene Problem ist aber dadurch nicht vom Tisch; gleichwohl und quasi zur Bestätigung: Das Institut der deutschen Wirtschaft ist nach wie vor der Ansicht, daß "eine staatlich verordnete Weiterbildungspflicht ... die individuelle Motivation ebensowenig ersetzen (kann) wie ein arbeitgeberfinanzierter Bildungsurlaub. Sofern Weiterbildung überhaupt tarifvertraglich geregelt würde, dürfte sie nicht durch ein überperfektioniertes Regelgeflecht eingeengt werden" (Institut 1988, S. 10). Ob allerdings über Bildungsurlaubsgesetze allein, also ohne curriculare und didaktisch-methodische Umgestaltungen beispielsweise, die bislang relativ geringe Inanspruchnahme entsprechender Regelungen (bundesweit etwa 3 % der anspruchsberechtigten Arbeitnehmer; BLK 1988, S. 28; nach Klemm allerdings deutlich weniger: Klemm 1990, S. 229) erheblich erhöht werden kann oder ob gar die Unterrepräsentanz bestimmter Personengruppen bei den verschiedenen Freistellungsregelungen (Frauen, Arbeiter, Personen über 50 Jahre, Erwerbs-tätige ohne abgeschlossene Berufsausbildung, Erwerbstätige in Kleinbetrieben; BMBW 1989b, S. 42) gemildert werden kann, scheint unsicher zu sein. Gleichwohl: Bildungsurlaubs-gesetze sind dafür eine notwendige Voraussetzung.

Obwohl in aller Regel auf der Basis von Bildungsurlaubsgesetzen der einzelne tätig werden muß, individuelle Strategien also gefordert sind, und damit prinzipiell Regionsunterschiede im Weiterbildungsverhalten kompensiert werden könnten, sind gegenwärtig diese Effekte nicht erkennbar. Möglicherweise vergrößert der Bildungsurlaub sogar, da seine Einlösung an das Vorhandensein eines institutionalisierten Angebots gebunden ist, regionale Disparitäten.

7.   Individualisierung - eine Kompensationsmöglichkeit?

Die hier behandelten Individualisierungsstrategien, die sich noch um einige weitere, allerdings weniger bedeutungsvolle, ergänzen ließen, sind in ihren wichtigsten Merkmalen vorgestellt worden, um sie auf ihren Beitrag zur Kompensation regionaler Angebots- und Teilnahmedisparitäten hin befragen zu können. Denn zur Sicherung von Lebensqualität unabhängig von regionalen und durch institutionalisierte Bildung schon aus Kostengründen nicht aufhebbaren Unterschieden gehört die formal und faktisch zu gewährende Möglichkeit, Bildung erlangen zu können, unabhängig von partiellen Einlösungs- und Verwertungsmöglichkeiten etwa auf einem regional unterentwickelten Arbeitsmarkt. Leider gibt es aber nur wenige Untersuchungen, die sich dieser Frage annehmen. Lediglich für den Fernunterricht liegen Ergebnisse über regionale Effekte vor, die aber - wie erwähnt - leider nicht eindeutig die These bestätigen, daß er in hohem Maße kompensatorisch wirken würde. Vielmehr ist festzustellen, daß in Ballungsräumen die Teilnahme am Fernunterricht relativ (und natürlich auch absolut) höher ist als in strukturschwachen und dünnbesiedelten Räumen. Das hängt mit den in Ballungsräumen Bildungsteilnahme stimulierenden Faktoren wie Angebotsvielfalt, Verkehrsinfrastruktur, Weiterbildungsberatung etc. zusammen, für den Fernunterricht zusätzlich mit den in diesen Räumen gegebenen Möglichkeiten der leichteren und billigeren Kontaktaufnahme zur Aufbrechung von Isolation, einer Gefahr bei dieser Art von Bildung. Gleichwohl ist - jenseits der unsicheren Belegbarkeit mit empirisch abgesicherten Daten - zu konstatieren, daß der individuell organisierten beruflichen Weiterbildung, also der Identität von Teilnehmer und "Träger" (Organisator), eine hohe Bedeutung zum Ausgleich regionaler Angebots- und Teilnahmedisparitäten zukommt. Alle potentiell stützenden Maßnahmen wie entsprechende Finanzierungsregelungen, Informations- und Beratungssysteme, Kommunikationsstrukturen (z.B. über Vereine), Lernortverbünde, Baukastensystem etc. sollten ausgebaut bzw. in den Dienst auch der individuellen Strategien von beruflicher Weiter-bildung gestellt werden (vgl. auch BMBW 1985, S. 10 und S. 31). Individualisierung sollte allerdings nicht zur totalen Privatisierung mißraten, sondern in einem ausgewogenen Verhältnis zur institutionalisierten Weiterbildung stehen.

Literatur

Albrecht, H./Ehmann, Ch.: Bildungsentscheidung und Lernverhalten von Fernunterrichtsteilnehmern. Berlin (BIBB) 1983

Baron, W./Feldmann, B.: Integration Lernprozeß und neue Bildungsmedien. In: Berufsbildung in Wissenschaft und Praxis, 3/1989, S. 27-31

Beelitz, A.: Lehrprogramme der Wirtschaft für die Aus- und Weiterbildung. Köln 1977

Bocklet, Reinhold: Öffentliche Verantwortung und Kooperativen - Kriterien zur Organisation der Weiterbildung. In: Deutscher Bildungsrat, Gutachten und Studien der Bildungskommission: Umrisse und Perspektiven der Weiterbildung. Stuttgart 1975, S. 109-145

BMBW: Thesen zur Weiterbildung. Bonn 1985

BMBW: Selbstorganisiertes Lernen im Fernunterricht. Bonn 1986

BMBW: Berufsbildungsbericht 1982. Bonn 1982

BMBW: Berufsbildungsbericht 1989. Bonn 1989 (a)

BMBW: Berichtssystem Weiterbildungsverhalten 1988. Bonn 1989 (b)

Boretty, R. u.a.: PETRA. Projekt- und transferorientierte Ausbildung. Berlin/München (Siemens) 1988

Bundesinstitut für Berufsbildung: Neue Technologien: Verbreitungsgrad, Qualifikation und Arbeitsbedingungen. Analysen aus der BIBB/IAB-Erhebung 1985/86, Beitr.AB 118. Nürnberg 1987

Bundesinstitut für Berufsbildung/Zentralstelle für Fernunterricht (Hrsg.): Fernunterricht, Fernstudium. Fernlehrangebote in der Bundesrepublik Deutschland. Ausgabe 1989. Berlin/Köln 1989

Bund-Länder-Kommission: Berufliche Weiterbildung. 28.4.1988 (vervielfältigtes Manuskript)

Bund-Länder-Kommission für Bildungsplanung: Bildungsgesamtplan. Bd.I. Stuttgart 1973

Bussmann, H.: Computer contra Eigensinn. Frankfurt 1988

Decker, F.: Aus- und Weiterbildung am Arbeitsplatz. München 1984

Deutscher Bildungsrat, Empfehlungen der Bildungskommission: Strukturdaten für das Bildungswesen. Stuttgart 1970

Deutscher Bildungsrat, Empfehlungen der Bildungskommission: Zur Reform von Organisation und Verwaltung im Bildungswesen. Teil I: Verstärkte Selbständigkeit der Schule und Partizipation der Lehrer, Schüler und Eltern. Stuttgart 1973

Dobischat, Rolf/Wassmann, Herbert: Berufliche Weiterbildung, Arbeitsmarkt und Region. Frankfurt 1985

278

Dreyfus, H./Dreyfus, H.: Künstliche Intelligenz. Reinbek 1987

Dulisch, Frank: Die Selbststeuerung in der berufsbezogenen Lerntätigkeit. In: Zeitschrift für Berufs- und Wirtschaftspädagogik, 84. Jg. (1988), H. 6, S. 532-543

Ehmann, Ch.: Fernunterricht. Köln 1986

Groten, Hubert: Regionale Entwicklungsimpulse durch Studienzentren. In: Jahrbuch 1988 der Gesellschaft der Freunde der Fernuniversität. Hagen 1988, S. 102-112

Haagmann, H.G.: Bildungschance Fernunterricht. Reinbek 1974

Harney, Klaus: Berufliche Weiterbildung als Medium sozialer Differenzierung und sozialen Wandels. Frankfurt 1990

Heidack, C. (Hrsg.): Neue Lernorte in der beruflichen Weiterbildung. Berlin 1987

Hejl, Peter M. u.a.: Angebot Fernunterricht. Zum Interesse an der Fernbildung. Ergebnisse eines FEoLL-Projekts. Opladen 1981

Institut für Regionale Bildungsplanung, Arbeitsgruppe Standortforschung: Modell für die Planung von Studienzentren für Fernstudium und Fernunterricht. Braunschweig 1975

Institut für Regionale Bildungsplanung, Arbeitsgruppe Standortforschung: Analyse von Fernlehrsystemen. Grundlagen zur Überprüfung des Modells für die Planung von Studienzentren für Fernstudium und Fernunterricht. Braunschweig 1976

Institut der deutschen Wirtschaft: Streitsache: Mehr Markt in der Weiterbildung. Köln 1988

Jostarndt, Karl: Gewerkschaftliche Bildungspolitik im Bereich der Weiterbildung. In: Gewerkschaftliche Bildungspolitik, 34. Jg. (1984), H. 10, S. 249-252

Kailer, N. (Hrsg.): Neue Ansätze der betrieblichen Weiterbildung in Österreich. Bde I/II. Wien 1987/1988

Kammerer, G.: Weiterbildung durch Fernunterricht. Ergebnisse einer Teilnehmerbefragung. Bonn (BMBW) 1988

Karow, W.: Privater Fernunterricht in der Bundesrepublik Deutschland und im Ausland. Hannover 1980

Klemm, Klaus u.a.: Bildungsgesamtplan '90. Ein Rahmen für Reformen. Weinheim/München 1990

KMK: Kulturpolitik der Länder 1973-1974. Bonn 1975

Körnig, Helga: Bildungsexpansion und Fernstudium als bildungs- und gesellschaftspolitische Aufgaben. München 1979

Lipsmeier, A.: Berufliche Weiterbildung in der Bundesrepublik Deutschland. In: Vergleich von Bildung und Erziehung in der Bundesrepublik Deutschland und in der Deutschen Demokratischen Republik, hrsg. vom Bundesministerium für innerdeutsche Beziehungen. Köln 1990, S. 363-376

Lipsmeier, A.: Fernstudium in der Bundesrepublik Deutschland. In: Kluczynski/Teichler/Tkocz (Hrsg.): Hochschule und Beruf in Polen und in der Bundesrepublik Deutschland. Kassel 1983, S. 137-150

Lipsmeier, A.: Ganzheitlichkeit als berufspädagogische Kategorie. In: Zeitschrift für Berufs- und Wirtschaftspädagogik, 85. Jg. (1989), H.2, S. 137-151

Maasen, A.: Einbezug des Selbststudiums in die betriebliche Bildung am Beispiel des Kaufhof-Fortbildungssystems. In: Lehmann, R.G. (Hrsg.): Planung, Praxis, Fallbeispiele der betrieblichen Schulung. Offenbach 1987, S. 125-133

Meerten, E.: Leittext im Handwerk. In: Gewerkschaftliche Bildungspolitik, 4/1989, S. 114-119

Pampus, K.: Ansätze zur Weiterentwicklung betrieblicher Ausbildungsmethoden. In: Berufsbildung in Wissenschaft und Praxis, 16. Jg. (1987), H. 2, S. 43-51

Pohlmann, M.: Industrielle Facharbeiterausbildung. Teil I: Eignungsuntersuchungen und Grundlehrgänge. Heidelberg 1966

Rebel, Karlheinz (Hrsg.): Individualisierte Lernprozesse - Korrespondenzstudium und Lehrerausbildung in den USA. Weinheim 1969

Reetz, L.: Zum Konzept der Schlüsselqualifikationen in der Berufsbildung. In: Berufsbildung in Wissenschaft und Praxis, 5 und 6/1989, S. 3-10 und S. 24-30

Rottluff, Joachim: Leittexte in der beruflichen Bildung. In: Friede, Ch. (Hrsg.): Neue Wege der betrieblichen Ausbildung. Heidelberg 1988, S. 149-163

Schmidt-Hackenberg, Brigitte u.a.: Neue Ausbildungsmethoden in der betrieblichen Berufsausbildung - Ergebnisse aus Modellversuchen. Berlin (BIBB) 1989

Schönherr, Kurt W.: Fernunterricht in der betrieblichen Weiterbildung. In: Schlaffke/Weiss (Hrsg.): Tendenzen betrieblicher Weiterbildung. Aufgaben für Forschung und Praxis. Köln 1990, S. 214-236

Seidel, Ch./Lipsmeier, A.: Computerunterstütztes Lernen. Entwicklungen - Möglichkeiten - Perspektiven. Stuttgart 1989

Sutter, Hannelore: Weiterbildungsregelungen in Tarifverträgen. Bonn 1989 (= BMBW, Bildung und Wissenschaft Aktuell, 3/89)

Weinberg, Johannes: Studienbegleitzirkel im Medienverbund. In: Dohmen, G. u.a.: Fernstudium - Medienverbund - Erwachsenenbildung. Braunschweig 1970, S. 101-119

Zimmer, Gerhard (Hrsg.): Interaktive Medien für die Aus- und Weiterbildung. Marktübersicht, Analysen, Anwendung. Nürnberg 1990

HANS-JÜRGEN BACK

Anforderungen an die berufliche Weiterbildung als Instrument der Regionalentwicklung

Vorbemerkung

Die Mitglieder des Arbeitskreises "Berufliche Weiterbildung als Faktor der Regionalentwicklung" haben schon sehr früh in der gemeinsamen Arbeitsplanung zum Ausdruck gebracht, daß die Einzelbeiträge durch eine problemorientierte, möglichst viele Aspekte der Diskussion einschließende Schlußbetrachtung ergänzt werden sollen. Die in diesem Beitrag vorgetragenen Positionen sollten im Arbeitskreis weitgehend konsensfähig sein.

Auf der Grundlage dieser gemeinsamen Verabredung werden die folgenden Thesen zu den Anforderungen an die berufliche Weiterbildung als regionalpolitisches Instrument vorgelegt; ihnen vorangestellt ist eine knappe Übersicht über die Befunde des Arbeitskreises zu seinem Thema.

1. Zum Zusammenhang von beruflicher Weiterbildung und Regionalentwicklung

1.1 Die Rolle der beruflichen Weiterbildung als "Faktor" der Regionalentwicklung

In den Erörterungen des Arbeitskreises bestand Einigkeit darüber, daß ein Fragezeichen hinter dem Thema der Arbeit unangebracht wäre. Auch Beiträge, die sich nicht mit unmittelbar regionalen Bezügen oder Ausgangsproblemen für die berufliche Weiterbildung befassen, sondern überregionale Handlungsebenen (Sauter), individuelle Strategien des Erwachsenenlernens (Lipsmeier), Modelle der Beratung und Information (Schiersmann/Thiel sowie Edding/Kramer) oder die Ableitung von betrieblichen Weiterbildungsbedarfen aus technisch-ökonomischen Entwicklungen (Schlaffke/Siehlmann) vorrangig behandeln, betonen die Rolle der beruflichen Weiterbildung als Faktor (unter anderen) für die regionale Entwicklung. Die Bedeutung dieses Faktors, sein Gewicht, ist damit allerdings noch nicht näher beschrieben.

1.2 Der instrumentale Charakter der beruflichen Weiterbildung

Daß mit beruflicher Weiterbildung gezielt regionale Entwicklungsprozesse beeinflußt werden können, daß aus dem "Faktor" somit ein "Instrument" werden kann, zeigen die Umstrukturierungsbeispiele aus den Montanregionen Saarland und Salzgitter (Derenbach/

Backes und Ruprecht) und aus der ländlichen Region Vechta, in der strukturell bedingte Qualifikationsdefizite zu beheben waren (Back/Gnahs). Die instrumentale Rolle beruflicher Weiterbildung für die regionale Entwicklung wird ebenfalls sichtbar, wenn (Groß-)Betriebe das Vorhandensein einer leistungsfähigen einschlägigen Bildungsinfrastruktur inzwischen in den Kranz ihrer Entscheidungsfaktoren bei der Standortfindung mit einbeziehen (Weber).

Allerdings ergibt eine Prüfung der rechtlichen Regelungen, daß die Kodifizierung dem tatsächlichen Zusammenhang von beruflicher Weiterbildung und Regionalentwicklung (noch) nicht entspricht; ein Grund dafür ist sicherlich darin zu sehen, daß der Bereich "Berufliche Weiterbildung" erst in Ansätzen eine eigene Fachplanung ausgeformt hat (dazu im Anhang Lange). Was hierzu erfolgen müßte bzw. wo die entsprechenden Defizite liegen, verdeutlicht u. a. der Beitrag von Bosch.

2. Anforderungen an die berufliche Weiterbildung in ihrer Funktion als Instrument der Regionalentwicklung - einige Thesen

2.1 Berufliche Weiterbildung ist als individuelle Qualifikationserhöhung zunächst ein Ziel bzw. Wert "an sich"; eine zusätzliche Begründung durch eine Instrumentalisierung für andere Kontexte ist nicht erforderlich

Es gilt, das Mißverständnis zu vermeiden, Angebote beruflicher Weiterbildung seien nur abgeleitet aus anderen Zusammenhängen, z. B. aus betrieblichen oder regionalen, begründbar. Dem einzelnen Interessenten muß die Möglichkeit zur lebenslangen Bildung gegeben werden, die dafür zweckmäßigen Rahmenbedingungen zur Motivation, Information, Beratung und Förderung sind weiterzuentwickeln. Als quasi systeminterne Anforderung ist die nach der Weiterbildung des Weiterbildungspersonals mit zu erfüllen.

Im Sinne der Forderung Lipsmeiers nach Parallelität müssen individuell und institutionell bezogene Strategien der beruflichen Weiterbildung gleichermaßen gestützt und ausgebaut werden.

Der anders orientierten Themenstellung des Arbeitskreises entsprechend sollen jedoch diese vorwiegend bildungspolitischen Überlegungen nicht weiter verfolgt werden.

2.2 Berufliche Weiterbildung bedarf individuell und institutionell neben Flexibilität und Spontaneität ebenso der Verläßlichkeit und Kontinuität

Die im "Marktgeschehen" an beruflicher Weiterbildung Beteiligten - die Einrichtung als Anbieter, der Betrieb als Qualifikationsanbieter und -nachfrager, der einzelne Lernende - haben unterschiedliche Interessen. In der Diskussion über berufliche Weiterbildung wird häufig der Aspekt einer schnellen Anpassung von Qualifikationen an sich ändernde technisch-ökonomische Situationen als Hauptziel betont. Daher entzöge sich dieser Teilbereich des Bildungswesens weitgehend der (staatlichen) Reglementierung, diese wirke mit ihren Fristen und Schwerfälligkeiten geradezu kontraproduktiv. Außer acht gelassen wird in dieser Position, daß ein erheblicher Teil von beruflicher Weiterbildung auch schon jetzt durch curriculare und/oder Prüfungsordnungen sowie durch organisatorische Festlegungen (z. B. Fachschulen) reglementiert und somit nicht mehr unbegrenzt gestaltbar ist.

Wenn berufliche Weiterbildung - wie einhellig von den Mitgliedern des Arbeitskreises vertreten wurde - eine immer wichtigere Funktion für Individuen und Wirtschaft erhält, muß sie in Anlehnung an andere Bildungsbereiche in ihren Inhalten und deren Verwertbarkeit, d. h. ihren Abschlüssen, überindividuell und überregional allgemeinverbindlicher werden. Dabei braucht es zunächst nicht "der Staat" zu sein, der z. B. bestimmte curriculare (Mindest-)Standards setzt, Prüfungsinhalte definiert und Abschlüssen einen bestimmten Stellenwert im Berechtigungswesen zuerkennt; es könnte auch durch andere Instanzen, wenn sie denn einen Konsens zwischen allen an der beruflichen Weiterbildung Beteiligten erreichten, ein insgesamt gültiger Rahmen für das Marktgeschehen geschaffen werden. Der Staat müßte seinerseits das Subsidiaritätsprinzip ernst nehmen und handeln, wenn es andere nicht tun. Bei allen Regelungsaktivitäten ist darauf zu achten, daß vorher jeweils zwischen Gestaltungsfreiheit und -eingrenzung abgewogen wird.

Wer auch immer den Rahmen setzt, muß sicherstellen, daß nicht nur die Weiterbildung "an sich" funktionsgerecht geregelt wird, sondern daß auch die Verknüpfungen zu anderen Bereichen - Bildungs-, Beschäftigungs-, Regionalpolitik - hinreichend berücksichtigt sind. Es ist anzunehmen, daß aus diesem Grunde in jedem Fall ein gewisser öffentlicher Regelungsanteil benötigt wird.

2.3 Die Regelungen im Bereich "Berufliche Weiterbildung" dürfen die Freiwilligkeit der Teilnahme und die Pluralität der Anbieter/des Angebots nicht einschränken, sie sollen jedoch die Existenz eines (regional und inhaltlich) hinreichenden Angebots sichern

Die Bedeutung der beruflichen Weiterbildung verlangt die Sicherung eines inhaltlich und regional breitgestreuten Angebots bzw. leistungsfähiger Anbieterinstitutionen. Auf der Basis überregional vorgegebener Rahmen für Inhalte bedarf es der Abstimmung auf regionaler Ebene, um das erforderliche Angebot zu sichern und ruinöse Konkurrenzen zu vermeiden.

Für diese Aufgabe haben sich bisher unterschiedliche Formen von "Koordinierungsagenturen" herausgebildet: gemeinsame Aktionen von Anbietern, Arbeitskreise auf kommunaler Ebene, regionale Weiterbildungskonferenzen u. a. Sofern sie zu verbindlichen Festlegungen in der Lage sind, ist jede dieser Formen ausreichend. Wichtig ist, daß sie auf der Grundlage einer "neutralen", d. h. nicht einseitig interessenorientierten Bedarfsermittlung agieren; bei dieser Bedarfsermittlung (deren methodische Probleme hier nicht behandelt werden sollen) sind sowohl die Belange der Individuen als auch die der Betriebe zu berücksichtigen. Daß dabei Zielkonkurrenzen zwischen den Interessenten auftreten können, sei als zusätzlicher Aspekt hier nur angemerkt.

Im regionalen Abgleich zwischen ermitteltem Bedarf und vorhandenen geeigneten Anbietern wird festgestellt, ob ein bedarfsgerechtes Angebot möglich ist. Angebotslücken müssen durch zweckentsprechende Maßnahmen geschlossen werden: In erster Linie sollte versucht werden, dies durch regionale Kooperation zwischen Weiterbildungseinrichtungen oder zwischen Weiterbildungseinrichtungen und Betrieben zu erreichen; führt dieser Ansatz nicht zum Erfolg, muß nach dem Subsidiaritätsprinzip ein öffentliches Angebot geschaffen werden.

2.4 Der "Markt" für (berufliche) Weiterbildung braucht als eine seiner Voraussetzungen eine möglichst hohe Transparenz

Die auf regionaler/kommunaler Ebene agierenden Koordinierungsinstitutionen müssen Zugang zu den für ihre Aufgabenerfüllung notwendigen Informationen haben und selbst ihre Informationen adressatengerecht weitergeben (können). Dazu ist ein - gegebenenfalls in vorhandene überregionale Systeme eingepaßtes - regionales Informationsnetz aufzubauen, in dem Bedarfe und Angebote erfaßt werden. Die vorhandenen Statistiken und Datenbanken sind entsprechend inhaltlich weiterzuentwickeln und auszubauen. In diese Systeme gehören auch Informationen über betriebliche Bedarfe und Weiterbildungsmaßnahmen (mit Ausnahme kurzer Learning by doing-Maßnahmen), denn angesichts der Bedeutung der beruflichen Weiterbildung können solche Maßnahmen nicht länger als betriebliche "Privatsache" behandelt werden. Sie sind daher nach Inhalt und Umfang unverzichtbar für eine Gesamtinformation.

Markttransparenz hat einen weiteren wichtigen Aspekt: Sie erlaubt es auch, die notwendigen Qualitätsinformationen zu erhalten und von daher die Einhaltung vorgegebener Standards zu überprüfen. Zwar wird es - auch wegen der interessenbedingt unterschiedlichen Einschätzung von Qualifizierungsmaßnahmen - schwierig bleiben, derartige Standards zu bestimmen; soweit sie jedoch existieren, müssen sie in den Regionen verwirklicht werden.

Information und Markttransparenz erlauben schließlich, Problemgruppen im Bereich beruflicher Weiterbildung gezielt mit Angeboten versorgen zu können.

2.5 Die Instrumente zur Messung von Effekten der (beruflichen Weiter-)Bildung auf regionale Entwicklungen sind zu verbessern

Die Wirkung von Bildungsmaßnahmen auf ökonomische, soziale, individuelle Entwicklungen ist bislang nur unzureichend untersucht worden; die gefundenen Ergebnisse werden zudem unterschiedlich bewertet. Der gezielte Einsatz von beruflicher Bildung als Entwicklungsinstrument ist von daher unzulänglich fundiert, auch die Definition von Bedarf wird durch diese Erkenntnisdefizite erschwert und bis zu einem gewissen Grade beliebig.

Daher soll die Forschung angeregt werden, sich mit diesen Zusammenhängen in empirischen Analysen und theoretischer Modellbildung zu beschäftigen. Die bessere Kenntnis über den Nutzen bestimmter Qualifizierungsmaßnahmen in bestimmten (regionalen) Situationen bietet der Politik eigentlich erst die Grundlage, auf einer "mittleren Ebene", z. B. von Regionalprogrammen, steuernd und fördernd tätig zu werden.

Die hier intendierte Forschung wäre zudem geeignet, den (regionalen) Gesamtzusammenhang beruflicher Bildung - Erstausbildung und Weiterbildung - als entwicklungsbezogenen Komplex in den Blick zu nehmen und über die angemessenen Schnittstellen bzw. Verbundkonstrukte Aufschluß zu geben.

3. Zum aktuellen Handlungsbedarf

In den Vorbereitungsüberlegungen, die der Gründung des Arbeitskreises vorangingen, und auch in den ersten Sitzungen konnte niemand voraussehen, daß die berufliche Weiterbildung seit dem letzten Jahr eine derart zentrale Rolle für den ökonomisch-sozialen Entwicklungsprozeß in Deutschland erhalten würde. Die Einbeziehung der fünf neuen Länder (und schon vorher der sich öffnenden DDR) in das Rechts-, Wirtschafts-, Sozial- und Technikgefüge der Bundesrepublik brachte Anforderungen an die berufliche Weiterbildung mit sich, deren Ausmaße sowohl thematisch-inhaltlich als auch nachfragebezogen ohne Vorbild sind.

In dieser Situation verlieren offenbar Interessenpositionen, die lange verteidigt worden waren, ihre handlungsorientierende Bedeutung: Flächendeckende Beschäftigungs- oder Qualifizierungsgesellschaften werden von Staat, Unternehmen, Gewerkschaften und anderen gesellschaftlichen Gruppen einhellig gefordert und gefördert, der Staat agiert als Anbieter beruflicher Weiterbildung, die Bedingungen öffentlicher Förderung von beruflicher Weiterbildung sind in unvorhersehbarem Maße flexibel. Niemand stellt mehr in Frage, daß berufliche Weiterbildung ein Instrument der (regionalen) Entwicklung darstellt; mitunter erscheint sie sogar als das wichtigste.

Diese Situation sollte allgemein zur Verbesserung der Rahmen- und Steuerungsbedingungen für die berufliche Weiterbildung genutzt werden, auch um die zunächst ad hoc begonnenen Aktivitäten für die neuen Bundesländer in ein konsistentes System einmünden zu lassen. Folgendes wird vorgeschlagen:

- Entwicklung einer breiten Palette allgemein akzeptierter Weiterbildungsabschlüsse mit curricularen Rahmenvorgaben (auch als Orientierungen für die Angebotsqualität). Diese Abschlüsse sollten den Bereich der sog. Anpassungsfortbildung mit einschließen. Die Einpassung in das Gesamtsystem beruflicher Erstausbildung und Weiterbildung ist sicherzustellen. Verantwortlich sind die Akteure auf der Bundesebene; geprüft werden sollte, ob einzelne Regionen Vorreiter sein könnten.

- Die auf den einzelnen Nachfrager wirkenden und die institutionellen Rahmenbedingungen für die Beteiligung im Bereich beruflicher Weiterbildung sind zu systematisieren, zu harmonisieren und parallel weiterzuentwickeln (z. B. Freistellungs-, Finanzierungsregelungen).
Besonders wichtig sind Vorgaben über die Beteiligung "des Staates" als Steuerer und Anbieter von beruflicher Weiterbildung, z. B. zu einer initiativen oder subsidiären Rolle. Gefordert sind hier der Bundesgesetzgeber und die Tarifparteien.

- Wie für die übrigen Bereiche sollten Bund und Länder eine ausreichende, regional gegliederte Informationsbasis für die (berufliche) Weiterbildung schaffen. Durch ein Weiterbildungsstatistikgesetz werden weder die Freiwilligkeit, Angebote zu machen bzw. zu nutzen, noch die Pluralität der Weiterbildungsanbieter berührt; gerade im beruflichen Sektor müßte es auch - eher als in stärker weltanschaulich geprägten Weiterbildungssektoren - möglich sein, allgemein akzeptierte Kategorien für die Informationen zu erstellen.

- Die berufliche Weiterbildung braucht eine institutionelle "Heimat" auf regionaler Ebene. Die kommunalen Gebietskörperschaften sind aufgerufen, als Kreise oder in Zweckverbänden diese Heimat zu bieten in Form von Koordinierungs- bzw. Clearing-Stellen, die Bedarfsermittlung/-beschreibung betreiben, Angebote abstimmen, ggf. zur Behebung von Defiziten auffordern und die schließlich die Einhaltung der vorgegebenen qualitativen Standards überprüfen helfen.
  Auch die Anregung von regionalen Kooperationen zwischen Weiterbildungsanbietern (einschl. Betrieben) und die Hilfestellung bei der Organisation derartiger Verbundlösungen wäre Aufgabe der kommunalen Stellen.

- Auf der Basis der statistischen Informationen und der regionalen Koordinierung muß vor Ort die Weiterbildungsberatung - trägerneutral - ausgebaut werden. Hierbei kommt insbesondere der Arbeitsverwaltung in Verbindung mit den Kommunen eine große Bedeutung zu.
  Beratung setzt Informiertheit voraus. Die Beratungsstellen müssen daher, unter Nutzung der gegebenen informationstechnischen Möglichkeiten, Zugriff zu den (regionalen) Weiterbildungsdatenbanken haben. Diese wiederum müßten neben Angeboten auch Daten zu Förderkonditionen, weiterführenden Qualifikationen u. ä. enthalten. Beratungsstellen und Datenbanken sind als Teil der öffentlichen Informations-, Beratungs- und Koordinierungsinfrastruktur mit entsprechenden Konsequenzen für ihre Finanzierung zu sehen.

- Das Vorhalten von Weiterbildungsangeboten auf regionaler Ebene bleibt ein Risiko angesichts der Freiwilligkeit der Teilnahme an Weiterbildung - an dieser Freiwilligkeit darf nicht gerüttelt werden. "Objektiv bedarfsgerecht" bedeutet ja noch nicht "subjektiv nachgefragt"; das Angebot jedoch müßte vorweg geplant und bis zum Beweis der Nichtinanspruchnahme vorgehalten werden. Zwar ist zu erwarten, daß besonders risikobehaftete Weiterbildungsaufgaben keinen freien Anbieter finden werden, so daß ein öffentliches Angebot einspringen müßte, doch sind andere Fälle nicht auszuschließen - sie sollten sogar gezielt gefördert werden. Ausfallbürgschaften oder ähnliche Lösungen wären hier modellhaft zu erproben, die allgemeinen Finanzierungsregelungen müßten derartige Prozeduren abdecken.

In den Diskussionen und Beiträgen des Arbeitskreises wurde deutlich, daß die angeregten Maßnahmen schon zeitweise oder regelmäßig praktiziert werden, daß es zur Erfüllung der Empfehlungen teilweise nur noch der Verknüpfung vorhandener Regelungen bedarf oder daß in besonderen Lagen auch zu besonderen Lösungen gegriffen wird.

Die für die alte Bundesrepublik größte regionale Strukturkrise in den letzten zwei Jahrzehnten war die Montankrise im Saarland. Die zu ihrer Überwindung gegangenen Wege sind modifiziert übertragbar zur Problemlösung in den neuen Bundesländern. Sie sollten gleichzeitig richtungweisend sein für die Verantwortlichen auf Bundes-, Landes- und Gemeindeebene, in Staat und Tarifparteien, damit auch die Normalsituation beruflicher Weiterbildung in Beziehung zur gesellschaftlichen Entwicklung besser als bisher geregelt wird - um so eher kann berufliche Weiterbildung neben anderem als Instrument dieser Entwicklung eingesetzt werden. In diesem Kontext hat ebenso die Forschung ihre Aufgabe: Sie muß verstärkt theoretische Modelle und empirische Analysen erarbeiten, aus denen heraus dieser instrumentelle Charakter vergleichend bewertbar wird.

Bei der Betrachtung dieses Forschungs- und Politikfeldes muß in Zukunft stärker auf die Zusammenhänge zwischen Bildungs-/Weiterbildungs- und Beschäftigungssystem geachtet werden. Welche Qualifikationen werden (regional) benötigt? Wie entspricht diesem Bedarf das Angebot? Wenn es also Modelle der "Fabrik der Zukunft" oder des "Büros der Zukunft" gibt, müssen alsbald Modelle zur Qualifizierung derjenigen Menschen, die dort arbeiten sollen, entwickelt werden. Die zu starke Verengung derartiger Modelle auf beruflich spezialisierende Angebote ließe außer acht, daß im Beschäftigungssystem ebenso Qualifikationen wie Solidarität, Teamfähigkeit, kritische Reflexion des eigenen Tuns (und auch des Tuns anderer) und Selbstbewußtsein nachgefragt werden, um Innovation zu ermöglichen. Wichtig erscheint daher, durch Forschung und Erprobung Bildungsinhalte in fachlicher und humaner Hinsicht zu definieren, die in diesem komplexen Profil ein Höchstmaß an Passung zum Beschäftigungssystem enthalten. Das zu findende Grundmuster wird unter Niveau- und Regionalaspekten zu differenzieren sein.

Aus der Sicht des Arbeitskreises ist belegt worden, daß Qualifizierung ein wichtiger Faktor der Regionalentwicklung ist. Auf die Querverbindungen zu anderen regional bedeutsamen Fragen und Lösungen ist einleitend hingewiesen worden. Von daher erscheint es nur logisch, wenn gefordert wird, daß jede Art von Regionalentwicklungsvorhaben eine Qualifizierungskomponente enthalten soll oder daß zumindest geprüft werden muß, ob eine derartige Komponente nötig ist. Zu leisten ist nicht mehr und nicht weniger, als in Forschung und Praxis den quantitativ und eher statisch definierten Produktionsfaktor Arbeit im Zusammenhang mit (regionalen) Entwicklungsüberlegungen umzudefinieren in den Produktionsfaktor menschlich und fachlich (ständig weiter-)qualifizierter Arbeit und die Instrumente zu seiner Entwicklung bereitzustellen.

Burkhard Lange

Zur Weiterbildung aus planerischer Sicht

1.   Allgemeines

In kaum einem Bereich des Bildungswesens ist eine solche Vielfalt verschiedenartiger und mitunter auch nur schwer miteinander vergleichbarer instrumenteller Ansätze anzutreffen wie in der Weiterbildung. Das erleichtert nicht gerade die Übersicht und nötigt generelle Aussagen zum Bereich der beruflichen Weiterbildung wie auch der allgemeinen Weiterbildung leicht zu einer eher etwas unverbindlich erscheinenden Allgemeinheit. Mit ein entscheidender Grund für die im ganzen gesehen jedoch durchaus fruchtbare Vielfalt liegt sicherlich darin, daß im Grundgesetz Rahmenangaben zu Organisation und Gestaltung der Weiterbildung nicht vorhanden sind. Damit ist ein relativ weiter Spielraum vorhanden, der durch gesetzliche Vorschriften in den einzelnen Ländern teilweise ausgefüllt wird und regionalen Modellen breiten Entwicklungsraum läßt.

Was für die fachplanerische Seite gilt, kann für das raumplanerische Komplementär ebenfalls festgestellt werden. So wird die Weiterbildung in Programmen und Plänen stets als notwendige Voraussetzung für die Schaffung gleichwertiger Lebensverhältnisse angesehen. Der flächendeckende und dem Bedarf entsprechende Ausbau eines Netzes generell von Bildungseinrichtungen, aber durchgängig auch von Einrichtungen und/oder organisatorischen Voraussetzungen (bzw. Rahmenbedingungen) von allgemeiner wie auch beruflicher Weiterbildung ist planerisch ein explizit angesprochenes Ziel. Das gilt sowohl für die Landes- als auch - abgeschwächt - für die regionale Ebene. Freilich gibt es Unterschiede hinsichtlich der Schwerpunkte, die gesetzt werden, und des Maßes der Förderung.

Zu der Frage, inwieweit die nicht unerhebliche Intensität in der fachplanerischen Diskussion Konsequenzen für die raumplanerische Integration nahelegt, sollen im folgenden einige Plausibilitätsüberlegungen angestellt werden. Sie orientieren sich einerseits an Aussagen in Plänen und Programmen auf den verschiedenen Ebenen planerischen Handelns, andererseits an groben Einschätzungen, die daraus abgeleitet werden können. Materielle Grundlage waren dabei zunächst einmal Übersichten der gültigen Planwerke des Bundes und der Länder sowie ausgewählter Regionen. Für die Länder- und Bundesebene sind diese verdichtet und kategoriell zusammengefaßt worden, um eine bessere Vergleichbarkeit herauszuarbeiten (vgl. 5). Ergänzend dazu wurde eine Reihe von Expertengesprächen ausgewertet. Mit letzterem wird bewußt in Kauf genommen, daß mit subjektiven Elementen im wissenschaftlichen Sinne die Nachprüfbarkeit leidet. Bei Überlegungen, die ohnehin nicht frei sein sollen von subjektiver Sicht und die schlaglichtartig ausgewählte Bereiche beleuchten, kann dies nur von Nutzen sein. Insofern ist zu betonen, daß die folgenden Überlegungen mehr eine Facette zu den Arbeiten des Arbeitskreises "Weiterbildung als Faktor der Regionalentwicklung" darstellen sollen, die im Ergebnis eine Anregung für eine eventuelle Intensivierung der Verzahnung der fachplanerischen Ansätze mit der querschnittsorientierten Perspektive der räumlichen Planung sein kann.

2.   Infrastruktureller Kontext

Die generelle Infrastrukturdebatte ist - von wenigen Ausnahmen abgesehen - nahezu quer über alle Felder seit langem geprägt durch die bekannten Veränderungen in den demographischen, ökonomischen und ökologischen Rahmenbedingungen, die in der zweiten Hälfte der siebziger Jahre nachhaltig erkennbar geworden sind. Damit geht es vielfach um mengenmäßig zurückgehende Nachfrage und Minderauslastungen, so daß sich oft die Frage stellt, ob einzelne infrastrukturelle Einheiten noch tragfähig und bezahlbar sind. Für räumliche Planung ist dies die Entscheidung von Standorten, von Standortnetzen bzw. Dichten von Standortnetzen im Rahmen der gegebenen raumtypologischen Differenzierungen, etwa im groben Schema der Verdichtungs-, Ordnungs- und ländlichen Räume.

In der allgemeinen und beruflichen Weiterbildung verläuft die Debatte genau umgekehrt. Hans-Jürgen Back nennt in seinem Beitrag die Gründe hierfür und zeigt auf, daß zumindest in absehbarer Zeit sich daran kaum etwas ändern wird. Zusätzlich wird auch hier die Problematik - wie in manchem anderen Zusammenhang - durch die aktuelle Entwicklung in Deutschland, durch die säkularen Umwälzungen in den Staaten Osteuropas und vor allem durch die Entwicklung in Richtung eines europäischen Binnenmarktes noch verschärft (der seinerseits wiederum kräftige Wachstumsimpulse durch die osteuropäischen Umbrüche erhalten könnte.) Für die Planung ist dieser gegenläufige Charakter nicht zwangsläufig unangenehm. Theoretisch ergibt sich damit die Möglichkeit einer Umnutzung von Kapazitäten. Darin kann für die räumliche Planung ein Moment der Entspannung liegen, dem eine besondere Bedeutung insoweit zukommt, als das Thema "Weiterbildung" bei ihr ohnehin eine nicht unwichtige Rolle spielt und mit deutlicher Aufmerksamkeit verfolgt wird.

3.   Stellenwert und Zielrichtung in räumlichen Planungen

3.1   Regionale Wirtschaftspolitik

Der relativ enge Zusammenhang zwischen regionalem Bildungsangebot und regionaler Bildungsnachfrage einschließlich seiner angebotsorientierten Charakteristik ist bekannt. Da immer wieder Bildungsverzichte bei mangelndem Angebot beobachtet werden konnten (und können), hat die räumliche Planung ihr Augenmerk traditionell auf die Infrastruktur von Bildung und Ausbildung gelegt. Seit mindestens zehn Jahren gilt dies auch für die Weiterbildung, wobei generell gesagt werden kann, daß die zunehmende fachplanerische Intensität auch von der räumlichen Planung wahrgenommen und umgesetzt wird.

So hat die Ministerkonferenz für Raumordnung (MKRO), die sich ansonsten nur selten zu Fragen des Bildungswesens geäußert hat, in einer ihrer wenigen bildungspolitischen Stellungnahmen die Weiterbildung ausdrücklich hervorgehoben. In ihrer 52. Entschließung (vom 12.11.81) "Zur Situation und regionalpolitischen Bedeutung der neuen Hochschulen" wird die raumstrukturelle Bedeutung der Hochschulen hervorgehoben. Dabei ist immerhin neben der Verringerung von regionalen Bildungsdisparitäten und der regionalen Innovationsvermittlung von "bedeutsamen" regionalen Weiterbildungsaufgaben die Rede. Es fällt auf, daß weitere Funktionen nicht ausdrücklich genannt werden. Die Begründung für die Weiterbildung liegt hier berufsbezogen im zunehmenden Qualifikationsbedarf von Wirtschaft und Gesellschaft. Daran dürfte sich in der Zwischenzeit nichts geändert haben, und wenn, dann allenfalls in Richtung auf eine noch weitere Zunahme der Bedeutung.

Wenn die MKRO als im allgemeinen ausgleichsorientierte Institution der Weiterbildung einen so deutlichen Stellenwert gibt, so drückt sich darin die Hoffnung aus, die als Theorem für das Infrastrukturelement "Weiterbildung" wie für viele andere Infrastrukturelemente gilt: denkbarer Impulsgeber für die Aktivierung endogener Potentiale in der Region und damit notwendige (allerdings nicht in jedem Fall auch hinreichende) Voraussetzung für regionalspezifische Entwicklungen zu sein. Eine genügende Anzahl empirischer Befunde belegt dieses Theorem in einer Weise, daß es für jeden Regional- oder Landesplaner fahrlässig wäre, entsprechende Wirkungsketten nicht im Auge zu haben.

Insofern ist es kein purer Humanismus, wenn der Weiterbildung seit nunmehr einer Dekade eine kontinuierlich zunehmende Aufmerksamkeit geschenkt wird. Das hat zunächst weder mit Bildungspolitik noch mit Sozialpolitik etwas zu tun, sondern es ist Teil eines regionalökonomischen Ansatzes zur Förderung und Entwicklung der regionalen Wirtschaftsstruktur. Das wird beim Blick in die Planwerke des Bundes und der Länder deutlich: sei es, daß " wirtschaftlicher, technischer und sozialer Strukturwandel" die Weiterbildung als "notwendige Voraussetzung" benötigt (Bund) oder daß es um die notwendige qualifikatorische Flexibilisierung zur Anpassung an "veränderte Lebens-, Arbeits- und Umweltbedingungen" geht (so oder ganz ähnlich in Baden-Württemberg, Bremen, Hamburg, Nordrhein-Westfalen, Rheinland-Pfalz). In jedem Fall geht es um die Überwindung von Defiziten in der regionalökonomischen Entwicklung mit Hilfe der Weiterbildung - auch, wenn diese dabei nur ein Faktor unter einer Reihe anderer Faktoren ist. Baden-Württemberg war das erste Land, das diesen eher als regionalökonomisch zu bezeichnenden Ansatz entwickelt und in der Folgezeit mehrfach weiterentwickelt hat, währenddessen er woanders aufgegriffen und zum Teil mit um so beachtlicher Konsequenz schnell vorangetrieben wurde (z.B. Rheinland-Pfalz).

Die Weiterbildung tut gut daran, sich dieses an sie herangetragenen Anspruchs bewußt zu werden und ihn in die Vielfalt ihrer fachplanerischen Ansätze in einem angemessenen Umfang mit einfließen zu lassen; so, wie die räumliche Planung sich umgekehrt darüber weitgehend im klaren zu sein scheint, daß Weiterbildung im Kontext regionaler Aktivitäten eine beachtliche Multifunktionalität besitzt. Sie verfügt damit im Chor der regionalen Potentiale sicherlich nicht über die stärkste, gleichwohl aber über eine nicht unwichtige Stimme.

3.2   Sozial- und Bildungspolitik

Weitere Zielvorstellungen, die die räumliche Planung neben dem regionalwirtschaftlich orientierten Ansatz mit dem Instrument der Weiterbildung verfolgt, betreffen eine eher als sozialpolitisch zu bezeichnende Richtung der Förderung benachteiligter Gruppen und natürlich die eigentliche Bildungspolitik im Sinne von allgemeiner und beruflicher Weiterbildung selber. Auf der Ebene der Länder (einschließlich Bund) ist hier allerdings (noch) eine durchaus nicht unerhebliche Spannbreite vorhanden, die von einer weitgehenden Fehlanzeige bis zu detaillierten Vorstellungen in bezug auf schichtenspezifische Erfordernisse reicht.

Schleswig-Holstein beispielsweise beschränkt sich auf eine einfache zentralörtlich bestimmte Zuordnung der fachplanerischen Vorgaben. Das ist speziell in diesem Fall aus zwei Gründen auffallend. Einmal ist in der Nachbarregion Süd-Jütland (Dänemark) ein traditionell hochentwickeltes Weiterbildungssystem vorhanden. Dieses wird mitunter als ein wichtiger Grund mit dafür angesehen, daß bei ansonsten gleichen räumlichen und natürlichen Ressourcen etwa im Landesteil Schleswig und in Süd-Jütland in letzterem eine vielfältig und starkstrukturierte regionale Wirtschaft mit durchgängig signifikant geringeren Arbeitslosenzahlen als in den unmittelbar angrenzenden Kreisen Nordfriesland und Schleswig - Flensburg zu beobachten ist. Zum anderen besitzt die Weiterbildung in Schleswig-Holstein Verfassungsrang und damit einen um so höheren fachplanerischen Stellenwert.

Demgegenüber sind in anderen Ländern recht genaue Anforderungen formuliert worden. Sie zielen ab auf bildungs- oder räumlich benachteiligte Gruppen wie ausländische Arbeitnehmer, Senioren, die Bevölkerung in den Zonenrandgebieten bzw. in schwach entwickelten Stadtteilen (Bremen), Frauen und Arbeitslose, denen eine besondere Förderung zuteil kommen soll und bei denen Bildungsbarrieren abgebaut werden sollen. Hier sind - neben dem Bund - Bayern, Bremen, Hamburg, Nordrhein-Westfalen und Rheinland-Pfalz zu nennen, wobei freilich in jedem Einzelfall noch spezifische Schwerpunkte gesetzt werden, deren Einzelheiten der Synopse zu entnehmen sind. Hervorgehoben werden muß in diesem Zusammenhang Rheinland-Pfalz, wo Erkenntnisse zu den raumbedeutsamen Aspekten der Weiterbildung offenbar weit gediehen sind und zu einem entsprechend fortschrittlichen Ansatz geführt haben. Dort wird der Weiterbildung sogar ausdrücklich der Charakter eines eigenständigen vierten Sektors des Bildungssystems zuerkannt (neben Schule, Hochschule und Berufsausbildung) und eine tragende Rolle im Rahmen der räumlichen Infrastrukturausstattung gefordert. Bemerkenswert ist dabei die Tatsache, daß in Rheinland-Pfalz dieser Ansatz bereits lange vor der generellen Intensivierung der Weiterbildungsdiskussion erarbeitet worden ist und im Laufe der Zeit weiterentwickelt wurde.

Der kursorische Blick auf Raumordnung und Landesplanung zeigt, in welchem Maße dort - bei allen Unterschieden in den länderspezifischen Gewichtungen - die Weiterbildung Platz gegriffen hat und besonders in den letzten Jahren in zunehmendem Maße funktionalisiert wurde. Eigenartigerweise scheint auf der Ebene der Regionen die Konkretisierung nicht in dem Umfang zuzunehmen, wie eigentlich zu vermuten wäre (sieht man einmal vom Sonderfall der Stadt- bzw. Städtestaaten ab). Zumindest springt bei einer flüchtigen Prüfung ausgewählter Regionen keine Fortentwicklung mit der Deutlichkeit und mit einer so wesentlich konkreteren Ausprägung ins Auge, wie eigentlich zu erwarten wäre. Inwieweit sich hier Folgen einer regionalplanerischen Entfeinerung bemerkbar machen bzw. ob diese Beobachtung überhaupt generell den Tatsachen entspricht (und nicht das unzutreffende Ergebnis einer falschen Stichprobenwahl ist), kann nicht belegt werden. So oder so ist diese Frage aber von Interesse: entweder, um im Bereich der räumlichen Planung Grundlagen für dringend notwendige Fortschreibungen zu legen oder, um aus dem Spannungsfeld der Fachplanung zur räumlichen Planung entsprechende fachplanerische Konsequenzen abzuleiten.

4. Fazit

Die Zielvorstellungen der räumlichen Planungen oberhalb der Regionsebene bewegen sich in der Regel auf einem hohen Abstraktionsniveau. Dennoch sind hier Verschiebungen im Stellenwert der Weiterbildung unverkennbar, die im Ergebnis zu einer nicht unerheblichen Fortentwicklung geführt haben. Während in vielen anderen Infrastrukturbereichen aufgrund teilweise drastisch veränderter Rahmenbedingungen zur Erhaltung von Mindestdichten der Standortnetze qualitative Vereinfachungen in Kauf genommen werden mußten, sind die Anforderungen an die Weiterbildung gestiegen. Das hatte (und hat) Konsequenzen für die räumliche Planung im Sinne einer Fortentwicklung und Präzisierung von Funktionen und Standortmustern der räumlichen Ordnung.

Es spricht manches dafür, daß diese Entwicklung noch nicht abgeschlossen ist, sondern auf absehbare Zeit - möglicherweise noch verstärkt - anhalten wird. Die räumliche Planung ist aufgerufen, dazu noch intensiver die konzeptionellen Voraussetzungen zu schaffen. Ein Hilfsmittel hierzu kann schon der schlichte synoptische Überblick in der hier skizzierten Weise sein. Wenn er im Einzelfall ausführlich und möglichst konkret aufgegliedert erarbeitet wird, öffnet er den Blick für implizite Gewichtungen, indem er wichtige Bausteine liefert, die zu einer Vertiefung und Präzisierung von Begründungen für räumliche Spezifika und Differenzierungen zwingen. Damit können gleichzeitig eigene endogene Potentiale in ihrem Profil besser erkannt (und möglicherweise ausgeschöpft) werden.

Für die Vielfalt der fachplanerischen Ansätze in der Weiterbildung bedeutet dies in einer Art Gegenstromprinzip die Chance zu einer Weiterentwicklung im Sinne einer "maßgeschneiderten" Anpassung an die jeweiligen regionalen Möglichkeiten und Erfordernisse. Hier liegt eine Möglichkeit, fachliche Phantasie und Kreativität zum Nutzen der Gesamtregion optimal anzuregen.

Synopse der Länder und des Bundes (generalisiert)

Länder	Schwerpunkt	Zielgruppe	Begründung für Handlungsbedarf	allgemeine Ziele
Baden-Württemberg	Berufliche Weiterbildung	Arbeitnehmer	technischer und gesellschaftlicher Wandel / mehr Freizeit	
Bayern	allgemeine und berufliche Weiterbildung	gesamte Bevölkerung, besonders im Zonenrandgebiet	technischer und gesellschaftlicher Wandel	Selbstverantwortung und Entfaltung schöpferischer Fähigkeiten
Berlin				
Bremen	allgemeine Weiterbildung	alle Bürger, vor allem sozial benachteiligte		individuelle und gesellschaftliche Bildungsanforderung sollen erfüllt werden
Hamburg	Weiterbildung beruflich und allgemein	alle Bürger, besonders Bildungsferne, Arbeitslose, Ausländer und Frauen	Wandlung in der Wirtschaftsstruktur lebenslanges Lernen ist notwendig	Chancengleichheit an individuellen Interessen orientierte Weiterbildung, soziale Weiterbildung
Hessen	allgemeine Erwachsenenbildung	alle Einwohner, besonders im ländlichen Raum		Bildungsmöglichkeit für alle Chancengleichheit
Niedersachsen	berufliche und allgemeine Weiterbildung	Erwachsene	durch Weiterbildung wird Bildungs- und Beschäftigungssystem besser aufeinander abgestimmt	Weiterbildung orientiert an Bedürfnissen der Erwachsenen

räumliche Ziele	sektorale Ziele	Institutionen und Maßnahmen	Gesetze	Besonderheiten
flächendeckendes Angebot	breitgefächtertes Angebot	Konzept- und Maßnahmen- plan der Landes- regierung		
Zentrale Orte strukturschwacher Raum (Zonen- randgebiet)	breitgefächertes Angebot	private und staat- liche Träger	Gesetz zur För- derung der Erwach- senenbildung	
für jeden erreichbar verstärkt in schwachentwickel- ten Ortsteilen		anerkannte Einrichtungen, Zuschüsse vom Land	Bremisches Weiter- bildungsgesetz	
Dezentralisierung in die Stadtteile	aktuelle Weiterbil- dung, Bedürfnisse kurzfristig erfüllen	gutes Info-Netz Volkshochschule Freie Träger Hochschule	Hamburgisches Hochschulgesetz	
Weiterbildung in zentralen Orten				
Weiterbildung in zumutbarer Ent- fernung, Ausgleich von Stadt-Land-Bil- dungsgefällen	vielfältig bedarfs- gerecht	Gutachten Deutsche Technische Aka- demie in Helmstedt	Gesetz zur För- derung der Erwach- senenbildung	

Fortsetzung nächste Seite

Forts. Synopse der Länder und des Bundes

Länder	Schwerpunkt	Zielgruppe	Begründung für Handlungsbedarf	allgemeine Ziele
Nordrhein-Westfalen	berufliche Weiterbildung	Arbeitnehmer in mittelständischen Unternehmen	technischer Wandel	Chancengleichheit durch Weiterbildung
Rheinland-Pfalz	berufliche und allgemeine Weiterbildung	jeder Einzelne		Chancengleichheit durch Weiterbildung
Saarland	berufliche Weiterbildung			
Schleswig-Holstein	berufliche und allgemeine Weiterbildung	Erwachsene	gesellschaftlicher und technischer Wandel	Netz allgemeiner Bildungseinrichtungen
Bund	berufliche Weiterbildung	gesellschaftlicher und technischer Wandel	Vielfalt und Offenheit	gute Infrastruktur

räumliche Ziele	sektorale Ziele	Institutionen und Maßnahmen	Gesetze	Besonderheiten
Ausbau regionaler Berufsbildungs- zentren	Neue Technologien	Wirtschaft finanziert Weiterbildung, Land NRW unterstützt	Arbeitnehmer- weiterbildungs- gesetz	
zumutbare Entfernung	breitgefächert allgemein politisch berufsbezogen	öffentliche und freie Träger	Landesgesetz zur Neuordnung und Förderung der Weiterbildung in Rheinland-Pfalz	
		verschiedene Kammern Projekt ÜU - über- betriebliche Weiter- bildung		Berufsbildungsaus- tausch mit Frankreich
Zentren mit Ver- flechtungsbereich mittlerer Stufe				
Technologietransfer Qualifizierungs- offensive Schlüsselqualifi- kation	jährliche Förderung mit 18 Mio. DM			

DIETER GNAHS

Übersicht über wichtige einschlägige Veröffentlichungen

A.   Theoretische und planerische Grundlagen

ADAMY, W.
Berufliche Weiterbildung auf dem Prüfstand, Handlungsspielräume und Perspektiven in der Krise
in: WSI-Mitteilungen 5/1986

ARBEITSKREIS ARBEITSORIENTIERTER REGIONALWISSENSCHAFT (HRSG.)
Regionale Krisen und Arbeitnehmerinteresse, Köln 1981

BAYER, M./ORTNER,G./THUNEMEYER, B. (HRSG.)
Bedarfsorientierte Entwicklungsplanung in der Weiterbildung, Opladen 1981

BOCKLET, R.
Öffentliche Verantwortung und Kooperativen - Kriterien zur Organisation der Weiterbildung
in: Deutscher Bildungsrat, Gutachten und Studien der Bildungskommission: Umrisse und
Perspektiven der Weiterbildung, Stuttgart 1975, S. 109 - 145

BOSCH, G.
Qualifizierungsoffensive und regionale Weiterbildungsplanung
in: WSI-Mitteilungen 10/1987, S. 589 - 599

BOSCH, G./GABRIEL, H./SEIFERT, H./WELSCH, J.
Beschäftigungspolitik in der Region
WSI-Studie zur Wirtschafts- und Sozialforschung Nr. 61, Köln 1987

BUTTLER, F./GERLACH, K./LIEPMANN, P.
Grundlagen der Regionalökonomie, Reinbek 1977

DEDERING, H.
Kann berufliche Bildung regionale Wirtschaftsprozesse befördern?
in: Gewerkschaftliche Monatshefte 3/1988, S. 172 - 179

DERENBACH, R.
Berufliche Kompetenz und selbsttragende regionalwirtschaftliche Entwicklung - Plädoyer für
eine qualitative Regionalpolitik auf der Grundlage von Qualifikation und Innovation
in: Informationen zur Raumentwicklung, Heft 1/2, 1984, S. 79 - 95

DERENBACH, R.
Die Problemregionen der beruflichen Bildung als Untersuchungsgegenstand der regionalen
Bildungsforschung
in: Horst Weishaupt (Hrsg.): Sozialraumanalyse und regionale Bildungsplanung,
Frankfurt 1982. Studien zur ökonomischen Bildungsforschung, Bd. 8, S. 271 f.

DERENBACH, R.
Qualifikation und Innovation als Strategie der regionalen Entwicklung
Informationen zur Raumentwicklung Nr. 6/7, 1982, S. 449 - 462

DOBISCHAT, R.
Einführung in die Statistik der beruflichen Bildung. Kurseinheit 2: Regionale Defizite in der
beruflichen Weiterbildung, Fernuniversität/Gesamthochschule Hagen 1985

ELSNER, W./KATTERLE, S. (HRSG.)
Wirtschaftsstrukturen, neue Technologien und Arbeitsmarkt, Köln 1984

EWERS, H.-J./WETTMANN, R.
Innovationsorientierte Regionalpolitik, Bonn 1980 = Raumordnung, Schriftenreihe des
BMBau, H. 06.042

FRITSCH, M./ HULL, C. (HRSG.)
Arbeitsplatzdynamik und Regionalentwicklung. Beiträge zur beschäftigungspolitischen
Bedeutung von Klein- und Großunternehmen, Berlin 1987

FURTER, P.
Schulwesen und Regionalentwicklung. Zwei Fallstudien aus der Schweiz
in: Informationen zur Raumentwicklung 6/7, 1982, S. 495 - 501

GABRIEL, H./SEIFERT, H.
Lokal gestaltete Beschäftigungspolitik: Ansatzpunkte, Wirkungen und Perspektiven
WSI-Mitteilungen Nr. 10, 1988, S. 607 - 617

GANSER, K.
Zur Raumbedeutsamkeit von Maßnahmen im Bildungsbereich
in: ARL (Hrsg.), Regionale Bildungsplanung im Rahmen der Entwicklungsplanung,
Hannover 1978

GARLICHS, D./MAIER, F./SEMLINGER, K. (HRSG.)
Regionalisierte Arbeitsmarkt- und Beschäftigungspolitik 1983

GAUGLER, E./SCHLAFFKE, W.
Weiterbildung als Produktionsfaktor, Köln 1989

GÖBEL, U./SCHLAFFKE, W. (HRSG.)
Weiterbildung als Produktionsfaktor, Köln 1987

GUINDANI, S./BASSAND, M.
Regionale Identität und Entwicklungsmentalität
in: Informationen zur Raumentwicklung Nr. 6/7, 1982, S. 485 - 501

HAHNE, U.
Endogenes Potential: Stand der Diskussion
in: Arbeitsmaterial Akademie für Raumforschung und Landesplanung Nr. 76, Endogene
Entwicklung. Theoretische Begründung und Strategie-Diskussion, Hannover 1984, S. 27 - 39

HAMACHER, P.
Entwicklungsplanung für Weiterbildung, Braunschweig 1976

HARNEY, K.
Berufliche Weiterbildung als Medium sozialer Differenzierung und sozialen Wandels,
Frankfurt 1990

HEIDEMANN, W.
Trendwende in der Qualifizierung? Alte Probleme und neue Herausforderungen
in: Gewerkschaftliche Bildungspolitik 7/8, 1989, S. 209 - 220

KOLLER, M./KRIDDE, H.
Regionale Arbeitsmarktindikatoren für 1987 und 1988
in: MittAB 1/1988, S. 84 - 96

KONUKIEWITZ, M.
Die Implementation räumlicher Politik, Opladen 1985

KRUMMACHER, M.
Regionalentwicklung zwischen Technologieboom und Resteverwertung, Bochum 1985

MAIER, HANS E./WOLLMANN H. (HRSG.)
Lokale Beschäftigungspolitik, Basel/Boston/Stuttgart 1986

MARSHALL, R.
Thesen zu einer qualitativen Entwicklungspolitik für ländliche Regionen in westlichen
Industriestaaten. Informationen zur Raumentwicklung Nr. 6/7, 1982, S. 443 - 447

NEUMANN, G.
Qualifizierung und regionale Beschäftigungspolitik.
Arbeit - Technik - Qualifikation als Strukturelemente eines kommunal-politischen Konzepts
zur beruflichen Weiterbildung
in: Hess. Blätter für Volksbildung, Heft 3, 1989, S. 220ff.

SAUTER, E.
Herausforderung an die berufliche Weiterbildung - Recycling oder Prävention
in: DÖRING, P.A./WEISHAUPT, H./WEISS, M.: Bildung in sozioökonomischer Sicht, Köln/
Wien 1989, S. 141 ff.

SAUTER, E./HARKE, D.
Qualität und Wirtschaftlichkeit beruflicher Weiterbildung. Berichte zur beruflichen Bildung,
Heft 99, hrsg. vom Bundesinstitut für Berufsbildung, Bonn/Berlin 1988

SCHLAFFKE, W./WEISS, R.
Tendenzen betrieblicher Weiterbildung. Aufgaben für Forschung und Praxis, Köln 1990

SCHMIDT, G.
Arbeitsmarktpolitik im Wandel. Entwicklungstendenzen des Arbeitsmarktes und Wirksamkeit der
Arbeitsmarktpolitik in der Bundesrepublik Deutschland. Discussion Paper IIM/LMP 87 - 17, hrsg.
vom Wissenschaftszentrum Berlin

SCHMIDT, K.-D.
Arbeitsmarkt und Bildungspolitik. Kieler Studien des Instituts für Weltwirtschaft an der Universität Kiel, hrsg. von HERBERT GIERSCH; Bd. 187, Tübingen 1984

STIEFEL, R.T.
Zur Ermittlung des Weiterbildungsbedarfs - Ein Erklärungsversuch für das Dilemma in der Praxis und ein neuer Lösungsansatz
in: Zeitschrift für Arbeitswissenschaft 1/1982, S. 54 - 58

STIENS, G.
Endogene Entwicklungsstrategien?
in: Informationen zur Raumentwicklung, Heft 1/2, 1984, S. I - VI

UHLMANN, L.
Der Ablauf industrieller Innovationsprozesse, Berlin/München 1982

B.   Ausgewählte Analysen

BARDELEBEN, R. von/GNAHS, D.
Analyse des beruflichen Weiterbildungsangebots und -bedarfs in ausgewählten Regionen.
in: WALTER BRÜCKERS/NORBERT MEYER, Zukunftsinvestition berufliche Bildung, Bd. 1: Neue Technologien, Bildung und Arbeitsmarkt für das Jahr 2000, Köln 1988, S. 188 - 205

BERICHT DER KOMMISSION MONTANREGIONEN des Landes Nordrhein-Westfalen, Düsseldorf 1989

BEUSCHEL, W./GENSIOR, S./SORGE, A.
Mikroelektronik, Qualifikation und Produktinnovation. Ergebnisse von Fallstudien, hrsg. von VDI/VDE-Technologiezentrum Informationstechnik, Berlin 1988

BIRCH, D.L.
The Job Generation Process. M.I.I. Program on Neighborhood and Regional Change, Cambridge (Mass.) 1979

BLASCHKE, D./KOLLER, M./KÜHLEWIND, G./MÖLLER, U./STOOSS, F.
Qualifizierung in den neuen Bundesländern. Materialien aus der Arbeitsmarkt- und Berufsforschung,
Nr. 7, Nürnberg 1990

BOCKELMANN, K./WINDELBERG, J.
Aktive und reaktive Unternehmen in Peripherräumen. Informationen zur Raumentwicklung
Nr. 6/7, 1982, S. 521 - 530

BRAUN-HENZE/HEIZELMANN/RIEGER
Die Bedeutung der beruflichen Weiterbildung im Rahmen der technischen und wirtschaftlichen Innovation in Nordrhein-Westfalen, hrsg. vom Landesverband NW für Weiterbildung in Technik und Wirtschaft e.V., Düsseldorf 1986

CORNELIUS, H.
Probleme beruflicher Fort- und Weiterbildung in Flächenregionen am Beispiel des
Regierungsbezirks Trier
in: Die Wirtschaftsschule, 7 - 8/87

DERENBACH, R.
Die EG und die arbeitsmarktorientierte Berufsbildungspolitik der europäischen Regionen:
Beispiele und Bewertungen. Ergebnisse des CEDEFOP-Projekts "Berufsbildung und
Regionalentwicklung", CEDEFOP Glash 3/89, November 1989

DERENBACH, R.
Berufliche Eingliederung der nachwachsenden Generation in regionaler Sicht, Bonn 1984

DOBISCHAT, R.
Selektionsprozesse in der Berufsausbildung und auf dem Arbeitsmarkt unter dem Einfluß neuer
Technologien
in: Landesinstitut für Schule und Weiterbildung (Hrsg.), Neue Technologien in der
Berufsbildung, Soest 1988, S. 79 -117

DOBISCHAT, R./WASSMANN, H.
Berufliche Weiterbildung, Arbeitsmarkt und Region, Frankfurt 1985

ELLWEIN, T. ET AL.
Arbeitsbedingungen und Innovationspotential mittelgroßer Industriebetriebe in
strukturell unterschiedlichen Regionen des Bundesgebietes, Bonn 1980 = Raumordnung,
Schriftenreihe des BMBau H.06.041

FRIEDRICH, W./SPITZNAGEL, E.
Wachstum, Beschäftigung und Innovationstätigkeit im Verarbeitenden Gewerbe
in: MittAB 4/1980, S. 514 ff.

GARLICHS, D.
Qualifizierung im Betrieb als Mittel der Wachstumsförderung und Beschäftigungssicherung
in: Garlichs, D., Meier, F., Gemhinger, K. (Hrsg.), Regionalisierter Arbeitsmarkt und
Beschäftigungspolitik, Frankfurt - New York 1983

GENSIOR, S.
Mikroelektronik-Anwendung und ihre Bedeutung für die Qualifikationen: Ein Literaturbericht.
Discussion Papers IIM/LMP 86 -7, hrsg.vom Wissenschaftszentrum Berlin 1986

GOEBEL, K./ DERENBACH, R.
Regionalpolitik unter extremen Bedingungen: Fallstudie Hebriden
in: Informationen zur Raumentwicklung 6/7, 1982, S. 503 - 512

GRABHER, G.
De-Industrialisierung oder Neo-Industrialisierung? Innovationsprozesse und
Innovationspolitik in traditionellen Industrieregionen, Berlin 1988

HEIDEMANN, W./KAMP, L.
Arbeitnehmerorientierte Technologie- und Qualifikationspolitik - Chancen für regionale
Entwicklung

in: Walter Brückers/Norbert Meyer (Hrsg.): Neue Technologien, Bildung und Arbeitsmarkt für das Jahr 2000, Köln 1988, S. 173 - 187

HOFBAUER, H.
Untersuchungen des IAB über die Wirksamkeit der beruflichen Weiterbildung
in: MittAB, Heft 3/1981

KAMP, M.E.
Zum Zusammenhang von regionaler und sektoraler Arbeitslosigkeit und regionaler Unternehmensgrößenstruktur. Göttingen 1981 = Beiträge zur Mittelstandsforschung, Heft 68, S. 74 ff.

KISTENMACHER, H./EBERLE, D./HILDENBRAND, M.
Innovationsvermittlung durch neugegründete Hochschulen. Fallbeispiel Universität Kaiserslautern/Region Westpfalz
in: Information zur Raumentwicklung, Heft 6/7, 1982, S. 567 - 572

KLEINE, D.
Existenzbedingungen der Betriebe und Arbeitnehmer im verarbeitenden Gewerbe, Göttingen 1978

MAIER, F.
Further Training and Labour Market Policy. A Study on the Situation in the Federal Republic of Germany.
Discussion Papers IIM/LMP 86 - 16, hrsg. vom Wissenschaftszentrum Berlin 1986

MATZNER, E./SCHETTKAT, R./WAGNER, M.
Beschäftigungsrisiko Innovation? Arbeitsmarktwirkungen neuer Technologien. Ergebnisse aus der Meta-Studie, Berlin 1988

MEIDNER, R./HEDBORG, A.
Modell Schweden. Erfahrungen einer Wohlfahrtsgesellschaft, 1984

PINGEL, R.
Berufliche Qualifikation und regionaler Strukturwandel. Das Beispiel Kreis Borken
in: Informationen zur Raumentwicklung Nr. 6/7, 1982, S. 463 - 473

SAUTER, E./FINK, E.
Planung, Organisation und Durchführung von Weiterbildung in den Bildungswerken der Wirtschaftlichen Ergebnisse einer Befragung in 11 Bildungswerken der Wirtschaft
Berichte zur beruflichen Bildung, Heft 23, hrsg. vom Bundesinstitut für Berufsbildung, Berlin 1980

SCHOLZ, D. u.a.
Anregungen für eine regionale Entwicklungs- und Beschäftigungspolitik in Frankfurt/Oder
in: Bosch, G./Neumann, H.: Beschäftigungsplan und Beschäftigungsgesellschaft. Neue Konzepte und Initiativen in der Arbeitsmarkt- und Strukturpolitik, Bund-Verlag, Köln 1991

STOOSS, F.
Arbeitsmarkt 2000/2010. Veränderungen im Umfeld Beruf/Ausbildung

STOREY, D.J.
New Firm Formation and Small Firms Policy in Britain. London 1980

STREECK, W./HILBERT, J. u.a.
Steuerung und Regulierung der beruflichen Bildung. Die Rolle der Sozialpartner in der
Ausbildung und beruflichen Weiterbildung in der Bundesrepublik Deutschland, Berlin 1987

WALDEN, G./BARDELEBEN, R. v./FRAAZ, K.
Regionale Weiterbildungsaktivitäten und Arbeitslosigkeit, Materialien und statistische
Analysen, Heft 87, hrsg. vom Bundesinstitut für Berufsbildung, Bonn/Berlin 1989

WEBER, W. (HRSG.)
Bertriebliche Aus- und Weiterbildung, München/Zürich 1985

WILLIAMSON, H./REES, T.
Analysis of the impact of Vocational Transing Schemes organised within the framework of
Local and Regional Economic Development in United Kingdom. TETProgramme. Interin Reports.
Regional Development and Vocational Training. CEDEFOP surrey 1989, Project 2.1069

WITTMANN, F.T.
Die Bedeutung von Klein- und Mittelbetrieben für das regionale Arbeitsplatzwachstum
in: Informationen zur Raumentwicklung, Heft 6/7,1982, S. 513 - 519

C.   Strategien, Instrumente, Modelle

AICHHOLZER, G./LASSNIGG, J./SCHIERSTOCK, G.
Berufliche Fortbildung als arbeitsmarktpolitische Strategie
in: Wirtschaft und Gesellschaft 2/1986

BRAUN, J. u.a.
Bedarfsorientierte Beratung in der Weiterbildung. Technologische Entwicklung und
Arbeitslosigkeit als Herausforderung für die Weiterbildungsberatung, München 1984

BUCKLEY, V.
Das britische ITeC-Programm: lokale Zentren für Technologie-Ausbildung im Vereinigten
Königreich
in: W. BRÜCKERS/N. MEYER (Hrsg.), Zukunftsinvestition berufliche Bildung
Bd.1: Neue Technologien, Bildung und Arbeitsmarkt für das Jahr 2000, Köln 1988, S. 259-263

DREWES, G./PELLUL, W./WITTEMANN, K.P.
Vorstudie Arbeitskräfte-Pool, Soziologisches Forschungsinstitut Göttingen 1982

EHMANN, C.
Fernunterricht, Köln 1986

EISASSER, H.
Qualifikation und ländlicher Produktionsverbund.
in: Informationen zur Raumentwicklung, Heft 6/7 (1982), S. 531 - 542

303

GNAHS, D.
Innovation durch berufsbildende Einrichtungen.
in: Informationen zur Raumentwicklung, Heft 6/7 (1982), S. 561 - 566

GÖBEL, U./SCHLAFFKE, W. (HRSG.)
Die Zukunftsformel. Technik-Qualifikation-Kreativität, Köln 1987

GRABHER, G.
Eine beschäftigungsorientierte Krisenüberwindungsstrategie für traditionelle Industrieregionen -
am Beispiel der Region Niederösterreich - Süd. Discussion Papers IIM/LMP 86-21, hrsg. vom
Wissenschaftszentrum Berlin 1986

GROTEN, H.
Regionale Entwicklungsimpulse durch Studienzentren.
in: Jahrbuch 1988 der Gesellschaft der Freunde der Fernuniversität, Hagen 1988, S. 102 - 112

HEIDEMANN, W.
Arbeitnehmerorientierte Qualifikationspolitik - Chancen für die regionale Entwicklung.
in: Die Mitbestimmung 7 und 8/1988, S. 427 - 430 (Inhalt: siehe 2. Teil von Heidemann/Kamp, Köln
1988)

KOCH, J./KRAAK, R./SCHNEIDER P.-J.
Weiterbildungsdatenbank schafft Grundlagen zur Qualifizierungsberatung.
in: T/BB 2/1989, S. 36 - 38

KRAMER, H.
Weiterbildungsinformationssysteme - Analysen und bildungspolitische Empfehlungen.
in: Berufsbildung in Wissenschaft und Praxis, Heft 3/1989, S. 18 - 22

MAIER, F.
Beschäftigungspolitik vor Ort - Die Politik der kleinen Schritte, Berlin 1988

WOLF, B.
Überlegungen und Vorschläge zur Weiterbildung und Qualifizierung in Salzgitter, Salzgitter 1988

FORSCHUNGS- UND
SITZUNGSBERICHTE

Regionale Wirtschaftspolitik
auf dem Wege zur europäischen Integration

Inhalt

1992, Band 187, 82 S., 29,- DM, Best.-Nr. 3-888 38-013-8
Auslieferung
VSB-Verlagsservice Braunschweig

AKADEMIE FÜR RAUMFORSCHUNG UND LANDESPLANUNG

FORSCHUNGS- UND SITZUNGSBERICHTE

AKADEMIE FÜR RAUMFORSCHUNG UND LANDESPLANUNG